中国中小企业发展报告2018

China Small and Medium Enterprises Development Report 2018

主　编　林汉川　秦志辉　池仁勇
副主编　陈　廉

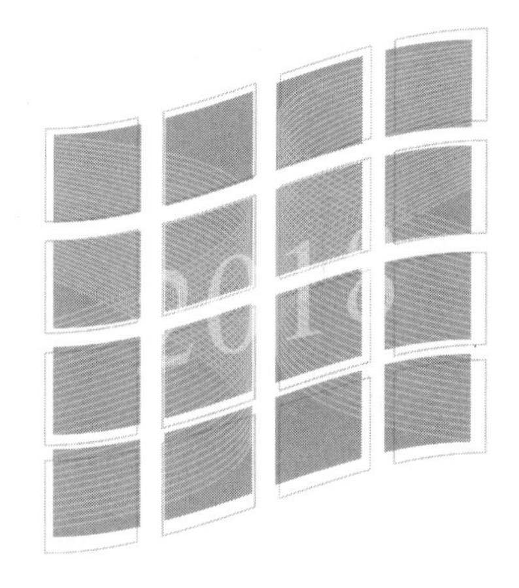

北京大学出版社
PEKING UNIVERSITY PRESS

图书在版编目(CIP)数据

中国中小企业发展报告. 2018/林汉川,秦志辉,池仁勇主编.—北京:北京大学出版社,2018.10

(教育部哲学社会科学系列发展报告)

ISBN 978-7-301-29930-2

Ⅰ.①中… Ⅱ.①林… ②秦… ③池… Ⅲ.①中小企业—经济发展—研究报告—中国—2018 Ⅳ.①F279.243

中国版本图书馆 CIP 数据核字(2018)第 220171 号

书　　名　中国中小企业发展报告 2018
ZHONGGUO ZHONGXIAO QIYE FAZHAN BAOGAO 2018

著作责任者　林汉川　秦志辉　池仁勇　主编　陈　廉　副主编

责任编辑　任京雪　刘　京

标准书号　ISBN 978-7-301-29930-2

出版发行　北京大学出版社

地　　址　北京市海淀区成府路 205 号　100871

网　　址　http://www.pup.cn

微信公众号　北京大学经管书苑(pupembook)

电子信箱　em@pup.cn　　QQ:552063295

电　　话　邮购部 010-62752015　发行部 010-62750672　编辑部 010-62752926

印 刷 者　河北滦县鑫华书刊印刷厂

经 销 者　新华书店

720 毫米×1020 毫米　16 开本　23 印张　399 千字

2018 年 10 月第 1 版　2018 年 10 月第 1 次印刷

定　　价　72.00 元

基 金 支 持

教育部哲学社会科学发展报告资助项目(编号:13JBG001)

浙江工业大学中国中小企业研究院资助项目

对外经济贸易大学中小企业研究中心资助项目

工信部中小企业发展促进中心资助项目

对外经济贸易大学北京企业国际化经营研究基地资助项目

顾问委员会

编辑委员会

总　序

哲学社会科学的发展水平,体现着一个国家和民族的思维能力、精神状态与文明素质,反映了一个国家的综合国力和国际竞争力。在社会发展历史进程中,哲学社会科学往往是社会变革、制度创新的理论先导,特别是在社会发展的关键时期,哲学社会科学的地位和作用就更加突出。在中国从大国走向强国的过程中,繁荣发展哲学社会科学,不仅关系到中国经济、政治、文化、社会建设以及生态文明建设的全面协调发展,而且关系到社会主义核心价值体系的构建,关系到全民族的思想道德素质和科学文化素质的提高,关系到国家文化软实力的增强。

党的十六大以来,党中央高度重视哲学社会科学,从中国特色社会主义发展全局的战略高度,把繁荣发展哲学社会科学作为重大而紧迫的任务进行谋划部署。2004 年,中共中央下发《关于进一步繁荣发展哲学社会科学的意见》,明确了 21 世纪繁荣发展哲学社会科学的指导方针、总体目标和主要任务。党的十七大报告明确指出:"繁荣发展哲学社会科学,推进学科体系、学术观点、科研方法创新,鼓励哲学社会科学界为党和人民事业发挥思想库作用,推动我国哲学社会科学优秀成果和优秀人才走向世界。"2011 年,党的十七届六中全会审议通过的《中共中央关于深化文化体制改革、推动社会主义文化大发展大繁荣若干重大问题的决定》,把繁荣发展哲学社会科学作为推动社会主义文化大发展大繁荣、建设社会主义文化强国的一项重要内容,深刻阐述了繁荣发展哲学社会科学一系列带有方向性、根本性、战略性的问题。这些重要思想和论断,集中体现了我们党对哲学社会科学工作的高度重视,为哲学社会科学繁荣发展指明了方向,提供了根本保证和强大动力。

为学习贯彻党的十七届六中全会精神,教育部于 2011 年 11 月 17 日在北京召开了全国高等学校哲学社会科学工作会议。中共中央办公厅、国务院办公厅转发

《教育部关于深入推进高等学校哲学社会科学繁荣发展的意见》，明确提出到2020年基本建成高校哲学社会科学创新体系的奋斗目标。教育部、财政部联合印发了《高等学校哲学社会科学繁荣计划（2011—2020年）》，教育部下发了《关于进一步改进高等学校哲学社会科学研究评价的意见》《高等学校哲学社会科学“走出去”计划》《高等学校人文社会科学重点研究基地建设计划》等系列文件，启动了新一轮“高校哲学社会科学繁荣计划”。未来十年，高校哲学社会科学将着力构建九大体系，即学科和教材体系、创新平台体系、科研项目体系、社会服务体系、条件支撑体系、人才队伍体系、现代科研管理体系和学风建设工作体系，同时，大力实施高校哲学社会科学“走出去”计划，提升国际学术影响力和话语权。

当今世界正处在大发展、大变革、大调整时期，中国已进入全面建设小康社会的关键时期和深化改革开放、加快转变经济发展方式的攻坚时期。站在新的历史起点上，高校哲学社会科学面临难得的发展机遇和有利的发展条件。高等学校作为我国哲学社会科学事业的主力军，必须充分发挥人才密集、力量雄厚、学科齐全等优势，坚持马克思主义的立场、观点和方法，以重大理论和实际问题为主攻方向，立足中国特色社会主义伟大实践进行新的理论创造，形成中国方案和中国建议，为国家发展提供战略性、前瞻性、全局性的政策咨询、理论依据和精神动力。

自2010年始，教育部启动哲学社会科学研究发展报告资助项目。发展报告项目以服务国家战略、满足社会需求为导向，以数据库建设为支撑，以推进协同创新为手段，通过组建跨学科研究团队，与各级政府部门、企事业单位、校内外科研机构等建立学术战略联盟，围绕改革开放和社会主义现代化建设的重点领域和重大问题开展长期跟踪研究，努力推出一批具有重要咨询作用的对策性、前瞻性研究成果。发展报告必须扎根社会实践、立足实际问题，对所研究对象的发展状况、发展趋势等进行持续研究，强化数据采集分析，重视定量研究，力求有总结、有分析、有预测。发展报告按照“统一标识、统一封面、统一版式、统一标准”纳入“教育部哲学社会科学系列发展报告”集中出版。计划经过五年左右，最终稳定支持百余种发展报告，有力支撑了“高校哲学社会科学社会服务体系”建设。

展望未来，夺取全面建设小康社会新胜利、谱写人民美好生活新篇章的宏伟目标和崇高使命，呼唤着每一位高校哲学社会科学工作者的热情和智慧。我们要不断增强使命感和责任感，立足新实践，适应新要求，以建设具有中国特色、中国风格、中国气派的哲学社会科学为根本任务,大力推进学科体系、学术观点、科研方法创新,加快建设高校哲学社会科学创新体系,更好地发挥哲学社会科学认识世界、传承文明、创新理论、咨政育人、服务社会的重要功能,为全面建设小康社会、推进社会主义现代化、实现中华民族伟大复兴做出新的更大的贡献。

教育部社会科学司

2012 年 7 月

前 言

通过五年来的深化改革,2017 年取得一系列标志性的改革成效,成为国务院“放管服”改革中的一大亮点。各地通过采取多样化的改革模式,全面实施了“多证合一”改革。上海浦东“证照分离”改革成效显著,国务院已决定在全国扩大试点并全面推开。31 个省(区、市)开通了全程电子化登记系统,电子营业执照全面实施。许多地方推行了手机 APP、最多跑一次、零见面等创新举措。从中国国家工商行政管理总局获悉,截至 2017 年年底,中国实有市场主体 9 814.8 万户。其中,2017 年中国新设市场主体 1 924.9 万户,同比增长 16.6%,比 2016 年提高 5 个百分点,平均每天新设 5.27 万户。2017 年,在三大产业中,服务业增速放缓,第二产业增速领先,第一产业呈现负增长。一、二、三产业新设企业分别为 20.1 万户、107.9 万户、479.4 万户,分别同比增长-15.2%、29.9%和 7.5%。2017 年,中国东部、中部、西部、东北地区分别新登记企业 344.3 万户、115.9 万户、115.2 万户、31.9 万户,分别同比增长 6.8%、16.6%、11.4%、15.5%,表明东部地区继续保持数量优势,中部地区和东北地区增长较快。

编写《中国中小企业发展报告 2018》的目的,旨在加深对 2017 年度中国中小企业的发展现状、变化趋势、政策取向的了解,并以 2017 年度中国中小企业各种数据变化为基础,探讨 2017 年度中国中小企业发展的总体态势、政策取向、技术创新、融资模式、地区动态以及服务体系等重点事件和热点问题,以促进中国中小企业的持续、健康、快速发展。在中国,以中小企业发展为重点展开系统地分析与评价的年度发展研究报告,在国内高校还是少有的。本报告正是为解决这些难题而设置的。

本报告由绪论与五篇二十二章内容组成。第一篇是 2017 年中国中小企业发展总体评述。包括 2017 年中小企业发展总体概况;2017 年促进中小企业发展的政策与法规综述;智能制造与中小企业创新发展调研报告;中小企业与政府沟通的调研报告。第二篇是2017年中国中小企业景气指数调研报告。包括中小企业景气指数的评价流程与方法;2017年中国中小企业景气指数测评结果分析;中国中小企业景气指数变动趋势分析;2017年中国主要城市中小企业景气指数测评;区域中小企业景气提升路径专题研究。第三篇是特色小镇建设专题调研报告。包括高质量创新型特色小镇调研报告;推进工业旅游与特色小镇互动建设的调研报告;国外知名小镇基本情况与建设经验调研报告;中国特色小镇调研报告。第四篇是2017年中国中小企业热点问题专题研究报告。包括关于创建浙江离岸创新创业基地的调研报告;互联网背景下"智慧乡村"扶贫模式调研报告;借鉴日本经验化解"两链"风险振兴中小实体经济;浙江省产业升级调研报告;"数字经济"与"浙江制造"深度融合调研报告。第五篇是国外智能制造推动中小企业转型发展的经验措施研究报告。包括德国智能制造推动中小企业转型发展经验措施;美国先进制造业战略推动中小企业转型发展经验措施;日本智能制造推动中小企业转型发展经验措施;国外智能制造对中国中小企业转型发展的经验启示。最后是2017年中国中小企业大事记等内容。

本报告是教育部哲学社会科学发展报告资助项目、浙江工业大学中国中小企业研究院资助项目、对外经济贸易大学中小企业研究中心资助项目、工信部中小企业发展促进中心资助项目、对外经济贸易大学北京企业国际化经营研究基地资助项目的年度性研究成果。本年度研究报告由林汉川、秦志辉、池仁勇任主编,陈廉任副主编,陈廉、尚会永、蔡悦灵任编辑部主任。他们负责全书的设计、组织与统撰工作。具体参加本报告撰写的成员有(以章节为序):前言林汉川,第一章赵敏,第二章陈廉,第三章王黎萤、张迪、王雁,第四章揭筱纹,第五章池仁勇、刘道学,第六章刘道学、金陈飞、池仁勇、吴俊华、俞梦莹、褚思帆、徐露,第七章刘道学、金陈飞、池仁勇、俞梦莹、褚思帆、吴俊华、徐露,第八章刘道学、金陈飞、徐露,第九章池仁勇、刘凤婷、金陈飞、刘道学,第十章汤临佳、池仁勇、张妩、刘道学、陈衍泰,第十一章程宣梅,第十二章程宣梅、刘淑春、陈侃翔、林汉川,第十三章林汉川、刘淑春,第十四章谢安世、池仁勇、陈衍泰、王黎莹,第十五章陈廉,第十六章刘道学、池仁勇,第十七章肖文、潘家栋,第十八章刘淑春、陈畴镛、辛金国、林汉川,第十九章王雁、张迪,第二十章宋秀玲,第二十一章张卫平,第二十二章王黎萤、曹泽钦,大事记陈廉等同志。林汉川、池仁勇、陈廉、蔡悦灵等同志对全书初稿进行了组织编辑。

依据教育部司对高校编写哲学社会科学发展报告的新精神,在撰写《中国中小企业发展报告2017》《中国中小企业发展报告2016》《中国中小企业发展报告

2015》《中国中小企业发展报告 2014》《中国中小企业发展研究报告 2013》《中国中小企业发展研究报告 2012》《中国中小企业发展研究报告 2011》等七部研究报告的基础上，对外经济贸易大学中小企业研究中心、工信部中小企业发展促进中心、浙江工业大学中国中小企业研究院，联合中国社会科学院中小企业研究中心、四川大学、浙江大学、中南财经政法大学、暨南大学、武汉科技大学、安徽省社会科学院、河北大学、内蒙古财经大学、浙江大学宁波理工学院、安徽财经大学、西安邮电大学、温州大学、北京联合大学、河北省民营经济研究中心等高校（或研究所）中小企业研究的专家、学者以及北京市工商联课题组等相关组织，共同撰写完成了《中国中小企业发展报告 2018》。可以说，本报告是全国许多高校中小企业组织的学者以及相关部门联合攻关的结晶。

本报告在研究和撰写过程中，一直得到教育部社科司、中国中小企业协会、工信部中小企业司、工信部中小企业发展促进中心、商务部中小企业办公室、浙江省中小企业局、北京市经济与信息化委员会中小企业处、湖北省工商行政管理局等有关部门与领导的指导与关怀，特别是中国中小企业协会李子彬会长、李鲁阳副秘书长，工信部中小企业司郑昕司长、王建翔副司长，湖北省政协郭跃进副主席，浙江省中小企业局高鹰忠局长等同志，他们不仅给本报告的许多关键问题给予了大力支持与帮助，还欣然同意担任本报告的顾问，使得本报告内容充实、数据准确、资料丰富，在此一并表示诚挚的感谢！

尽管参加撰写本报告的专家、学者以及实际部门的工作者都对自己撰写的内容进行了专门的调查研究，但由于面临许多新问题，加之时间紧，水平有限，因此，本报告难免有不妥之处，敬请各位读者批评指正。

编委会

2018 年 6 月

目　　录

第一篇　2017年中国中小企业发展总体评述

第二篇 2017年中国中小企业景气指数调研报告

第三篇 特色小镇建设专题调研报告

第一篇 2017年中国中小企业发展总体评述

第一章　2017 年中小企业发展概况

2017 年是实施“十三五”规划的重要一年，是供给侧结构性改革的深化之年。十九大第一次提出要加强对中小企业创新支持，同时就鼓励支持民营经济发展做出重大论述，为中国民营经济持续健康发展指明了方向。按照“放管服”改革要求，中国深入推进商事制度改革，市场准入环境、市场竞争环境、市场消费环境持续改善，营商环境国际竞争力进一步提升，为中国中小企业的健康发展提供了重要保障。

在供给侧结构性改革趋势下，中国实体经济根本面回暖，中小板、创业板及新三板上市企业扩容，投融资情况有所好转。2017 年是中小企业机遇与挑战并存的重要一年。随着商事制度改革等重要举措的进一步推进，中小企业在困境中求机遇，在创新中求发展，中小企业发展总体向好。

第一节　中小企业实有情况

一、市场主体总体概况

商事制度改革持续深化，改革效应持续释放，市场主体持续繁荣发展，市场秩序持续改善。世界银行《2018 年营商环境报告》显示，2017 年中国营商便利度排在全球 78 位，较 2013 年提升 18 位，其中，开办企业便利度较 2016 年提升 34 位，较 2013 年提升 65 位，特别是“优化注册流程”改革举措得到了世界银行的高度赞赏。互联网 1 420 万条相关数据分析显示，2017 年市场准入环境正面评价占比为 86.30%，较 2016 年提升 1.18 个百分点。

商事制度改革取得突破性进展，市场准入环境持续改善，进一步激发了市场活力和创造力。国家工商总局数据显示，截至 2017 年年底，全国实有市场主体 9 814.8

万户,较 2016 年增长 12.75%。其中,企业 3 033.7 万户(含内资企业、外商投资企业),个体工商户 6 579.4 万户,农民专业合作社 201.7 万户(见表 1-1)。2017 年年底,平均每千人拥有市场主体 71 户,较 2016 年增加 7.7 户;平均每千人拥有企业 21.9 户,较 2016 年增加 3.1 户。

表 1-1　2017 年全国各类市场主体实有户数情况

	企业	个体工商户	农民专业合作社	总计
数量(万户)	3 033.7	6 579.4	201.7	9 814.8
同比增长(%)	16.86	10.95	12.68	12.75

资料来源:根据国家工商总局资料整理。

2013—2017 年全国市场主体实有基本情况见图 1-1。

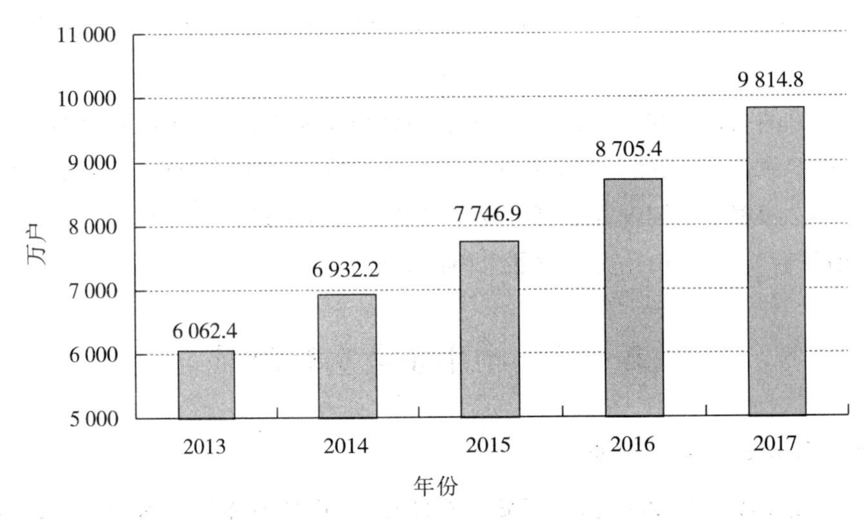

图 1-1　2013—2017 年全国市场主体实有基本情况

资料来源:根据国家工商总局资料整理。

从全国各类市场主体实有户数结构来看,2017 年,个体工商户仍是第一大市场主体,占比 67%,较 2016 年的 68%下降 1 个百分点;企业占比 30.9%,较 2016 年的 30%上升近 1 个百分点;农民专业合作社占比 2.1%,与 2016 年基本持平。商事制度改革的深入推进提供助力,市场主体结构悄然发生变化,企业占比稳中有升。2017 年全国各类市场主体实有户数结构见图 1-2。

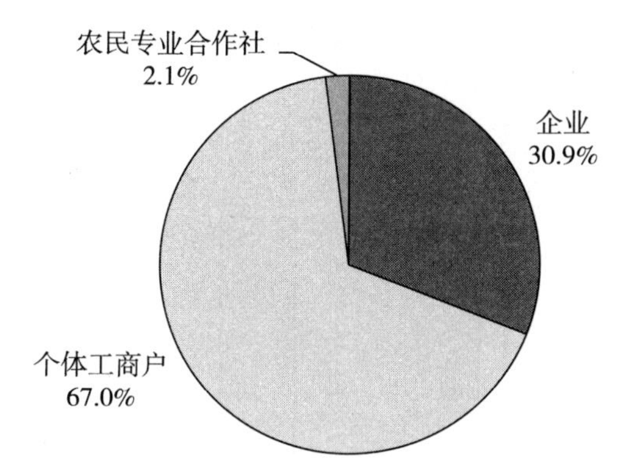

图 1-2 2017 年全国各类市场主体实有户数结构

资料来源:根据国家工商总局资料整理。

二、市场主体新增情况

(一) 总体情况

2017 年,商事制度改革成果显著,各地采取多样化的改革模式,全面实施"多证合一"改革。上海浦东"证照分离"改革成效显著,国务院已决定在全国扩大试点并全面推开。31 个省(区、市)开通了全程电子化登记系统,电子营业执照全面实施。许多地方推行了手机 APP、最多跑一次、零见面等创新举措。改革效应持续释放,市场主体持续繁荣发展,进一步激发了创业热情,释放了经济发展的内在潜力。

国家工商总局数据显示,2017 年,新设市场主体达到新高点,全国新设市场主体 1 925 万户,同比增长 16.6%,较 2016 年提升 5 个百分点,平均每天新设 5.27 万户,高于 2016 年的 4.51 万户。2017 年新设企业 607.4 万户,同比增长 9.9%,平均每天新设 1.66 万户,高于 2016 年的 1.51 万户;新设个体工商户 1 289.8 万户,同比增长 20.7%,较 2016 年 5.7%的增速大幅提升;新设农民专业合作社 27.8 万户,在近年持续低增长态势下,首次出现负增长,下降 6.2%(见表 1-2)。

表 1-2 2017 年全国新设市场主体情况

	新设企业	新设个体工商户	新设农民专业合作社	总计
数量(万户)	607.4	1 289.8	27.8	1 925
同比增长(%)	9.90	20.70	-6.20	16.60

资料来源:根据国家工商总局资料整理。

2013—2017 年全国新设市场主体基本情况见图 1-3。

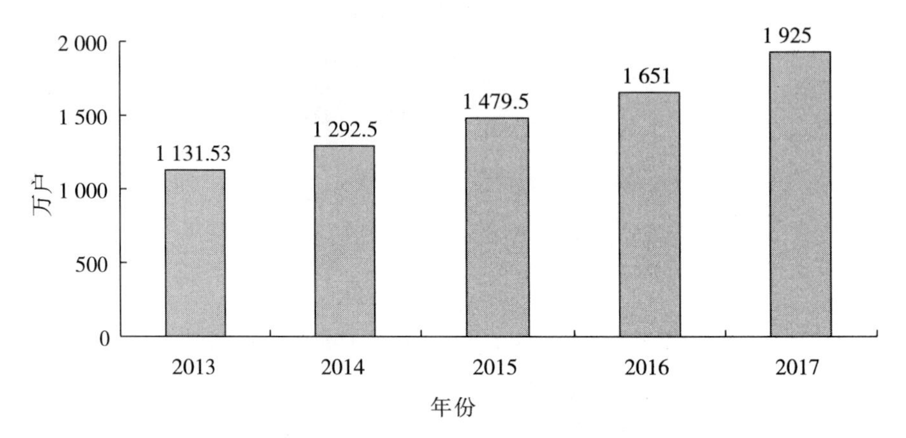

图 1-3　2013—2017 年全国新设市场主体基本情况

资料来源:根据国家工商总局资料整理。

2013—2017 年新设企业基本情况见图 1-4。

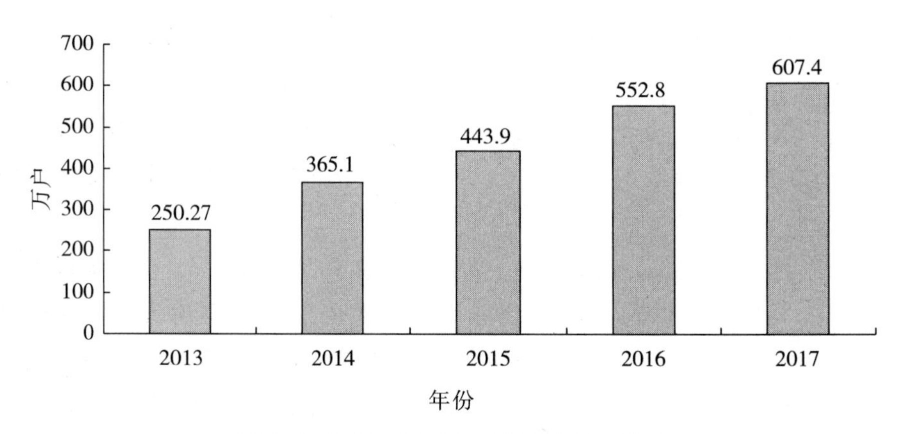

图 1-4　2013—2017 年新设企业基本情况

资料来源:根据国家工商总局资料整理。

(二) 分布情况

新设企业的结构效应显著,制造业企业向好趋势突出。2017 年,在三大产业中,服务业企业增速放缓,第二产业增速领先,第一产业呈现负增长。一、二、三产业新设企业分别为 20.1 万户、107.9 万户、479.4 万户,分别同比增长-15.2%、29.9%和 7.5%(见表 1-3)。

表 1-3　2017 年新设企业产业结构情况

	第一产业新增	第二产业新增	第三产业新增
数量(万户)	20.1	107.9	479.4
同比增长(%)	-15.2	29.9	7.5

资料来源:根据国家工商总局资料整理。

制造业延续 2016 年以来的回升态势,继续较快增长,全年新设企业 51.8 万户,同比增长 16.3%,与整体经济走势相吻合,体现了宏观政策的基本取向。受整顿规范金融市场以及进入门槛的限制,金融业继续呈现负增长,新设企业同比下降 18.5%。房地产业保持较快增速,同比增长 34.9%。新兴服务业继续快速发展,教育、科学研究和技术服务业、文化体育和娱乐业等现代服务业同比分别增长33.4%、24.3%、17.8%。在一些经济转型成效显著的地区,各类创新型企业的发展更为突出。

从地域来看,2017 年,中国东部、中部、西部、东北地区分别新设企业 344.3 万户、115.9 万户、115.2 万户、31.9 万户(见图 1-5),分别同比增长 6.8%、16.6%、11.4%、15.5%;从各省市来看,有 16 个省市增速高于全国平均水平,其中,东部地区 5 个,中部地区 5 个,西部地区 4 个,东北地区 2 个,区域差异比较明显。东部地区继续保持数量优势,中部地区和东北地区增长较快。

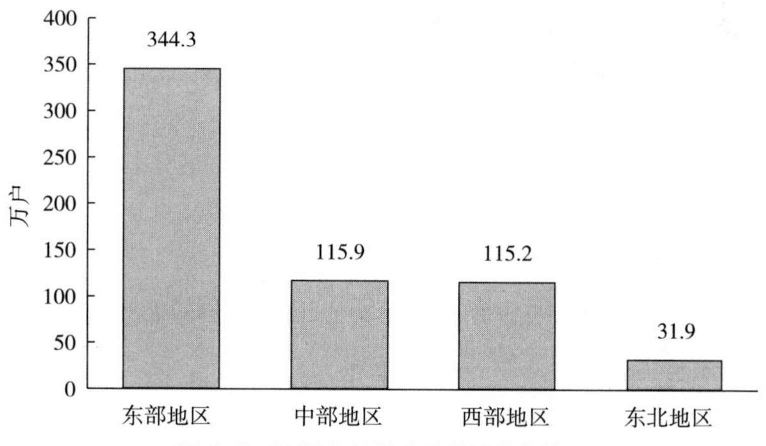

图 1-5　2017 年新设企业区域分布情况

资料来源:根据国家工商总局资料整理。

三、市场主体注吊销情况

市场主体退出机制逐步建立,有利于净化市场环境,提升企业整体质量。国家工商总局数据显示,2017 年上半年,全国注吊销市场主体 478.5 万户,同比增长 12.4%,增速与 2016 年同期基本持平。企业注吊销 100.8 万户,增长 14.8%,其中,外商投资企业注吊销 1.4 万户,增长 21.7%。个体工商户注吊销 375.1 万户,增长 11.7%。农民专业合作社注吊销 2.6 万户,增长 43.6%(见表 1-4)。

表 1-4　2017 年上半年市场主体注吊销情况

	企业	个体工商户	农民专业合作社	市场主体
数量(万户)	100.8	375.1	2.6	478.5
同比增长(%)	14.8	11.7	43.6	12.4

资料来源:根据国家工商总局资料整理。

近几年,中国环保整治力度加大,对没有采取环保措施、直接排放污染物的企业进行关停取缔。据环保部门统计,在有环境违法问题的企业中,半数属于"散乱污"企业。国家整治清退"散乱污"企业,进一步规范市场主体退出机制。2017 年,全国各省市共计关停几十万家"问题"企业。其中,北京市 6 005 家"散乱污"企业全部销账;天津市排查出"散乱污"企业近 19 000 家,对其中污染严重、治理无望的 9 081 家企业进行关停取缔;河北省共排查出"散乱污"企业 10.9 万家,完成整治 10.2 万家,其中关停取缔无证无照、治理无望的企业 6.9 万家;山东省 17 个市共排查出"散乱污"企业 84 943 家,已完成整治 84 827 家;山西省淘汰"散乱污"企业 6 757 家,取缔 1 068 家;四川省成都市关闭取缔"散乱污"企业 14 148 家;陕西省摸排"散乱污"企业 4 631 家,计划清理取缔 1 605 家,已清理取缔 2 599 家;河南省整治取缔"散乱污"企业 83 102 家,其中整治 39 837 家,取缔 43 265 家(见表1-5)。全国各省市加大力度进行环保治理工作,"散乱污"企业得到有序治理与清退。

表 1-5　2017 年部分省市清退"散乱污"企业情况

北京市	"散乱污"企业 6 005,全部销账
天津市	"散乱污"企业近 1.9 万家,关停取缔 9 081 家
河北省	"散乱污"企业 10.9 万家,关停取缔 6.9 万家
山东省	"散乱污"企业 84 943 家,整治 84 827 家

（续表）

山西省	“散乱污”企业 6 757 家，取缔 1 068 家
四川省	“散乱污”企业取缔 14 148 家
陕西省	“散乱污”企业 4 631 家，取缔 2 599 家
河南省	“散乱污”企业 83 102 家，取缔 43 265 家

第二节　全国重要省份中小企业发展概况

一、广东省

2017 年，广东省实有各类市场主体 1 025.63 万户，同比增长 14.39%；注册资本 39.09 万亿元，同比增长 41.86%。其中，实有企业 420.17 万户，同比增长 19.60%。每千人拥有企业达 38 万户，与国际相比，该项指标已跨越中等发达经济体最高水平，向发达经济体不断靠近。内资（非私营）企业 25 万户，同比增长12.81%，注册资本 5.83 万亿元，同比增长 29.04%；私营企业 381.58 万户，同比增长 20.31%，注册资本 28.76 万亿元，同比增长 49.29%；外商投资企业 13.59 万户，同比增长 13.52%，注册资本 4.2 亿元，同比增长 26.46%。实有个体工商户600.96万户，同比增长 11.05%，注册资本 0.23 万亿元，同比增长 23.06%。实有农民专业合作社 4.50 万户，同比增长 8.40%，注册资本 0.07 万亿元，同比增长 13.77%（见表 1-6）。

表 1-6　2017 年广东省各类市场主体情况

	实有企业			个体工商户	农民专业合作社	市场主体总计
	内资（非私营）企业	私营企业	外商投资企业			
企业数量（万户）	25	381.58	13.59	600.96	4.50	1 025.63
注册资本（万亿元）	5.83	28.76	4.2	0.23	0.07	39.09

资料来源：根据广东省工商局数据整理。

2017 年，广东省新设市场主体 195 万户，同比增长 20.68%，注册资本 11.12 万亿元，同比增长 54.76%。新设各类企业 90.41 万户，同比增长 14.37%，注册资本 11.05 万亿元，同比增长 54.96%。日均登记企业 2 476 户，同比增长 14.63%。其中，内资（非私营）企业 36 711 户，同比增长 37.58%，私营企业84.35万户，同比增长 12.24%，外商投资企业 23 863 户，同比增长 94.34%。新设个体工商户 104.10 万户，新设农民专业合作社 4 914 户。

二、江苏省

2017 年，江苏省实有各类市场主体 811.01 万户，注册资本 25.33 万亿元。新设各类市场主体 152.74 万户，同比增长 13.8%；新增注册资本 3.84 万亿元，同比增长 25.5%。其中，新设个体工商户 95.74 万户，同比增长 25.94%。

2017 年，全省新设企业中，第一产业企业 0.91 万户，在新设企业中占比 1.7%，较 2016 年上升 0.1 个百分点；第二产业企业 12.44 万户，占比 23.2%，较 2016 年上升 5.5 个百分点；第三产业企业 40.3 万户，占比 75.1%，较 2016 年下降 5.6 个百分点(见图 1-6)。除租赁和商务服务业新设企业户数不及 2016 年外，其余行业新设企业数均呈增长态势，新设户数居前三位的行业为：批发和零售业(16.21 万户)、租赁和商务服务业(7.67 万户)、科学研究和技术服务业(7.62 万户)。增长幅度居前三位的行业为：公共管理、社会保障和社会组织(同比增长 114.28%)，电力、热力、燃气及水生产和供应业(同比增长 61.29%)，水利、环境和公共设施管理业(同比增长 60.95%)。

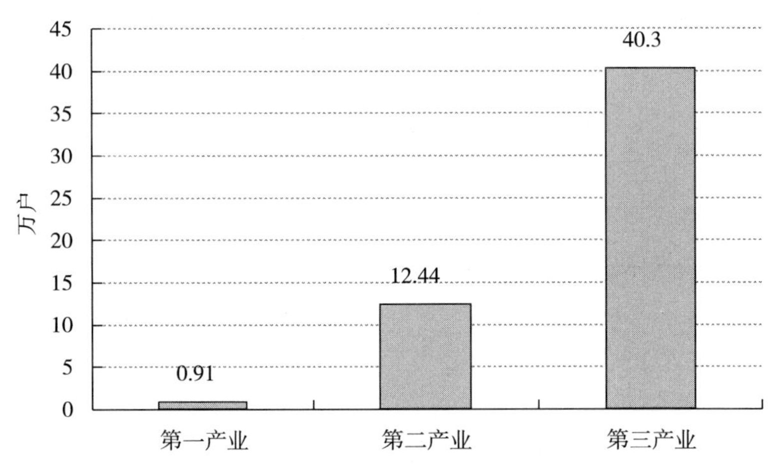

图 1-6 2017 年江苏省新设企业产业分布

资料来源：根据江苏省工商局资料整理。

三、山东省

2017 年，山东省实有市场主体 806.8 万户，列广东省、江苏省之后，同比增长 13.6%；注册资本 16.6 万亿元，同比增长 34.7%。新设市场主体 149.6 万户，同比增长 4.5%,注册资本 3.4 万亿元,同比增长 25.3%。其中,实有企业 225.9 万户,同比增长 18.4%,占市场主体总量的 28%,注册资本 15.7 万亿元,同比增长 35.9%,日均登记企业 1 348.2 户。实有私营企业 209.7 万户,占企业总量的 92.8%,注册资本 11.1 万亿元,同比分别增长 19.9%和 39.2%,私营企业成为企业快速发展的绝对主力。新设企业中,第二产业企业 11.5 万户,同比增长 23.6%,增幅居三大产业之首,占新设企业的 23.8%,新设建筑业企业和电力、热力、燃气、水等公用事业企业同比分别增长 59.4%和 37.4%,基础设施和公用设施建设投资力度进一步加大;第三产业发展较快,教育、科学研究和技术服务业、卫生和社会工作、文化体育和娱乐业新设企业同比分别增长 49.1%、32.9%、32.6%和27.8%,而传统的居民服务业、批发零售业新设企业同比分别下降 24.0%和22.2%,房地产投资仍较为活跃,新设房地产企业同比增长 50.8%。

民营经济市场主体持续活跃,国有、集体、外商投资企业平稳有序。2017 年,山东省实有民营经济市场主体 790.7 万户,注册资本 12 万亿元,同比分别增长 13.9%和 37.2%,其中,私营企业 209.7 万户、个体工商户 561.8 万户、农民专业合作社 19.2 万户,同比分别增长 19.9%、12%和 10%,个体工商户数量仅次于广东省,居全国第二位,农民专业合作社继续保持全国首位。全年全省个体私营企业累计安置从业人员 2 719.2 万人,同比增长 14.6%,约占全省就业人员总数的 40.9%,较 2016 年提升 5.1 个百分点。

四、浙江省

2017 年,浙江省各类市场主体总量达到 593.4 万户,同比增长 12.2%。全省新设市场主体 113 万户,同比增长 18%,新设市场主体数首次破百万。其中,新设企业 38.6 万户,同比增长 25.4%;新设个体工商户 74 万户,同比增长 14.8%。全省在册市场主体总量位居全国第四,每万人市场主体拥有量为 1 049 户,相当于 10 个浙江人里就有一个在创业。全省每千人拥有企业 34.7 户,比全国每千人拥有企业 21.9 户多出 12.8 户,该项指标已超过中等发达经济体水平。

2017 年,浙江省新设企业共实现纳税 79 亿元,较 2016 年增加纳税额 6.2 亿元,同比增长 8.5%,带动就业人数 25.7 万人。2017 年,新设个体工商户 74 万户,按平均每户个体工商户就业人数 2 人估算,扩大就业近 150 万人。

浙江省新旧动能转换明显,第二产业增长加快。2017 年,三大产业新设企业分别为 0.4 万户、7.1 万户、31.1 万户,分别占 1.0%、18.4%和 80.6%。与 2016 年同期相比,第三产业增速略有放缓,第二产业增长明显,第二产业同比增长 31.1%,占比提高 0.8 个百分点。第二产业企业的增长,主要是由制造业和建筑业及电力、热力、燃气及水生产供应等公用事业企业的快速增长所带动。2017 年,浙江省共新设制造业企业 4.9 万户,同比增长 23.7%,并连续两年保持增长势头;新设建筑业企业 1.9 万户,同比增长 48.1%;新设电力、热力、燃气及水生产供应企业 1 950 户,同比增长 109.2%。

五、河南省

2017 年,河南省市场主体总量达到 503.2 万户,居全国第五位、中部六省第一位,跨越 500 万大关。新设市场主体 110.95 万户,其中,新设企业 29.87 万户。

2017 年 3 月,开封市在全国率先实行"二十二证合一"改革。8 月 1 日,河南全省推行"三十五证合一"改革。2017 年 3 月 1 日起,河南省对未开业企业和无债权债务企业实行简易注销改革,截至 2017 年 12 月底,8 753 户企业通过简易注销程序退出市场。

六、四川省

2017 年,四川省实有各类市场主体 494.91 万户,居全国第六位。新设市场主体 102.11 万户。民营经济市场主体共有 472.82 万户,其中,私营企业 109.32 万户,资本总额 6.11 万亿元,分别占企业总量的 88.43%和 56.50%,同比分别增长 18.81%、37.74%;个体工商户 362.36 万户,同比增长 15.16%。产业结构不断优化,以现代服务业为代表的第三产业稳步发展。资本总额超过千亿元的市(州)增加至 18 个。新设市场主体户数增速前五位的行业是:制造业、住宿和餐饮业、建筑业、交通运输及仓储、卫生和社会工作。

从地域分布来看,成都拥有 193.9 万户市场主体,同比增长 24.92%,占全省市场主体总量的 39.18%。成都、自贡、攀枝花等 16 个市(州)同比增幅超过 10%。成都拥有的资本总额全省最多,为 7.09 万亿元,占全省资本总额的 62.78%;户均资本排在前五位的市(州)是:成都、攀枝花、甘孜、乐山、泸州。

从市场主体密度来看,成都以 69.99 万户的企业总量高居各市(州)首位,占全省企业总量的 56.61%,超过半数企业集聚成都。成都平均每万人拥有市场主体户数达到 1 386.10 户,全省最高。每万人拥有企业户数最多的是成都,达到 500.30 户。

从新设市场主体户数来看,2017 年新设市场主体户数排位前五的市(州)是:

成都(46.88 万户)、绵阳(4.87 万户)、宜宾(4.23 万户)、南充(4.22 万户)、泸州(4.17 万户)。新设市场主体资本总额排位前五的市(州)是:成都(14 032.03 亿元)、绵阳(953.52 亿元)、泸州(944.53 亿元)、宜宾(774.67 亿元)、乐山(619.76 亿元),分别占全省新设市场主体资本总额的 61.11%、4.15%、4.11%、3.37%、2.70%。新设企业最多的是成都,为 152 915 户,占全省新设立企业的 58.91%。

七、湖北省

2017 年,湖北省实有市场主体 449.58 万户,较 2016 年增长 10.65%,市场主体总户数创历史新高,稳居全国第八、中部第二。实有企业 105.97 万户,注册资本 7.52万亿元,分别较 2016 年增长 12.25%、29.6%。企业数量迈上百万新台阶,占市场主体总量比例上升到 23.24%,较 2016 年上升 0.34 个百分点,市场主体总体发展质量稳步提升。每万人市场主体户数从 2016 年的 694 户增长到 764 户,高出全国平均水平 53 户。实有注册资本总额 8.02 万亿元,较 2016 年增长 29.1%。

新设市场主体 86.14 万户,较 2016 年同期多 3.39 万户,同比增长 4.1%。新设企业类市场主体 21.29 万户,较 2016 年同期增长 0.36%,全省日均诞生企业 855 户。日均新设市场主体 3 459 户,较 2016 年同期增长 4.50%。其中,内资企业新增 1.53 万户、私营企业新增 19.66 万户、个体工商户新增 63.33 万户、农民专业合作社新增 1.52 万户。

截至 2017 年 12 月,湖北省实有三大产业市场主体户数分别为 33.58 万户、38.98万户、377.03 万户,占比分别为 7.47%、8.67%、83.86%。与 2016 年行业分布相比,第一产业户数增长 19.04%,增速高于第二、三产业,全省对农民专业合作社等新型农业经营主体的培育效果较为显著。实有户数排名前五的行业分别是:批发和零售业、住宿和餐饮业、居民服务修理和其他服务业、制造业、农林牧渔业,分别占比 50.26%、10.13%、9.32%、5.98%、5.93%。

新设三大产业企业类市场主体分别为 0.97 万户、3.89 万户、16.43 万户,占比分别为 4.56%、18.27%、77.17%。与 2016 年同期相比,第二产业增长 118.87%,社会资本对制造业等实体经济的投资热情大幅提升。新设企业户数占比排名前五的行业分别是:批发和零售业,租赁和商务服务业,信息传输、软件和信息技术服务业,科学研究和技术服务业,制造业,分别占比 30.15%、17.56%、7.34%、7.20%、5.83%,随着高新技术产业、新兴服务业、“互联网 + ”等行业的快速发展,经济转型升级的动力不断增强,制造业回暖态势比较明显。

八、河北省

2017 年，河北省市场主体总量达 470 余万户，居全国第七位，同比增长 15.83%。其中，企业总量达 124.87 万户，同比增长 22.11%，增速居全国前列。新设市场主体 107.63 万户，平均每天新设 2 949 户。

河北省不断加大商事制度改革力度，在“六证合一”基础上，先后实施“八证合一”“十二证合一”“十五证合一”“二十三证合一”。2017 年 12 月 25 日，全省全面实施“三十八证合一”，发放“多证合一”营业执照 207 万张。

另外，河北省积极推进登记注册便利化，完善企业名称网上办理系统，向石家庄、保定市下放冠“河北”企业名称预先核准权，进一步提高了企业名称登记效率。全面推广企业登记全程电子化，共核发电子营业执照 8 393 张。推进实施企业简易注销改革和个体工商户简易注销试点改革，共办理简易注销登记近 9 000 户。

九、湖南省

2017 年，湖南省实有各类市场主体 336.33 万户，同比增长 15.6%；注册资本 64 844.4 亿元，同比增长 33.3%。其中，企业 71.18 万户，同比增长 20.0%，注册资本 59 963.95 亿元，同比增长 29.8%；个体工商户 256.95 万户，同比增长 14.1%，出资金额2 569.59亿元，同比增长 33.3%；农民专业合作社 8.20 万户，同比增长 27.4%，出资金额2 310.86亿元，同比增长 29.2%。

新设各类市场主体 68.32 万户，同比增长 20.9%，日均新设市场主体 2 722 户，较 2016 年增加 470 户。新设市场主体注册资本 14 568.54 亿元，同比增长 37.9%。其中，新设企业 16.10 万户，同比增长 17.7%，日均新设企业 644 户，较 2016 年增加 99 户，新设企业注册资本 13 273.16 亿元，同比增长 38.9%；新设个体工商户 50.36 万户，同比增长 22.1%，出资金额 779.78 亿元，同比增长 37.9%；新设农民专业合作社 1.86 万户，同比增长 16.4%，出资金额 515.60 亿元，同比增长 15.7%。

三大产业协调发展。湖南省实有第一产业企业 4.53 万户，注册资本 2 665.45 亿元，同比分别增长 24.2%、28.8%；实有第二产业企业 13.18 万户，注册资本 15 296.49 亿元，同比分别增长 22.4%、17.6%；实有第三产业企业 53.47 万户，注册资本 42 002.01 亿元，同比分别增长 19.0%、40.8%。企业户数产业结构为 6.4 : 18.5 : 75.1，第一、二产业分别提升 0.3 个、0.4 个百分点，第三产业下降 0.7 个百分点；注册资本产业结构为 4.4 : 25.5 : 70.0，第一、二产业分别下降 0.2 个、3.5 个百分点，第三产业提升 3.7 个百分点。

十、辽宁省

2017 年，辽宁省实有企业 810 075 户，较 2016 年同期增长 14.9%，注册资本 90 939.9 亿元，较 2016 年同期增长 47.6%。其中，内资私营企业 69.6 万户，注册资本 49 778.2 亿元。

新设各类市场主体突破 62.9 万户，注册资本 26 171.8 亿元，较 2016 年同期分别增长 30.6%和 148.9%，平均每日新设市场主体 1 722 户，创历史新高。在新设企业中，内资企业同比增长近三成，注册资本同比增长一倍多。其中，私营企业同比增长近三成，注册资本同比增长近两倍。新设企业主要集中在批发和零售业、租赁和商务服务业、科学研究和技术服务业、建筑业、制造业。新设个体工商户 46 万户，同比增长 32.1%，资金数额同比增长三成多。新设个体工商户主要集中在批发和零售业，住宿和餐饮业，居民服务、修理和其他服务业，交通运输、仓储和邮政业，制造业。另外，新设农民专业合作社 8 938 户，同比增长 9%。

十一、陕西省

截至 2017 年 12 月 25 日，陕西省实有市场主体 235.53 万户，同比增长11.49%，注册资本 7.15 万亿元，同比增长 36.49%。2017 年，全省新设各类市场主体 55.19 万户，同比增长 42.79%，创 2014 年商事制度改革以来新高，高于全国新设市场主体平均增长水平 26.22 个百分点，在全国排第 15 位。新设企业 15.31 万户，同比增长 41.94%。其中，内资（非私营）企业 7 636 户，同比增长53.92%；私营企业 14.48 万户，同比增长 41.39%；外资企业 650 户，同比增长34.85%。新设个体工商户 38.41 万户，同比增长 43.67%。新设农民专业合作社 1.48 万户，同比增长 30.29%。

2017 年，陕西省市场主体活跃度指数为 23.43%。从市场主体活跃度市（区）表现来看，西安、西咸新区、韩城、渭南四地的市场主体创新创业活力趋强，投资热情高涨。新产业、新业态增势迅猛，生物医药、汽车制造、健康养老、新能源、新材料、文化教育、3D 打印等新产业、新业态市场主体增长迅猛，同比分别增长 121.43%、109.76%、108.48%、90.14%、88.60%、61.28%、68.35%，远高于全省新设市场主体平均增长水平。

十二、内蒙古自治区

2017 年，内蒙古自治区全区实有企业 37.53 万户，注册资本总额 4.15 万亿元，相较于 2013 年的 19.69 万户和 1.61 万亿元，分别增长 90.6%和 157.8%。其中，实有内资企业 37.19 万户，注册资本 4.01 万亿元，相较于 2013 年分别增长 91.8%和

158.7%。实有内资(非私营)企业 4.44 万户,占到企业总量的 11.8%,注册资本达到 1.96 万亿元,占到企业注册资本总额的 47.2%。内资(非私营)企业户均注册资本由 2013 年的 2 378 万元增加到 2017 年的 4 407 万元,增长了 85.3%。私营企业增长较快,全区实有私营企业 32.75 万户,注册资本 2.06 万亿元,分别占企业总量的 87.3%和 49.6%,私营企业数量和注册资本占比分别较 2013 年提高97.6%和 134.5%。实有外商投资企业 3 453 户,注册资本 1 355 亿元,分别较 2013 年增长 18.1%和 106.4%。

商事制度改革以来社会投资活力迸发,2017 年日均新设企业达到 210 户,较 2014 年增加 83 户,是改革前日均新设企业数量的 2 倍以上。每千人拥有企业户数为 15 户,相较于 2013 年的 8 户增长了近一倍。每千人拥有市场主体户数为 74 户,相较于 2013 年增长 21 户。

第三节　新三板挂牌企业情况

新三板,全国中小企业股份转让系统,是主要针对中小微企业的全国性非上市股份有限公司股权交易平台。新三板数据能够有效地反映中国中小微企业经营情况、资本运作情况、活跃程度等。

一、总体概况

全国中小企业股份转让系统数据显示,截至 2017 年年底,新三板挂牌企业达 11 630家,总股本达 6 756.73 亿股,总市值高达 49 404.56 亿元。

2017 年是新三板正式扩容的第四年,2014—2017 年,新三板挂牌企业家数、股票发行等方面均有显著提升(见表 1-7)。在企业估值方面,新三板挂牌企业的市盈率表现为平稳的走势,市盈率在 29 上下浮动,2017 年平均市盈率为 30.18(见表 1-8)。

表 1-7　2014—2017 年全国中小企业股份转让系统概况

	2017 年	2016 年	2015 年	2014 年
挂牌企业家数	11 630	10 163	5 129	1 572
总股本(亿股)	6 756.73	5 851.55	2 959.51	658.35
总市值(亿元)	49 404.56	40 558.11	24 584.42	4 591.42

（续表）

	2017 年	2016 年	2015 年	2014 年
发行股数（亿股）	239.26	294.61	230.79	26.60
融资金额（亿元）	1 336.25	1 390.89	1 216.17	134.08
市盈率（倍）	30.18	28.71	47.23	35.27

资料来源：全国中小企业股份转让系统网。

表 1-8　2017 年全国股份转让系统各月统计表

月份	挂牌企业家数	总股本（亿股）	流通股本（亿股）	总市值（亿元）	市盈率（倍）
2017.01	10 454	5 972.95	2 479.15	41 386.01	28.28
2017.02	10 757	6 097.74	2 569.16	42 849.64	28.94
2017.03	11 023	6 294.33	2 728.95	44 390.92	29.54
2017.04	11 113	6 339.60	2 775.05	44 266.30	29.52
2017.05	11 244	6 505.14	2 918.09	47 863.30	27.36
2017.06	11 314	6 651.01	3 035.08	48 798.40	27.90
2017.07	11 284	6 658.65	3 114.43	48 727.82	28.08
2017.08	11 551	6 713.97	3 203.30	50 052.68	29.07
2017.09	11 594	6 811.68	3 289.88	52 452.60	30.65
2017.10	11 619	6 846.98	3 344.31	51 697.27	30.42
2017.11	11 645	6 850.72	3 408.02	50 948.99	30.59
2017.12	11 630	6 756.73	3 416.92	49 404.56	30.18

资料来源：全国中小企业股份转让系统网。

二、行业分布情况

2017 年新三板挂牌企业行业分布情况与 2016 年变化不大。制造业挂牌企业数量遥遥领先，占比为 49.91%，较 2016 年下降约 1 个百分点。信息传输、软件和信息技术服务业紧随其后，占比为 19.64%。

表 1-9　2016—2017 年新三板挂牌企业行业分布情况

行业分类	2017 年年末		2016 年年末	
	企业家数	占比	企业家数	占比
制造业	5 804	49.91%	5 153	50.70%
信息传输、软件和信息技术服务业	2 284	19.64%	2 003	19.71%
租赁和商务服务业	607	5.22%	507	4.99%
批发和零售业	531	4.57%	436	4.29%
科学研究和技术服务业	509	4.38%	459	4.52%
建筑业	379	3.26%	330	3.25%
文化、体育和娱乐业	261	2.24%	228	2.24%
农、林、牧、渔业	223	1.92%	173	1.70%
水利、环境和公共设施管理业	198	1.70%	199	1.96%
交通运输、仓储和邮政业	197	1.69%	163	1.60%
金融业	144	1.24%	126	1.24%
电力、热力、燃气及水生产和供应业	130	1.12%	101	0.99%
房地产业	97	0.83%	67	0.66%
教育	88	0.76%	72	0.71%
卫生和社会工作	55	0.47%	47	0.46%
居民服务、修理和其他服务业	44	0.38%	40	0.39%
采矿业	42	0.36%	30	0.30%
住宿和餐饮业	37	0.32%	29	0.29%
合计	11 630	100.00%	10 163	100.00%

资料来源：全国中小企业股份转让系统网。

三、地域分布情况

从地域分布情况来看，2017 年新三板挂牌企业主要分布在广东、北京、江苏这三大省（市），其次是浙江、上海、山东，其余分布在各大省（市），相较于 2016 年，各大省（市）都有新增挂牌企业。

表 1-10　2016—2017 年新三板挂牌企业地域分布情况

省(市)	2017 年年末		2016 年年末	
	企业家数	占比	企业家数	占比
广东	1 878	16.15%	1 586	15.61%
北京	1 618	13.91%	1 477	14.53%
江苏	1 390	11.95%	1 246	12.26%
浙江	1 032	8.87%	901	8.87%
上海	989	8.50%	890	8.76%
山东	636	5.47%	570	5.61%
福建	405	3.48%	332	3.27%
湖北	404	3.47%	348	3.42%
河南	378	3.25%	342	3.37%
安徽	358	3.08%	302	2.97%
四川	332	2.85%	294	2.89%
河北	241	2.07%	195	1.92%
湖南	239	2.06%	205	2.02%
辽宁	234	2.01%	205	2.02%
天津	205	1.76%	171	1.68%
陕西	164	1.41%	141	1.39%
江西	161	1.38%	135	1.33%
重庆	142	1.22%	116	1.14%
新疆	98	0.84%	97	0.95%
黑龙江	97	0.83%	90	0.89%
云南	92	0.79%	76	0.75%
吉林	88	0.76%	78	0.77%
山西	83	0.71%	65	0.64%
广西	72	0.62%	60	0.59%
内蒙古	66	0.57%	60	0.59%
宁夏	66	0.57%	54	0.53%
贵州	59	0.51%	51	0.50%

（续表）

省（市）	2017 年年末		2016 年年末	
	企业家数	占比	企业家数	占比
海南	43	0.37%	30	0.30%
甘肃	34	0.29%	31	0.31%
西藏	21	0.18%	11	0.11%
青海	5	0.04%	4	0.04%
合计	11 630	100.00%	10 163	100.00%

资料来源：全国中小企业股份转让系统网。

第四节　中小企业指数变化情况

一、中小企业发展指数

2017 年中小企业发展指数总体平稳，波动不大，较 2016 年有小幅上扬，指数在 2017 年四季度突破 93，总体运行区间在 92.5—93.5。2012—2017 年中国中小企业发展指数运行情况见图 1-7。

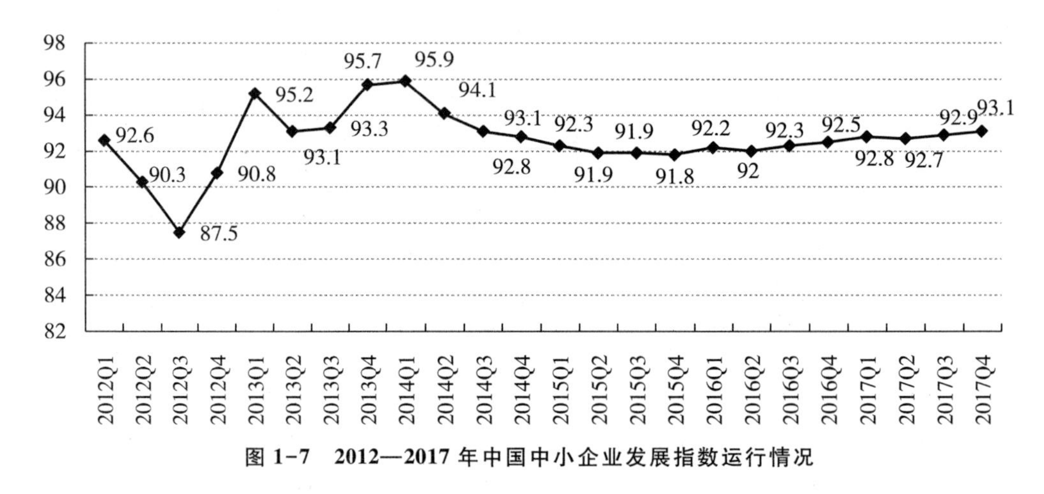

图 1-7　2012—2017 年中国中小企业发展指数运行情况

（一）一季度

2017 年一季度，中国中小企业发展指数为 92.8，继续低位缓升，比 2016 年四季度略升 0.3 点。分行业指数 7 升 1 降，分项指数全部上升，升降幅度不大的特点已持续 4 个季度,但总体状况好于 2016 年四季度。当前,宏观经济明显企稳向好,基础尚待进一步巩固。中小企业特别是小微企业,整体处于市场竞争的弱势地位,面临的困难更多一些,目前的态势仍将持续。

分行业指数中,8 个分行业指数 7 升 1 降,指数均处于景气临界值 100 以下。一季度行业的宏观经济感受、总体经营和市场状况相对较好,成本和资金景气度相对差一些,特别是 5 个行业的应收账款、4 个行业的人力成本、3 个行业的生产成本和原材料购进价格景气度略差。劳动力供求有所改善,但供应不旺。

分项指数全部上升,宏观经济感受指数、综合经营指数、成本指数和劳动力指数处于景气临界值 100 以上。

一季度东、中、西部和东北地区指数分别为 94.1、95.5、85.3 和 90.2,西部地区指数处于低位。从指数变动来看,中部地区和东北地区指数较 2016 年四季度回升明显。

(二) 二季度

2017 年二季度,中国中小企业发展指数为 92.7,连续略升 3 个季度后,本季度略降 0.1 点,升降幅度不大的特点已持续 5 个季度。分行业指数 2 升 2 持平 4 降,分项指数 2 升 1 持平 5 降,下降的面较一季度有所扩大。当前,经济运行继续平稳,稳中向好,但中小企业特别是小微企业面临的困难更多一些,体现在中小企业发展指数上,就是目前的特点仍将持续。

分行业指数 2 升 2 持平 4 降,总体状况稳定,但比一季度稍差。宏观经济感受、市场、资金、投入的景气度相对差一些,特别是 6 个行业的流动资金、6 个行业的应收账款、5 个行业的销售量和销售价格、4 个行业的宏观经济感受景气度略差,相对稍好一些的是成本和效益指数。

分项指数 2 升 1 持平 5 降,宏观经济感受指数、综合经营指数、成本指数和劳动力指数处于景气临界值 100 以上。宏观经济感受指数在连续 3 个季度上升后下降 0.1 点,综合经营指数在连续 3 个季度上升后持平,市场指数在连续 3 个季度上升后下降 0.3 点,成本指数连续 2 个季度上升,资金指数由升转降,投入指数在连续 3 个季度上升后下降 0.2 点,效益指数连续 4 个季度上升,劳动力指数由升转降,仍处于 8 个分项指数的最高位。

二季度东、中、西部和东北地区指数分别为 94.5、90.8、90.6 和 94.1。西部地区指数较一季度回升明显,但处于低位。东北地区指数也回升明显。

（三）三季度

2017年三季度，中国中小企业发展指数为92.9，比二季度略升0.2点，升降幅度不大的特点持续6个季度。分行业指数5升2持平1降，分项指数7升1降，上升的面较二季度有所扩大。中小企业发展指数继续保持平稳，向好的趋势有所增强，与宏观经济运行的总体特征大体一致。

分行业指数5升2持平1降，8个分行业指数均处于景气临界值100以下。本季度行业的总体状况略好于二季度。其中，投入和综合经营状况突出一些，具体来看，7个行业投入指数、5个行业综合经营指数均上升。但是，企业成本状况相对差一些，5个行业成本上升。

分项指数7升1降，宏观经济感受指数、综合经营指数、成本指数和劳动力指数处于景气临界值100以上。其中，宏观经济感受指数、市场指数、资金指数、投入指数由降转升，综合经营指数由平转升，成本指数在连续2个季度上升后下降，效益指数连续5个季度上升，但仍处于8个分项指数的最低位，劳动力指数由降转升，继续处于8个分项指数的最高位。

三季度东、中、西部和东北地区指数分别为95.8、91.9、88.0和82.3，东北地区指数代替西部地区成为最低位。且从指数变动情况来看，本季度东部地区和中部地区指数均有所上升，而西部地区和东北地区均有所下降，且东北地区下降幅度最大。

（四）四季度

2017年四季度，中国中小企业发展指数为93.1，继续小幅上行，比三季度上升0.2点。分行业指数6升1持平1降，分项指数5升3降，上升面较三季度有所扩大。

分行业指数6升1持平1降。8个分行业指数均处于景气临界值100以下。四季度行业上升面有所扩大，其中市场和效益状况良好，在8个行业中，6个行业市场指数、7个行业效益指数均上升。但企业成本和资金状况相对较差，4个行业成本上升，5个行业资金指数下降，特别是6个行业应收账款上升，5个行业融资指数下降，4个行业流动资金指数下降。

分项指数5升3降。宏观经济感受指数、综合经营指数、成本指数和劳动力指数处于景气临界值100以上。宏观经济感受指数、综合经营指数、市场指数、投入指数持续上升，成本指数持续下降，资金指数由升转降。效益指数连续6个季度上升，但仍处于 8 个分项指数的最低位；劳动力指数由升转降，继续处于 8 个分项指数的最高位。从分行业的供需情况来看，劳动力需求指数 4 升 3 降 1 持平；供应指数 1 升 7 降。可以看出，劳动力供应下降，需求保持平稳。

四季度东、中、西部和东北地区指数分别为 94.2、90.8、93.5 和 84.7。从指数变动情况来看，本季度西部地区和东北地区均有所上升，西部地区上升幅度最大，东部地区和中部地区指数均有所下降。

二、企业景气指数

《中国中小企业景气指数研究报告 2017》显示，2017 年，中国中小企业综合景气指数探底回升，基于工业总产值加权计算的全国中小企业平均景气指数上升到 84.60，增长幅度近 10%，显示出当前企业生产经营企稳回升，发展基本面良好。

2017 年，江苏、广东、浙江三省排名前三甲，全国省际景气指数排名波动较大。江苏、广东、浙江三省凭借中小企业先进制造实力和综合创新优势排名全国省际中小企业景气指数前三甲，集中反映了以长江三角洲和珠江三角洲地区主要省（市）在振兴中小实体经济、完善各类资本市场、促进上市中小企业发展，以及通过改善政策和服务环境提振中小企业家信心方面所取得的显著实效。与 2016 年相比，部分省（市）的景气指数排名波动较为明显。其中，河北省受雄安新区新设等积极因素影响，同比上升 4 位排名全国第 6；陕西、新疆、青海等西部省份受“一带一路”概念股等拉动，景气指数排名有所上升。上海、重庆、贵州等省（市）的景气指数同比有所上升，但省际排名相应有所下降。

全国中小企业综合景气指数的地区分布由东南沿海发达省（市）向中西部内陆地区分层递减，省际差距进一步缩小。第一层次为江苏、广东、浙江和山东 4 省，综合景气指数在 100 以上；第二层次为河南、河北、辽宁、福建、安徽、湖北、上海、四川、湖南、北京、天津 11 省（市），综合景气指数在 50—100；第三层次为陕西、江西、重庆、新疆、山西、云南、贵州、甘肃 8 省（市），综合景气指数在 40—50；第四层次为宁夏、海南、青海等省（市、自治区），综合景气指数在 40 以下。全国省际中小企业综合景气指数最高的江苏（111.6）是最低的青海（33.55）的 3.34 倍，与 2016 年相比，2017 年省际综合景气指数区域差异进一步缩小。

七大地区景气指数华东持续向好，华东和华南地区仍为中国中小企业创新发展最具活力的区域，中西部地区发展潜力巨大。从七大地区排名来看，2017 年，华东地区景气指数值高达 133.72，同比上升 11%。华东地区工业中小企业、上市中小企业景气指数及反映企业家信心的比较景气指数都在100以上,中小企业综合发展优势明显。华南、华北、华中地区,景气指数水平较为接近。其中,华南地区景气指数同比持平,华北、华中地区同比有所上升。西南、东北和西北地区景气指数总体偏低,而且同比有一定下滑。总体来看,中西部地区中小企业具有承接东部地区产业转移的广阔空间,特别是"一带一路"倡议为西部地区中小企业"走出去"提供了良好环境,发展潜力增大。

第二章　2017年促进中小企业发展的政策与法规综述

2017年是全面深化改革向纵深推进的关键一年，是实施"十三五"规划的重要一年，也是中小企业发展的决胜一年。近年来，国务院、工业和信息化部、国家发展改革委、国家工商总局、中国银监会、科技部、中国人民银行等多部门出台了一系列促进中小企业发展的管理办法和实施意见等政策性文件，而与往年政策相比，2017年政策加大了对中小企业的财税力度，着重优化中小企业发展环境，并在金融、财税、创新创业、商事制度、"走出去"等方面提供政策支持。为了改善中小企业经营环境，保障中小企业公平参与市场竞争，维护中小企业合法权益，支持中小企业创业创新，扩大城乡就业，发挥中小企业在国民经济和社会发展中的重要作用，全国人民代表大会常务委员会于2017年9月12日修订通过了《中华人民共和国中小企业促进法》。该法从财税支持、融资促进、创业扶持、创新支持、市场开拓、服务措施、权力保护、监督检查八个方面来促进中小企业健康发展。

2017年国家部委共出台21项重要政策扶持中小微企业发展，其中综合性政策8项，金融政策2项，财税政策6项，创新创业政策3项，商事制度政策2项，这充分说明国家扶持中小企业健康发展的决心之坚、行动力之强。

第一节　国家部委有关中小企业的扶持政策

一、综合性政策

近年来经济下行压力虽然较大，但中国推进供给侧结构性改革初步取得成效，实体经济基本面回暖，中小板、创业板及新三板上市企业扩容，投融资环境有所好转，创业创新活力进一步增强，多种利好政策释放红利，使得2017年全国中小企业景气指数探底回升。

为进一步提升中小企业信息技术应用水平，增强中小企业创业创新活力，形成经济发展新动能，工业和信息化部就“十三五”期间推进中小企业信息化发展工作提出《关于进一步推进中小企业信息化的指导意见》（工信部企业〔2016〕445 号）。该指导意见提出，到 2020 年，中小企业信息化水平显著提升。互联网和信息技术在提升中小企业创新发展能力和推动组织管理变革方面的作用明显增强。中小企业在研发设计、生产制造、经营管理和市场营销等核心业务环节应用云计算、大数据、物联网等新一代信息技术的比例不断提高。国家致力于培育和发展一批有效运用信息技术，具有创新发展优势、经营管理规范、竞争力强的中小企业，中小企业信息化服务体系进一步完善。中小企业通过基于互联网的产业生态体系，与大企业协同创新、协同制造的能力显著提升。

为做好 2017 年高校毕业生创业就业工作，进一步引导和鼓励高校毕业生到中小企业工作，优化中小企业人才结构，推动大众创业、万众创新，工业和信息化部办公厅和教育部办公厅于 2017 年 2 月 24 日联合印发了《关于开展 2017 年中小企业与高校毕业生创业就业对接服务工作的通知》（工信厅联企业函〔2017〕100 号）。

为贯彻落实党中央、国务院关于“稳增长、促改革、调结构、惠民生、防风险”的有关要求，引导和推动小企业加强内部控制建设、提升经营管理水平和风险防范能力，促进小企业健康可持续发展，根据《中华人民共和国会计法》《中华人民共和国公司法》等法律法规及《企业内部控制基本规范》，财政部制定了《小企业内部控制规范（试行）》（财会〔2017〕21 号）。

为认真落实党中央、国务院促进中小企业健康发展的决策部署，深入推进供给侧结构性改革，以各地平台网络为依托，推动“互联网 + ”中小企业服务深度融合，广泛集聚各类社会服务资源，提升中小企业公共服务能力，优化创业创新服务环境，工业和信息化部及财政部于 2017 年 8 月 3 日联合发布了《关于推动中小企业公共服务平台网络有效运营的指导意见》（工企业函〔2017〕187 号）。该指导意见重点围绕“扩大覆盖范围、推动开放共享、探索长效机制、创新服务方式”展开，并强调从组织引导、财政支持、服务评价、数据挖掘、人才队伍、网络宣传等方面采取保障措施。

党中央、国务院高度重视民间投资工作，近年来部署出台了一系列有针对性的政策措施并开展了专项督查，民间投资增速企稳回升。但是，当前民间投资增长仍面临不少困难和障碍，部分鼓励民间投资的政策尚未落实到位，营商环境有待进一步改善，一些垄断行业市场开放度不够，融资难、融资贵问题仍然存在，民间投资活力不强的局面尚未根本改观。为进一步激发民间有效投资活力，促进经济持续健康发展，国务院办公厅于 2017 年 9 月 15 日发布了《关于进一步激发民间有效投资活力促进经济持续健康发展的指导意见》（国办发〔2017〕79 号）。

为提升中小企业公共服务质量、规范中小企业公共服务行为、改善中小企业公共服务环境，工业和信息化部办公厅于 2017 年 10 月 17 日制定并印发了《关于印发〈中小企业公共服务规范评价指标（试行）〉的通知》（公信厅企业〔2017〕103 号）。该评价指标依据引导性、适应性、规范性原则，构建中小企业公共服务规范评价指标体系。

为深入贯彻落实党的十九大精神，进一步激发民间投资活力，引导民营制造业企业转型升级，加快制造强国建设，工业和信息化部、国家发展改革委、科技部、财政部、环境保护部、商务部、人民银行、工商总局、质检总局、知识产权局、工程院、银监会、证监会、保监会、国防科工局、全国工商联于 2017 年 11 月 20 日联合印发了《关于发挥民间投资作用　推进实施制造强国战略的指导意见》（工信部联规〔2017〕243 号）。该指导意见按照“市场主导、问题导向、协同推进、公平共享”的原则，从民营企业反映强烈、制约民间投资、影响提质增效升级的突出问题出发，提出了八项提升民营制造业转型升级的主要任务，鼓励支持制造业民营企业提升创新发展能力、两化融合水平、工业基础能力和质量品牌水平，推动绿色制造升级、产业结构布局优化、服务化转型以及国际化发展，指出了民营企业转型升级的方向任务和工作措施。

为鼓励民间资本规范有序参与基础设施项目建设，促进政府和社会资本合作（PPP）模式更好发展，提高公共产品供给效率，加快补短板建设，充分发挥投资对优化供给结构的关键性作用，增强经济内生增长动力，国家发展改革委发布了《国务院办公厅关于进一步激发民间有效投资活力促进经济持续健康发展的指导意见》（国办发〔2017〕79 号）。该指导意见提出十项举措：创造民间资本参与 PPP 项目的良好环境，分类施策支持民间资本参与 PPP 项目，鼓励民营企业运用 PPP 模式盘活存量资产，持续做好民营企业 PPP 项目推介工作，科学合理设定社会资本方选择标准，依法签订规范、有效、全面的 PPP 项目合同，加大民间资本 PPP 项目融资支持力度，提高咨询机构的 PPP 业务能力，评选民间资本 PPP 项目典型案例，加强政府和社会资本合作诚信体系建设。

表 2-1 汇总了 2017 年国家部委颁布的综合性政策。

表 2-1 2017 年国家部委颁布综合性政策

出台时间	政策措施	部门	文号
1 月 24 日	《关于进一步推进中小企业信息化的指导意见》	工业和信息化部	工信部企业〔2016〕445 号
2 月 24 日	《关于开展 2017 年中小企业与高校毕业生创业就业对接服务工作的通知》	工业和信息化部办公厅、教育部办公厅	工信厅联企业函〔2017〕100 号
6 月 29 日	《小企业内部控制规范(试行)》	财政部	财会〔2017〕21 号
8 月 3 日	《关于推动中小企业公共服务平台网络有效运营的指导意见》	工业和信息化部、财政部	工企业函〔2017〕187 号
9 月 15 日	《关于进一步激发民间有效投资活力促进经济持续健康发展的指导意见》	国务院办公厅	国办发〔2017〕79 号
10 月 17 日	《关于印发〈中小企业公共服务规范评价指标(试行)〉的通知》	工业和信息化部办公厅	工信厅企业〔2017〕103 号
10 月 27 日	《关于发挥民间投资作用　推进实施制造强国战略的指导意见》	工业和信息化部、国家发展改革会等	工信部联规〔2017〕243 号
11 月 28 日	《国务院办公厅关于进一步激发民间有效投资活力促进经济持续健康发展的指导意见》	国家发展改革委	国办发〔2017〕79 号

资料来源:根据中国中小企业信息网资料整理。

二、金融政策

2017 年 4 月 25 日,人民银行、工业和信息化部会同财政部、商务部、国资委、银监会、外汇局联合印发了《小微企业应收账款融资专项行动工作方案(2017—2019 年)》(银发〔2017〕104 号),立足实体经济,聚焦小微企业,全面实施小微企业应收账款融资专项行动。该方案指出,应收账款是小微企业重要的流动资产。发展应收账款融资,对于有效盘活企业存量资产、提高小微企业融资效率具有重要意义。要通过开展小微企业应收账款融资专项行动,不断丰富企业融资渠道,稳步扩大应收账款融资规模,进一步优化企业商业信用环境,促进金融与实体经济良性互动发展。

为进一步落实党中央、国务院关于扶持小微企业发展的一系列决策部署,工商总局和银监会决定在全国范围内开展"银商合作",建立支持小微企业发展的信息互联互通机制,助力小微企业发展,促进大众创业、万众创新,推动商事制度改革成果惠及广大小微企业,缓解小微企业融资难、融资贵等问题。工商总局与银监会于2017年8月31日联合发布了《关于开展“银商合作”助力小微企业发展的通知》(工商个字〔2017〕162号)。

表2-2汇总了2017年国家部委颁布的金融政策。

表2-2 2017年国家部委颁布金融政策

出台时间	政策措施	部门	文号
4月25日	《小微企业应收账款融资专项行动工作方案(2017—2019年)》	中国人民银行、工业和信息化部、财政部、商务部、国资委、银监会、外汇局	银发〔2017〕104号
8月31日	《关于开展“银商合作”助力小微企业发展的通知》	工商总局、银监会	工商个字〔2017〕162号

资料来源:根据中国中小企业信息网资料整理。

三、财税政策

为支持小型微利企业发展,财政部和税务总局于2017年6月6日印发了《关于扩大小型微利企业所得税优惠政策范围的通知》(财税〔2017〕43号)。

为支持小微企业发展,财政部和税务总局于2017年10月20日发布了《关于延续小微企业增值税政策的通知》(财税〔2017〕76号)。该通知提出,“自2018年1月1日至2020年12月31日,继续对月销售额2万元(含本数)至3万元的增值税小规模纳税人,免征增值税”。

为进一步加大对小微企业的支持力度,缓解融资难、融资贵局面,财政部和税务总局于2017年10月26日联合印发了《关于支持小微企业融资有关税收政策的通知》(财税〔2017〕77号)。

表2-3汇总了2017年国家部委颁布的财税政策。

表2-3 2017年国家部委颁布财税政策

出台时间	政策措施	部门	文号
6月6日	关于扩大小型微利企业所得税优惠政策范围的通知	财政部、税务总局	财税〔2017〕43号
10月20日	《关于延续小微企业增值税政策的通知》	财政部、税务总局	财税〔2017〕76号

（续表）

出台时间	政策措施	部门	文号
10 月 26 日	《关于支持小微企业融资有关税收政策的通知》	财政部、税务总局	财税〔2017〕77 号

资料来源：根据中国中小企业信息网资料整理。

四、创新创业政策

2017 年，面对就业形势的新变化和新挑战，必须把就业作为重中之重，坚持实施就业优先战略和更加积极的就业政策，坚决打好稳定和扩大就业的硬仗，稳住就业基本盘，在经济转型中实现就业转型，以就业转型支撑经济转型。国务院 2017 年 4 月 13 日制定并发布了《国务院关于做好当前和今后一段时期就业创业工作的意见》（国发〔2017〕28 号）。该意见强调，“发挥小微企业就业主渠道作用，落实小微企业降税减负等一系列扶持政策和清理规范涉企收费有关政策。着力推进小微企业创新发展，推动小微企业创业创新示范基地建设，搭建公共服务示范平台。加大科研基础设施、大型科研仪器向小微企业开放力度，为小微企业产品研发、试制提供支持”。

2017 年 4 月 19 日，国务院常务会议决定延续支持和促进重点群体创业就业的税收政策。据此，国家税务总局、财政部、人力资源社会保障部、教育部、民政部于 2017 年 6 月 29 日联合印发了《关于继续实施支持和促进重点群体创业就业有关税收政策具体操作问题的公告》（国家税务总局公告 2017 年第 27 号）。为将优惠政策贯彻落实到位，使纳税人便捷享受优惠政策，同时，为利于基层税务机关征管操作，该公告明确了个体经营和企业吸纳就业适用税收优惠政策条件。

表 2-4 汇总了 2017 年国家部委颁布的创新创业政策。

表 2-4　2017 年国家部委颁布创新创业政策

出台时间	政策措施	部门	文号
4 月 13 日	《国务院关于做好当前和今后一段时期就业创业工作的意见》	国务院	国发〔2017〕28 号
6 月 29 日	《关于继续实施支持和促进重点群体创业就业有关税收政策具体操作问题的公告》	国家税务总局、财政部、人力资源社会保障部、教育部、民政部	国家税务总局公告 2017 年第 27 号

资料来源：根据中国中小企业信息网资料整理。

五、商事制度政策

小微企业是中国经济社会发展的重要力量。商事制度改革以来,小微企业数量大幅增长,占各类市场主体的比重稳步提高,在增加就业,促进经济增长、科技创新与社会和谐稳定等方面发挥了不可替代的作用。为进一步落实《国务院关于扶持小型微型企业健康发展的意见》(国发〔2014〕52 号)和党中央、国务院关于扶持小微企业发展的一系列决策部署,充分发挥工商、市场监管部门与小微企业联系紧密的职能优势,切实履行好"放管服"职能转变,增强小微企业获得感,做小微企业热情服务者,工商总局于 2017 年 5 月 8 日提出了《关于深入推进"放管服"多措并举助力小型微型企业发展的意见》(工商个字〔2017〕70 号)。该意见提出要充分利用小微企业名录数据资源,与金融、人社、教育、科技等部门合作,为落实各项小微企业扶持政策提供可靠的数据基础,并形成小微企业相对统一完善的统计体系和相对准确的数据系统,及时了解小微企业生存状态。

2017 年《政府工作报告》明确提出,要深化商事制度改革,实行"多证合一"。作为"放管服"改革的先手棋和突破口,商事制度改革随着"三证合一""五证合一"到"多证合一"改革任务的展开,从工商部门自身的改革拓展为部门之间的联动改革,成为影响长远、影响全局的综合性改革。"多证合一"是一项政府部门自我释权、放权的"刀刃向内"的改革,从全面梳理整合各类涉企证照事项入手,打通"信息孤岛",促进政府管理理念和方式的转变,推动涉企证照事项的削减,从而减少企业办事成本,更加便利群众办事创业。

为深入贯彻落实党中央、国务院关于优化营商环境和推进"放管服"改革的系列部署,进一步深化税务系统"放管服"改革,优化税收环境,激发市场主体创业创新活力,国家税务总局于 2017 年 9 月 14 日制定了《关于进一步深化税务系统"放管服"改革　优化税收环境的若干意见》(税总发〔2017〕101 号)。

表 2-5 汇总了 2017 年国家部委颁布的商事制度政策。

表 2-5　2017 年国家部委颁布商事制度政策

出台时间	政策措施	部门	文号
5 月 8 日	《关于深入推进"放管服"多措并举助力小型微型企业发展的意见》	工商总局	工商个字〔2017〕70 号
5 月 12 日	《国务院办公厅关于加快推进"多证合一"改革的指导意见》	国务院办公厅	国办发〔2017〕41 号

（续表）

出台时间	政策措施	部门	文号
9月14日	《关于进一步深化税务系统“放管服”改革　优化税收环境的若干意见》	国家税务总局	税总发〔2017〕101号

资料来源：根据中国中小企业信息网资料整理。

六、支持“走出去”政策

推进“一带一路”建设是党中央、国务院统筹国际国内两个大局做出的重大决策。中小企业是“一带一路”沿线各国对外经济贸易关系中最重要的合作领域之一，也是促进各国经济社会发展的重要力量。随着“一带一路”建设的不断推进，中国中小企业迎来了新的发展机遇和广阔的发展空间。为加强中国中小企业与“一带一路”沿线各国的经济技术合作和贸易投资往来，支持中小企业“走出去”“引进来”，工业和信息化部、中国国际贸易促进委员会决定开展支持中小企业参与“一带一路”建设的专项行动。该专项行动的重点工作：一是助力中小企业赴沿线国家开展贸易投资，二是为中小企业提供优质服务，三是提升中小企业国际竞争力。

近年来，中国民营企业境外投资步伐明显加快，在促进国民经济持续健康发展、加强中国与世界各国互利友好合作方面发挥了积极作用。但同时，中国民营企业境外投资经验仍然不足，境外经营水平有待提高。为规范民营企业境外投资经营行为，提高“走出去”的质量和水平，国家发展改革委、商务部、人民银行、外交部、全国工商联于2017年12月6日联合制定了《关于发布〈民营企业境外投资经营行为规范〉的通知》（发改外资〔2017〕2050号）。该规范主要从五方面对民营企业境外投资经营活动进行引导和规范：一是完善经营管理体系，二是依法合规诚信经营，三是切实履行社会责任，四是注重资源环境保护，五是加强境外风险防控。

表2-6汇总了2017年国家部委颁布的支持“走出去”政策。

表2-6　2017年国家部委颁布支持“走出去”政策

出台时间	政策措施	部门	文号
8月4日	《关于开展支持中小企业参与“一带一路”建设专项行动的通知》	工业和信息化部、中国国际贸易促进委员会	工信部联企业〔2017〕191号
12月6日	《关于发布〈民营企业境外投资经营行为规范〉的通知》	国家发展改革委、商务部、人民银行、外交部、全国工商联	发改外资〔2017〕2050号

资料来源：根据中国中小企业信息网资料整理。

第二节 各地有关中小微企业的扶持政策措施

2017 年国家各部委针对中小微企业发展连出政策组合拳，多层面、全方位推动中小微企业健康发展。为了贯彻中央精神，落实中央扶助中小微企业的各项政策，各地纷纷落实扶持工作，在中小微企业综合扶持、减税降负、缓解融资难问题、拓宽融资渠道、加大资金补贴力度、推动创新创业等方面出台多项条例、意见、通知、管理办法等条文、规章制度，多举措、系统化推动中小微企业发展。2017 年各地的中小微企业扶持政策措施，纷纷在财税和创业创新方面出重拳，进一步为中小微企业完善发展环境，扩宽融资渠道，加大补贴支持力度。

一、中小微企业综合扶持措施

在中小微企业综合扶持措施方面，甘肃、山西、辽宁、四川、河北、浙江、海南、福建、陕西、河南等地争相出台规章制度、政策措施，与国家部委各项扶持政策相呼应（见表 2-7）。

表 2-7 2017 年各地法规扶持中小微企业政策汇总

地区	扶持举措
山东	《淄博市人民政府关于做好就业创业工作助推新旧动能转换的意见》 《小微企业治理结构和产业结构“双升”战略实施方案》 产业互联网云平台
广东	《深圳市民营及中小企业发展专项资金管理办法》 《广东省降低制造业企业成本支持实体经济发展的若干政策措施》 《深圳市小微企业创业创新基地城市示范专项资金知识产权项目操作规程（暂行）》 《东莞市发挥品牌引领作用推动供需结构升级实施方案》
陕西	《支持实体经济发展若干财税措施印发意见》 《中小企业“十三五”创业创新发展规划》 《陕西省中小企业公共服务示范平台认定管理办法》
内蒙古	《内蒙古自治区关于推进小微企业参加工伤保险有关问题的通知》
甘肃	《甘肃省 2017 年扶助小微企业专项行动实施方案》 《关于坚持问题导向落实政策措施进一步推动全市非公有制经济跨越发展的实施意见》

（续表）

地区	扶持举措
福建	《福建省“专精特新”中小企业认定管理暂行办法》 《减轻企业负担促进工业经济增长十条措施》
山西	鼓励中小企业股份制改造 《全省税务系统优化税收营商环境　服务经济转型发展实施意见》
河北	“115”工作计划 多措并举支持小微企业发展 《河北省人民政府办公厅关于进一步激发社会领域投资活力的实施意见》 《唐山市小微企业研发经费投入补助实施细则（修订）》
重庆	《关于服务保障民营经济健康发展的意见》
辽宁	《锦州市促进民营经济发展扶持政策》 《工商总局关于深入推进“放管服”多措并举助力小型微型企业发展的实施意见》 《关于对小微型困难企业减半征收城镇土地使用税和房产税有关问题的公告》
河南	减税免税 《洛阳市小微企业创业创新服务补贴券使用管理办法（试行）》 《漯河市工商局助推小微企业健康发展 20 条措施》
宁夏	金融信用体系建设促进会
四川	《关于广泛开展质量技术服务活动助力中小微企业质量提升的指导意见》 《成都市工商局关于支持小型微型企业发展的十条意见》 四川省中小企业发展基金
北京	《关于率先行动改革优化营商环境实施方案》
安徽	《安徽省支持政府和社会资本合作（PPP）若干政策》 规范中小企业发展专项资金项目管理
云南	《关于构建“亲”“清”新型政商关系的实施意见》
江苏	《关于切实减轻企业负担的意见》 《江苏省专精特新产品和科技小巨人企业培育实施意见》
江西	《关于贯彻落实“十三五”市场监管规划的实施意见》
海南	《海南省中小企业发展专项资金管理暂行办法（修订）》
广西	《柳州市全面推进小微企业创业创新基地城市示范工作的若干政策措施》

（续表）

地区	扶持举措
浙江	《2017 年浙江省促进中小企业发展工作要点》 《关于进一步推广应用创新券　推动大众创业万众创新的若干意见》 “浙江省外贸小微企业成长三年行动计划” “小微企业三年成长计划” 《浙江省小微企业发展“十三五”规划》
湖南	《湖南省小巨人企业培育计划实施方案》
天津	《天津市降低实体经济企业成本 2017 年第一批政策措施》
吉林	《吉林省税务局关于加强税收软环境建设服务经济发展的若干措施》
湖北	《省人民政府办公厅关于进一步降低企业成本振兴实体经济的意见》
黑龙江	《关于 2017 年小微企业引进高层次人才　申请人才发展资金扶持的通知》
西藏	设立小微企业商标品牌扶持专项资金 《拉萨市全面推进小微企业创业创新基地城市示范建设工作的若干政策措施（试行）》

资料来源：根据中国中小企业信息网资料整理。

1 月，小微企业是浙江省经济的特色和活力所在。“十二五”以来，浙江省小微企业呈现加速发展良好态势，在全国形成了领先优势和特色亮点。经浙江省政府同意，《浙江省小微企业发展“十三五”规划》出台，“十三五”期间，浙江省将努力再创小微企业发展新优势，为经济持续健康发展提供坚实支撑。

2 月，安徽省经信委从完善项目储备、调度、督查、验收、评价制度等方面，进一步加强和规范省中小企业发展专项资金项目管理，促使项目早日建成投产发挥效益。其中明确，将加强项目绩效评价结果运用，绩效评价好坏与下年度省中小企业发展专项资金安排挂钩。为有效发挥财政资金的引导作用，带动社会资本进入实体经济，促进四川省中小企业快速健康发展，省经信委、省财政厅积极转变中小微企业扶持方式，设立了四川省中小企业发展基金。该基金采取母子基金的模式，并在全国首创创新融资子基金，以缓解中小企业融资瓶颈。山东“产业互联网云平台”2 月 27 日宣布上线，将着力解决中小企业在成长过程中面临的项目、资金、人才匮乏等“痛点”。云南省国税全面落实好小微企业增值税优惠政策，云南省政府采购预算要向小微企业预留份额。陕西省《中小企业“十三五”创业创新发展规划》正式出台。“十三五”期间，陕西省将以实施中小企业“八大行动计划”为抓手，多元化推动全省中小微企业、民营经济实现创新发展，力争到 2020 年，非公有制经济增加值占全省 GDP(国内生产总值)比重达到 58%，全省民营企业超过 70 万户。

3 月，为支持广西壮族自治区中小企业扩大投资和技术改造，广西壮族自治区财政厅下达了有关市县 2017 年中小企业发展专项资金 7 000 万元，主要用于支持"专精特新"中小企业项目、"产业富民"专项活动等。陕西省计划用 3 年时间辅导帮助 60 家中小企业打造区域知名品牌，扶持培育 1 500 家具有品牌发展潜力的"专精特新"中小企业，带动 3 000 家以上的中小企业关注自身品牌发展，建立陕西省中小企业品牌梯级培育库。为助推小微企业"双创"，济南市将在 2016—2018 年 3 年内筹集安排资金 30 亿元，用于支持创业创新载体、公共服务体系、融资政策体系建设等。哈尔滨市人社局下发《关于 2017 年小微企业引进高层次人才 申请人才发展资金扶持的通知》。根据该通知，哈尔滨市支持小微企业引进高层次和紧缺实用人才。拉萨市印发了《拉萨市全面推进小微企业创业创新基地城市示范建设工作的若干政策措施(试行)》，设立小微企业商标品牌扶持专项资金，鼓励和引导小微企业积极争创国家驰名商标、西藏自治区著名商标，对认定成功的小微企业除兑现拉萨市政府奖励资金外，从 3 年示范期的运行资金中再分别奖励 20 万元和 5 万元。宁波市将滚动实施"小微企业三年成长计划"，并逐步扩大部门的参与面。福建省山区工业大县安溪县出台了《减轻企业负担促进工业经济增长十条措施》，给企业减税降负，计划减负金额高达 5.28 亿元，相当于该县 2016 年全年 1/7 的财政总收入。

4 月，天津市政府办公厅印发了《天津市降低实体经济企业成本 2017 年第一批政策措施》。2017 年第一批共 26 项政策措施，涵盖降低税费负担、降低企业人工成本、降低资金成本、降低能源资源成本、降低物流成本、降低制度性交易成本、降低创新创业成本、降低生产经营成本和管理费用等八个方面。吉林省针对小微企业税负的《吉林省税务局关于加强税收软环境建设服务经济发展的若干措施》已正式实施，本次公布的措施共有 30 条，其中包括税收优惠政策落实、规范税收执法行为、提高纳税服务质效等多个方面。"浙江省外贸小微企业成长三年行动计划"正式启动，这将全面加强以外贸小微企业为代表的浙江省外贸主体的培育，帮助外贸主体了解外贸支持政策、贸易便利化的措施和外贸业务知识，提高外贸业务能力和熟练运用外贸政策能力。湖北省政府办公厅印发了《省人民政府办公厅关于进一步降低企业成本振兴实体经济的意见》，共 32 条，以进一步降低企业资源要素成本、物流成本、融资成本、涉企税费水平等。

5 月，福建省经信委、财政厅出台了《福建省“专精特新”中小企业认定管理暂行办法》，将从 2017 年起，面向工业、信息传输业、软件和信息技术服务业等领域，组织开展省级“专精特新”中小企业培育认定工作。湖南省经信委、省财政厅联合印发了《湖南省小巨人企业培育计划实施方案》，每年重点培育并认定 200 家左右小巨人企业，发挥其示范作用，促进引导全省中小企业“专精特新”发展。洛阳市政府常务会议原则通过了《洛阳市小微企业创业创新服务补贴券使用管理办法（试行）》，在 3 年国家小微企业创业创新基地示范期内将发放服务券 3 600 万元。为扶持企业做大做强，漯河市工商局制定了《漯河市工商局助推小微企业健康发展 20 条措施》，为漯河市企业发展提供政策支持。唐山市科技局、财政局、统计局联合印发了《唐山市小微企业研发经费投入补助实施细则（修订）》，在河北省内率先实施了小微企业研发经费补助政策。

6 月，甘肃省工信委制定并下发了《甘肃省 2017 年扶助小微企业专项行动实施方案》。山西省政府办公厅发出通知，公布了省政府同意实施的一系列中小微企业扶持政策。江苏省出台了《江苏省专精特新产品和科技小巨人企业培育实施意见》，3 年内将新增 300 个中小企业公共技术服务平台，帮助中小企业弥补信息、技术、市场、资金的短板，开发一批适应市场需求和未来发展趋势的新产品。为促进中小企业持续健康发展，浙江省印发了《2017 年浙江省促进中小企业发展工作要点》，将从简化行政审批流程、加大财税支持、拓宽融资渠道等方面为中小企业发展培育新增量，增添新动能。山东省工商局转发了国家工商总局《关于深入推进“放管服”多措并举助力小型微型企业发展的意见》，并结合实际，提出了具体措施。《东莞市发挥品牌引领作用推动供需结构升级实施方案》明确，东莞市鼓励中小企业培育和优化商标品牌，以荔枝、香蕉等东莞市特色农产品为重点，培育东莞市特色农产品品牌。

7 月，为促进山东省小微企业可持续发展，加快新旧动能转换，提升经济发展的质量和效益，山东省政府印发了《小微企业治理结构和产业结构“双升”战略实施方案》。海南省工业和信息化厅会同海南省财政厅出台了《海南省中小企业发展专项资金管理暂行办法（修订）》。据了解，修订后的办法在资金支持范围、资金重点支持内容、资金支持方式、资金管理使用方式等四个方面均有了新的变化。《成都市工商局关于支持小型微型企业发展的十条意见》正式出台，其中包括积极推进“多证合一、一照一码”改革，启动全程电子化网上登记，深化企业住所登记制度改革，开展个体工商户简易登记等一系列创新举措。柳州市政府印发了《柳州市全面推进小微企业创业创新基地城市示范工作的若干政策措施》,从支持创业创新空间建设、提升公共服务能力、落实税费优惠政策、拓宽融资渠道等方面,助力小微企业创业创新基地城市示范建设,为小微企业提供更便捷、更周到的服务。

8月,江苏省政府发布了《关于切实减轻企业负担的意见》,针对企业反映强烈的税费负担问题,在"减"字上做文章,再推出17条降本减负措施,持续减轻企业负担。江西省出台了《关于贯彻落实"十三五"市场监管规划的实施意见》,将放宽市场准入,深化商事制度改革,完善企业退出机制,扶持小微企业健康发展。辽宁省先后出台了《工商总局关于深入推进"放管服"多措并举助力小型微型企业发展的实施意见》《关于对小微型困难企业减半征收城镇土地使用税和房产税有关问题的公告》,围绕便利准入、降低成本、税收优惠等方面,为辽宁省小微企业健康发展进一步提供助力。深圳市市场和质量监管委印发实施了《深圳市小微企业创业创新基地城市示范专项资金知识产权项目操作规程(暂行)》,符合条件的小微企业可申请知识产权(仅含专利、商标、版权)工作发展专项资金。资助范围包括深圳市小微企业商标注册资助、深圳市小微企业一般作品著作权登记资助、深圳市小微企业专利保险保费资助、深圳市知识产权孵化基地及在孵小微企业资助四大类。

9月,为了更好地借助"一带一路"发展契机,助推宁夏回族自治区中小微企业"走出去",宁夏金融信用体系建设促进会不断完善服务功能,拓宽资源渠道,2017年上半年,在自治区金融工作局的牵头推动下,宁夏金融信用体系建设促进会为全区企业举行了25场资本市场培训和融资对接服务,并积极与国内各机构和国外商协会建立区域合作机制,通过前期深入企业调研了解企业诉求,为企业制定出了一套完整的服务模式体系,包括企业的融资对接、媒体宣传、资本知识培训、市场业务拓展等,目的就是最大限度地发挥行业协会的资源整合能力,为企业提供多元化的金融、营销,宣传等服务。兰州市配套制定了《关于坚持问题导向落实政策措施进一步推动全市非公有制经济跨越发展的实施意见》,提出了支持兰州市中小微企业(非公经济)发展的38项具体措施。为深入贯彻落实省第十三次党代会提出的"五新"战略任务要求,加快全省中小企业发展,陕西省制定出台了《陕西省中小企业公共服务示范平台认定管理办法》,省中小企业促进局将从政策、资金、项目等方面对示范平台予以重点扶持。该办法对示范平台应具备的基本条件和功能要求做出了明确规定,包括资产规模、服务业绩、管理制度、人才队伍等十个方面的内容。内蒙古自治区人社厅制定出台了《内蒙古自治区关于推进小微企业参加工伤保险有关问题的通知》,明确小微企业参加工伤保险不得设置捆绑条件。该通知旨在使小微企业及其从业人员享受优先参加工伤保险的优惠政策，使自治区更多的城镇灵活就业人员和农牧民工"劳而无忧"。四川省质监局出台了《关于广泛开展质量技术服务活动助力中小微企业质量提升的指导意见》，正式启动以"服务零距离、质量零缺陷"为主题的服务活动，全省质监部门将围绕中小微企业质量发展"痛点"和难点，从标准支撑、计量基础、检测服务等七个方面提升整体质量水平，提高质量效益。北京市委市政府印发了《关于率先行动改革优化营商环境实施方案》。据了解，该实施方案就精简审批手续、吸引人才入驻、鼓励电商发展、设立民营银行等多方面做出了具体规定。

10 月，山西省采取建立拟改制企业后备资源库、组织股改和上市培训、指导推荐中介服务机构、入企调研具体指导帮扶、协调相关部门推动工作、加强沟通交流及时总结等六项措施，鼓励中小微企业完成规范化股份制改造。郑州市基本实现了小微企业税收优惠政策落实全覆盖，优惠税额不断增加，优惠范围不断扩大，促使郑州市小微企业逐年增加。河北省承德银监分局积极引导辖区银行业金融机构创新信贷产品，简化审批流程，提高服务水平，多措并举全力支持小微企业发展。

11 月，宁夏地税局通过简政放权、减税降费，降低制度性交易成本等措施，确保国务院六项减税政策落实到位。山西省下发了《全省税务系统优化税收营商环境　服务经济转型发展实施意见》，对小微企业月销售额不超过 3 万元（按季销售额不超过 9 万元）的，免征增值税。为进一步深化"放管服"改革，推动建筑市场的统一开放，江西省住建厅采取四项举措，破除制约企业参与公平竞争的各种障碍，进一步优化建筑市场环境。重庆市检察院、重庆市工商联联合出台了《关于服务保障民营经济健康发展的意见》。该意见共 18 条，主要规定了检察机关着力加强民营企业产权司法保护、着力营造平安稳定的社会环境、着力营造廉洁高效的政务环境、着力营造诚信有序的市场环境、着力营造创新创业的发展环境等八个方面的内容

12 月，陕西省发挥省级县域经济发展等专项资金作用，采取贷款贴息、风险补偿、以奖代补、政府与社会资本合作等多种方式，支持县域产业聚集发展。为扎实做好山东省淄博市就业创业工作，助推新旧动能转换，山东省淄博市提出了《淄博市人民政府关于做好就业创业工作助推新旧动能转换的意见》。根据该意见，淄博市将发挥小微企业就业主渠道作用，建立就业政策与经济社会政策联动机制，支持新兴就业形态发展，优化创业环境，打造多元化创业载体。深圳市持续鼓励民营及

中小企业做大做强，设立了专项资金扶持民营和中小微型企业发展。新修订的《深圳市民营及中小企业发展专项资金管理办法》将资助对象明确为在深圳行政区域内（含深汕特别合作区）依法登记注册的法人企业和服务机构，并进一步加大企业改制上市及并购重组的扶持力度，鼓励小微企业走“专精特新”道路。

二、支持民营经济发展措施

2017年各地扶持中小微企业各项措施中，支持民营经济发展的各项措施成为亮点。各地纷纷从减轻企业税负、法治保障等方面，全面缓解中小微企业发展环境问题（见表2-8）。

表2-8　2017年各地扶持中小微企业的财税政策

地区	扶持举措
湖北	《关于大力促进民营经济加快发展的意见》 《突破性发展民营经济的政策措施（试行）》 《关于进一步促进民营经济健康发展的若干政策措施》 《突破性发展新民营经济的政策措施（试行）》 《关于加快民营经济发展的意见》 《关于大力促进民营经济发展的若干意见》
浙江	依法保障和促进非公有制经济健康发展 《加快培育绍兴本土民营跨国公司三年行动计划（2017—2019）》
重庆	《服务民营经济发展30条》 《关于依法平等全面保护民营经济健康发展的意见》 《关于服务保障民营经济健康发展的意见》
湖南	“非公经济十条”扶持非公经济发展 《关于支持发展非公有制经济的若干意见》
四川	《关于加快民营经济发展的实施意见》 《关于大力促进民营经济加快发展的意见》
陕西	《关于促进民营经济发展的实施意见》 《关于促进民营经济加快发展的若干意见》
云南	《关于促进民营经济发展若干政策措施的意见》 《关于构建“亲”“清”新型政商关系的实施意见》 《关于促进民营经济健康发展10条措施》 《关于进一步改善民营经济发展法治环境10条措施》

（续表）

地区	扶持举措
辽宁	《沈阳市 2017 年深化经济体制改革工作要点》 《锦州市促进民营经济发展扶持政策》
吉林	出台服务民营经济 30 条
江苏	扶优扶强重点民营企业“1123”行动计划
北京	《关于率先行动改革优化营商环境实施方案》
广东	《广东省降低制造业企业成本支持实体经济发展的若干政策措施》 《关于促进民营经济发展的若干措施》 《河源市推动民营经济加快发展若干政策措施》 《深圳市民营及中小企业发展专项资金管理办法》
河北	《河北省人民政府办公厅关于进一步激发社会领域投资活力的实施意见》 “115”计划支持民营企业发展
安徽	《安徽省支持政府和社会资本合作(PPP)若干政策》
山东	《关于大力培育市场主体加快发展民营经济的意见》 《关于进一步激发民间有效投资活力的实施意见》
天津	《关于大力推进民营经济发展的实施意见》 《天津市工商联关于贯彻落实〈中共天津市委天津市人民政府关于营造企业家创业发展良好环境的规定〉实施细则》 《天津高新区支持民营经济发展若干措施(试行)》 《天津高新区集聚英才若干措施(试行)》 《天津高新区优化人才服务若干措施(试行)》 《关于大力推进民营经济发展的实施意见》
甘肃	《关于进一步激发民间有效投资活力促进经济持续健康发展的实施方案》
福建	《关于进一步激发民间有效投资活力促进经济持续健康发展的实施意见》
河南	《关于促进民营经济加快发展的实施意见》

资料来源：根据中国中小企业信息网资料整理。

6 月，为推动天津市民营市场主体快速健康发展，天津市市场监管委制定了《关于大力推进民营经济发展的实施意见》。在简政放权、激发创业热情、增加民营经济主体量，优化服务、营造优质环境、提升民营经济竞争力，放管结合、改革监管方式、依法维护市场活跃度方面都有具体实施意见。沈阳市人民政府印发了《沈阳市 2017 年深化经济体制改革工作要点》，其中，补齐民营经济短板，进一步完善政策和服务体系，激发和保护企业家精神，大力支持民营经济发展，着力增强市场微观主体活力的工作要点格外醒目。为贯彻落实省委、省政府、长春市委、市政府“抓环境、抓项目、抓落实”和省公安厅关于服务民营企业重大决策部署，充分激发民营企业创造创新活力，旗帜鲜明地推动民营经济大发展、快发展，经长春市公安局党委会议研究，特制定了10个方面30条措施。汉中市人民政府出台了《关于促进民营经济发展的实施意见》，从培育壮大市场主体、促进民间投资、推进企业转型升级、降低企业成本、鼓励企业开拓市场、加大金融支持力度、优化企业发展环境七个方面，着力促进民营经济发展壮大。宜宾市政府出台了《关于大力促进民营经济加快发展的意见》，从降低企业运营成本、帮助解决融资问题以及鼓励创新驱动发展等六个方面提出20余条措施，优化民营经济发展环境，加快促进宜宾市民营经济转型升级、跨越发展，建设民营经济强市。荆门市政府印发了《关于加快民营经济发展的意见》，荆门市将通过加强民营企业培育扶持、优化民营企业发展环境、强化民营企业要素保障等措施，加快民营经济发展。太仓市将实施扶优扶强重点民营企业“1123”行动计划，到“十三五”期末，扶优扶强100家现有骨干民营企业，引进培育100家以上优势民营科技企业，形成20家以上的民营IPO上市后备企业，培育30家民营“小巨人”企业。

7月，西安市发布了《关于促进民营经济加快发展的若干意见》，到2021年，民营经济在数量、规模、结构、效益上实现新的突破，民营经济占全市GDP比重达到60%以上，对全市发展的支撑、促进作用显著增强。武汉市发布了《突破性发展民营经济的政策措施(试行)》，以促进民营经济创新发展，打造新民营经济成长高地和集聚地。文件从民营企业发展所需的金融扶持、市场空间、经营成本、营商环境、人才培养等方面提出了具体的推动举措。其中，金融扶持相关举措五条，内容包括推出“增信通”贷款、推动开展“助保贷”业务、扩大市小微企业融资应急资金规模、培育壮大创业投资。这些举措覆盖了武汉种子期初创期企业、大学生创业团队、轻资产科技型企业、小微企业，缓解其融资难题。襄阳市出台了《关于进一步促进民营经济健康发展的若干政策措施》，提出在激活投资、降低成本、支持融资、扶持创新、促进做大、培育人才、维护权益、建立新型政商关系、促进落地等九个方面促进民营经济发展。绍兴市政府正式出台了《加快培育绍兴本土民营跨国公司三年行动计划(2017—2019)》。三年内，绍兴市将重点培育12家本土民营跨国公司，民营跨国公司培育工作力争进入全省前列。武汉市武昌区公布了《突破性发展新民营经济的政策措施(试行)》。该政策措施分为激励技术创新、促进应用转化、分担创新风险、培养领军企业、支持品牌战略、加大政府采购支持力度、培育骨干力量七个方面,共计 15 条措施。

8 月,湖北省委、省政府出台了《关于大力促进民营经济发展的若干意见》,包括改进民企服务、构建"亲""清"政商关系等六个方面共计 18 条,以推动民营经济发展。重庆市公安局发布了《服务民营经济发展 30 条》,内容涵盖创新服务方式、优化行政管理、严打违法犯罪、规范执法行为和强化保障监督五个方面。岳阳市委、市政府颁布了《关于支持发展非公有制经济的若干意见》。"非公经济十条"着眼于岳阳市情,围绕加大财政支持力度、大力营造尊重企业家的舆论氛围、加大企业金融扶持、强化人力资源服务、支持企业创新发展、加大本地产品推广、开展企业帮扶行动、加大对财税贡献大户的奖励、构建新型政商关系等十个方面,出台了一系列扶持非公经济发展的具体措施。乐山市政府出台了《关于加快民营经济发展的实施意见》,从明确总体要求、壮大民营市场主体、激活内生动力、完善公共服务、优化发展环境、强化保障机制方面提出了具体意见,力求进一步加快乐山市民营经济发展。云南省砚山县在出台的《关于促进民营经济发展若干政策措施的意见》通知中,明确各项奖励机制,全力支持民营企业转型发展。

9 月,《河北省人民政府办公厅关于进一步激发社会领域投资活力的实施意见》出台,河北省将放宽行业准入,吸引各类投资进入医疗、养老、教育、文化、体育等领域,更好地满足社会多层次、多样化需求。《安徽省支持政府和社会资本合作(PPP)若干政策》正式印发,其中明确提出放开市政基础设施建设运营市场,并鼓励社会领域新增服务和产品主要由社会力量提供。云南省委办公厅、云南省政府办公厅印发实施了《关于构建"亲""清"新型政商关系的实施意见》和《关于促进民营经济健康发展 10 条措施》《关于进一步改善民营经济发展法治环境 10 条措施》,着力破解制约云南省民营经济发展的突出困难和问题,进一步优化环境、激发活力,推动民营经济持续健康发展。

11 月,天津市工商联制定了《天津市工商联关于贯彻落实〈中共天津市委天津市人民政府关于营造企业家创业发展良好环境的规定〉实施细则》,从十个方面细化了天津市工商联为民营企业服务的措施。河北省工业和信息化厅科学谋划并确定了 2018 年民营经济工作重点,实施"115"工作计划,即建好一个平台网络,打造一支企业家队伍,提升五大能力。支持民营企业发展,激发民营企业活力,进一步释放民营经济在促进河北省经济社会发展中的巨大潜能。天津市高新区正式对外发布了《天津高新区支持民营经济发展若干措施(试行)》《天津高新区集聚英才若干措施（试行）》《天津高新区优化人才服务若干措施（试行）》。“三个七条”政策直击民营企业融资难、负担重、人才引进难等多个痛点，将过去碎片化的零散政策进一步有效整合与延伸，全面支持区内民营经济和人才发展。广东省河源市出台的《河源市推动民营经济加快发展若干政策措施》，从释放投资活力、降低运营成本、改善融资环境、鼓励创新发展、支持做大做强、强化服务保障等六个方面助推民营经济腾飞。

12 月，重庆市高级人民法院、重庆市市工商业联合会联合发布了《关于依法平等全面保护民营经济健康发展的意见》。该意见包含 16 条具体内容，以更好地保护民营企业和民营企业家的合法权益，激发民营经济活力、创造力，促进全市民营经济健康发展，激发各类市场主体活力。甘肃省政府办公厅印发了《关于进一步激发民间有效投资活力促进经济持续健康发展的实施方案》，该方案提出了多项具体措施，包括不得擅自增加审批事项、审批环节；允许生产经营困难企业降低缴存比例或申请暂缓缴存住房公积金等。围绕社会资本不愿投、不敢投、投不了等问题，福建省政府办公厅印发了《关于进一步激发民间有效投资活力促进经济持续健康发展的实施意见》，从六个方面入手提出了 23 条具体措施，以进一步解决制约民间投资发展的重点、难点问题，营造公平竞争的市场环境，进一步激发福建省民间有效投资活力，促进经济持续健康发展。新修订的《深圳市民营及中小企业发展专项资金管理办法》将资助对象明确为在深圳行政区域内（含深汕特别合作区）依法登记注册的法人企业和服务机构，并进一步加大企业改制上市及并购重组的扶持力度，鼓励小微企业走“专精特新”道路。为进一步深化改革、优化投资环境，青岛市政府办公厅出台了《关于进一步激发民间有效投资活力的实施意见》。该实施意见从放宽民间投资市场准入、深化推进“放管服”改革、拓宽民间投资融资渠道、支持民间投资创新发展、切实降低企业成本负担、营造公平竞争的市场环境等六个方面，提出了 23 条具体措施。渭南市市长李明远主持召开渭南市政府 2017 年第 15 次常务会，集体学习习近平总书记关于进一步纠正“四风”、加强作风建设的重要指示精神，审议并原则通过了《关于促进民营经济加快发展的实施意见》等。

三、金融扶持措施

融资问题成为中小微企业发展的瓶颈，破解“融资难、融资贵”问题成为推动中小微企业发展的关键。2017 年，各级政府为解决中小微企业融资问题，纷纷从拓展融资渠道、完善信用担保体系等方面，全面缓解中小微企业融资问题（见表 2-9）。

表 2-9　2017 年各地扶持中小微企业的金融政策

地区	扶持举措
河南	发放财政补贴贷款支持中小企业发展 《河南省深化投融资体制改革实施方案》 《河南省中小企业发展基金管理办法》
广西	《柳州市扶持小微企业创业担保贴息贷款实施办法(暂行)》 《柳州市中小微企业助保贷资金管理办法(暂行)》
辽宁	以多元化渠道破解小微企业融资难 设立知识产权质押融资风险补偿基金
福建	服务实体经济质效统计监测评价体系 《厦门市中小企业融资担保机构专项扶持资金管理办法》 《厦门市科技创业种子暨天使投资基金管理暂行办法》 《科技型中小微企业备案登记管理办法》 《厦门市科技成果转化与产业化基金管理暂行办法》 推进政策性融资担保体系建设 《2017 年福建省中小企业发展和类金融机构监管工作要点》 《石狮市信贷风险资金管理规定(试讲)》
广东	《广东省降低制造业企业成本支持实体经济发展的若干政策措施》
山东	《关于青岛市创业担保贷款及贴息有关问题的通知》 《关于开展青岛市小微企业创业担保贷款及贴息有关工作的通知》 新发展一批小微企业转贷引导基金试点工作合作投融资机构 搭建政府采购合同信用融资平台 《山东省中小企业“十三五”发展规划(2016—2020 年)》 《青岛市科技金融投保贷联动业务实施办法(暂行)》
安徽	“征信机构 + 银行 + 担保”的信用融资新模式 《关于进一步推进创业担保贷款促进大众创业万众创新的通知》 《关于进一步做好小微企业金融服务工作的通知》 《制造业中小企业设备融资租赁业务补贴专项资金管理暂行办法》
山西	《关于进一步促进中小微企业创业创新转型发展的若干措施》 《关于做好全省中小微企业直接融资奖励资金申报工作的通知》
陕西	《关于支持中小企业金融服务工作的通知》 中小企业新三板联合会
贵州	《贵州省创业担保贷款实施办法(试行)》

（续表）

地区	扶持举措
湖南	设立小微企业信贷风险补偿基金
吉林	符合条件的小微企业可“无缝转贷” 《关于促进民营经济加快发展若干措施》
海南	《海南省中小企业发展专项资金管理办法（修订）》
宁夏	《宁夏中小微企业转贷资金管理暂行办法》
浙江	政策性融资担保体系
上海	“千家百亿信用担保融资计划” 《关于进一步优化续贷业务并推进普惠金融工作的指导意见》
甘肃	《2017年扶持小微企业创业信用融资贷款工作实施方案》 《小微企业互助担保贷款实施细则》 “银税互动”
河北	“银政平台”“银税平台”“银科平台”“园区平台”
青海	搭建中小企业金融服务网
云南	《昆明市小微企业应急贷款周转资金管理办法（试行）》

资料来源：根据中国中小企业信息网资料整理。

1月，由陕西省中小企业促进局进行业务指导，省中小企业协会、西部证券、陕西股权交易中心、陕西产盟信息咨询管理公司等25个单位共同发起的陕西省中小企业新三板联合会成立，第一批共有159家企业会员单位加入。山东省在出台的《山东省中小企业“十三五”发展规划（2016—2020年）》六大主要任务中指出，将全面落实“山东省社会信用体系建设”工作要求，构建民营（中小）企业信用信息数据库，搭建小微企业综合信息共享平台，实现规范的信息征集、信用评价、信息发布和失信惩戒，推动金融机构与中小企业信息对接，有效破解小微企业信用信息不健全和不对称问题，降低中小企业融资成本，缓解融资困难。为进一步推动辖内商业银行完善小微贷款服务模式创新，持续提升普惠金融服务水平，上海市银监局下发了《关于进一步优化续贷业务并推进普惠金融工作的指导意见》，要求辖内商业银行积极推行无还本续贷业务，不应变相提高小微企业续贷准入门槛。要落实尽职免责，放宽小微贷款不良容忍度要求；转变授信思维，客观评判小微企业经营能力；理顺部门架构，提供综合金融服务。根据《昆明市小微企业应急贷款周转资金管理办法(试行)》,昆明市将开展小微企业应急贷款周转金业务,按照不低于 1.2 亿元的资金规模,可提供一次最多 1 000 万元的企业到期贷款续贷支持,帮助小微企业缓解融资压力,防范和化解小微企业流动资金链断裂引起的风险。青岛市科技局会同市财政局、中国人民银行青岛市中心支行制定了《青岛市科技金融投保贷联动业务实施办法(暂行)》,将综合运用产业政策、金融政策和财政政策促进科技和金融的深度融合,推动各类金融机构加大对科技型中小企业支持力度。

2 月,甘肃省"银税互动"工作推进会在兰州召开。通过"银税互动",实现了"企业有发展、银行有效率、纳税更诚信"的三方共赢,既促进了社会信用体系建设,又支持和推动了全省经济发展。福建省经信委印发了《2017 年福建省中小企业发展和类金融机构监管工作要点》,就 2017 年相关领域重点工作做出部署,主要推进强化平台服务、深化产融合作、引导创新管理、防控风险等四大重点工作,保持中小企业平稳发展和类金融机构平稳运行,为建设先进制造业大省提供有力支撑。

3 月,上海试点突破中小企业"无信用记录首次贷款难和无抵押信用贷款难"问题,28 日推出"千家百亿信用担保融资计划",为符合条件的上海市专精特新中小企业提供单户 300 万元、最高 1 000 万元的无抵押信用担保贷款。"千家百亿信用担保融资计划"主要为推进专精特新中小企业培育工程,引导信贷资源优先配置高成长中小企业,试点无抵押信用贷款的批量化实施路径。为推动兰州市小微企业健康快速发展,破解小微企业融资难题,兰州市工信委出台了《2017 年扶持小微企业创业信用融资贷款工作实施方案》,重点在扶持行业、贷款申请管理流程、考核问效等方面做了调整。兰州市工信委将发挥好牵头协调作用,着力扶持一批有科技含量、成长性好、有发展前途、有较强就业吸纳能力的小微企业,全年为小微企业协调贷款 2.4 亿元。福建省泉州市石狮市设立了规模达 5 000 万元的信贷风险资金,专项用于支持银行对优质小微企业的新增贷款,当地政府还出台了《石狮市信贷风险资金管理规定(试讲)》,以确保信贷风险资金的高效、规范运作。甘肃省白银市出台并正式实施了《小微企业互助担保贷款实施细则》,从组织领导、贷款流程,到基金管理、风险防控、考核激励等方面进行了细化、规范,具有极强的可操作性。

4 月,针对中小企业融资贵、融资难问题,湖北省实施了降低企业贷款成本、规范金融机构收费和放贷行为、降低企业融资担保成本、提高企业直接融资比重、充分发挥财政杠杆作用、大力推动金融产品和服务创新等六项措施。山西省中小企业局、山西省金融办发布了《关于做好全省中小微企业直接融资奖励资金申报工作的通知》,山西省中小微企业在中小企业板或创业板上市的,给予一次性 100 万元奖励；在“新三板”挂牌的，给予一次性50万元奖励；在山西股权交易中心挂牌、进行股份制改造并融资成功的，给予一次性10万元奖励。重庆市采取三项措施破解小微企业融资困局：一是推动出台扶持贷款政策；二是支持融资担保贷款；三是创新金融服务方式。辽宁省大连市知识产权局宣布设立知识产权质押融资风险补偿基金，并与三家银行和一家保险公司签订战略合作协议，共同面向全市科技型中小微企业提供专利权质押融资风险补偿、贷款贴息、专利保险等服务，解决企业融资难、融资贵的问题。

5月，河南省委办公厅、省政府办公厅联合印发了《河南省深化投融资体制改革实施方案》，提出推行首问负责制、探索企业投资项目承诺制、创新多评合一的中介服务新模式、编制三年投资滚动计划、试点金融机构依法持有企业股权、完善投资项目在线审批监管平台等深化投融资体制改革六大创新举措，充分发挥投资对稳增长、调结构、惠民生的关键作用。为进一步解决民营经济发展中存在的融资难、办事难问题，吉林省制定了《关于促进民营经济加快发展若干措施》，以突出解决关键问题为引领，逐步形成体制机制创新、营商环境优化的市场秩序，切实解决企业实际困难和问题。海南省政府办公厅印发了《海南省中小企业发展专项资金管理办法(修订)》。专项资金主要用于改善中小企业融资环境，支持中小企业转型升级；主要采取贷款贴息、购买服务、风险补偿、奖励补助、股权投资和设立基金等方式支持中小企业发展。为改善宁夏回族自治区中小微企业融资环境，有效缓解中小微企业转贷难题，积极防范和化解企业续贷风险，宁夏回族自治区财政厅出资1亿元设立了“宁夏中小微企业转贷资金”，作为政府专项“过桥贷”资金，帮助中小微企业平稳转贷，自治区财政厅联合自治区非公有制经济服务局印发了《宁夏中小微企业转贷资金管理暂行办法》。河南省财政厅印发了《河南省中小企业发展基金管理办法》，规定基金重点投向河南省内工业、农业、科技、教育、文化等各行业领域的中小企业。基金总体框架采取母子基金形式，河南省中小企业发展基金为母基金，子基金由母基金以参股方式，在市、县发起设立，将财政资金的政策引导作用辐射全省。

6月，安徽省经信委制定了《制造业中小企业设备融资租赁业务补贴专项资金管理暂行办法》，其中明确，专项资金补贴对象是获得金融租赁公司、融资租赁公司提供的设备融资租赁业务资金支持的制造业中小企业；专项资金一次性补贴，补贴资金按照融资规模8%的比例对融资租赁中小企业进行补贴，每户企业最高可达500万元。

7 月,为促进陕西省中小企业持续健康发展,陕西省工信厅、陕西省中小企业促进局与中国邮政储蓄银行陕西省分行联合下发了《关于支持中小企业金融服务工作的通知》。该通知制定了四大措施,进一步加强陕西省中小企业金融服务工作:一是深化合作,合力为中小企业做好综合金融服务;二是积极建设小微企业特色支行;三是积极创新政银担合作模式;四是积极建立多种形式的合作机制。安徽省人力资源社会保障厅会同省财政厅、人民银行合肥中心支行联合印发了《关于进一步推进创业担保贷款促进大众创业万众创新的通知》,提出了建设全省统一的创业担保贷款信息系统、利用创业者信用信息免除反担保、开展"社保贷"试点等八条新举措,切实提高创业贷款的可得性,打造创业担保贷款升级版,促进大众创业、万众创新。贵州省印发了《贵州省创业担保贷款实施办法(试行)》,将对九类人员创业给予不同程度的贴息贷款支持,其中在贵州相关贫困地区的人员贷款创业将享受免费贴息。长沙市经信委、长沙市科技风险投资管理有限公司、医械好融通信用管理(湖南)有限公司在市政府正式签订长沙市小微企业信贷风险补偿基金合作协议。柳州市政府办公室印发了《柳州市中小微企业助保贷资金管理办法(暂行)》。通过增加新的融资服务产品、合作银行,扩大对柳州市中小微企业的融资服务力度。安徽省淮北银监分局出台了《关于进一步做好小微企业金融服务工作的通知》,该通知从努力实现"三个不低于"目标、完善创新金融产品、优化改进金融服务、加强风险考核与管理、强化监督与总结反馈等五个方面,明确落实了"十六条"要求。"十六条"内容涵盖了无还本续贷政策、加强"银税互动"合作创新、压缩小微企业获得信贷时间、严格执行尽职免责操作细则、加强小微企业风险防范、强化监管督促引导等,引领银行业增强大局意识,促进小微企业各项金融服务政策落地生根,持续提升金融服务小微企业质效,实现经济与金融的良性互动。

9 月,为有效缓解中小企业融资难、融资贵问题,人民银行安徽芜湖市中支依托中小企业信用体系建设,推动芜湖市在全省率先推行"中小企业信用贷"试点工作,建立起"征信机构 + 银行 + 担保"的信用融资新模式。厦门市科技局、市财政局正式发布了《厦门市科技创业种子暨天使投资基金管理暂行办法》,这标志着厦门市首次设立政府科技创业种子暨天使直投基金,初创期科技型小微企业有了新的融资渠道。山西省政府办公厅发布了《关于进一步促进中小微企业创业创新转型发展的若干措施》,真金白银"大红包",鼓励引导中小微企业创业创新转型发展。青岛市新发展了一批小微企业转贷引导基金试点工作合作投融资机构。为帮助青岛市中小微企业扩宽融资渠道,解决中标后履约过程中遇到的融资难题,青岛市中小企业公共服务中心联合11家金融机构共同搭建了政府采购合同信用融资平台，帮助政府采购中标企业缓解履约资金困难。广东省出台了《广东省降低制造业企业成本支持实体经济发展的若干政策措施》，其中重要一条即为“降低企业融资成本”。政策明确，通过省财政对民营企业上市（主板、新三板、区域性股权市场）融资给予补助，对中小微企业开展应收账款融资给予支持，鼓励开展股权出质融资，支持担保机构发展，鼓励各地建立中小微企业设备融资租赁资金等。

10月，人民银行青岛市中心支行、市人社局和市财政局下发了《关于青岛市创业担保贷款及贴息有关问题的通知》《关于开展青岛市小微企业创业担保贷款及贴息有关工作的通知》，将创业担保贷款的期限由2年调整为3年，出台了最高300万元的小微企业创业担保贷款政策。

11月，福建省银监局建立了服务实体经济质效统计监测评价体系，按季对辖区23家主要银行业机构服务实体经济质效开展量化综合评价，加强监管引领，支持小微企业，助力脱贫攻坚。河南省财政厅与国家开发银行河南省分行在郑州市签署了河南省小微企业政府采购扶贫贷款工程战略合作协议，根据协议，河南省小微企业最高将获得500万元单笔信贷资金，每获得1 000万元贷款，将精准扶贫一个贫困人口。经过修订的《厦门市中小企业融资担保机构专项扶持资金管理办法》正式出台。新办法扩大了中小微企业政策惠及面，增加了对担保机构新增注册资本的奖励，调整了对担保机构服务能力建设补助的安排方式。

12月，郑州市中小企业服务局与华夏银行郑州分行建设路支行、中国邮政储蓄银行郑州分行众意路支行等银行启动相关合作，全力支持中小微企业以优惠利率进行贷款融资。按照部署，郑州市财政将给予合作银行一定补贴，银行以不高于1年期贷款基准利率上浮30%的利率向符合条件的申请企业授信；企业单笔贷款额度应不超过1 000万元，贷款期限不超过1年，贷款用途为流动资金。为鼓励和扶持小微企业创业，以创业带动就业，柳州市出台了《柳州市扶持小微企业创业担保贴息贷款实施办法（暂行）》，可为符合条件的小微企业提供创业担保贴息贷款，最高可贷30万元，贷款期限最长不超过2年，第1年给予全额贴息。

四、创新创业政策

“大众创业、万众创新”成为中国的国家战略之后，全国掀起了一股创新创业的风潮。目前，从中央到地方政府陆续出台了一系列优惠政策支持创业创新（见表2-10）。

表 2-10 2017 年各地扶持中小微企业的创新创业政策

地区	扶持举措
山东	银企互动 税助双创 银税携手助推小微企业健康绿色发展 《关于失业保险支持参保职工提升职业技能有关问题的通知》 《关于开展青岛市小微企业创业担保贷款及贴息有关工作的通知》 创建小微企业创业创新基地示范城市 《关于支持返乡下乡人员创业创新促进农村一二三产业融合发展的实施意见》 《德州市创业带动就业扶持资金管理暂行办法》 《济南市中小微企业创新券实施管理办法(试行)》 “众创众扶”平台 《烟台市人民政府关于做好新形势下就业创业工作支持新旧动能转换的意见》
山西	《全省中小企业“专精特新”培育五年行动计划》 《山西省小微企业创业创新基地建设管理办法》
西藏	《科技型中小企业优惠政策服务和管理指引》 《拉萨市全面推进小微企业创业创新基地城市示范建设工作的若干政策措施(试行)》 《拉萨市小微企业创业创新基地城市示范建设工作的若干政策措施》
浙江	把“专精特新”作为推动中小企业双创主方向 关于推进中小微企业“专精特新”发展的实施意见 《关于加强小微企业园区建设管理促进经济转型升级的意见》 《关于进一步加强小微企业创业创新园建设管理的通知》 《关于进一步推广应用创新券 推动大众创业万众创新的若干意见》 免费发放“服务券”“活动券”和“创新券”
宁夏	打造科技金融生态圈
广西	打造云计算平台 助力中小企业信息化转型发展
河北	开展中小企业“双创”政策宣讲活动 《河北省小型微型企业创业创新基地发展实施计划》 《强化科技型中小企业培育提升的工作方案》 《河北省“专精特新”中小企业提升实施方案》 《河北省高校毕业生创业就业引导基金管理暂行办法》
甘肃	启动中小企业创业孵化基地 《甘肃省创业担保贷款实施办法(试行)》 《兰州市科技小巨人企业培育三年行动方案》
广东	《深圳市小微企业创业创新基地城市示范专项资金知识产权项目操作规程(暂行)》 试点中小微企业服务券 按不超过合同金额 50%补贴

（续表）

地区	扶持举措
江苏	《江苏省创业担保贷款实施办法（试行）》 《常州市创业担保贷款管理暂行办法》
湖南	"1 + N"科技创新政策体系
四川	《关于创新要素供给培育产业生态提升国家中心城市产业能级若干政策措施的意见》
河南	《安阳市就业补助资金管理暂行办法》 《财政支持农民工返乡创业 20 条政策措施》 《洛阳市支持小微企业工业园发展实施办法（试行）》 《洛阳市中小企业公共服务示范平台升级奖励办法（试行）》 《关于支持洛阳市小微企业创业创新加快科技企业孵化器发展实施办法（试行）》 《关于支持洛阳市小微企业创业创新加快专业化众创空间发展实施办法（试行）》 《洛阳市培育创新型企业实施办法》
福建	《关于推进本地高校毕业生就业创业大本营建设的若干措施》
天津	《天津市新一轮中小企业创新转型行动计划（2017—2020 年）》
云南	《云南省激发重点群体活力推动城乡居民持续增收实施方案》 《昆明市支持小微企业创业创新基地城市示范建设的若干政策》 《云南省深化制造业与互联网融合发展实施方案》
海南	《海口市促进小微企业创业创新若干措施》
安徽	《阜阳市众创空间备案细则》
辽宁	设种子基金支持初创期企业
湖北	出新政鼓励创新　中小企业研发投入可获补贴
陕西	《西安市系统推进全面创新改革试验打造"一带一路"创新中心实施细则》 《关于全面推进小微企业创业创新基地城市示范支持政策》
黑龙江	小微企业"两创示范"服务券
重庆	《重庆市科技创新"十三五"规划》

资料来源：根据中国中小企业信息网资料整理。

1 月，河北省工业和信息化厅印发了《河北省"专精特新"中小企业提升实施方案》，指出到 2020 年，河北省将培育形成 800 家主营业务突出、竞争力强、成长性高、专注于细分市场的省级"专精特新"中小企业。山东省青岛市经信委认真贯彻落实国家一系列促进大众创业、万众创新的政策措施，不断创新公共服务模式，完善中小企业公共服务体系，"双创"服务从深化"互联网 + "模式，发展到了整合资源实现小微服务“众创众扶”模式的新探索。河北省人社厅、省财政厅联合印发了《河北省高校毕业生创业就业引导基金管理暂行办法》,对省高校毕业生创业就业引导基金进行规范管理,通过引导基金,发挥杠杆作用,带动社会资本投入高校毕业生创业就业项目。1 月 10 日,哈尔滨市小微企业“两创示范”服务券首发仪式在哈尔滨市中小企业服务大厅举行,“两创示范”服务券发放工作正式启动。西安市政府办公厅转发了市财政局《关于全面推进小微企业创业创新基地城市示范支持政策》的通知,其中明确将推出六大举措,全面支持小微企业的创业创新发展,该政策将延续到 2018 年。

2 月,为创新人才培养模式,探索建立科技人员离岗创业有效机制,西安市出台的《西安市系统推进全面创新改革试验打造“一带一路”创新中心实施细则》规定,西安市对在西安转化科技成果或创办科技型中小企业、经同意离岗的可在 3 年内保留人事关系,并与原单位其他在岗人员同等享有参加职称评定、社会保险等方面的待遇,3 年内要求返回原单位的,按原职级待遇安排工作。为推进制造业与互联网融合发展,打造云南省制造业竞争新优势,云南省政府印发了《云南省深化制造业与互联网融合发展实施方案》,提出力争通过 5 年努力,全省 80%以上中小企业实现“上云”,推动中小企业信息化应用水平提升。杭州市依托小微企业专业化服务平台、创业社交平台和科技云服务平台为 1.8 万家小微企业免费发放“服务券”“活动券”和“创新券”,助力创业创新,帮助企业提高创业成功率。

3 月,湖北省将出台新政,加大对企业研发投入的补贴,提高企业研发投入的积极性,特别是中小企业将获得相关补贴。河南省财政厅和河南省人社厅共同发布了《财政支持农民工返乡创业 20 条政策措施》。为扶持中小微企业创业创新发展,济南市政府出台了《济南市中小微企业创新券实施管理办法(试行)》,规定一家符合条件的中小微企业每年最高可申领创新券 60.5 万元。

4 月,为促进科技型中小企业快速发展,推进兰白科技创新改革试验区建设,兰州市政府办公厅印发了《兰州市科技小巨人企业培育三年行动方案》。拉萨市出台了《拉萨市小微企业创业创新基地城市示范建设工作的若干政策措施》,设立小微企业商标品牌扶持专项资金,鼓励和引导小微企业积极争创国家驰名商标、西藏自治区著名商标,对认定成功的小微企业除兑现拉萨市政府奖励资金外,从 3 年示范期的运行资金中再分别奖励 20 万元和 5 万元。针对企业不同的发展阶段,鞍山市将采用不同方式提供资金保障。在企业初创期,鞍山市政府设立种子基金引导资金,2017 年首期启动资金 2 000 万元,引导县(市)区、开发区设立公益性种子基金,以直接投资、借款或无偿资助等方式支持企业,鼓励其他种子基金、“天使基金”投资初创期企业。邯郸市出台了《强化科技型中小企业培育提升的工作方案》,力争2017年培育认定科技型中小企业1 200家,提升科技型中小企业1 200家,培育认定科技“小巨人”企业80家,进而带动全市中小企业转型升级。召开的洛阳市政府常务会议原则通过了《洛阳市支持小微企业工业园发展实施办法(试行)》《洛阳市中小企业公共服务示范平台升级奖励办法(试行)》《关于支持洛阳市小微企业创业创新加快科技企业孵化器发展实施办法(试行)》《关于支持洛阳市小微企业创业创新加快专业化众创空间发展实施办法(试行)》等九个扶持小微企业创业创新的政策文件。

5月,浙江省科技厅与省财政厅共同修订出台了《关于进一步推广应用创新券推动大众创业万众创新的若干意见》。创新券新政策出台后,支持范围进一步扩展,从原来的检验检测、合作研发、委托开发、研发设计等扩展到技术转让、技术开发及与之相关的技术咨询、技术服务活动。山西省对小微企业创业创新基地进行了资金扶持,并运用大数据对这些基地进行网上培育、监测、管理、服务等扶持服务。甘肃省瓜州县以深入实施创新驱动发展战略为主题,以优化创新创业为主线,积极培育有利于大众创业、万众创新的政策制度环境和公共服务体系,努力营造良好的创业创新环境,激发全社会的创造活力。

6月,拉萨市正式对外发布《拉萨市全面推进小微企业创业创新基地城市示范建设工作的若干政策措施(试行)》,标志着小微企业创业创新与高校毕业生就业创业相融合的“高原模式”落地。为进一步优化创业创新环境,促进小型微型企业创业创新基地规范发展,河北省出台的《河北省小型微型企业创业创新基地发展实施计划》提出,到2020年,河北省培育200家特色鲜明、服务高效、孵化力高、成果显著的小型微型企业创业创新基地,其中省级小型微型企业创业创新基地达到100家,国家级小型微型企业创业创新示范基地达到15家。《天津市新一轮中小企业创新转型行动计划(2017—2020年)》印发,提出加快淘汰落后和过剩产能,推进兼并重组和股改上市,鼓励民营企业参与国有企业混合所有制改革;主要政策扶持包括:充分利用天津市科技型中小企业、中小企业发展、工业企业技术改造、节能环保等现有专项资金,支持中小企业创新转型。云南省出台了《云南省激发重点群体活力推动城乡居民持续增收实施方案》,指出云南省将深入推进大众创业、万众创新,推动小微创业者增收。按照《山西省小微企业创业创新基地建设管理办法》,省级小微企业创业创新(示范)基地将纳入省级中小企业创业基地专项资金扶持范围。昆明市政府办公厅印发了《昆明市支持小微企业创业创新基地城市示范建设的若干政策》,以进一步优化创业创新环境,激发全社会创业创新活力,打造昆明经济发展新引擎,深入推进全市小微企业创业创新基地城市示范工作。陕西省西安市出台了 19 条全链条、保姆式“留才举措”,力争 5 年内留下百万大学生在西安就业创业。海口市科学技术工业信息化局联合海口市财政局共同印发了《海口市促进小微企业创业创新若干措施》,在打造小微企业众创空间以及创业创新公共服务平台方面,将给予资金奖励。《洛阳市培育创新型企业实施办法》规定,企业获得河南省科技小巨人资格的,市财政给予 50 万元一次性奖励;企业通过创新龙头企业认定的,市财政给予 100 万元一次性奖励。

7 月,成都市正式发布了《关于创新要素供给培育产业生态提升国家中心城市产业能级若干政策措施的意见》,50 条新政涉及人才、技术、资本等多个方面。柳州市推出了一揽子支持创业创新举措,包括五大政策 20 多个支持项目,其中财政贴息额度最高达 200 万元。五大政策包括创业孵化基地补贴、支持小微企业吸纳就业补贴、支持小微企业自主创业补贴、支持小微企业技能提升补贴、创业后续服务补贴。河南省安阳市财政与人社部门联合出台了《安阳市就业补助资金管理暂行办法》,在职业培训补贴、职业技能鉴定补贴、社会保险补贴等多个方面加大扶持力度。《德州市创业带动就业扶持资金管理暂行办法》出台,对市级创业带动就业扶持资金的支出范围、程序和条件做了明确规定。石狮市人力资源和社会保障局、市财政局联合下发了《关于推进本地高校毕业生就业创业大本营建设的若干措施》,分别从扶持高校毕业生就业创业、鼓励本地高校引导毕业生留石就业创业、支持本地企业吸纳高校毕业生等方面,推进本地高校毕业生就业创业大本营建设。

8 月,中国人民银行南京分行、江苏省财政厅和人社厅联合出台了《江苏省创业担保贷款实施办法(试行)》,用于支持个人创业或小微企业扩大就业的贷款业务,高校毕业生、返乡创业农民工等九类群体,可享受 10 万元以内最高贷款 100% 贴息支持。为助推大众创业、万众创新,支持甘肃省经济平稳发展、创新发展,甘肃省制定出台了《甘肃省创业担保贷款实施办法(试行)》。创业担保贷款对象为创业者个人及小微企业,个人发放的创业担保贷款最高额度为 10 万元。合伙创业或组织起来共同创业的,贷款额度可适当提高,最高不超过 50 万元。小微企业担保贷款额度最高不超过 200 万元。长沙市委市政府正式对外公布“1 + N”科技创新政策体系。“1 + N”政策体系坚持顶层设计与政策落地相结合。“1”即《中共长沙市委长沙市人民政府关于建设国家科技创新中心的意见》,该意见以问题为导向,提出了诸多破解科技创新发展瓶颈的宏观性、指导性的见解和处理办法。"N"即贯彻落实《意见》的相关配套措施。先期瞄准了扶持企业自主创新、加快科技平台建设、促进科技成果转化、深化科技金融结合四个关键点发力。为支持农民工、中高等院校毕业生、退役士兵和科技人员等返乡下乡人员到农村创业创新,推动农村一二三产业融合发展,青岛市出台了《关于支持返乡下乡人员创业创新促进农村一二三产业融合发展的实施意见》。

9月,"云创未来"移动信息化巡展活动在广西桂林市启动。活动旨在打造满足中小企业发展需求的云计算平台,帮助中小企业通过信息化手段,优化企业经营管理流程,提高企业运行效率,实现转型发展。甘肃宁夏回族自治区中小企业创业孵化基地通过培训辅导、政策申请、集中招聘、融资对接、活动沙龙、企业智库、财务法务顾问、工商税务申报登记、专利注册等多种服务形式,通过搭建创业者、从业者、投资人、产业链上下游机构的合作交流平台,为创业团队提供专业的服务。浙江温州市人民政府办公室下发了《关于进一步加强小微企业创业创新园建设管理的通知》,鼓励各县(市、区)政府(省级产业集聚区管委会)指定国有独资性质的企业开发建设小微园并以出租方式运营,其对应的土地可以作价出资方式供应;对入驻企业进行资格审查、创新竞价方式,销售最高价不得超过3 900元/平方米等。为加快推进小微企业创业创新工作,促进创新驱动发展,深圳市出台了《深圳市小微企业创业创新基地城市示范专项资金知识产权项目操作规程(暂行)》。小微企业可申请商标注册、一般作品著作权登记、专利保险保费、知识产权孵化基地及在孵小微企业四项资助。

10月,青岛市人社局召开新闻通气会发布了四项就业创业新政。为提高居民就业能力,促进更高质量的就业,青岛市出台了《关于失业保险支持参保职工提升职业技能有关问题的通知》,符合条件的"持证"企业职工可按职业技能等级分别申领1 000元、1 500元和2 000元的补贴;同时,根据相关政策,将创业担保贷款政策由2年调整为3年,并出台了300万元小微企业创业担保贷款政策。在扶持小微企业创业方面,青岛市下发了《关于开展青岛市小微企业创业担保贷款及贴息有关工作的通知》,把在青岛行政区域内工商、税务注册登记,列入山东省小微企业推送名录范围内,申请贷款前当年新招用本市城乡登记失业人员、本市未就业军队退役人员、毕业5年内的普通高等学校毕业生、驻青普通高等学校毕业年度毕业生以及本市户籍普通高等学校毕业年度毕业生、硕士及以上学位毕业生人数占职工总数 30%以上(100 人以上的企业达到 15%)的小微企业纳入小微企业创业担保贷款扶持范围。为进一步推动大众创业、万众创新,加速科技成果产业化,加大对科技型中小企业的精准扶持力度,壮大科技型中小企业群体,培育新的经济增长点,便于西藏自治区科技型中小企业了解和掌握国家、自治区相关优惠政策,自治区国税局、自治区财政厅和自治区科技厅结合实际需要,联合制定了《科技型中小企业优惠政策服务和管理指引》。浙江省把实现"专精特新"发展作为推动中小企业创业创新的主要方向;把实施"个转企、小升规、规改股、股上市"作为推动中小企业创业创新的重要抓手;把加快小微企业园区建设作为推动中小企业创业创新的主要载体;把完善公共服务体系作为推动中小企业创业创新的重要保障。宁夏回族自治区财政厅积极探索科技金融工作新机制和新模式,通过科技金融专项补贴、风险补偿等方式,打造科技金融生态圈,有效解决自治区科技型中小微企业融资难问题,助力企业创新发展。

11 月,山西省为"专精特新"中小企业送上一串政策礼包,涉及企业规划技术融资推介等,助推"专精特新"中小企业升级壮大,向着"小巨人"企业进发。为激发小微企业发展活力,重庆市国税局将宣传好、落实好小微企业税收优惠政策作为服务税户、服务发展的重要举措,加大对小微企业的税收扶持力度,不断增强企业应对市场风险的能力,扎实推进大众创业、万众创新,让税收改革促发展、惠民生。拉萨市积极鼓励和支持高校院所人才创办小微企业:高校院所人才在拉萨市创办小微企业,如果符合相关条件,最高可申请一次性经费资助 20 万元。

12 月,"银税互动"工作全面启动以来,青岛市各银行机构以此为契机,针对小微企业需求,围绕优化准入条件、简化审批流程、强化风险管理等各个方面不断进行产品和服务的创新,推出了诸多契合小微企业需求的金融产品,丰富了小微企业融资产品体系。可以说,各类"银税"产品的推出,充分体现了对守信优质小微企业的差异化授信政策,有效地提高了满足小微企业融资需求的能力。《烟台市人民政府关于做好新形势下就业创业工作支持新旧动能转换的意见》出台,烟台市今后将大力实施就业优先战略,在新旧动能转换中培育就业增长点。符合条件的新兴业态企业吸纳高校毕业生、就业困难人员就业的,按规定给予岗位补贴、社会保险补贴和一次性创业岗位开发补贴。

第三节 《中华人民共和国中小企业促进法》(2017年修订版)解读

2017年9月1日,经第十二届全国人民代表大会常务委员会第二十九次会议表决通过,新修订的《中华人民共和国中小企业促进法》(以下简称《中小企业促进法》)正式颁布。新法所称中小企业,是指在中华人民共和国境内依法设立的,人员规模、经营规模相对较小的企业,包括中型企业、小型企业和微型企业。中型企业、小型企业和微型企业划分标准由国务院负责中小企业促进工作综合管理的部门会同国务院有关部门,根据企业从业人员、营业收入、资产总额等指标,结合行业特点制定,报国务院批准。国家将促进中小企业发展作为长期发展战略,坚持各类企业权利平等、机会平等、规则平等,对中小企业特别是其中的小型微型企业实行积极扶持、加强引导、完善服务、依法规范、保障权益的方针,为中小企业创立和发展创造有利的环境。2017年11月27日,工业与信息化部中小企业局局长马向晖就《中小企业促进法》的修订颁布回答相关记者提问,经整理,内容如下。

一、新修订的《中小企业促进法》的亮点

新修订的《中小企业促进法》坚持发挥市场决定性作用,强化了政府扶持力度,着力解决中小企业面临的突出问题,与现行法律政策良好衔接的同时增强了针对性和可操作性,与时俱进,内容更广泛、更具体,前瞻性更强。与之前的法律相比,变动较大、亮点不少,主要体现在以下五个方面:

一是进一步明确了法律贯彻落实的责任主体。全国中小企业工作由国务院负责企业工作的部门综合协调、指导和服务,随着政府机构改革和职能调整,负责企业工作的政府部门分散,法律实施责任主体界定不清,易导致政策零散、职能弱化、交叉和缺位等现象,为此,新修订的《中小企业促进法》在国务院和地方两个层面明确了法律贯彻落实的责任主体。

二是进一步规范了财税支持的相关政策。财税政策是促进中小企业发展的重要手段,新修订的《中小企业促进法》总结近年来的实践经验,在专项资金、中小企业发展基金和税收优惠政策等方面规范了财税支持的相关政策。

三是进一步完善了融资促进的相关举措。新修订的《中小企业促进法》将"融资促进"单设一章,体现了对促进中小企业融资工作的重视程度。从宏观调控、金

融监管、普惠金融、融资方式等层面多措并举，全方位优化中小企业的融资环境。

四是更加重视中小企业的权益保护。实践中关于营造公平的市场秩序、增强中小企业权益保护的呼声和要求很高，为此，新修订的《中小企业促进法》增设了“权益保护”专章，在收款权益、涉企收费、现场检查等方面切实保护中小企业合法权益。

五是强化了中小企业管理部门的监督检查职能。为了加强法律执行情况监督检查，保障法律的有效实施，新修订的《中小企业促进法》增设了“监督检查”专章。

此外，新修订的《中小企业促进法》对创业创新、市场开拓、服务措施等方面也做了不少重要的补充和修改。

二、新修订的《中小企业促进法》关于法律贯彻落实责任主体的明确规定

一是在国家层面法律落实责任主体得到进一步明确。新修订的《中小企业促进法》明确规定，“国务院负责中小企业促进工作综合管理的部门组织实施促进中小企业发展政策，对中小企业促进工作进行宏观指导、综合协调和监督检查”。

二是在地方层面法律落实责任主体也得到进一步明确。新修订的《中小企业促进法》明确规定，“县级以上地方各级人民政府根据实际情况建立中小企业促进工作协调机制，明确相应的负责中小企业促进工作综合管理的部门，负责本行政区域内的中小企业促进工作”。

三、新修订的《中小企业促进法》在财税政策领域中的规定

新修订的《中小企业促进法》在财税政策领域主要提出了三点规定：

一是明确提出中央财政在本级预算中安排中小企业发展专项资金。《中小企业促进法》中规定：“中央财政应当在本级预算中设立中小企业科目，安排中小企业发展专项资金。”同时，进一步规范中小企业发展专项资金的管理和使用，规定中小企业发展专项资金将“重点用于支持中小企业公共服务体系和融资服务体系建设”。

二是对中小企业发展基金的性质和操作运营进行了补充细化，结合国务院有关基金设立批复方案，规定“国家中小企业发展基金应当遵循政策性导向和市场化运作原则，主要用于引导和带动社会资金支持初创期中小企业”。

三是将部分现行的税收优惠政策上升为法律，如规定“国家实行有利于小型微型企业发展的税收政策，对符合条件的小型微型企业按照规定实行减征、免征企业所得税、增值税等措施”。

四、新修订的《中小企业促进法》在促进中小企业融资中的规定

在宏观调控层面,明确提出"中国人民银行应当综合运用货币政策工具鼓励和引导金融机构加大对小型微型企业的信贷支持,改善小型微型企业融资环境"。

在金融监管层面,进一步提出国务院银行业监督管理机构对金融机构开展小型微型企业金融服务应当制定差异化监管政策,采取合理提高小型微型企业不良贷款容忍度等措施,引导金融机构增加小型微型企业融资规模和比重。

在普惠金融层面,明确推进和支持普惠金融体系建设,推动中小银行、非存款类放贷机构和互联网金融有序健康发展,引导银行业金融机构向县域和乡镇等小型微型企业金融服务薄弱地区延伸网点和业务。国有大型商业银行应当设立普惠金融机构,为小型微型企业提供金融服务。

在融资方式层面,提出健全多层次资本市场体系,多渠道推动股权融资,发展并规范债券市场,促进中小企业利用多种方式直接融资。完善担保融资制度,支持金融机构为中小企业提供以应收账款、知识产权、存货、机器设备等为担保品的担保融资,进一步明确提出中小企业以应收账款申请担保融资时,其应收账款的付款方,应当及时确认债权债务关系,支持中小企业融资。

此外,新修订的《中小企业促进法》在政策性信用担保体系、风险补偿和征信评级等方面也做出了相关规定。

五、新修订的《中小企业促进法》在中小企业权益保护方面的规定

新修订的《中小企业促进法》增设"权益保护"专章,加大中小企业权益保护力度,具体表现在以下三个方面:

一是规定国家保护中小企业及其出资人的合法权益。

二是设立拖欠货款解决条款,保护中小企业的合法收款权益。新修订的《中小企业促进法》明确规定:"国家机关、事业单位和大型企业不得违约拖欠中小企业的货物、工程、服务款项。中小企业有权要求拖欠方支付拖欠款并要求对拖欠款造成的损失进行赔偿。"

三是将规范涉企收费、现场检查等行为的相关政策上升为法律。规定建立和实施涉企行政事业性收费目录清单制度,严禁行业组织依靠代行政府职能或利用行政资源擅自设立收费项目,提高收费标准。

六、新修订的《中小企业促进法》在法律执行和法律落实方面的规定

新修订的《中小企业促进法》在增设的"监督检查"专章明确提出了县级以上

人民政府定期组织对中小企业促进工作情况的监督检查;明确了国务院负责中小企业促进工作综合管理的部门应委托第三方机构定期开展中小企业发展环境评估,并向社会公布;明确规定了县级以上人民政府及有关部门的监督检查职责,并对中小企业发展专项资金、中小企业发展基金管理和使用情况的监督做出了相关规定。同时,对强制或者变相强制中小企业参加考核、评比、表彰、培训等活动的行为以及违反法律、法规向中小企业收费、罚款、摊派财物等行为的查处做出了明确规定。

七、新修订的《中小企业促进法》在其他方面的补充

在创业创新方面,提出优化审批流程,实现中小企业行政许可便捷,简化中小企业注销登记程序,实现中小企业市场退出程序便利化,并在立法层面明确中小企业固定资产加速折旧和研究开发费用加计扣除的相关政策,引导中小企业加大研发、技术改造投入。

在市场开拓方面,明确提出完善市场体系,实行统一的市场准入和市场监管制度,反对垄断和不正当竞争,营造中小企业公平参与竞争的市场环境。同时,进一步细化了政府采购促进中小企业发展相关政策,将现行的政府采购促进中小企业发展相关政策上升到法律,规定国务院有关部门应当制定中小企业政府采购的相关优惠政策,提高中小企业在政府采购中的份额,增强法律的可操作性。

在服务措施方面,提出建立跨部门的政策信息互联网发布平台,并明确规定各地有计划地组织实施中小企业经营管理人员培训工作等。

第三章　智能制造与中小企业创新发展调研报告

第一节　智能制造推动中小企业创新发展

智能制造之所以能够引领新一轮产业革命，关键在于它深刻地改变了产品的生产方式、组织方式、流通方式和销售方式，重塑了产业的价值生态链。在此背景下，作为中国制造业的主体，中小企业不论从技术、资本，还是知识产权保护上，都将迎来一个良好的发展时代。智能制造的本质特征是智能化，要求中小企业建立起一整套规模化、定制化的产品设计、生产及服务模式，真正实现由制造向智造创新发展。

一、智能制造推动中小企业创新发展的必要性

工业和信息化部、财政部发布的《智能制造发展规划（2016—2020年）》提出了十个重点任务：加快智能装备发展，加快关键共性技术创新，建设智能创造标准体系，构筑工业互联网基础，加大智能制造试点示范推广力度，推动重点领域智能转型，促进中小企业智能化改造，培育智能制造生态体系，推进区域智能制造协同发展，打造智能创造人才队伍。

（一）智能制造推动中小企业实现纵向集成发展

只有有效解决中小企业的纵向集成，才能加快中小企业创新发展的进程。纵向集成主要是指解决企业内部的集成，即解决信息孤岛的问题，解决信息网络与物理设备之间的联通问题。显然资金、人才、技术实力都不如大企业但占比巨大的中小企业是亟须实现纵向集成的重要主体。中小企业内部灵活可重组的网络化制造的纵向集成，强调生产信息流的集成，通过改造“智能车间”、实现“智能化机器生

产”、升级为“云制造”，推进“互联网 + 制造”模式，全面提升企业研发、生产、管理和服务的智能化水平，提高服务的专业性和有效性，使松散型管理走向标准化、体系化、规范化的智能科学化管理，使得中小企业实现质量提升和创新发展。

（二）智能制造推动中小企业实现横向融通发展

横向融通是企业之间通过价值链以及信息网络所实现的一种资源整合，是为了实现各企业间的无缝合作，提供实时产品与服务，避免同质化的无序竞争造成产能过剩。智能制造通过推进车间级与企业级系统集成，帮助企业降本增效、拓展销售渠道的同时实现生产和经营的无缝集成和上下游企业间的信息共享，提升专业化协作水平。智能制造还可以开展基于横向价值网络的协同创新，大企业集中优势资源搭建协同创新平台，为中小企业提供必要的信息、数据等平台性基础资源和空间等要素支撑，建立合理共赢的创新产出分配机制，中小企业发挥商业创意、模式以及观念上的专属性创新要素资源，建立一种优势互补、利益共享的协同创新模式。

（三）智能制造培育中小企业向专精特新发展

智能制造使得社会分工、产业链分工更为精细化，为中小企业提供了新兴的市场空间。中小企业面对市场的变化，可以迅速地满足最新的需求。正是由于中小企业规模小，企业本身资源受限，相较于盲目各方向发展，专攻某个细分市场会更容易创新发展。智能制造促使中小企业致力于发展一项突出的主营业务，做强细分市场，打造具有高市场占有率、高技术含量、高端制造领域、高附加值的产品和服务，争创知名品牌、驰名商标和著名商标，打造具有国际竞争力和影响力的精品和品牌，逐步成为细分市场上的“单向冠军”。这部分专精特新中小企业是最具活力的企业群体，在促进经济增长、推动创新、增加税收、拉动就业、改善民生等方面发挥着示范引领作用。

（四）智能制造激发中小企业创新创业活力

智能制造极大地降低了中小企业创新创业门槛，激发了创新创业活力，使得更多的中小企业在创意获取、平台运营和商业模式创新创业等方面发挥出积极作用。在面对市场机遇时，不同细分领域内拥有独一无二技术的中小企业可与从事交易的企业结盟，组建涵盖不同工艺阶段、业务阶段的合作网络，并组建一个“强大的协同工厂”。智能制造有利于中小企业实现个性化定制和柔性制造技术创新，做到对用户和市场的创新需求的快速响应，同时形成新的服务理念与模式。中小企业，尤其是中小科技型企业拥有高素质人才及核心技术,依托新科技,瞄准新市场,能够以其颠覆传统的思维和商业模式创新,催生新兴产业加快发展,促进产业体系重大变革。

(五)智能制造促进中小企业借助共享经济实现创新发展

智能制造加速了共享经济的到来。共享经济打破了个体劳动者对商业组织的依附,可以直接向最终用户提供服务或产品。智能制造促进中小企业快速发现用户的最新需求,为用户提供灵活便捷的服务,以快速、灵活、低成本以及更加细致、专业销售的优势迅速抢占传统企业的市场份额,获取更大的客户资源,寻找新的发展空间。一些传统中小企业也积极利用共享资源实现转型、应用共享平台进行融资等参与共享经济。同时,共享经济衍生出的共享金融包括互联网金融、众筹等,能够实现收益共享、风险共担,这也是为契合中小企业的良性发展。通过共享经济发展起来的企业不仅有 ofo 这类的产品分享企业,还包括空间、知识、劳务、资金等方面的共享新兴企业。

因此,智能制造生态圈不仅侧重于培育专精特新的中小企业,引导企业向专业化、精品化、特色化、创新型方向发展,而且重塑了产业价值生态链,充分发挥智能制造生态圈“关系、平台、市场”的属性,将大中小企业串成一个产业云,围绕智能制造产业链的新需求合力攻关,形成行业的自主核心技术,推动中小企业可持续健康发展。

二、智能制造推动中小企业创新发展的可行性

在国家政府的大力倡导和支持下,已有一部分中小企业在智能制造的浪潮中抓住契机,突破瓶颈,实现自身的创新发展,为其他还在智能化道路上创新发展的企业提供了成功的借鉴经验。

(一)“智能生产服务”促进中小企业专业化发展

“工欲善其事,必先利其器”,智能制造首先带来的第一大革新就是实现“智能生产服务”。智能生产服务的核心是用先进装备替换落后设备来提高生产效率,是推动传统制造业实现产业创新发展的一项重要举措。其不仅能够推动企业生产力、产品合格率的提高,大大降低人力成本,更能在本质上促进技术、工艺和管理的创新,提升管控一体化应用程度和信息化技术水平,成为新产业优化升级和经济持续增长的动力,并改善一线工人的工作环境,将工人从枯燥、伤害大的工序中解放出来,减少生产事故。

正因为中小企业处于市场价值链的末端,在市场份额、单位利润方面没有自主权,所以唯有通过工艺整合、流程再造,以设备和技术的投入达到产品加工不再依靠员工个人的技术经验,从而实现降低用工成本并提升效益的目的,并为企业获得更多的商机,开拓市场、获取更多的订单。事实上,智能生产服务不一定非是高精尖的工业机器人,不一定非是很贵的设备,只要能够节省员工,实现自动化、智能化以及增强效益,就可以叫智能生产服务。

(二)"智能车间"促进中小企业精细化发展

"智能车间"即在制造车间中引入一套多种软硬件结合的智能车间管理系统。智能车间管理系统基于对企业的人、机、料、法、环等制造要素的全面精细化感知,并采用大规模、多种物联网感知技术手段,支持生产管理科学决策。这种设备管理和生产流程符合弹性生产的需求,一旦设计变更、订单需求变化,智能车间管理系统就会根据设计方案相应地调整设备运行安排及对工人和管理人员的工作要求,同时生产车间的情况可以实时反馈至设计端,指导研发人员及时调整异常问题,数据、信息实现闭环流动。

智能车间新技术和新模式的应用,极大地降低了中小企业信息化建设成本,且其高度集成化模块与超高性价比可以满足中小企业智能制造转型的需求,为中小企业催生出高效灵活的生产模式,优化工艺流程,极大地提高了企业的管理水平和精益生产水平。通过运用物联网、大数据、云计算等智能制造关键技术,不断催生远程运维、智能云服务等新的商业模式和服务形态,全面提升企业的创新和服务能力,提高中小企业竞争力,有力支撑中小企业的整体发展。

(三)"个性化定制"促进中小企业特色化发展

随着信息经济时代的到来,越来越多的消费者开始追求多样性和个性化,"C2B 模式"逐渐替代传统生产模式。"C2B 模式"即消费者按照自己的需求决定产品,定制产品,具有"个性化需求、多品种、小批量、快速反应、平台化协作"特征。智能制造提倡的个性化定制是打造一对一服务,聚焦 80%的细分产品,提供平台进行聚焦搜索与个性化定制服务。

对中国而言,制造业,尤其是服装行业创新发展的最终目标都是指向智能制造,整合利用资源,以经济、便捷的生产方式提供更多样、个性化的产品与服务。智能制造为中小企业提供了一个革新的方向,即侧重通过互联网平台开展大规模个性化定制模式创新,运用现代化的信息技术、新材料技术、柔性制造技术等一系列技术,把产品定制生产转化为批量生产的生产方式,通过企业与用户深度交互、广泛征集需求,在充分满足用户多元化需求的同时实现规模经济生产,最终实现“个性化”与“低成本”的双赢。

(四)“云制造”促进中小企业创新发展

在智能制造发展下,云技术促进了信息数据的连通,有助于盘活各种资源,提升产业智慧化水平。由此催生的“云制造”是一种依托新兴信息技术和公共服务平台的制造技术。通过云制造,将物联网、虚拟化和云计算等网络化制造与服务技术对制造资源和制造能力进行虚拟化和服务化的感知接入,并进行集中高效的管理和运营,实现制造资源和制造能力的大规模流通,促进各类分散制造资源的高效共享和协同。

云制造提供了一种全新的产业生态环境,将企业推到云端,突破了企业在资源环境上的束缚,实现了面向全球的产业对接,基于网络按需获取和配置自己所需的制造资源和制造能力,以敏捷响应市场,降低产品成本,提高企业市场竞争能力。国家致力于培育一批以互联网为主营业务的云工程、云服务企业,这为中小企业的发展提供了助力,为制造业破解集群化发展瓶颈带去了曙光。

(五)“网络众包”促进中小企业共享发展

“众包”是指一个公司或机构把过去由员工完成的工作,经由网络以自愿方式外包给非特定大众的做法。智能制造的网络众包特征就是基于互联网、开放式生产、自主参与和协作。对于中小企业来说,在发展的整个过程中,总会遇到诸如品牌设计、网站搭建、文案策划、装修设计、知识产权保护等一系列需求。中小企业由于其自身资金、信息途径等劣势,对技术服务从服务器、产品设计、视觉交互设计,到程序编程、服务器搭建都没有概念,在技术难题和企业创新上难以快速解决。而网络众包能够通过互联网的方式实现全覆盖,将一万家卓越的服务商和百万中小企业进行对接,建成一个众包平台,改善信息严重不对称的关键问题;同时,将所有中小企业的难题放在平台上,向全社会发布,并向全球征集解决方案。

网络众包更是给中小企业,尤其是科技型中小企业带来了不可预量的商机。通过网络众包,中小企业可以寻找自身适合承接的项目,充分利用互联网优势,突破地理、时间上的限制,让沟通更便捷,降低项目成本,创造更大的利润空间。

（六）“绿色升级”促进中小企业可持续发展

针对日益突出的产能过剩、产出过剩、能源和环境等问题，智能制造结合发达的物联网和信息技术，能够促进工业生产效率与产品质量的提高，材料和能源的精准利用，资源消耗与污染排放的减少，各企业尤其是制造业企业绿色改造升级，推动工业领域绿色发展，有力构建高效、清洁、低碳、循环的绿色制造体系。推进绿色升级，加快淘汰中小企业落后产能，可以使企业从旧的“三高一低”（高投入、高消耗、高排放、低效益）向新的“三高一低”（高技术含量、高附加值、高端产品、低碳化）创新发展。

增材制造，即 3D 打印技术，可以实现精准制造，大大减少材料的浪费，减少生产步骤。中小企业普遍应用智能新设备实现绿色升级，成为科技含量高、资源消耗低、环境污染少的企业，实现生产方式的绿色化，缓解资源能源约束，减轻对生态环境的压力，调整产业结构，加速经济向劳动密集型和技术密集型转变，推动整个价值迈向产业链的中高端，实现绿色增长。

第二节　智能制造推动中小企业创新发展的现状及问题

一、智能制造推动中小企业创新发展的现状

中国作为制造大国，在研发创新等方面却较为落后，传统的制造模式以资源消耗型为主，而目前中国的人口红利逐渐消失，劳动力成本上升，环保需求强烈，传统的制造模式已经不适合现在的发展，依靠科技、管理的新的发展模式成为适应时代潮流的发展模式，因此许多传统的中小企业失去了其竞争优势，企业的创新发展已成为经济改革中至关重要的一环。在这样的背景下，智能制造得到了前所未有的关注与重视。

（一）中小企业建设“智能工厂”，加速实现结构转型

“智能工厂”是在数字化工厂的基础上，利用物联网和设备监控技术加强信息管理和服务，并通过大数据与分析平台，将云计算中由大型工业机器产生的数据转化为实时信息，加上绿色智能的手段和智能系统等新兴技术于一体，构建一个高效节能、绿色环保、环境舒适的人性化工厂。

量大、面广、反应迅速的中小企业成为智能工厂和数字化车间试点、实践的“排头兵”。智能工厂的建设，加速了中小企业由传统制造模式向智能制造模式、由制

造业向制造服务业的转变，推动中小企业实现了结构性创新发展。

1. 从传统制造模式向智能制造模式转变

中小企业通过智能工厂建设，由原来的传统制造模式转向了智能制造模式。然而，智能工厂的整体改造成本较高，且需要相配套的管理人才，大多中小企业缺乏足够的资金、技术、人才进行整体改造，因此许多中小企业选择了相对成本较低的部分改造，例如改造生产线，利用智能平台实现定制化服务等，同时，许多中小企业不断推进工业化与信息化两化融合，信息技术在企业研发、生产、经营、管理等环节的渗透不断加深，"十二五"期间，数字化研发设计工具普及率达 61.1%，关键工序数控化率达 45.4%，制造业企业在精益管理、风险管控、供应链协同、市场快速响应等方面的竞争优势不断扩大。

春风动力股份有限公司作为浙江省"两化融合"示范单位，较早地确定了"数字化工厂建设"发展方向，分阶段开展了信息互联改造升级，走出了一条管理自主提升型的发展道路，逐步实现了特种车辆规模定制智能制造新模式。企业智能化改造总投资 313 万元，1 年即收回成本，人均效率提升 30%，设备利用率提升 25%，库存周转率提升 50%，产品生产周期缩短 30%。

2. 从制造业向制造服务业转变

随着智能工厂的推广发展，先进制造业企业通过嵌入式软件、无线连接和在线服务的启用整合成新的智能服务业模式，制造业与服务业的界限日益模糊，推动了两个产业的融合，一些中小企业抓住这一机会，加紧了制造业向制造服务业的转变，销售的不仅是产品，而且加入了产品"体验"这一日渐受消费者重视的消费需求。如青岛红领集团有限公司引入智能工厂，利用 3D 打印技术实现了大规模定制服务，不仅进行产品制造，而且加入了消费者的个性化定制服务，提高了产品的附加值。还有沈阳新松机器人自动化股份有限公司依托装配型搬运机器人领域的优势，为用户提供智能化立体仓库建设方案；鼎捷软件股份有限公司凭借多年 ERP（企业资源计划）服务经验，将管理软件与物联网硬件融合，为大型或超大型企业提供系统解决方案；汽车行业零部件研发制造商无锡贝斯特精机股份有限公司已经能够向市场提供汽车行业智能工厂建设系统解决方案等。

（二）中小企业运用"智能生产服务"提升创新效率

"智能生产服务"是一种由智能机器和人类专家共同组成的人机一体化智能系统，智能生产服务主要涉及整个企业的生产物流管理、人机互动，以及 3D 打印技术在工业生产过程中的应用等。

1. 生产物流管理为中小企业提高生产效率提供基础保障

智能生产服务下的生产物流管理主要依靠互联网、物联网、务联网（服务互联网技术），不断地将已有的物流资源进行整合利用，提高物流效率。生产物流的效率对制造业企业，尤其是对生产少量多样产品的甚至提供个性化定制服务的企业的生产效率会有极大的影响。因此，生产物流管理作为智能生产服务中的一个重要环节受到了广大企业的重视，制造业企业利用供应链协同平台、智能物流平台、各种智能物流装备等引进生产物流管理，提高物流效率，从而提高生产效率。中车浦镇公司为自己的车辆生产线引入了智能物流系统，物料车通过计算机控制，自动将所需物料送到各个工位，工人每天到达各自工位时，物料车已经将工作所需的各种零部件备好，大大提高了生产效率，节省了大量物流费用，从事仓储、配送的员工减少了 40%，车间生产工位减少了 90%以上的物料类异常，每天生产工位的计划兑现率达 99%以上，月度计划兑现率达 100%，而物流费用下降了 30%。

2. 人机互动推动中小企业效率提升

在智能生产服务中，人不再是唯一的生产力，而是引入了智能装备来进行一些独立的工作，但这又不同于单纯的人工智能，而是强调人机互动，是人机一体化的智能系统。在智能机器独立承担一系列任务的同时，人依然处于核心地位，同时在智能装备的帮助下提高自身在智能生产服务中所能发挥的作用。

“机器换人”是推动传统制造业实现产业创新发展的重要抓手，是以现代化装备提升传统产业，推动技术红利替代人口红利，促进经济持续增长的动力之源。“机器换人”是实施智能制造的基础、启动点和突破口。通过近五年“机器换人”的努力，浙江、广东等省的工业自动化和智能化生产线技术改造得以迅速启动、推进。“机器换人”提高了企业的内在素质，促进了企业节能减排、节本提质增效，为推动智能制造工程技术改造奠定了良好基础。以广东省东莞市为例，政府陆续出台《关于加快推进工业机器人智能装备产业发展的实施意见》《东莞市“机器换人”专项资金管理办法》等政策，同时在资金方面给予倾斜，例如连续三年安排 2 亿元，帮助东莞市企业实施“机器换人”。自 2014 年 9 月政策实施以来，东莞市申报“机器换人”专项资金项目共 1 319 个，投资总额高达 108.68 亿元，投资项目涉及五大支柱产业、四个特色产业。项目全部完工后预计可减少用工约 77 714 人，新增设备 46 185 台（套），平均产品合格率从 87.88%提升到 93.55%，单位产品成本平均下降 9.81%，劳动生产率平均提高 1.5 倍。2010 年成立的东莞市五株电子科技有限公司在最近三年引进最新设备替换掉了1/3的工人,使生产率大大提高,每日产量由之前的7 200支跃升为11.7万支,合格率由之前的90.2%提升到98.5%。

(三)中小企业开拓智能设备,驱动新兴市场

1. 智能设备提高了中小企业的生产水平,推动企业进入大规模定制等新兴市场

智能设备的引入提高了中小企业的生产技术水平,使得原先只能进行简单的产品生产的企业有能力进行较高技术水平的产品生产,例如3D打印设备的引入使企业可以进行大规模定制,计算机支撑的智能平台使企业可以更好地了解客户需求,发展制造服务业等。因此,许多中小企业引入智能设备不仅提高了生产效率,而且开拓了新的市场。现在消费者的个性化需求逐渐增加,个性化定制越来越受追捧,定制服装、定制家具等个性化定制服务成为许多企业的撒手锏,例如武汉金运激光设备有限公司通过构建3D打印云智能,为客户提供个性化创意产品定制服务。佛山维尚家具制造有限公司利用数字化打印技术实现整套家具定制。3D打印正在飞速发展,应用于各个行业,2013—2016年,国内3D打印市场连续翻倍增长。2012年,中国3D打印市场规模约为10亿元;2013年,实现翻番,达到20亿元左右;2014年,中国3D打印市场规模约为47.4亿元,再次实现翻倍式增长,成为一个吸引众多中小企业的新兴市场。

2. 智能设备需求量快速增加,推动中小企业进入智能设备制造市场

随着大量智能设备入驻企业,智能设备的需求量大大增加,智能设备市场成为一个颇具规模的新兴市场,吸引了大批中小企业进入这一市场中来。据Gartner Group(高德纳咨公司)数据显示,2014年全球工业软件市场规模约为3 175亿美元,同比增速达到5.8%。以机器人这一典型的智能设备为例,根据IFR(国际机器人联合会)初步统计数据,2016年中国工业机器人销量已高达9万台,较2015年增长31.28%,显著高于全球工业机器人14%的销量增速,其中中国工业机器人销量占全球销量的比重已达31%,中国工业机器人的需求有了显著增长,成为全球的重要市场。截至2015年10月,中国已经有近40个机器人产业园,400多家机器人及关联企业。地方政府对机器人相关企业的招商也呈现出白热化趋势。智能设备的运用大大提高了企业的生产效率,同时催生了智能设备制造这一新兴市场,吸引了广大中小企业进入,使得智能设备与企业发展之间实现良性循环。

在中国人口红利逐年减弱、工业创新发展需求释放、工业机器人性价比临近拐

点且接受度逐渐增强，以及人工成本倒逼等多重推力的作用下，各级政府纷纷出台政策扶持机器人生产和使用，国内的机器人产业发展迅猛，2010—2016 年五年间保持着高速增长率，并在 2014 年一举跃升为全球市场规模之首。其中，2012—2016 中国及全球工业机器人年销量详见图 3-1。

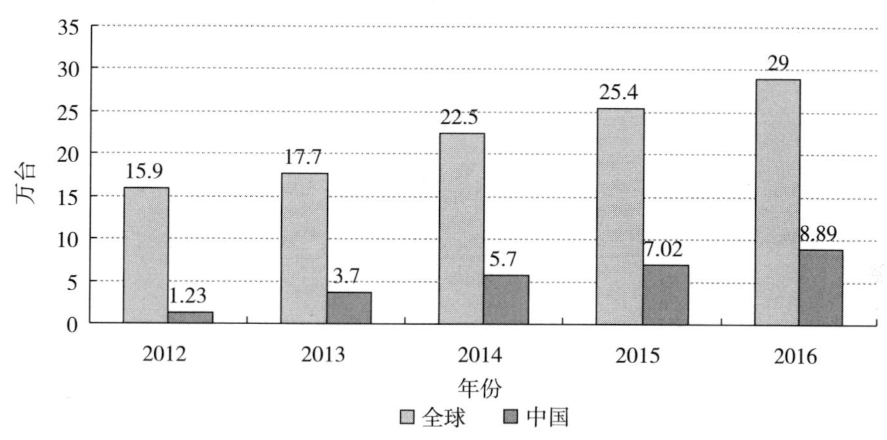

图 3-1　中国及全球工业机器人年销量比较(2012—2016 年)

资料来源:IFR 数据及课题组收集整理。

3. 中国智能设备技术水平仍处于较低水平，推动中小企业进行智能设备创新

智能设备作为智能制造中不可或缺的工具，智能设备的技术水平直接影响着智能制造的水平，因此智能设备的创新成为一个备受关注的市场。而中小企业由于人员较少，层级较简单，因此信息传递较快，同时其组织较为简单，转变成本较低，具有较高的灵活性与适应性，可以在敏锐地感知市场变化的同时迅速做出反应，因此，中小企业往往能够在智能设备的创新上有着独特的表现。虽然近几年中国的智能设备技术水平有了明显的提高，然而相较于德国、美国等发达国家，中国的智能设备技术水平还处于较低水平，以工业机器人为例，据工业和信息化部初步统计，中国涉及生产机器人的企业超过了 800 家，其中超过 200 家是机器人本体制造企业，大部分以组装和代加工为主，处于产业价值链的低端，产业集中度很低，总体规模较小，创新能力薄弱。

政府对智能设备发展高度重视，积极推动智能设备的利用与创新。2011 年以来，国家有关部门连续三年组织实施了《智能制造装备发展专项》，有关类别、应用领域及立项数量详见表 3-1。

表 3-1　2011—2013 年国家《智能制造装备发展专项》立项项目类别

序号	类别	立项数量	应用领域
1	智能制造装备及生产线	16	汽车制造、饲料加工、家电、废金属分选、轮胎、焊接线
2	机器人	13	机械加工、汽车制造、流程制造
3	大型生产系统	7	煤炭、矿山、港口、废弃物处理
4	数字化智能工厂(车间)	36	焊接、铸造机、加工、液压油缸、汽车、工程机械
5	智能部件及装置	4	机械加工、汽车制造、流程制造
6	控制系统、应用软件	12	轨道交通、化工、新材料

资料来源:塞迪智库装备工业研究所整理。

(四)大中小企业共建“智能平台”,实现全产业价值链协同

“智能平台”不断地发展与完善使得信息的收集、传输、共享等都达到了一个很高的水平,平台内的企业可以实时上传企业的各项数据,同时获得其他企业的相关数据,使得企业之间达到良好的合作,实现全产业价值链的协同发展。

1. 智能平台推动大中小企业实现全产业价值链横向协同

首先,是生产协同。通过智能平台,企业可以进行相互间的协作达到生产协同。随着制造业企业的增多以及技术的成熟,越来越多的大企业将制造任务外包给一些在技术与经验上有着良好优势的小企业,小企业凭借自己在某一方面的专业性以及灵活性与对需求的敏锐性以较低的成本与较高的质量进行产品的生产,大企业不用在制造上耗费财力、物力、人力,而将这一些资源投入产品研发、售后服务等方面,提高产品附加值,从而达到双赢。例如,3D Systems 公司即采用分布式制造模式以社区为单元共用一台 3D 打印机,通过智能平台传输数据,优化了资源配置,提高了设备利用率,取得了良好的经营绩效。

其次,是技术协同。没有一个企业在所有的技术领域都有着极高的水平,智能平台给企业创造了相互之间进行技术协作的一种有效方式,企业可以协作进行新技术的研发,降低研发难度与研发费用。同时,企业间也可以共享最新技术,推动整个行业的发展。例如,贝加莱工业自动化有限公司建设的 Automation Studio 平台,其中的 MAPP 智能机器开发技术可以快速开发响应变化的机器。平台内的企业可以通过这一平台共同研发与共享最新技术,达到技术协同,共同推动智能机器

技术的发展。

最后，是营销协同。在开拓新市场时，企业可以通过智能平台进行合作，分摊市场开拓成本，例如在宣传促销以及基础设施建设等方面进行合作。另外，通过智能平台进行合作还可以避免销售渠道的重复建设，共享服务网络。山东省于 2017 年建立了山东工业云创新服务平台，由山东云科技应用有限公司全面负责平台运维、营销和推广工作，并在全省特色工业产业密集区建设体验中心，进行全方位展示，发展本地化服务。这一平台使得山东省的制造业企业可以共享营销基础设施，利用平台提供的营销与推广服务，降低其营销成本，同时获得更好的营销效果。

2. 智能平台推动大中小企业实现全产业价值链纵向协同

供应商、制造商、消费者构成了一条简单的纵向产业价值链，智能平台将三者联系在一起，使得它们相互之间可以实时传递信息，加强相互协作。供应商向制造商提供原料、零部件等信息，制造商向供应商提供自己产品的原料、零部件等的具体要求，制造商向消费者提供生产的产品的信息，消费者向制造商提供自己的需求。各方将相关信息上传至智能平台，使得平台内的企业可以方便地检索到相关信息，寻找合适的合作对象。信息的实时共享使价值链上的每一个环节达到畅通，从而使价值链平稳运行。由于产品需求量与制造水平的信息达到了平衡，从而使得产品的供给也达到了平衡，避免了供过于求造成的资源浪费。同时，消费者可以通过将自己的个性化需求上传至智能平台，寻找到合适的制造商进行个性化定制。例如南京的“1001 号云制造平台”，是以 3D 打印技术为基础，整合加工、模具、注塑等生产链条，通过连接手机等智能终端到生产设备的云制造平台，用户只需在平台上上传图纸，选择制造工艺、材料等即可通过该平台寻找到合适的生产商进行生产。通过这些平台，用户不需要购买设备、厂地就可将自己的想法变成实物，这将大大推动资金短缺、技术相对落后的中小企业的发展。

智能平台将平台内的企业、个人通过共享信息紧密地联系在一起，使得产业链的各部分之间能够进行协同合作，使产业链的每一个环节都实现价值最大化。

二、智能制造推动中小企业创新发展存在的问题

智能制造在推动中小企业创新发展方面虽然取得了一定的成效，但依然面临人才储备不足、共性技术研发不足、核心智能部件与整机发展不同步、产业整体技术创新能力与国外差距较大、重要基础技术和关键零部件对外依存度高、部分领域存在产能过剩隐患、缺乏统计口径和产业标准、重点领域人才队伍尚未建成

等问题。

(一)中小企业实施智能制造的人才储备不足

智能制造方式不是简单的用机器设备替代产业工人,而是对传统制造方式的改造,未来对智能技术研发、智能设备改造、智能装备操作以及智能监测管控等方面的新型人力资源需求巨大。智能制造中,人不可能完全被机器替代。随着中国智能制造的推进,中国会出现具备操控和维护技能的现代化产业工人的结构性缺失问题,企业在招募和管理高端智能制造操控工人的过程中会陷入新的"用工困局"。

中国的智能制造尚处于初期发展阶段,除一些龙头企业外,大部分中小企业都面临人才储备不足的问题,具体表现为五个方面:

第一,高端机床、智能传感等高端制造装备领域缺少专业技术人才和统筹装备制造的管理人才。

第二,中国对国内外高端人才的引进力度不够,引进工作不够灵活且落不到实处。

第三,中国缺乏能将来自不同服务商的智能机器系统兼容的专业人员。对于智能设备的改造,中小企业需要服务商的全程参与或者部分参与,企业智能机器设备来自不同的服务商,不同型号设备之间不兼容的情况较为普遍,设备服务商之间的装备与系统软件普遍彼此不兼容,将现有的这些设备互联互通,形成一个统一整体,需要许多专业的技术人员。

第四,中国的企业、科研院所、高等院校对充分掌握机械、自动化、信息计划等复合型人才的培养投入不足。其培养目标还停留在较低层次的技术人才,无法适应高水平、高融合的自动化工作环境,高等院校培养的学生普遍存在职业素养偏低、技能单一、知识面窄的状况,缺乏可持续发展的能力。

第五,中国尚未建立校企联合培养人才的长效机制。高等院校培养的学生长期在学校参与实验、调研,仅仅依靠学校一方,学生只能学习到基础的技术知识,无法适应复杂的智能工作环境。反观德国和日本,特别建立了校企合作的专门机构,对于技术技能方面的人才培养也有相应的企业介入,所以它们都拥有大量技术精湛的工匠,能够在工艺领域具有重大创新,与国内学生实训经验不足形成了鲜明的对比。

（二）中小企业实施智能制造的共性技术研发不足

产业关键共性技术具有应用基础性、关联性、系统性、开放性等特点，因其研究难度大、周期长，已成为制约中国产业健康持续发展和提升产业核心竞争力的瓶颈问题，加强关键共性技术研发是加快提升产业技术最有效的途径之一。

2011 年、2013 年、2015 年，工业和信息化部隔年修订并发布了《产业关键共性技术发展指南》，以引导全社会优先发展战略性的关键共性技术，而智能制造领域的多个共性技术，如 3D 打印、智能机器人、工业机器人、云计算、大数据等位列其中。中国制造业现阶段的状况是“大而不强、缺芯少智”，研发基础薄弱的中小企业尤甚。在信息技术、制造技术深度融合的发展进程中，中小企业应紧紧抓住“智能核心”，在关键共性技术自主创新上实现突破，不断强化工业制造业 2.0 的补齐、3.0 的普及、4.0 的推进。

中小企业实施智能制造共性技术研发不足的原因主要包括以下三个方面：

第一，产业整体技术水平与世界先进水平有较大差距。目前，国内对智能制造装备产业的发展侧重于技术追踪和技术引进，忽视了对基础技术的研发和对引进技术的消化吸收。

第二，中国工业基础相对薄弱，制造业发展最大的短板是“缺核少芯”。中国缺少核心技术，特别是高端机床、智能传感、高档仪器仪表等智能装备受制于人。以机器人行业为例，目前，国外品牌占据了中国工业机器人市场 60%以上的份额。其中，技术复杂的六轴以上多关节机器人，国外机器人市场份额约为 90%；作业难度大、国际应用最广泛的焊接领域，国外机器人市场份额为 84%；高端应用集中的汽车行业，国外机器人市场份额更是超过 90%。

第三，产业的持续发展需要创新的支撑，自主创新的落后会导致过分依赖于外部，失去产业高端价值链的主导权。中国近年在智能制造领域确实取得了一定的成就，但主要是注重引进模仿创新，自主创新能力较弱，致使难以登上制造产业链的顶端。

共性技术对整个智能制造发展至关重要，若是不能在共性技术上实现创新突破，中国智能制造的未来发展堪忧。

（三）中小企业实施智能制造的资本运用不足

智能制造是一种全新的生产方式，需要新的技术、新的设备、新的复合型人才，如何恰当地运用各类资本，就成了中小企业实施智能制造的关键。

2016年的一项针对"机器换人"的企业调查显示,"机器换人"项目总投资在100万—500万元的中小企业比例最大。有70%以上的企业认为,当前开展"机器换人"的首要问题是成本过高。包括价格不菲的机器购买费用,以及因关键核心零部件进口而产生的高昂的后期维护成本。对于已完成"机器换人"的企业,有超过50%的企业投资额在1 000万元以上。而"机器换人"的成本回收过程至少需要3—5年的时间。加上近年来企业融资贵、融资难等因素都使企业,尤其是资本实力有限、资信不足、缺乏有效抵押物的中小企业在包括"机器换人"等智能创新领域发展动力不足。

为推进实施智能制造,各地市相继出台了各类政策,给中小企业升级智能化,推动智能制造的发展明确了发展目标和方向。概括起来主要有三类:

1. 融资政策支持

广东省的"拨贷联动"。在财政方面,广东省政府加大金融政策扶持力度,在相关智能制造项目中试点推行"拨贷联动支持计划",采取"先政府立项、后银行贷款、再财政拨款"的形式进行支持,通过财政资金激励撬动金融机构和社会资本支持企业实施智能制造。

浙江省的融资租赁"租企"对接平台。浙江省于2014年出台《关于加快融资租赁业发展的意见》,加大对融资租赁企业的扶持力度,出台鼓励企业采用融资租赁模式的扶持政策,促使融资租赁企业降低融资租赁综合成本。通过政府、商会、行业协会等搭建融资租赁对接平台,组织生产性企业和融资租赁企业进行租企合作对接,开展定向和批量融资租赁服务,推进中小企业智能制造转型工程。

2. 改善融资模式

为了破解中小企业智能化建设及改造的流动资金瓶颈,各省市积极探索创新金融模式,涌现出了一些具有典型意义的融资模式改革。

广东省佛山市三水工业园推行的"集成商—租赁企业—机器人应用企业"三方合作模式,浙江省的"信贷三融模式",即金融机构—智能化制造改建设企业—智能化制造改建设服务企业—地方政府四方合作的"融资""融物""融工程"智能化制造工程信贷的商业模式。其中,"融资"模式的典型案例有:杭州蕙勒智能科技有限公司从浙商银行获得的1 000万元的智能制造信用贷款;"融物"模式的典型案例有:新昌日发纺织机械股份有限公司从浙商银行获得的1亿元的智能制造买方信贷;"融工程"模式的典型案例有:浙江陀曼智造科技有限公司从浙商银行获得的3 400万元及"1 + N"授信模式的工程技改信贷。

3. 奖励性资金支持

各级地方政府在其制定出台的智能制造推进实施政策中普遍都设置了奖励性的资金支持,包括各类补贴、补助、奖补,既有针对企业的,也有针对智能制造产业园区的。例如,泉州市 2016 年 3 月出台的《泉州市发展智能制造专项行动计划》,一方面,优先将智能制造企业纳入小微企业信贷风险补偿共担资金、助保贷等政府增信资金支持范畴,支持智能制造企业开展研发、成果转化和市场开拓活动;另一方面,为推动重点智能装备专业园区及研发基地建设,在要求每个园区投入不少于 1 亿元用于研发、实验、检测设备投入,引进智能制造产业链相关的平台、项目及引进人才补贴等(不包括基础设施建设投入)的前提下,给予每个园区 1 000 万元的补助,市、县两级财政按照 3 : 7 的比例分摊。对智能装备专业园区项目所需的新增用地、用林指标优先支持。

然而,不可忽视的是,目前智能制造市场投资存在不小的泡沫,一些中小企业上马机器人等智能制造项目的初衷不是做大做强,而是“套取”政府补贴;也有一些中小企业盲目上马项目,既未能客观评估自身的资源禀赋特点,对智能制造的本质属性认识不足,也缺乏对智能制造市场的深入考察与科学判断。此外,尽管国家层面对智能制造工作高度重视,也进行了周密的顶层设计与规划,但是在政策层层下达及落实的过程中,由于政策的指令失真,导致行政引导失误现象偶有发生。

(四)中小企业实施智能制造的协同平台不足

如何解决产能和供需、成本和效率、产品和质量之间的平衡问题是制造业始终面对的经典问题。如何搭建协同平台,实现协同制造成为智能制造时代的重要命题。以利用互联网技术为特征的网络信息技术,能够实现供应链内跨工业链间的企业产品设计、制造、管理和市场合作,通过改变业务经营模式与方式,达到资源的充分利用。具备敏捷制造、虚拟制造、网络制造、前期化制造的模式特征的智能制造协同平台,打破了时间和空间的约束,通过互联网使整个供应链上的企业、合作伙伴共享客户设计、生产经营信息。

协同平台主要涉及以下几个内容:协同设计、协同供应链、协同生产、协同服务。中国互联网与制造业的融合仍处于起步阶段,中小企业实施智能制造的协同平台存在如下几个问题:

第一,各个协同平台协同不足,导致整体系统不协调。例如设计平台不足将会使得企业产品不够突出,在与其他企业竞争中处于弱势,不利于整合企业资源,企业的宣传将会延后,宣传效果将会变得不佳;二维码管理平台不足,可能导致识别不了产品或者无法掌握产品使用状态,也就无法有效地与客户沟通产品性能,导致企业信用下降,后期发展出现危机。

第二,中小型制造业企业仍需依靠以阿里巴巴为代表的大型互联网企业构建的协同平台来实施个性化定制、网络协同制造和服务型制造。中小企业依靠龙头企业提供的数据来整合资源、识别产品、沟通客户,这种依靠式发展不仅会限制企业的自主创新能力,还会使企业面临更多未知的风险。

第三,目前龙头企业并没有充分地与中小企业的应用信息系统相通,这对产业链的协同程度造成了一定的影响。中小企业在使用协同平台的过程中,只能接收到龙头企业提供的部分信息,这种有选择的信息会让企业的发展目标及发展方向受到限制,企业得不到完全的信息,资源无法充分地整合,难以形成研制、生产、制造、销售、集成、服务等有序、细化的产业链。

(五) 中小企业实施智能制造的资源整合不足

资源整合是一个复杂的动态过程,是指企业对不同来源、不同层次、不同结构、不同内容的资源进行选择、汲取、激活和有机融合,使之具有较强的柔性、条理性、系统性和价值性,并对原有的资源体系进行重构,摒弃无价值的资源,以形成新的核心资源体系。

中小企业在实施智能制造的过程中,也都面临资源整合不足的问题:

第一,技术资源整合不足,技术创新能力薄弱。大多数中小企业因为缺少核心技术,产品大多来自模仿,产品的同质化问题严重,同行之间只能通过价格战来竞争。

第二,信息资源整合不足,市场反应能力滞后。在市场经济条件下,丰富的信息资源是企业生产与发展的重要条件之一。诸多企业由于知识陈旧,对市场变化反应迟钝,对生存环境不适应,从而经营亏损,面临倒闭。

第三,人力资源整合不足,人才流失严重。相对于大企业而言,中小企业员工的学历水平较低,普遍存在员工流失问题,且流失的大多数为企业发展所需的关键性人才。企业应整合知识资源,与员工建立共同的价值取向,以提高对市场变化的感应、适应能力,使企业的核心技术能够不断地形成、再生,并得以拓展和延伸,从而保持企业持续的创新能力。

（六）中小企业融入智能制造的生态环境尚不成熟

智能制造时代的到来，新技术、新产品、新业态、新模式不断涌现，这给创新型中小企业带来了极大的发展空间。但在智能制造生态环境中，创新型中小企业必须努力破解研发成本高、创新周期长、市场风险大的难题，不让领先优势变成阻碍发展的陷阱。

中小企业要想融入智能制造的生态环境受到国内外两方面因素的限制。国际方面，由于受到 2008 年金融危机的冲击，世界经济正在缓慢复苏，不稳定、不确定性因素较多，且跨国公司垄断势力挤压国内企业发展空间。国内方面，一是国内经济发展面临结构性矛盾突出、部分行业产能过剩严重、新兴产业成长制约因素较多、实体经济困难增多等诸多问题。国内制造业中传统行业占比较高，高端产品供不应求，无效和低端产品严重过剩，供需两侧错配矛盾突出。二是在全球化与互联网发展最快的时代，国内缺乏智能装备制造能力及共性技术研发不足，导致国内大部分高端电子装备都依靠进口，不利于国内创业创新能力的提升和智能制造日后的生态发展。三是虽然国内拥有巨大的互联网市场需求，有一大批充满活力与生机的企业，但国内的创业创新能力相较于其他国家来说还有很大的差距，具有一流产品质量、一流产品理念的企业微乎其微。企业发展结构失衡，产品质量差，这些问题使得中国的智能制造水平与美国、德国、日本等工业大国相比仍然不具有优势。

大多数企业仍然以传统的大批量集中生产方式为主，而智能制造以分散化、个性化定制生产方式为主，企业未能及时地转变自己的生产方式，无法与现在所提倡的节能减排绿色发展这一目标匹配，对日后构建产业价值链新体系相当不利。

第三节 对策与建议

一、推动中小企业智能化转型

加快推进大数据、云计算、互联网等信息技术的基础建设，积极引导中小企业信息化运用。引导有基础、有条件的中小企业推进生产线自动化改造，开展管理信息化和数字化升级试点应用。建立龙头企业引领带动中小企业推进自动化、信息化、智能化的发展机制。以信息化技术提升中小企业生产制造能力，以工业互联网和自主可控的软硬件产品为支撑，推广服务于智能制造的信息化集成应用产品和解决方案，为制造业中小企业提供信息化基础条件和服务支撑。

二、发挥信息化平台的辐射带动作用

整合和利用现有制造资源，建设云制造平台和服务平台，在线提供关键工业软件及各类模型库和制造能力外包服务，服务中小企业智能化发展。充分发挥大型信息化服务商在技术、人才、网络和服务方面的优势和产业整合能力，探索政府支持、大型信息化服务商让利、中小企业受益的信息化推进智能制造模式，帮助中小企业推进智能制造和提高市场竞争力，助推中小企业快速成长。支持大型信息化服务商与地方政府、有关部门、工业园区、产业集群等开展务实合作，建立信息化服务合作联盟。

三、引导工业信息工程公司发挥桥梁作用

引导工业信息工程公司实施智能制造工程技术改造与运维的总承包，发挥应用服务桥梁作用，集聚创新资源，推动中小企业生产制造过程的智能化和网络化，提高中小企业产品质量和协作配套能力。引导工业信息工程公司深耕一个工业行业，培植具有深耕于某一工业行业的“两化深度融合的素质与能力”。在不影响制造业企业生产大格局的前提下，帮助工业信息工程公司做成做好“第一个订单”，以改变工业信息工程公司缺乏自动化、智能化技改与建设的资历及清除不能准入工业信息工程招标市场的障碍。

四、实施针对智能化转型的税收优惠和创新服务券

实施中小企业智能化转型税收减免、扣除、返回奖励等税收优惠政策，要加快对智能制造推动中小企业转型发展的试点认定。对增加智能化改造研究与发展投入的中小企业及应用智能制造新技术开发新产品的中小企业等给予税收等系列优惠。另外，鼓励政府以中小企业实施智能制造推动转型发展的需求为基础开展创新服务券，企业利用创新服务券向信息平台、工业信息工程公司等购买科技创新服务，信息平台、工业信息工程公司持创新券向政府财务部门进行兑现，以确保专款专用。

五、构建针对智能化转型的多层次多渠道融资体系

鼓励银行金融机构、金融投资机构为中小企业智能化建设、中小企业智能化创新项目提供金融支持。鼓励中小企业利用移动互联网、新媒体等发展电子商务，探索网络营销新模式，细化区分网络群体特性，发展精准营销，推动中小企业互联网

金融应用。鼓励信贷机构依托电子商务、供应链管理平台构建多元化的中小企业信用信息收集渠道以发放中小企业智能化建设的信用贷款。鼓励信息化智库、银行、政府、工业信息工程公司等“四方”合作开展智能制造金融服务模式创新、信贷审批模式创新的试点。

六、实施针对智能化转型政府性投资基金引导计划

统筹设立中小企业智能制造投资引导基金,重点投资智能制造相关领域的中小企业。引导基金与投资机构共同投资于智能制造相关领域的中小企业,以支持已经设立的投资机构,降低其投资风险。引入担保公司,将投资机构作为智能制造相关领域的中小企业的投融资平台。引导以智能制造为重点投资方向的国家新兴产业创业投资引导基金支持一定比例的中小企业智能制造创业投资引导基金。搭建政银企合作平台,研究建立产融对接新模式,同时发展融资租赁平台,创新金融产品,缓解智能制造企业的资金“瓶颈”。

七、推广中小企业智能制造试点示范工程

按照国家重点发展产业布局,选择一批成长性好的中小企业,建立起面向中小企业的智能制造试点示范项目,对其智能化技术改造项目予以支持,聚焦中小企业智能制造的关键环节,重点突破关键技术,推进传统制造业中小企业智能化改造工作。边示范边总结,形成一批可复制、可推广的中小企业智能制造应用新模式和新机制案例,积极向行业内其他中小企业、其他行业推广成功经验和模式,同时加大智能制造试点示范的中小企业推广力度。

八、加强智能制造产业链有效协作与整合

加强产业链有效协作与整合,带动中小企业智能制造。鼓励智能制造试点企业加强与产业链的上下游企业、生态系统相关环节的纵向和横向协同合作,推广智能制造技术的应用,推动产业链在研发、设计、生产、制造等环节的无缝合作,孵化培育基础较好、潜力较大的中小企业,共同提升智能制造生态系统的发展水平。支持智能制造试点企业通过专业分工、服务外包、订单生产等形式带动中小企业进入产业链或采购系统。

九、培育智能制造“专精特新”中小企业

加快提升智能制造进程,引导中小企业走专业化、精细化、特色化、新颖化发展道路,不断提高企业发展质量和水平,提升企业核心竞争力,促进中小企业转型发

展,支持中小企业运用智能化、信息化、网络化等先进适用技术以及新工艺、新设备、新材料,改造传统产业。同时,鼓励中小企业进行服务化转型,支持"专精特新"中小企业推出个性化定制平台、智能服务平台等,支持企业拥有知识产权,积极申请专利,鼓励"专精特新"中小企业开展各类标准化示范试点,采用国内外先进标准,建立和实施标准体系。

十、健全多层次智能制造人才培养体系

加强产学研互动,创新人才培养模式。鼓励有条件的高校、院所、企业建设智能制造实训基地及智能制造人才培训和输送基地,培养满足智能制造发展需求的高素质技术技能人才与能够突破智能制造关键技术、带动制造业智能转型的高层次领军人才。另外,可通过持股、技术入股、高薪、住房、医疗等政策措施,实施智能制造高层次人才引进计划,建立重大智能制造项目与人才引进联动机制,建立重大项目产业人才的绿色通道,持续不断地进行高层次人才和国外智力引进工作。

十一、完善中小企业智能制造公共服务体系

加强创新载体和服务平台建设,加快形成政府推动、市场主导、社会参与的公共服务体系。提升政府服务质量,致力于服务型政府建设,构建公共服务平台,全方位、一站式帮助智能制造企业解决遇到的问题与困难。集中力量建设国家智能制造标准体系,编制智能制造标准化战略和标准化路线图,明确标准化工作的策略、目标以及标准研制重点领域,指导开展标准化工作。

十二、完善中小企业智能制造国际交流与合作机制

在智能制造标准制定、知识产权等方面广泛开展国际交流与合作,不断拓展合作领域。支持国内外中小企业及行业组织开展智能制造技术交流与合作。按照对等开放、保障安全的原则,统筹考虑国家科研发展需求和战略目标,积极鼓励和引导国外先进企业和团队参与承担研发制造项目,鼓励国外机构等在华设立建设人才培训中心、智能制造示范工厂。

第四章 中小企业与政府沟通的调研报告

习近平总书记在党的十九大报告中指出:构建“亲”“清”新型政商关系,促进非公有制经济健康发展和非公有制经济健康成长。在市场经济环境下,政府也需进一步创新服务品牌,摆正与企业的关系,加强与民营企业的联系,尤其是与相对弱势的小微企业互动沟通,及时了解企业需求,提高政府服务水平,促进企业发展壮大。

由于中国政府对经济影响和干预的范围依然很大,对企业绩效的影响更大,因此企业有了更加强烈的与政府加强沟通的需求。而中小企业作为中国经济发展中一个最具活力的重要组成部分,在经济转轨的道路上扮演着越来越重要的角色。尽管中小企业占全部注册企业数的95%以上,创造了中国80%以上的社会就业、60%的GDP、50%的税收,但它们在资金实力、政府支持和政治影响力上却不具备任何优势,这样一个庞大的群体与政府还存在严重的“缺乏沟通”问题,仍不会有效利用政府对中小企业的大量利好政策。

本章以对中小企业与政府沟通现状的调研情况分析为基础,总结出中小企业与政府沟通时具体存在的问题,分析问题的主要原因,并提出相应的管理对策,为中国中小企业的健康发展提供参考和借鉴。

第一节 中小企业与政府沟通现状

从企业的角度来看,中国政企关系面临的宏观环境在逐渐发生变化,计划经济体制逐渐为社会主义市场计划体制所代替,市场成为配置资源的主要方式,企业真正成为市场的主体。政府不断减少指令性计划和行政命令,强化宏观调控职能,以适应市场经济的要求。中小企业中的大多数与中国各级政府不存在行政隶属关系,而且中国的中小企业存在相对比较分散、辐射范围较小的现状。虽然政府助力中小企业制定了相应的帮扶政策，无论是中央的政策导向，还是地方的执行方案，都倾注了各级相关部门的心血，但这些利好政策却常常不为多数中小企业所知晓、理解，更别说践行。此外，作为个体的中小企业势单力薄，缺少与政策制定者协商的底气和勇气。另外，对于政策制定者来说，由于缺乏中小企业的反馈与建议，导致很多政策的制定和执行都存在与现实需求脱节的问题。以下将从中小企业对政府关系管理的认知、中小企业与政府的互动情况、中小企业从政府获取资源的情况三个方面分析中小企业与政府的沟通现状。其中，调研数据部分来源于相关文献，部分由作者通过访谈调研和问卷调研统计得出。

一、中小企业对政府关系管理的认知

在中小企业对政府关系管理的认知上，中小企业大都有对政府关系进行管理的意识，抱着一种相对肯定的态度，只有少数中小企业的思维意识还停留在希望通过与某些领导人的私交来获得政策倾斜。调研数据显示，认为这是合情合理但需规范的比重为83%，认为合情合理但不需规范的比重为9%，虽认为不合情合理但也无可奈何的比重为8%（见图4-1）。

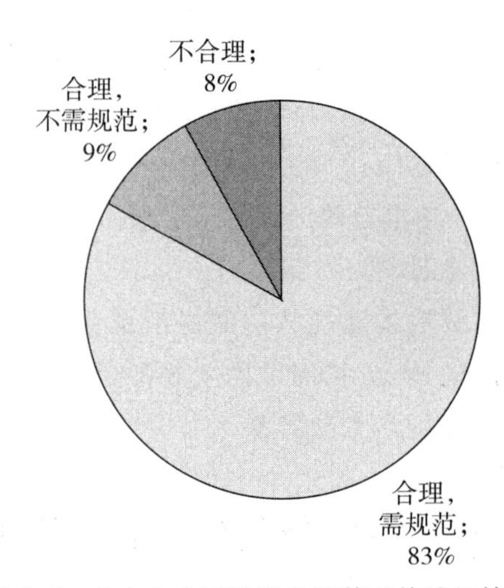

图4-1　中小企业对政府关系管理的认知情况

二、中小企业与政府的互动情况

企业与政府沟通有多种渠道，可以归纳为以下几种方式：

一是行为沟通。当沟通渠道尚未建立或没有打通时，企业的品牌、市场地位和口碑对能否尽快建立有效的沟通渠道意义重大。这时，企业的行为包括遵守国家法律和政策的规定、制定符合政府政策发展方向的企业发展策略、兑现对政府所做的承诺、参加或举办各种公益活动等，这些都有利于树立良好的企业形象，从而为进一步的沟通奠定良好的基础。

二是正式渠道的沟通。与政府的沟通主要通过正式渠道，如会见、会谈、书面报告、参观访问等。企业可以设立专门的政府关系部门，负责与政府进行日常的沟通工作以及让企业的最高首脑定期来访等。

三是非正式渠道的沟通。企业的政府关系雇员同政府部门的相关官员已相互熟悉甚至已建立起信任关系，或前者可以通过第三方与后者进行沟通。沟通或关系协调时，非正式沟通渠道便可开通，如电话、邮件、社交等。一般情况下，最有效的中小企业与政府沟通应该是全方位的。中小企业全方位政府沟通模型见图 4-2。

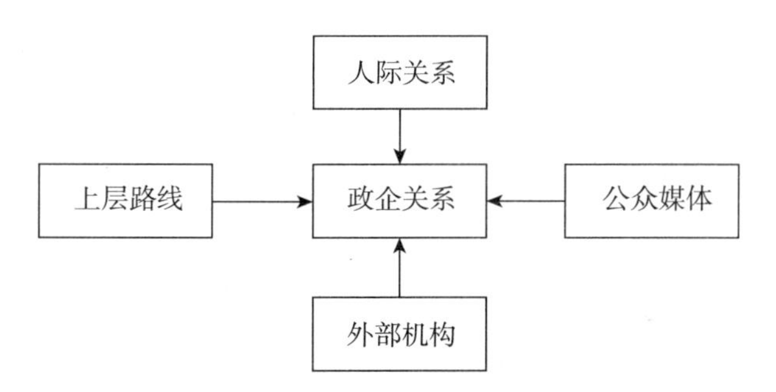

图 4-2　中小企业全方位政府沟通模型

本节主要从中小企业与政府的接触频率、中小企业与政府互动的负责人员情况、中小企业政府关系管理的方法和渠道三个方面进行分析。

1. 中小企业与政府的接触频率

根据调研数据，中小企业与政府的接触频率呈现出了较低的水平，每周都与政府有接触的中小企业仅占 26%，每月至少一次的占 30%，基本没有接触政府的占 21%（具体统计数据见图 4-3）。

中小企业与政府沟通的缺乏导致政府收到回馈信息机制出现严重缺失。在 2008 年金融危机出现时，这种弊端就显露得更加明显了。当时，中国很多中小企业都面临银根紧缩的问题，但这种区域化的现象却没有在很短的时间内传达给政府，以至于不少资产优质的中小企业因资金链断裂而蒙受巨大的损失，甚至导致破产。

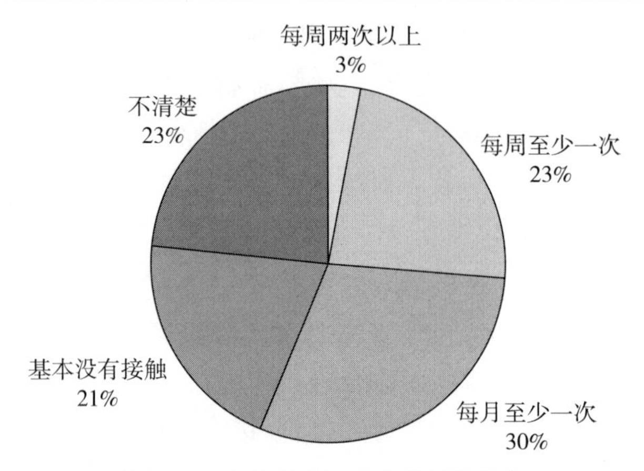

图 4-3　中小企业与政府的接触频率

2. 中小企业与政府互动的负责人员情况

相关资料显示，企业负责人的政治面貌和参与社会事务的情况与企业规模有一定的正向关系，表现为大企业中加入党派和社会组织的负责人比中小企业中加入党派和社会组织的负责人明显更多。中小企业负责人身份统计见图 4-4。

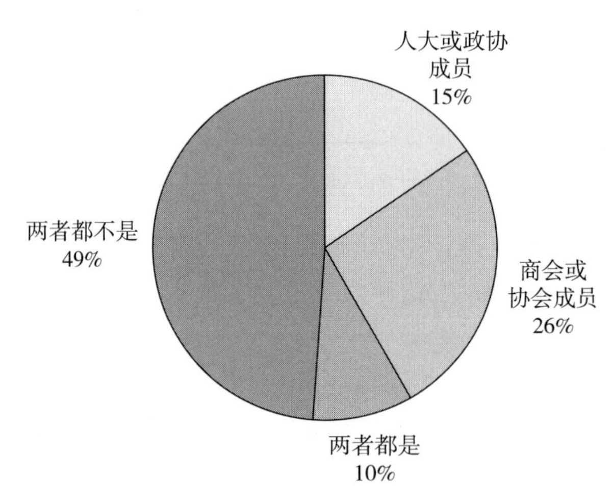

图 4-4　中小企业负责人的身份

与政府互动的负责人部分是企业的高层管理人员，占所有中小企业的 45%，但也有 21%的中小企业设置了相关部门以及专职人员进行企业政府关系管理。根据调研结果，企业与政府的联系程度、设立政府事务部门的情况存在较大的个体差异，且与企业规模和经营状况无明显关系。

3. 中小企业政府关系管理的方法和渠道

当企业遇到问题时，如果企业很注重承担社会责任，或在政府遇到难题时，曾经不计较自身利益支持政府解决问题，则政府很乐意帮助其解决问题。但是，企业规模较大，为本地经济做出重要贡献也是一个很重要的影响因素，这意味着在其他条件一样的情况下，政府更愿意帮助大企业解决问题。同时，这里的“其他条件一样”对中小企业和大企业来说，概念是不一样的，中小企业需要付出更多去承担社会责任。政府官员帮助企业解决问题的意愿情况见图 4-5。

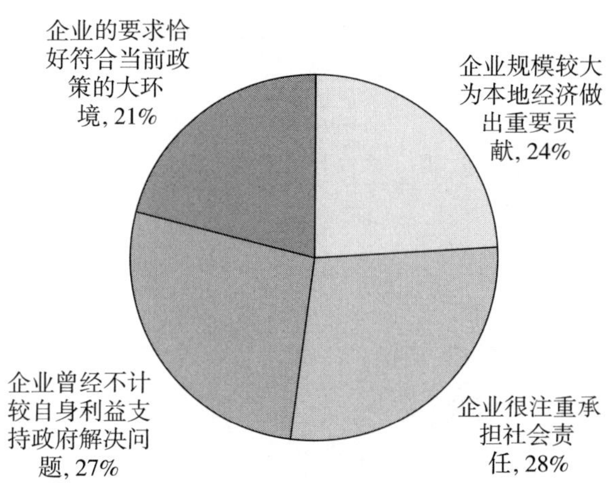

图 4-5 政府官员帮助企业解决问题的意愿

中小企业与政府建立关系的首选方法是直接拜访政府官员，占据高达 33%的比例。其次通过第三方介绍、积极参加公益事业以及壮大企业自身都是中小企业常用的方法，这些方法大都比较直接，比较符合中小企业力求快速有效的诉求（见图 4-6）。

在维持与政府沟通的过程中，中小企业主要有以下几种渠道：一是经常走访政府官员；二是参加（或支持）政府举办的活动；三是邀请政府官员参加企业举办的活动；四是利用人大代表或政协委员的身份参政议政；五是邀请政府官员参观企业。中小企业选择以上渠道的比例如图 4-7 所示，可以看出，经常走访政府官员是中小企业维持与政府沟通的首要渠道，与国有企业相比，中小企业若想持续地与政府沟通，必须要相对主动。

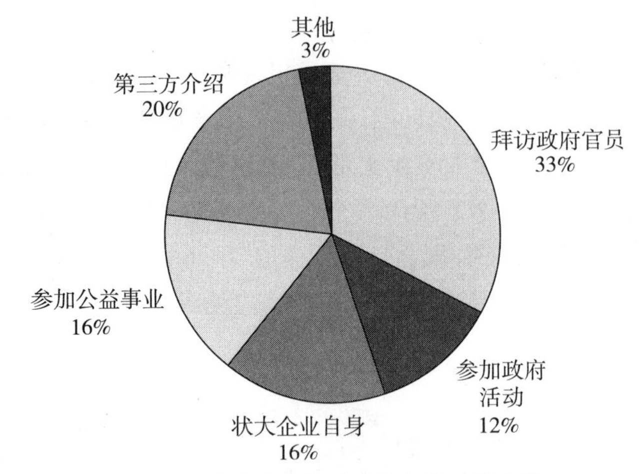

图 4-6　中小企业与政府建立关系的方法

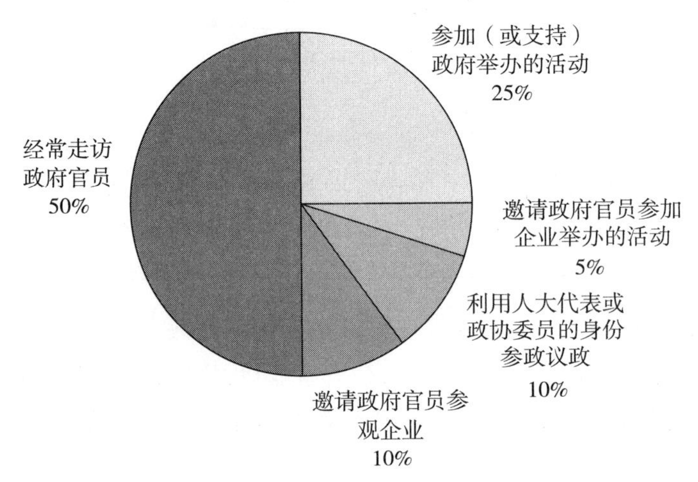

图 4-7　中小企业与政府沟通渠道选择

三、中小企业从政府获取资源的情况

企业争取政府资源的目的主要有以下几方面：一是通过此种方式获得经济利益；二是保证企业政治安全；三是减少政府乱收费等不当作为；四是提升社会地位。企业可获取的政府资源分为有形资源、无形资源、组织资源和关系资源四个层面，通过与政府沟通企业可获取的政府资源具体细分如图 4-8 所示。

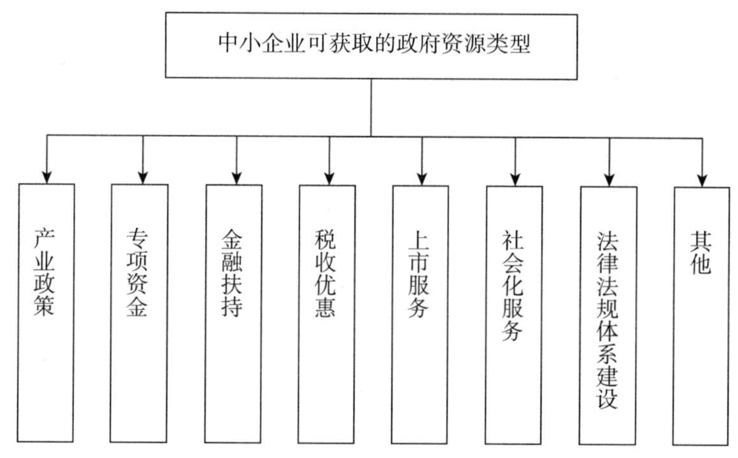

图 4-8　中小企业可获取的政府资源类型

无论是有形资源还是无形资源,都是企业发展所必需获取的,都有利于促进企业绩效。企业从政府获取的资产资源(例如政府补贴)能够显著地促进企业内部的研发活动,包括研发投入、研发人员雇用等,特别是对于自身资金实力不是很雄厚的中小企业,拥有公共经费使其研发互动更加活跃。同时,更充裕的研发资源可以促进中小企业建立更多的外部合作网络以及更好地吸收和利用新知识,进而直接或间接促进企业绩效。

中小企业从政府获取的信息资源(例如政策信息、技术信息及市场信息)有利于中小企业更加及时准确地把握产业环境及政策环境,弥补转型经济下制度与市场环境复杂多变为中小企业发展带来的障碍。通过掌握这些信息,中小企业可以更有针对性地开发政府有支持偏好的产品与技术,从而降低产品和技术的创新风险;中小企业可以更准确地识别市场机遇,提高市场适应能力,更好地抵御市场变化带来的风险。

在与政府沟通过程中,中小企业认为阻碍其进一步获取政府资源的内部因素包括:企业没有相关的需求、管理层缺乏意识、缺乏专门的政府对接人员、相关人员能力不足、信息渠道不畅通以及缺乏激励机制等。从图 4-9 中可以明显看出,其最主要的原因在于中小企业与政府之间的信息渠道不畅通,同时,这也是政府以及中小企业需要打破的最大障碍。

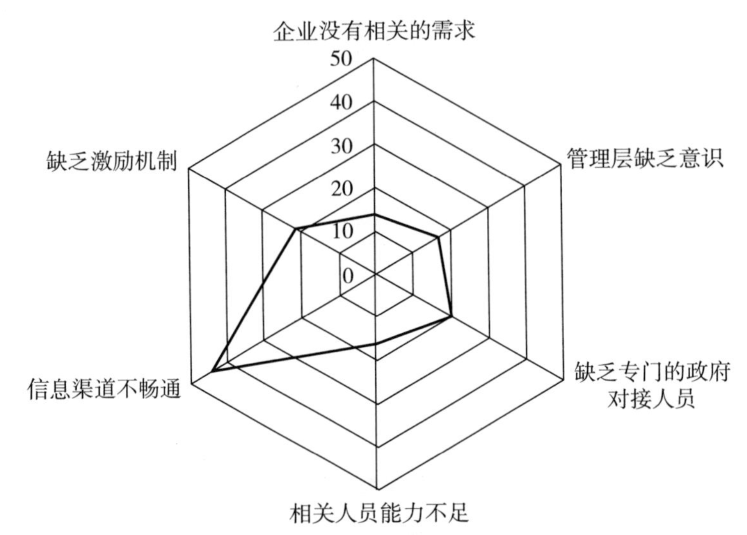

图 4-9 阻碍中小企业获取政府资源的内部因素雷达图

第二节 中小企业与政府沟通中存在的主要问题

一、缺乏中小企业与政府对话沟通制度

(一) 政府对中小企业关注度相对不够

中小企业的重重困境和沟通困难的现状,归根到底还是在制度上。尽管政府一再提出要重视与扶持中小企业发展,但与发达国家相比,政府对中小企业的关注度仍不够高。在政策制定上,政府"抓大放小",重视有话语权和影响力的大企业的意见和诉求,使政策更偏向大企业。而中小企业消息不够灵通,同大企业相比,具有天然劣势。大企业本身业绩的好坏影响广泛,容易引起政府的关注,如今中小企业虽然总量占中国企业 99% 以上,但是它们小而分散,单个个体缺乏政府的关注。因此,中小企业很难有话语权,不能积极地影响政府政策的制定,只能消极地调整企业的经营策略,处在弱势地位。

(二) 缺乏中小企业与政府的直接沟通机制

长期以来,缺乏中小企业与政府的直接沟通机制,社会和政府都未注意并重视中小企业与政府缺乏直接有效沟通的问题。调研结果表明,沟通是否有效,最关键的因素在于是否选择了正确的沟通渠道,同时政府官员认为与企业沟通最有效的途径是与企业代表单独会面和召开企业代表会议。

中小企业在沟通渠道的选择上,比大企业更具局限性。大企业有充足的人力、物力参加并支持政府举办的活动和会议,维持与政府的关系,使沟通更加系统、规范、成熟和直接,而中小企业更多时候不得不通过第三方来帮助自己。

对于政府收集和处理中小企业的诉求和建议,接受中小企业的业务咨询,向中小企业宣传解释有关政策法规,提供业务程序、办事指引等服务的渠道,目前主要是通过第三方平台、各地中小企业协会,缺少最有效的直接沟通机制来实现中小企业与政府的及时沟通与反馈。

二、中小企业服务平台建设不完善

(一)中小企业服务平台建设区域发展不平衡

中小企业区域发展不平衡,沿海东部地区体量庞大,中西部地区发展相对滞后,导致中小企业服务平台区域发展不平衡。沿海东部地区的江苏、浙江、广东的中小企业公共服务平台建设在当地中小企业局的指导下功能板块相对完善,以省服务平台为中心,市、重点产业集群服务平台为基础,汇聚全省各类优质服务资源,向中小企业提供一体化、专业化、协同化的公共服务,在企业与服务机构之间架构了一座以现代信息技术为基础的高效沟通服务桥梁。但中西部地区政府指导监督的中小企业服务平台较少,大部分为公益性质的网站,服务平台建设落后,部分功能板块缺失,沟通效率低下,且中西部地区中小企业局作用发挥不明显,也存在明显的区域发展不平衡。

(二)中小企业服务平台建设板块功能不完善

随着信息化的发展,中小企业服务平台不仅是企业反馈问题、提交诉求的窗口,而且可以为中小企业建立数据共享系统、融资上市、市场拓展、管理提升、了解政策等提供保障。但当前大部分中小企业服务平台功能版块较少,服务事项不完善;或部分板块功能完善,但信息少、可利用程度低。

(三)中小企业服务平台建设大数据利用不充分

中小企业与政府缺乏有效直接沟通造成的信息不对称,是导致中小企业处于弱势地位的重要原因。政府拥有信息优势,中小企业远离政府,便会远离信息,也将远离市场。为了破解政府与中小企业之间的信息不对称,各地着力打造有序、规范、高效的沟通平台。

虽然互联网、大数据等信息技术的发展将通过建立沟通平台在一定程度上打破数据孤岛的制约,但平台功能大多是将线下服务和管理移至线上的“互联网 + ”初级方式。大数据采集、处理和分析在体制上仍存在部门分割、共享困难、协同不够的缺陷;运营的网络平台数量多,信息的重复录入程度高,数据库重复建立;在技术和服务上停留在较为基础的层面,在速度上落后于数据的产生;平台虽然数量多,但在规模上难以满足中国 4 000 余万户中小企业的实际需求;大数据形成信息流、技术流、资源流等助推政企高效协作的重要作用尚未得到充分发挥,中小企业与政府沟通的弱势地位仍未改变。

三、没有充分发挥中小企业协会的中介作用

(一) 中小企业第三方行业协会政府监管不规范

截至 2018 年 4 月 23 日,中国共有 1 385 个与中小企业相关的社会组织,其中,东部地区拥有 1 027 个中小企业社会组织,占总量的 74.15%,其中,山东、广东、江苏的中小企业社会组织最多,分别为第一、二、三位(见表 4-1);西部地区仅拥有 358 个中小企业社会组织(见表 4-2),占总量的 25.85%。

在中小企业的地区分布方面,中国东西部地区中小企业的发展存在不平衡的现象。西部地区的中小企业对经济的贡献表现得还不明显,而东部地区的中小企业显著地增加了地区经济的实力,中小企业社会组织与中小企业相互促进发展。

表 4-1 东部地区各省份(直辖市)中小企业社会组织分布

省份/直辖市	北京	天津	河北	山西	辽宁	吉林	黑龙江
中小企业社会组织	14	15	51	72	53	15	24
省份/直辖市	上海	江苏	浙江	安徽	福建	江西	山东
中小企业社会组织	19	131	54	81	18	30	166
省份/直辖市	河南	湖北	湖南	广东	海南	合计	
中小企业社会组织	43	58	25	149	8	1 027	

资料来源:中国社会组织公共服务平台。

表 4-2　西部地区各省份(直辖市)中小企业社会组织分布

省份/直辖市	广西	重庆	四川	贵州	内蒙古	云南	西藏
中小企业社会组织	15	73	57	47	35	21	2
省份/直辖市	陕西	甘肃	青海	宁夏	新疆	合计	
中小企业社会组织	37	42	8	11	10	358	

资料来源:中国社会组织公共服务平台。

1 385 个与中小企业相关的社会组织中,在民政部门登记的只有 2 个,分别为中国中小企业协会和中国中小企业国际合作协会。除了极少数政府指导下的中小企业社会组织,大部分中小企业第三方行业协会是中小企业、企业经营者自愿组成的联合性、自律性、非营利性社会团体组织,绝大部分未在民政部门登记,缺乏相应的法制监督和信息披露。协会领导选举过程不透明,容易出现利益勾连的情况;各中小企业协会质量参差不齐,管理混乱,没有统一的规章制度。

(二) 中小企业第三方行业协会桥梁作用不充分

中国中小企业协会 2009 年被民政部评为 4A 级行业协会,2013 年被工业和信息化部评为国家中小企业公共服务示范平台,2014 年被民政部评为 5A 级行业协会,2015 年被民政部授予“全国先进社会组织”称号。其业务范围的第九条就是“研究和探讨中小企业的发展方向、体制、政策、管理等理论和实际问题,调查了解并及时反映中小企业的诉求和建议,为政府决策和制定政策提供建议和依据”。但是中国中小企业协会官网上缺乏反映诉求与建议的板块,服务事项不完善,中小企业与政府之间的桥梁作用发挥不完善。

另外,政府也忽视了其作为畅通政企沟通渠道的重要作用,没能通过此协会及时了解和推动解决中小企业所反映的实际困难。

第三节　对策与建议

一、健全政企大数据规范体系,完善制度保障

一是建立“政府主导、中小企业协同、社会参与、法治保障”的政企大数据治理机制,通过制度建设落实政府部门、企业、社会组织和个人的主体责任,着力建立健全政企大数据采集使用的内容、方法、规范体系,强化大数据采集使用的监管约束。首先,建立政府与企业定期对话沟通机制:市政府各有关部门至少每月与相关企业

座谈一次，并按企业要求或预约，随时赴企业调研或接待其来访。其次，信息主管部门负责制定政府与企业网上对话实施办法，在网上收集企业的意见和要求，每两个月组织一次市政府有关部门负责人与企业人士的网上对话活动，政府与企业沟通不应仅有企业对政府部门的诉求，还应包括以下内容：其一，向企业介绍和通报全市经济社会发展战略、目标，产业发展规划及相关政策；其二，向企业介绍和通报国家有关重大政策及调整情况；其三，听取企业对全市经济社会发展、政府工作及其他方面的意见和建议；其四，协调解决企业生产经营的重大问题。

二是加快建立健全包含政府与中小企业大数据安全应用在内的大数据规范体系，加强围绕政企数据采集与管理、数据质量与标准、数据公开与共享、数据分析与使用、数据交换与交易、隐私权保护、监管机构与责任等领域，制定大数据行政法规或部门规章，并为上升为法律做准备。

三是建立实施重大政策事先征询企业意见制度和政府信息定期发布制度。首先，市政府及有关部门在研究制定有可能对企业生产经营活动产生重大影响或涉及企业重大利益的经济政策时，要事先广泛征询企业的意见和建议。其次，市政府及有关部门应按照行政机关政务公开有关规定，通过政府公报、新闻媒体、互联网、告示牌等方式向企业发布相关政府信息，并在市政府各部门网站上及时公布市政府对企业反映的普遍性问题的解决意见以及相关政策措施。

二、充分发挥外部组织的联系沟通作用

一是充分发挥行业协会的作用。行业协会往往承担部分政府职能，通过行业协会与政府沟通也是一种非常重要的途径。虽然中国的行业协会存在许多不完善之处，但是这些弊端正是可以利用的资源。例如，中国政府对行业协会干预过多，也就意味着政府与行业协会关系密切，有利于企业通过行业协会发展与政府的关系。再如，很多行业协会的人员熟悉政府运作方式，与政府有着各种联系，这同样有利于企业通过行业协会发展与政府的关系。而政府方面可以要求行业协会定期或不定期地与政府职能部门如科技局、经信委、发改委等进行沟通协调，以便企业掌握经济发展最新动向，了解政府新政策，通过行业协会服务平台提供给企业经营调控。同时，市政府各有关部门可及时通过书面、座谈等方式了解中小企业发展现状、发展诉求、发展建议。

二是充分发挥公关公司的调和作用。公关公司通常都有一些政府背景，对政府的运作流程和人事关系非常熟悉，聘请它们作为企业进行政府沟通的外部力量，

往往事半功倍。而这些公关公司由于专业在于政府关系，实际上也大大降低了关系维护的成本。

三是通过媒体力量传递相关信息。借助媒体等公众力量可以达到两个目的，一是树立良好的企业形象，让政府从公众渠道了解企业的信息，对企业产生好感，这是行为沟通的一部分；二是媒体的报道一旦为公众所知，就会对不合理的一方产生舆论压力，政府在制定政策时也不得不考虑这些意见。

三、加快推动政企大数据开放汇集，完善企业服务平台

一是建立政府直接领导的大数据工作领导小组，赋予其办事机构推动机关、部门、企业、行业、社会、个人打破藩篱，开放数据的管理职责，建立健全全民全域参与的数据工作社会动员机制，通过数据交换和数据交易等方式，推动政府、企业、社会和个人除"负面清单"、隐私权等特定情形外实现数据迅速采集利用。

二是加快研发建立政企大数据采集使用的新机制、新平台和新手段，探索大数据采集使用的产权内核、敏捷反应和科技支撑，及早适应海量数据即刻生成的节奏和步伐，切实发挥大数据指引、调整政企活动的功能，完善以下版块的功能：

1. 信息服务

遴选、聘请和组织企业发展指导专家智囊团对国家和省市产业政策进行研究分析并创新应用，结合区域经济发展实际，助力各企业精准掌握国家大政方针以及区域发展政策，从而为企业提供政策分析、源对接、对外合作、金融投资，产业结盟、知识产权建设、人才培养、品牌培育、项目申报等服务，引导企业人、财、物、信息、技术、无形资产等资源整合，促进其快速健康协调发展。

2. 投资金融

为企业提供政策、法规、经济、金融、投资等信息咨询服务，主动联络各方，建立投融资专家指导库，辅助企业投融资决策；定期或不定期推动银企对接，建立沟通平台，促进银企沟通，创新金融扶持政策，解决中小企业融资难问题。

3. 培训交流

联络本地高等院校、大型企业以及科研机构、政府职能部门等社会资源，充分利用其人才优势，研究筹建本地区企业的"商学院"，通过开放行业培训学习、管理咨询与教学、技术研究与交流、企业家联谊交流，组织会员外地考察、社会调研等，提升企业经营管理者和专业技术人员的管理及决策能力等。

4. 创新创业

开发创新创业板块，不断树立创新创业意识和科学理念，推动众创空间和网络

众创平台发展,积极推动高校大学生创新创业计划大赛,使优秀成果落地转化,引入“众创、众包、众扶、众筹”等新模式、新观念,使成果及时形成有效的生产力。搭建互联互通、资源共享的平台网络,使其成为企业创新创业的主渠道。

5. 舆情监测

政府所构建的信息沟通平台(官方网站、官方微博、官方微信等)往往包括公众对企业的投诉信息或者重大建议,反映了公众尚未满足的诉求。目前,企业仅将此类公众舆情视为负面信息,采取防御、逃避甚至故意遏制等消极战略。但此类舆情往往是公众的内心诉求,企业应予以监测和改善。从目前的技术发展和管理机制来看,企业大多不具备舆情监测的条件,所以政府信息平台成为解决该矛盾的主要抓手。舆情监测需要实现以下功能:第一,实时搜索功能。这不仅要求对固态信息的搜索,还要求对动态话语的搜索。第二,语义识别功能。尽量对无用信息进行自动筛选,对信息的正负属性进行判别。第三,主动预警功能。监测到负面信息之后,可以主动提示企业。第四,持续跟踪功能。对重大事项可以进行持续跟踪,实时更新企业的反馈,保证问题可以被彻底解决。

第二篇
2017年中国中小企业景气指数调研报告

第五章　中小企业景气指数的评价流程与方法

景气指数(Climate Index)是用来衡量经济发展状况的“晴雨表”。企业景气指数是对企业景气调查所得到的企业家对本企业生产经营状况及对本行业景气状态的判断和预期结果的定量描述,用以反映企业生产经营和行业发展所处的景气状况和发展趋势。本章首先跟踪国内外有关景气指数研究的理论前沿和最新动态,其次阐述分析中国中小企业景气指数研究的意义,最后介绍本研究报告采用的中小企业景气指数编制流程及评价方法。

第一节　国外景气指数研究动态

一、经济周期波动与景气指数研究

经济周期波动是经济发展过程中难以回避的一个重要现象。20世纪初,欧美各国学术界普遍重视对经济周期波动的研究,相关机构及学者提出了各种定量方法来测量经济的周期性波动。1909年,美国巴布森统计公司(Babson)发布了巴布森经济活动指数,这是最早较为完整的景气指数分析的经济预测和评价活动。早期研究中影响最大的是哈佛大学1917年开始编制的哈佛指数,其在编制过程中广泛收集了美国经济发展的历史数据,选取了与经济周期波动在时间上存在明确对应关系的17项经济指标,在三个合成指数的基础上,利用它们之间存在的时差关系来判断经济周期的波动方向并预测其转折点,20世纪以来美国的四次经济波动都得到了较好的反映。哈佛指数从1919年起一直定期发布,此后欧洲各国涌现出了许多类型的指数研究小组,从不同角度分析经济、产业与市场等运行状况。

W. C. 米切尔于1927年总结了历史上对经济景气指数以及经济周期波动测定

等方面的一些结果,从理论上讨论了利用经济景气指数对宏观经济进行监测的可能性,提出经济变量之间可能存在时间变动关系,并由此超前反映经济景气波动的可能性。这些理论的提出为米切尔和 A. F. 伯恩斯初步尝试构建先行景气指数提供了基础,他们从 500 个经济指标中选择了 21 个构成超前指示器的经济指标,最终正确地预测出了经济周期转折点出现的时间。1929 年美国华尔街金融危机爆发后,学术界认为仅凭借单个或几个指标已经难以全面、准确地反映整个经济运行状况,由此季节调整成为经济监测的基本方法。

在对经济周期进行系统性的研究后,米切尔和伯恩斯于 1946 年在 *Measuring Business Cycles* 一书中提出了一个关于经济周期的定义,“一个周期包括同时发生在许多经济活动中的扩张、衰退、紧缩和复苏,复苏又溶入下一个周期的扩张之中,这一系列的变化是周期性的,但并不是定期的。在持续时间上各周期不同”。这一定义成为西方经济学界普遍接受的经典定义,并一直作为 NBER(美国国家经济研究局)判断经济周期的标准,也为企业景气指数的研究提供了理论支撑。

从 1950 年开始,NBER 经济统计学家 J. 穆尔的研究团队从近千个统计指标的时间序列中选择了 21 个具有代表性的先行、一致和滞后三类指标,开发了扩散指数(Diffusion Index,DI),其中,先行扩散指数在当时能够提前 6 个月对经济周期的衰退进行预警。虽然扩散指数能够很好地对经济周期波动转折点出现的时间进行预测,却不能表示经济周期波动的强度,没能反映宏观经济运行的效率与趋势,这使得扩散指数的推广和应用受到了一定的限制。为了弥补这一缺陷,J. 希金斯和 G. H. 穆尔合作编制了合成指数(Composite Index,CI),并且在 1968 年开始正式使用,合成指数有效地克服了扩散指数的不足,它不仅能够很好地预测经济周期转折点出现的时间,而且能够指出经济周期波动的强度。其中,经济周期波动振幅的标准化是构建合成指数的最核心问题,不同的经济周期波动振幅标准化后获得的合成指数也不相同。合成指数为经济周期波动的度量提供了一个有力的工具,至今广泛应用于世界各国的景气指数评价研究。

20 世纪 70 年代,NBER 建立了西方七国经济监测指标体系,构建了基于增长循环的景气指标体系。由于指标选取会直接影响到最终构建的景气指数,一些经济学家开始尝试利用严谨的数学模型作为分析工具,利用多元统计分析中的主成分分析法来合成景气指数,以此尽量减少信息损失。J. H. 斯托克和 M. W. 沃森还利用状态空间模型和卡尔曼滤波建立了 S-W 型景气指数,这种指数方法也被许多国家用来监测宏观经济周期波动状况。

20 世纪 80 年代以经济活动指标增长率为基础的循环测度景气方法逐步得到应用,美国发布了部分行业景气指数。20 世纪八九十年代以后,经济监测体系延伸到多个国家,斯托克和沃森引入系统化回归的方法,建立了先行指标和同步指标的总和模型,并论证了建模分析的可实施性,季节调整方法也有了较大进展,开发了 X-12-ARIMA 软件,利用自回归移动平均模型进行预测。另外,对合成指数、信息提取方法和多维分析方法的探测取得了较好的成果。总之,景气指数的研究在国外发展趋于成熟,对经济运行状态的预警和行业动态分析起到了重要作用。

二、企业与行业景气研究

经济衰退和经济增长过快都会影响到企业运营与行业发展。而客观判断企业与行业景气状况主要是通过企业景气指数分析来实现的。企业景气指数是对企业景气调查所得到的企业家对本企业生产经营状况及对本行业景气状况的判断和预期结果的定量描述,用以反映企业生产经营和行业发展所处的景气状况及发展趋势。1949 年德国伊弗研究所首次实施了企业景气调查,具体对包括制造业、建筑业及零售业等在内的各产业部门的 7 000 余家企业进行了月度调查,主要依据企业评估的目前的处境状况、短期内企业的计划及对未来半年的看法等编制指数。这种企业景气指数评价方法很快被法国、意大利及欧洲共同体等采用,并受到包括日本、韩国与马来西亚等亚洲国家的重视。

日本是世界上中小企业景气调查机制最为健全完善的国家之一。日本在 1957 年以后实行了两种调查,即判断调查和定量调查。日本的权威性企业景气动向调查主要有日本银行的企业短期经济观测调查(5 500 家样本企业)、经济企划厅的企业经营者观点调查和中小企业厅的中小企业景况调查。其中,中小企业景况调查和指数编制及研究始于 1980 年,其会同中小企业基盘整备机构,依靠全国 533 个商工会、152 个商工会议所的经营调查员、指导员及中小企业团体中央会的调查员,对全日本近 19 000 家中小企业(2011 年度)分工业、建筑业、批发业、零售业、服务业五大行业按季度进行了访问调查,并通过实地获取调查问卷信息来实施。2004 年以后,日本还从全国 420 万家中小企业中选出 11 万家,细分 10 个行业,在每年 8 月进行定期调查,并发布研究报告。

此外,美国独立企业联合会(NFIB)自 1986 年开始面向全美 47 万家小企业每月编制发布小企业乐观程度指数(The Index of Small Business Optimism),该指数至今为反映美国小企业景气状况的“晴雨表”。

三、景气监测预警研究

经济预警(Economic Early Warning)基于经济景气分析,但比景气分析预测要更加鲜明,属于经济突变论的概念范畴。其最早的应用可追溯到1888年巴黎统计学大会上发表的以不同色彩评价经济状态的论文。但经济预警机制的确立是在20世纪30年代第一次世界经济危机之后。20世纪60年代引入合成指数和景气调查方法之后,美国商务部开始定期发布NBER经济预警系统的输出信息。具有评价功能的预警信号指数始于法国政府制定的"景气政策信号制度",其借助不同颜色的信号灯对宏观经济状态做出了简明直观的评价。

1968年,日本经济企划厅也发布了"日本经济警告指数",分别以红、黄、蓝等颜色对日本宏观经济做出评价。1970年,联邦德国编制了类似的警告指数。1979年,美国建立了"国际经济指标系统(IEI)"来监测西方主要工业国家的景气动向,这标志着景气监测预警系统研究开始走向国际化。到20世纪80年代中期,印度尼西亚、泰国、新加坡、中国台湾、中国香港等国家和地区先后将景气监测预警作为宏观经济的政策支持基础。

作为反映国际贸易情况的领先指数,波罗的海干散货运价指数(BDI)近年来日益受到企业和行业的重视。该指数是目前世界上衡量国际海运情况的权威指数,是由若干条传统的干散货船航线的运价,按照各自在航运市场上的重要程度和所占比重构成的综合性指数,包括波罗的海海岬型指数(BCI)、巴拿马型指数(BPI)和波罗的海轻便型指数(BHMI)三个分类指数,由波罗的海航交所向全球发布。其预警功能表现为,如果该指数出现显著的上扬,说明各国经济情况良好,国际贸易火热。上海国际航运研究中心发布的2016年国际干散货运输市场相关数据显示,2016年,受消费需求普遍不足、全球贸易持续低迷及金融市场频繁震荡等不利因素影响,主要发达经济体经济增长滞缓,发展中经济体与新兴市场国家在改革、经济转型的过程中遭遇较大阻力。2016年全球铁矿石海运量上涨明显,煤炭海运量同比下滑;谷物海运量保持增长,小宗散货海运量基本持平。受益于海运量的回升及运力的持续控制,2017年国际干散货运输市场的形势将有望温和回升,BDI指数全年均值在800—900点,全球运价整体有望小幅回升。

根据上海社会科学院发布的研究报告,由于美国新任总统和美元升息等因素,全球金融市场短期内将保持动荡不定。特别是新兴市场国家再次面临货币贬值和资本外流的风险。与此同时,世界贸易仍然缺乏强有力的支持,增长缓慢。虽然商品价格反弹或许会带来一些需求回升,但范围有限,全球贸易增长率低于经济增长态势不大可能扭转。全球投资将由于美元走强、新贸易保护主义等因素,整体复苏进程受阻。但第四次全球工业转移浪潮的崛起可能导致全球投资逐步复苏。此外,杭州二十国集团首脑会议有效地推动了全球高效的金融治理;中国提出的“一带一路”倡议也为实现强劲复苏和可持续发展提供了新的思维方式,为全球化趋势下促进经济全球化注入了新的动力和活力。摩根大通全球制造业采购经理人指数(PMI)显示,2017 年 3 月全球制造业 PMI 企稳 53(69 个月高位),已连续 13 个月处于 50 扩张线之上,表明 2017 年世界经济景气总体趋向回暖上升。

第二节　国内景气指数研究动态

一、宏观经济景气循环研究

在中国,吉林大学董文泉的研究团队与国家经济贸易委员会合作首次开展了中国经济周期的波动测定、分析和预测工作,编制了中国宏观经济增长率周期波动的先行、一致和滞后扩散指数和合成指数(董文泉等,1987)。后来,国家统计局、国家信息中心等政府机构也开始了这方面的研究,并于 20 世纪 90 年代初正式投入应用(朱军和王长胜,1993;李文溥等,2001)。陈磊等(1993)通过多元统计分析中的主成分分析方法,构建了先行、一致两组指标组的主成分分析来判断中国经济景气循环特征。董文泉等(1995)通过运用 S-W 型景气指数很好地反映了中国经济运行状况。

毕大川和刘树成(1990)、董文泉等(1998)、张洋(2005)等全面系统地总结了国际上研究经济周期波动的各种实用的经济计量方法,并利用这些方法筛选的指标合成了适合中国的景气指数和宏观经济预警机制。李晓芳和高铁梅(2001)利用 HP 滤波方法和阶段平均法对中国的经济指标进行了趋势分解,利用剔除趋势因素的一致经济指标构造了中国增长循环的合成指数,并与增长率循环进行了比较。阮俊豪(2013)实证研究了 BDI 指数风险测度及其与宏观经济景气指数的关系。陈乐一等(2014)运用合成指数法分析了当前中国经济景气走势。史亚楠(2014)基于扩散指数对中国宏观经济景气进行了预测分析。顾海兵和张帅(2016)通过建立国家经济安全指标体系来预测分析“十三五”时期中国经济的安全水平。近年来,不少研究者从投资、物价、消费、就业和外贸等宏观经济的主要领域,对转型期中国产业经济的周期波动进行了实证研究(高铁梅等,2007;许谏,2013;许洲,2013;王亚南,2013;冯明和刘淳,2013;谌新民等,2013;陆静丹等,2014;胡培兆和朱蕙莉,2016;丁勇和姜亚彬,2016)。还有学者研究了"新常态"下中国宏观经济的波动趋势及消费者景气指数(国家开发银行研究院等,2015;王桂虎,2015;吴君和吴业明,2015;李思,2015;赵军利,2015;张彦等,2015;张同斌,2015;于德泉,2016;杨晓光和鲍勒,2016;中国人民大学宏观经济分析与预测课题组,2016);孔宪丽和梁宇云(2016)对中国工业经济景气态势及特点进行了分析;丁勇和姜亚彬(2016)对中国制造业 PMI 与宏观经济景气指数的关系进行了实证分析;胡涛等(2016)基于 VAR(向量自回归)模型研究了中国国房景气指数与宏观经济景气指数的联动关系;张言伟(2017)分析了经济景气循环对股市波动的影响。

二、企业与行业景气研究

中国人民银行 1991 年正式建立 5 000 户工业企业景气调查制度,但所选企业以国有大、中型工业生产企业为主。1994 年 8 月起,国家统计局开始进行企业景气调查工作,调查主要是借助信息公司的技术力量,直接对工业和建筑业企业进行问卷调查。1998 年,国家统计局在全国开展企业景气调查,编制了企业家信心指数和企业景气指数,分别按月度和季度在国家统计局官网发布。

1997 年,王恩德对企业景气调查方法进行了改进,设计了对问卷调查结果进行统计和分析的计算机软件,对得到的结果进行定性、定量分析,使问卷调查法更加严谨、科学。同年,国家统计局建立了一套专门针对中国房地产发展动态趋势和变化程度的"国房景气指数"。从 2001 年开始,国家统计局又根据对商品与服务价格进行抽样调查的结果,编制发布了全国居民消费价格指数(CPI)。王呈斌(2009)基于问卷调查法分析了民营企业的景气状况及其特征。浙江省工商局 2010 年结合抽样调查、相关部门的代表性经济指标,运用国际通行的合成指数法编制发布了全国首个民营企业景气指数。黄晓波等(2013)基于 2007—2012 年中国上市公司的会计数据信息研究了企业景气指数。中国社会科学院金融研究所企业金融研究室尝试开发编制了中国上市公司景气指数。浙江工商大学开发编制了义乌中国小商品指数。中国国际电子商务中心中国流通产业网开发编制了中国大宗商品价格指数。迄今国内学术界对中小企业景气指数的研究大都集中在工业企业领域。其他相关指数有中国中小企业国际合作协会与南开大学编制的中国中小企业经济发展指数,复旦大学编制的中小企业成长指数,中国中小企业协会编制的中小企业发展指数，中国企业评价协会编制的中小企业实力指数，浙江省浙商研究中心编制运营的浙商发展指数，阿里巴巴为中小微企业用户提供行业价格、供应及采购趋势的阿里指数，以及百度推出的百度中小企业景气指数等。

伴随景气指数分析的进一步深入，关于景气指数的评价对象也逐渐出现了分化，目前更多的研究则将景气指数评价应用于某一具体区域、行业、领域的企业及其他组织的分析。中国学术界迄今对行业和企业监测预警的研究大都集中在工矿业（李园等，2017；孔宪丽和梁宇云，2016；张艳芳等，2015；任旭东，2015；屈魁等，2015；庞淑娟；2015）、房地产业（胡涛等，2016；袁宁，2016；张宇青等，2014；崔霞和李贝贝，2013）、旅游业（如婳，2016；孙赫和王晨光，2015；何勇和张云杰，2014）、金融证券及财富业（张言伟，2017；周程程，2016；王彤彤，2016；肖欢明，2015；交通银行，2014；国家开发银行研究院等，2015；徐国祥和郑雯，2013）、商业、互联网及其他服务业（姚燕清，2016；曹继军和颜维琦，2015；黄隽，2015；邬关荣等，2014；中国出版传媒商报专题调查组，2015）、海洋航运及进出口贸易业（上海国际航运研究中心，2016；周德全，2013；殷克东等，2013）、资源及能源业（余韵等，2015；彭元正，2015；肖欢明，2015；支小军等，2013）以及其他特定行业与企业（丁勇和姜亚彬，2016；胡佳蔚，2016；许慧楠等，2016；赵陈诗卉和祝继常，2016；杨婷，2016；霍晨，2015；中国柯桥纺织指数编制办公室，2015；刘存信，2015；孙延芳和胡振，2015；张炜等，2015；陈文博等，2015；李平，2015；唐福勇，2015）等。

三、景气监测预警研究

1988 年以前，中国经济预警研究主要侧重于经济周期和宏观经济问题的研究，最早由国家经济贸易委员会委托吉林大学系统工程研究所撰写中国经济循环的测定和预测报告，而首次宏观经济预警研讨会是东北财经大学受国家统计局委托于 1987 年 9 月以全国青年统计科学讨论会为名召开的。

1988 年以后，中国学者更多地关注先行指标，在引入西方景气循环指数和经济波动周期理论研究成果的基础上，将预测重点从长期波动向短期变化转变。中国经济体制改革研究所于 1989 年在月度经济指标中选出先行、一致和滞后指标，并利用扩散指数法进行计算，找出了三组指标分别对应的基准循环日期。同年，国家统计局也研制了六组综合监测预警指数，并利用五种不同颜色的灯区来代表指数不同的运行区间，从而更直观地表示经济循环波动的冷热状态。

相关早期研究方面，毕大川和刘树成（1990）首次从理论到应用层面对中国宏观经济的周期波动进行了全面分析，顾海兵和俞丽亚（1993）从农业经济、固定资产投资、通货膨胀、粮食生产和财政问题等五个方面进行了预警讨论。吴明录和贺剑敏（1994）利用经济扩散指数和经济综合指数设计了适合中国经济短期波动的监测预警系统，并对近年来中国经济波动的状况进行了简要评价。谢佳斌和王斌会（2007）系统地介绍了中国宏观经济景气监测预警体系的建立、统计数据的处理和经济景气度的确定以及描绘等，从总体上客观、灵敏、形象地反映了中国经济运行态势。除此之外，还有学者构建了基于 BP 神经网络的经济周期波动监测预警模型，并进行了仿真预测和预警（张新红和刘文利，2008），在实证应用方面产生了较大影响。

新近的区域景气监测预警研究方面，池仁勇等（2012，2013，2014，2015，2016）连续五年基于浙江省中小企业景气监测数据对浙江省 11 个地市中小企业的综合景气及主要行业景气指数进行了研究分析；王亚南（2013）对湖北省 20 年文化消费需求景气状况进行了测评；何勇和张云杰（2014）探讨了海南省旅游景气指数的构建；肖欢明等（2014）基于产业链视角专门研究了浙江省纺织业景气预警；吴凤菊（2016）专门研究了江苏省中小企业政策景气指数；庄幼绯等（2016）基于景气循环理论及基本规律，结合上海市实际，提出了影响上海市土地市场景气的指标因素，在此基础上构建了上海市土地市场当前景气指数、未来景气指数和综合景气指数，并通过主客观赋权法进行赋权；武鹏和胡海峰（2016）在原来（金融形势）指数（FCI）的基础上构建了金融风险指数（FRI）；任保平和李梦欣（2017）研究了构建新常态下地方经济景气增长质量检测预警系统的理论与方法，从经济增长的动态检测、趋势预测、识别预测以及政策选择四大模块构建系统，且以山西省为例进行了演示分析与指数模拟。

在应用网络大数据进行景气监测预警方面，近几年来诞生了阿里指数、百度指数、微信指数、360 指数等相关景气监测和数据分享平台。其中，阿里指数 2012 年 11 月上线，具体根据阿里巴巴网站每日运营的基本数据，包括每天网站浏览量、每天浏览的人次、每天新增供求产品数、每天新增公司数和每天产品数这五项指标计算得出，用于解读企业生产和采购预测及区域、行业商品流通最新动态等。百度指数 2014 年上线，是以其海量网民行为数据为基础研发的大型数据分享平台，其经济指数包括中小企业景气指数和宏观经济指数；其专业版是集行业趋势、市场需求、受众定位、效果监测、竞争分析和品牌诊断于一体的系统化工具。微信官方于 2017 年 3 月推出的微信指数整合了微信上的搜索和浏览行为数据，基于微信大数据分析，提供关键词的热度变化，间接获取用户的兴趣点及变化情况，进而成为组合营销的最新渠道之一。

第三节　中国中小企业景气指数研究的意义

一、中国中小企业的重要地位与研究短板

中小企业是中国数量最大、最具活力的企业群体，是吸纳社会就业的主渠道，是技术创新和商业模式创新的重要承担者。但转型期中国宏观经济运行的波动规律愈发复杂和难以把握。近年来，企业，特别是中小微企业仍未摆脱“用工贵、用料贵、融资贵、费用贵”与“订单难、转型难、生存难”这“四贵三难”的发展困境，中小微企业所面临的经营风险和不确定性日趋增加。在中小企业管理方面，中国长期以来实行“五龙治水”，即工业和信息化部负责中小企业政策制定与落实，商务部负责企业国际化，农业部乡镇企业局负责乡镇企业发展，工商管理部门负责企业工商登记，统计局负责统计规模以上企业，而占企业总数 97%以上的小微企业总体被排除在政府统计跟踪范围之外。这样，各部门数据统计指标不统一，数据不共享，统计方法各异，经常存在数据不全及数据交叉的混乱状况，缺乏统一的数据口径。这使得现行数据既不能客观地反映中小微企业的景气现状，也难以用来做科学监测预警，这不仅影响到政策制定的前瞻性和针对性及政策实施效果评价，也影响到小微企业的健康持续发展。

中国中小企业信息不对称、缺乏科学的监测预警和决策支持系统是当前政产学研共同关注和亟待解决的理论与现实课题。尤其是随着中国中小企业面临的区域性、系统性风险的增大，今后有关区域中小企业和行业景气监测预警的研究更具有重要的学术价值与现实意义。

二、中国中小企业景气指数研究的理论意义与应用价值

如前所述，在经济发达国家或地区，客观地判断企业发展景气状况主要是通过企业景气监测预警分析来实现的。在企业景气指数编制方面，世界上自 1949 年德国先行实施以来已有 60 多年的研究与应用历史。在企业景气指数预警理论及应用研究方面，目前国际通用的扩散指数和合成指数受到了广泛应用，各个国家和地区越来越重视先行指数和一致指数的指导作用，这也说明了这两种经典的指数分析方法的可靠性。随着景气指数研究的深入，世界上对中小企业景气指数的评价

也日益成为经济景气研究领域的重要内容。

从预警方法来看,基于计量经济学的指标方法和模型方法,以及基于景气指数监测的景气预警方法是三种比较有效的方法。其中,计量经济学方法是政府部门使用一定的数学计量方法对统计数据进行测算,从而向公众发布对经济前景具有指导性作用的信息;而景气预警方法是利用结构性模型的构建,以及它们之间的关联关系来推测出经济发展可能位于的区间。目前,在研究宏观经济和企业运行监测预警过程中,多是两种方法结合使用。

中国自1998年起才正式将企业景气调查纳入国家统计调查制度,近年来,中国政府部门、科研机构、金融机构等虽然在经济景气预警方面的研究比较多,但政府和学术界对企业景气指数的研究和应用,受长期以来"抓大放小"的影响,迄今主要以特定行业为对象,而对企业,特别是中小企业的景气波动过程少有系统研究,对中小企业的监测预警研究更少,大多数研究还停留在理论探索阶段,没有形成较成熟的理论与实证分析模型,特别是对小微企业发展景气预警进行全面系统的研究基本上还是空白。

本研究报告正是基于上述国内外研究现状,旨在建立和完善中国中小微企业景气指数与预警评价体系,并开展区域中小微企业发展的实证研究。课题研究既跟踪国内外企业景气监测预警理论前沿,又直接应用于中国区域中小微企业发展实践,因此研究具有理论意义和现实应用价值。

三、中国中小企业景气指数评价的经济意义

相较于大企业而言,中小企业一般是指规模较小,处于成长或创业阶段的企业。中小企业景气指数是对中小企业景气调查所得到的企业家对本企业生产经营状况以及对本行业发展景气状况的判断和预期结果的定量描述,用以反映中小企业生产经营和行业发展的景气程度,并预测未来发展趋势。由于中国中小企业量大面广,为了尽可能全面地反映中国中小企业的景气状况,本研究报告以中国规模以上工业中小企业,中小板、创业板和新三板上市中小企业及重点监测调查的中小微企业为评价对象,先根据数据指标的特性基于扩散指数及合成指数的方法分别计算出分类指数,然后基于主成分分析法及专家咨询法等确定各分类指数的权重,最后进行加权计算,合成得到中国中小企业综合景气指数(Composite Climate Index of Chinese SMEs,CCSMECI)。

中国中小企业综合景气指数的取值范围为0—200,景气预警评价以100为临

界值。100 上方为景气区间,100 下方为不景气区间,100 上下方又根据指数值的高低分别细分“微景气/微弱不景气”区间、“相对景气/相对不景气”区间、“较为景气/较为不景气”区间、“较强景气/较重不景气”区间及“非常景气/严重不景气”区间。

第四节 中小企业景气指数编制流程及评价方法

编制景气指数是一项系统工程。本研究报告的中小企业景气指数编制流程主要包括确定评价对象,构建分类指数指标体系,数据收集、选取及预处理,综合景气指数计算与评价等步骤。本报告构建的中国中小企业景气指数的编制流程如图 5-1 所示。

图 5-1 中,虚线框表示该步骤只存在于某些特定的景气指数评价分析中,例如合成指数评价中的先行指标、一致指标与滞后指标分类等。

需要特别指出的是,本研究报告在对中国中小企业景气状况进行分析时,是依据上一年度各省级行政区或地区的中小企业景气指数值作为当年度景气测评依据的。本研究报告按以下四个步骤来计算中国中小企业景气指数。

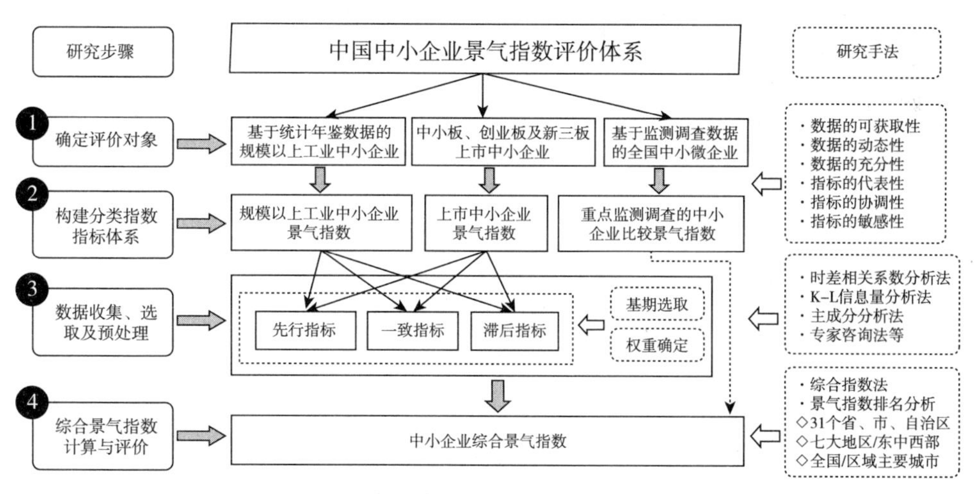

图 5-1 中国中小企业景气指数编制流程

一、确定评价对象

中小企业是指与所在行业的大企业相比人员规模、资产规模与经营规模都比较小的经济单位。中国中小企业量大面广,为了客观全面地反映中小企业景气状况,本研究报告根据数据的可获取性、动态性及充分性等原则,确定三类中小企业作为评价分析的对象:(1)规模以上工业中小企业(2010年以前主营业务收入达到500万元及以上,2011年以后同标准提高到2 000万元及以上);(2)中小板、创业板及新三板上市中小企业;(3)重点监测调查的中小微企业。

本研究报告根据这三类评价对象分别构建分类指数指标体系,再根据各类数据指标的特性,基于扩散指数及合成指数的方法分别计算出分类指数,然后用主成分分析法及专家咨询法等确定各分类指数的权重,最后进行加权计算得到中国中小企业综合景气指数。

二、构建分类指数指标体系

本研究报告基于指标的代表性、协调性及对经济波动的敏感性原则,采用定量与定性相结合、宏观和微观相结合、官方统计和非官方调研相结合的方法,构建中国中小企业景气评价各分类指数指标体系(见表5-1)。

表5-1 中国中小企业景气指数分类指数指标及样本数据

分类指数	主要数据指标项目	样本的选取与数据来源
规模以上工业中小企业景气指数	流动资产 流动负债 财务费用 总资产 主营业务收入 税金总额 利润总额 工业总产值 企业单位数 固定资产 负债合计 所有者权益合计 全部从业人员平均人数 企业综合生产经营指数 企业家信心指数等	样本企业:全国规模以上工业中小企业21 000家 数据来源: · 国家统计局 · 各省市统计局 · 中小企业年鉴等

（续表）

分类指数	主要数据指标项目	样本的选取与数据来源
中小板、创业板及新三板上市中小企业景气指数	流动资产 流动负债 财务费用 总资产 主营业务收入 税金总额 利润总额 存货 固定资产合计 负债合计 股东权益合计等	样本企业：全国上市中小企业约 1 000 家 数据来源： · 深圳证券交易所 · 全国中小企业股份转让系统（NEEQ） · 上市中小企业动态信息资料等
重点监测调查的中小企业比较景气指数	财务指标约 30 项（月/季度） 产品产销存指标 3 项（月/季度） 景气调查问卷 15 项（年度）	样本企业：全国中小微企业约 4 万家 数据来源： · 中国中小企业生产经营运行监测平台（工信部） · 中国中小企业动态数据库景气监测平台（中国中小企业研究院） · 其他非官方监测调查数据（百度、阿里研究院等）

其中，规模以上工业中小企业景气指数（Climate Index of Manufacturing SMEs，ISMECI）基于统计年鉴数据，主要选取反映工业中小企业经营现状和未来发展潜力的 15 项指标；中小板、创业板及新三板上市中小企业景气指数（Climate Index of SMEs Board、ChiNext Board & the New Third Board，SCNBCI）基于深圳证券交易所上市及全国中小企业股份转让系统（NEEQ）挂牌交易的中小企业数据，主要选取反映中小板、创业板及新三板上市中小企业发展景气状况及特征的 11 项指标；重点监测调查的中小企业比较景气指数（Comparison Climate Index，CCI）基于非官方和研究机构的中小微企业景气监测调查数据，主要选取百度中小企业景气指数和中国中小企业研究院的景气调查问卷数据 2 项指标。

三、数据收集、选取与预处理

本研究报告收集了中国 31 个省、市、自治区的 2 万余家工业中小企业数据，时间跨度为 2001—2017 年；收集了全国约 1 000 家中小板、创业板及新三板上市中小企业财务数据、全国近 4 万家重点监测调查的中小微企业运行及景气监测调查数据,时间跨度为 2011—2017 年第一季度。

由于数据庞大,有些年份和地区的数据存在缺失。另外,不同指标的数据在数量级上的级差有时也较大。为此本研究报告对收集到的年度数据分别进行了预处理,主要包括无量纲化、消除季节性因素以及剔除非常规数据等。

四、指标权重的确定

对于工业中小企业和三个板块上市中小企业景气指数,本研究报告根据前述指标权重的确定方法,选择使用主成分分析法,通过 SPSS 软件实现。首先,将原有指标标准化;其次,计算各指标之间的相关矩阵、矩阵特征根以及特征向量;最后,将特征根从大到小排列,并分别计算出其对应的主成分。本研究报告关于重点监测调查的中小企业比较景气指数的权重采用专家咨询法确定。而对于中国中小企业综合景气指数,本研究报告运用 AHP 法(层次分析法)来确定工业中小企业景气指数、三个板块上市中小企业景气指数和重点监测调查的中小企业比较景气指数的权重。

五、综合景气指数计算与评价

本研究报告的考察期间,中国经济处于低速增长的新常态阶段,经济周期性并不是很明显,因此,在后续运用合成指数计算时,课题组将经济周期对工业中小企业景气指数的影响要因做了忽略处理。

课题组根据各类指数指标的特性,先基于扩散指数及合成指数的方法分别计算出各分类指数。具体计算过程中,使用时差相关系数分析法、K-L 信息量法等并结合专家咨询意见,分别确定各分类指数的先行指标(流动资产、资本、存货、企业数量等)、一致指标(总资产、产值、利税、费用等)和滞后指标(固定资产、负债、所有者权益、从业人员数等),根据主成分分析法求出先行指标组、一致指标组和滞后指标组各小类指标的权重,再确定各大类指标的权重,最后进行加权计算,合成得到中国中小企业综合景气指数。

中国中小企业综合景气指数采用纯正数形式表示,取值范围为 0—200,景气预警评价以 100 为临界值。此外,为了基于可获得的最新数据进行不同区域的横向比较,以相应年份各地区工业总产值为权重分别计算得到了近五年来区域中小企业景气指数的加权平均指数,并与各地区历年平均指数进行纵向比较和科学分析。

第六章　2017 年中国中小企业景气指数测评结果分析

第一节　2017 年中国工业中小企业景气指数测评

工业中小企业景气指数计算以中国 31 个省级行政区统计年鉴数据为基础,在对中国各省、直辖市、自治区中小企业发展情况进行定量描述的基础上,计算各省、直辖市和自治区的合成指数。

一、评价指标的选取

工业中小企业景气指数的计算基于中小企业统计整理汇总数据。本研究报告根据经济的重要性和统计的可行性选取了以下指标(见表 6-1):

表 6-1　工业中小企业景气指标选取指标

指标类型	指标项目
反映工业中小企业内部资源的指标	总资产
	流动资产
	固定资产
反映工业中小企业股东状况的指标	所有者权益
	国家资本
反映工业中小企业财务状况的指标	税金
	负债
	利息支出

（续表）

指标类型	指标项目
反映工业中小企业经营状况的指标	主营业务收入
	利润
反映工业中小企业经营规模的指标	总产值
	企业数量
	从业人员数

1. 反映工业中小企业内部资源的指标

具体包括三项指标：(1)总资产，反映企业综合实力；(2)流动资产，反映企业短期变现能力，确保企业资金链；(3)固定资产，反映企业设备投资及其他固定资产投资的状况。

2. 反映工业中小企业股东状况的指标

具体包括两项指标：(1)所有者权益，反映资产扣除负债后由所有者享有的剩余利益，即股东所拥有或可控制的具有未来经济利益资源的净额；(2)国家资本，反映工业中小企业得到国家投资政府部门或机构以国有资产投入的资本，体现了国家对中小企业的扶持力度。

3. 反映工业中小企业财务状况的指标

具体包括三项指标：(1)税金，包括主营业务税金及附加和应交增值税，主要反映企业支付的生产成本，影响企业收入和利润；(2)负债，影响企业的资金结构，反映企业运行的风险或发展的条件和机遇；(3)利息支出，作为财务费用的主要科目，反映企业的负债成本。

4. 反映工业中小企业经营状况的指标

具体包括两项指标：(1)主营业务收入，企业经常性的主要业务所产生的基本收入，直接反映一个企业的生产经营状况；(2)利润，直接反映企业生产能力的发挥和市场实现情况，也显示了企业下期的生产能力和投资能力。

5. 反映工业中小企业经营规模的指标

具体包括三项指标：(1)总产值，体现企业创造的社会财富，直接反映区域中小企业的发展程度；(2)企业数量，直接反映中小企业在一个区域的聚集程度；(3)从业人员数，反映企业吸纳社会劳动力的贡献率和企业繁荣程度。

二、数据收集及预处理

工业中小企业景气指数计算数据来自国家及各地的统计年鉴及工业经济统计年鉴。最新年鉴为 2016 年版,实际统计时间跨度为 2009—2015 年,在指标信息齐全和不含异常数据的基本原则下采集数据。课题组先收集了中国 31 个省、直辖市和自治区的工业中小企业数据,然后按七大行政区域,即东北、华北、华东、华中、华南、西南和西北地区分别进行了汇总整理(见表 6-2)。

表 6-2 工业中小企业景气数据样本的地区分布

地区	省、直辖市、自治区名称	数量
东北	黑龙江、吉林、辽宁	3
华北	北京、天津、河北、山西、内蒙古	5
华东	山东、江苏、安徽、浙江、江西、福建、上海	7
华中	河南、湖北、湖南	3
华南	广东、海南、广西	3
西南	四川、云南、贵州、重庆、西藏	5
西北	陕西、甘肃、青海、宁夏、新疆	5
全国		31

由于基于统计年鉴所获得的数据较为庞大,有些省份和年份的数据存在缺失。另外,不同指标的数据在数量级上的级差较大,为了保证后续数据分析和数据挖掘的顺利进行,课题组对收集到的年度数据进行了预处理,包括无量纲化、消除季节性因素以及剔除非常规数据等。一方面,尽量保证数据的完整性,避免缺失年份或省份的数据的存在;另一方面,考虑到中国各地区经济发展差异性较大,在数据处理过程中,本研究报告还关注了数据样本中孤立数据与极端数值的影响。

三、指标体系及权重的确定

为了确定指标体系,课题组对指标进行了分类。在计算工业中小企业景气指数时主要采用时差相关系数分析法,确定一个能敏感地反映工业中小企业经济状况的重要指标作为基准指标。最能敏感地反映工业中小企业经济状况的指标确定为工业增加值增长率。同时,采用工业中小企业的总产值作为基准指标,考察了全国工业中小企业总产值与 GDP、第二产业产值和工业总产值之间的相关性。具体实证结果如表 6-3 所示。

表 6-3　工业中小企业景气指数基准指标

相关性	GDP	第二产业总产值	工业总产值
工业中小企业总产值	0.998**	0.998**	0.997**

注:①相关分析时间为 2002—2015 年。②** 表示在 1%的水平(双侧)上显著。

资料来源:根据《中国统计年鉴》和《中国工业经济统计年鉴》各年度数据整理计算。

实证结果表明,工业中小企业总产值基本上和整个经济循环波动保持一致,这种相关性很好地反映了工业中小企业的发展状况。因此,综合考虑到重要性、适时性和与景气波动的对应性,这里选取工业中小企业总产值作为基准指标。课题组根据时差相关系数分析法计算出了各指标与总产值的时差相关系数和先行、一致、滞后期的期数指标,结果如表 6-4 所示。

表 6-4　工业中小企业景气指标类型时差分析结果

指标	企业单位数	资产合计	流动资产	固定资产合计
期数	0	0	Lead4	Lag3
相关系数	0.987	0.996	0.992	0.999
指标	负债合计	所有者权益	国家资本	主营业务收入
期数	Lag4	Lag4	Lead4	0
相关系数	0.995	0.995	0.920	0.999
指标	税金	利息支出	利润总额	全部从业人员年
期数	0	0	0	Lag4
相关系数	0.997	0.991	0.997	0.963

注:表中期数栏中 Lag 表示滞后指标,Lead 表示先行指标,0 表示一致指标。

另外,课题组还使用 K-L 信息量法、文献综述法、马场法、聚类分析法、定性分析法等,并咨询了专家意见,综合考察了各类先行、一致和滞后指标的选取方法,确定了中国工业中小企业的先行、一致和滞后指标,并根据主成分分析法求出了先行指标组、一致指标组和滞后指标组小类指标的权重;然后利用全国规模以上工业中小企业数据,具体计算出了各分类项目评价指标的权重;最后为了改善迄今基于单一的一致指标计算工业企业景气指数的计算方法,采用专家咨询法确定了先行指标组、一致指标组和滞后指标组大类指标的权重,结果如表 6-5 所示。

表 6-5 工业中小企业景气评价指标的权重

指标类别	指标项目名称	小类指标权重	大类指标权重
先行指标组	流动资产合计	0.339	0.30
	国家资本	0.322	
	利息支出	0.339	
一致指标组	工业总产值	0.167	0.50
	企业单位数	0.166	
	资产总计	0.167	
	主营业务收入	0.167	
	利润总额	0.166	
	税金总额	0.167	
滞后指标组	固定资产合计	0.250	0.20
	负债合计	0.250	
	所有者权益合计	0.250	
	全部从业人员平均人数	0.250	
合计			1.00

四、2017 年中国省际工业中小企业景气指数计算结果及排名

为了使各省、直辖市和自治区的工业中小企业景气指数波动控制在 0—200 的取值范围内,2017 年工业中小企业景气指数计算以 2007 年的全国平均值为基年数据。由于实际统计的 2007—2015 年期间,中国经济总体处于平稳减速发展时期,没有明显地出现多个上下起伏的经济周期循环,因而本研究报告在运用合成指数算法进行计算时省略了趋势调整。经过计算,分别获得了中国省际与地区工业中小企业先行、一致与滞后合成指数,并按三组大类指标的权重(见表 6-5),最终合成计算出了省际和地区工业中小企业综合景气指数。

由于各省、直辖市、自治区工业中小企业景气指数受各省、直辖市、自治区企业数量影响较大,因此本研究报告在计算景气指数的过程中考虑到企业数量因素,通过无量纲化处理等进行了修正调整。具体步骤和方法是,首先采用 Min-max 标准化将企业数量进行无量纲化处理,其次根据专家咨询法获得修正调整前的景气指数和企业数量的权重,并与其相对应的权重相乘,最后将获得的乘数相加得到各省、直辖市、自治区工业中小企业景气指数值。

为了获得2017年工业中小企业景气指数，本研究报告基于历年数据运用最小二乘法对2016年中国省际工业中小企业景气指数进行了预测，并将2016年的预测值作为2017年工业中小企业景气指数的评价数据。表6-6及图6-1显示了2017年中国省际工业中小企业景气指数评价结果及排名状况。

表6-6　2017年中国省际工业中小企业景气指数

省、直辖市、自治区	先行指数	一致指数	滞后指数	工业中小企业景气指数(ISMECI)	排名
江苏	141.66	152.06	161.94	150.92	1
广东	134.08	136.75	166.32	141.86	2
浙江	131.31	143.15	150.10	140.99	3
山东	120.32	117.76	129.99	120.97	4
河南	70.28	61.00	72.02	65.99	5
河北	60.26	50.17	57.95	54.75	6
福建	49.34	46.80	54.44	49.09	7
湖北	50.24	45.32	51.90	48.11	8
辽宁	59.09	38.41	50.68	47.07	9
安徽	48.19	43.86	49.74	46.33	10
上海	38.77	42.70	45.32	42.05	11
四川	46.14	35.85	44.39	40.64	12
湖南	40.06	34.96	41.93	37.89	13
江西	27.02	21.91	26.61	24.38	14
天津	24.42	22.97	25.43	23.90	15
北京	25.03	19.42	22.11	21.64	16
山西	25.84	15.85	26.07	20.89	17
陕西	26.45	16.00	22.27	20.39	18
吉林	23.56	17.06	22.45	20.09	19
广西	24.84	14.82	19.96	18.85	20
重庆	21.14	16.46	20.42	18.65	21
云南	24.28	12.35	17.56	16.97	22
黑龙江	18.87	13.66	18.21	16.13	23
内蒙古	20.83	12.53	16.53	15.82	24

（续表）

省、直辖市、自治区	先行指数	一致指数	滞后指数	工业中小企业景气指数（ISMECI）	排名
贵州	18.39	12.19	15.31	14.67	25
新疆	20.83	8.89	13.37	13.37	26
甘肃	14.27	9.69	12.36	11.60	27
宁夏	4.12	2.78	3.57	3.34	28
海南	4.88	2.29	3.18	3.24	29
青海	2.90	1.76	2.74	2.30	30
西藏	1.97	0.62	0.97	1.09	31

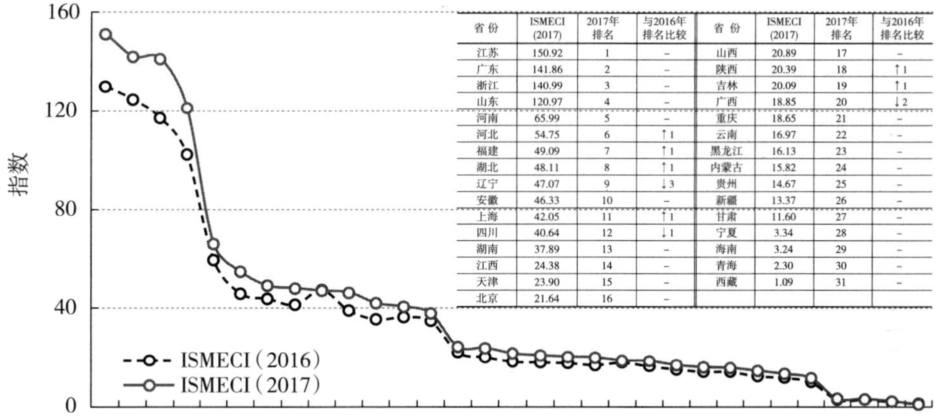

省 份	ISMECI (2017)	2017年排名	与2016年排名比较	省 份	ISMECI (2017)	2017年排名	与2016年排名比较
江苏	150.92	1	–	山西	20.89	17	–
广东	141.86	2	–	陕西	20.39	18	↑1
浙江	140.99	3	–	吉林	20.09	19	↑1
山东	120.97	4	–	广西	18.85	20	↓2
河南	65.99	5	–	重庆	18.65	21	–
河北	54.75	6	↑1	云南	16.97	22	–
福建	49.09	7	↑1	黑龙江	16.13	23	–
湖北	48.11	8	↑1	内蒙古	15.82	24	–
辽宁	47.07	9	↓3	贵州	14.67	25	–
安徽	46.33	10	–	新疆	13.37	26	–
上海	42.05	11	↑1	甘肃	11.60	27	–
四川	40.64	12	↓1	宁夏	3.34	28	–
湖南	37.89	13	–	海南	3.24	29	–
江西	24.38	14	–	青海	2.30	30	–
天津	23.90	15	–	西藏	1.09	31	–
北京	21.64	16	–				

图 6-1　2017 年中国省际工业中小企业景气指数

注：与 2016 年排名比较一栏，"—"表示与 2016 年持平，"↑""↓"的数字分别表示与 2016 年相比升降位数。

2017 年中国省际工业中小企业景气指数波动趋势具有以下特点：

1. 东部苏粤浙三省持续领跑中国工业中小企业发展

2017 年，江苏省的工业中小企业景气指数以较大的领先优势继续保持王座，排名全国第一。广东省和浙江省分列第二和第三位，也显示出工业中小企业的强劲稳定发展态势。

2. 全国工业中小企业景气分布的二三梯队势力增强

2017年,全国工业中小企业景气分布可划分为四个梯队。前四位的江苏、广东、浙江及山东等4个省份构成第一梯队,平均指数在100以上;河南、河北、福建、湖北、辽宁、安徽等6个省份的指数在40—100,构成第二梯队;上海、四川、湖南、江西、天津、北京、山西等7个省市的指数在20—40,为第三梯队;广西、陕西等其余14个省(直辖市、自治区)为第四梯队,指数都低于20。与2016年相比,第二、三梯队势力增强,景气指数较低的第四梯队省(直辖市、自治区)减少,显示出区域发展差异有缩小趋势(见图6-1)。

3. 全国工业中小企业加权平均景气指数有较大提升

2017年,全国工业中小企业四个梯队的景气指数曲线较2016年总体上移,平均指数为81.71,较2016年提升了16%,显示出近年来全国工业中小企业运行基本面良好,总体呈现出强劲增长的发展态势。但除第一梯队外,全国大部分省(直辖市、自治区)的工业中小企业景气指数仍低于全国平均水平,表明中国区域工业中小企业发展的内部差异仍较大,特别是第三、四梯队都不同程度地面临产能过剩严峻、自主创新不足等问题,亟须强化工业中小企业的内生增长动力。

4. 四个直辖市工业景气指数小幅提升,五个自治区排名靠后

2017年,四大直辖市的工业中小企业景气指数排名与2016年相比有小幅提升。其中上海(42.05)排名较2016年上升一位,其工业中小企业景气指数值在直辖市中仍然最高;天津(23.90)、北京(21.64)、重庆(18.65)排名与2016年相同。五个自治区中,2017年广西的工业中小企业景气指数排名下降两位,仍居于第四梯次,其他自治区工业中小企业景气指数排名总体靠后,与2016年相比排名没有变化,西藏的工业中小企业景气指数继续全国垫底。

五、2017年七大地区工业中小企业景气指数计算结果及排名

根据表6-6,按中国七大地理分布划分进行数据整理,得到2017年中国七大地区工业中小企业景气指数计算结果及排名状况(见表6-7、图6-2)。

表6-7 2017年中国七大地区工业中小企业景气指数

地区	先行指数	一致指数	滞后指数	工业中小企业景气指数(ISMECI)	排名	与2016年排名比较
华东	135.68	138.31	149.38	139.73	1	—
华南	34.89	32.81	40.68	35.01	2	↑1

（续表）

地区	先行指数	一致指数	滞后指数	工业中小企业景气指数(ISMECI)	排名	与 2016 年排名比较
华中	34.93	30.54	36.09	32.97	3	↓1
华北	32.43	24.72	30.73	28.23	4	—
西南	22.26	14.49	19.26	17.77	5	—
东北	19.36	12.11	17.07	15.28	6	—
西北	11.25	4.61	8.00	7.28	7	—

注:与 2016 年排名比较一栏,“—”表示与 2016 年持平,“↑”“↓”的数字分别表示与 2016 年相比升降的位数。

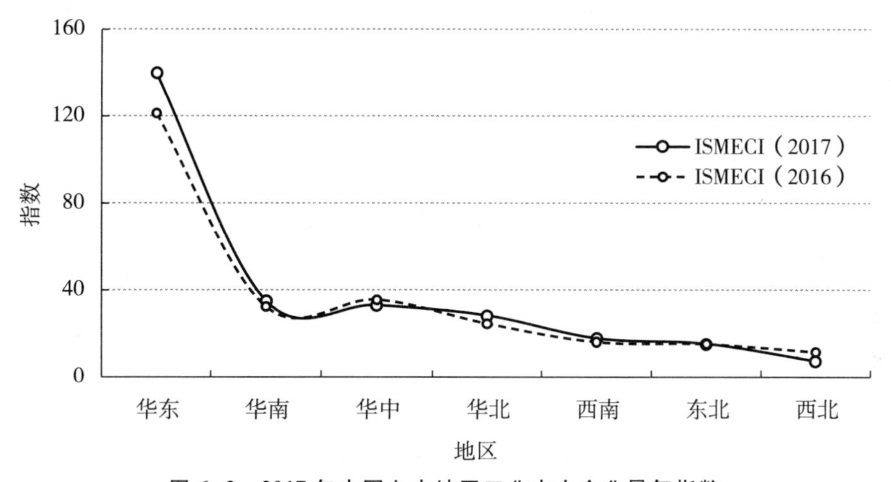

图 6-2　2017 年中国七大地区工业中小企业景气指数

从 2017 年中国七大地区工业中小企业景气指数测评结果来看,华东地区持续高位一枝独秀,其他地区的指数值参差不齐,总体偏低。与 2016 年相比,华南地区在稳增长、调结构、增效益方面取得积极进展,工业中小企业景气指数有所上升。总体来看,七大地区工业中小企业的景气曲线位移不大,大部分地区工业中小企业呈现出稳中求进态势(见图 6-2)。另外,华东、华南与东北、西北地区的工业中小企业发展差距仍较大,说明当前各地区工业中小企业发展还很不平衡。

第二节　2017年中国上市中小企业景气指数测评

一、指标体系构建及评价方法

在上市中小企业景气指数测评方面，本年度研究报告的评价指标和评价方法沿用2016年度研究报告的指标体系及方法、步骤，数据预处理采用扩散指数(DI)的编制方法，最后运用权重法合成计算综合指数。

扩散指数是所研究的经济指标系列中某一时期扩张经济指标数的加权百分比，表达式为：

$$\mathrm{DI}_t = \sum_{i=1}^{N} I_i = \sum W_i(X_i(t) \geqslant X_i(t-j)) \times 100\%$$

其中，DI_i为t时刻的扩散指数；$X_i(t)$为第i个变量指数在t时刻的波动测定值；W_i为第i个变量指标分配的权数；N为变量指标总数；I为示性函数；j为两个比较指标值的时间差。若权数相等，公式可简化为：

$$\mathrm{DI}_t = \frac{t\text{时刻扩散指标数}}{\text{采用指标总数}} \times 100\% \quad (t = 1,2,3,\cdots,n)$$

扩散指数是相对较为简单的景气评价指数，具体按以下三个步骤进行推导计算：(1)确定两个比较指标值的时间差j，本研究报告中确定$j=1$，将各变量在t时刻和$t-1$时刻的波动测定值进行比较，若t时刻的波动测定值大，则是扩张期，$I=1$；若$t-1$时刻的波动测定值大，则$I=0$；若两者基本处于相等水平，则$I=0.5$。(2)将这些指标值升降状态所得的数值相加，即得到扩张指数指标，即在某一阶段的扩张变量个数，并以扩张指数除以全部指标数，乘以100%，即得到扩散指数。(3)绘制扩散指数变化图，即将各阶段的景气指数运用图表来表达。

深圳证券交易所(深交所)及全国中小企业股份转让系统(NEEQ)公开的数据资料显示，截至2017年5月末，中国国内共有各类上市中小企业12 868家，其中，中小板上市中小企业833家、创业板上市中小企业630家、新三板上市中小企业11 405家。由于部分上市中小企业财务公开数据存在不同程度的缺失，兼顾到抽样企业样本的代表性和财务数据的完整性，本年度研究报告基于深交所500指数选取了227家中小板上市中小企业、101家创业板上市中小企业，基于NEEQ选取了114家新三板上市中小企业，共收集了442家上市中小企业的有效样本。

同时，由于上市中小企业景气指数受企业数量影响也较大，因此计算上市中小企业景气指数时，也将企业数量作为调整系数尽量对计算结果进行修正。具体方法是,先采用 Min-max 标准化将企业数量进行无量纲化处理,再将合成的景气指数和企业数量与其相对应的权重相乘,最后将获得的乘数相加作为反映上市中小企业景气指数的值。此外,对于上市中小企业数量少且企业财报数据缺失严重的黑龙江、吉林、广西、内蒙古、西藏五个省(自治区),因与其他省(直辖市、自治区)不具有可比性,本次报告未对这些省(自治区)的上市中小企业景气指数进行测评比较。

二、2017 年中国省际上市中小企业景气指数排名分析

测评结果显示,2017 年,广东省、浙江省、北京市继续保持中国上市中小企业景气指数前三位,全国平均景气指数同比有所上升。具体分析 2017 年中国上市中小企业景气指数的动态趋势,主要有以下四个特点。

1. 上市中小企业活跃度高的省市,其景气指数相应较高

根据课题组汇总,截至 2017 年 5 月末,广东省上市中小企业数量达 2 150 家,其中,中小板(206 家)、创业板(146 家)及新三板(1 798 家)上市中小企业数量都远高于其他省市,上市中小企业景气指数也居全国首位;北京、江苏、浙江三省市的上市中小企业数量都在 1 000 家以上,其中,江苏、浙江两省份的中小板上市企业活跃度较高,北京和江苏两省市的新三板上市企业活跃度较高,这三个省市的上市中小企业景气指数居全国二至四位。进入前五位的还有新三板上市企业活跃度较高的上海市。其他上市中小企业活跃度较低的省市,景气指数相应较低(见图 6-3、表 6-8)。

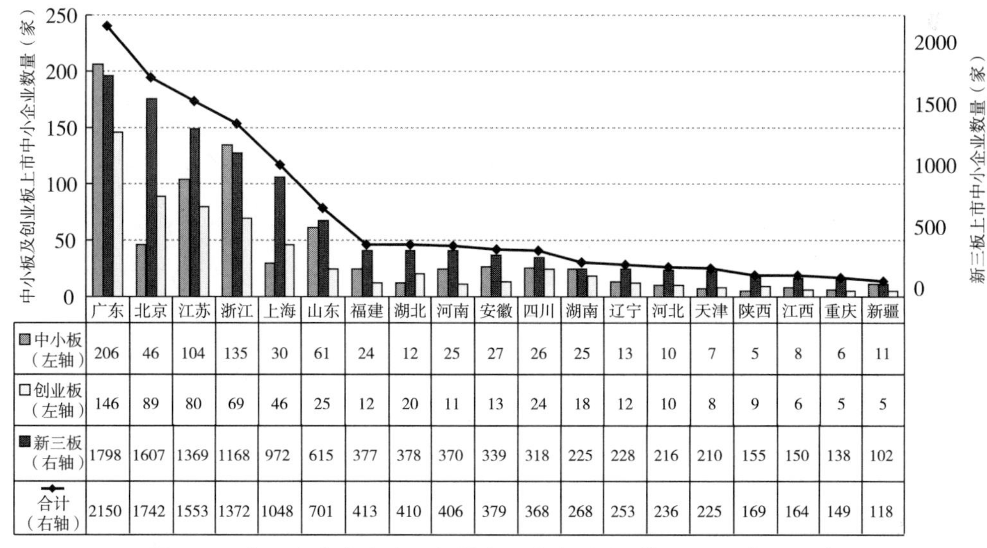

	广东	北京	江苏	浙江	上海	山东	福建	湖北	河南	安徽	四川	湖南	辽宁	河北	天津	陕西	江西	重庆	新疆
■中小板(左轴)	206	46	104	135	30	61	24	12	25	27	26	25	13	10	7	5	8	6	11
□创业板(左轴)	146	89	80	69	46	25	12	20	11	13	24	18	12	10	8	9	6	5	5
■新三板(右轴)	1798	1607	1369	1168	972	615	377	378	370	339	318	225	228	216	210	155	150	138	102
合计(右轴)	2150	1742	1553	1372	1048	701	413	410	406	379	368	268	253	236	225	169	164	149	118

图 6-3　中国上市中小企业数量主要省市分布(截至 2017 年 5 月末)

表 6-8　2017 年中国省际上市中小企业景气指数

省、直辖市、自治区	先行指数	一致指数	滞后指数	上市中小企业景气指数（SCNBCI）	排名
广东	122.60	105.98	111.62	112.09	1
浙江	107.78	98.62	101.46	101.93	2
北京	106.93	96.91	103.40	101.22	3
江苏	96.01	90.24	95.93	93.11	4
上海	95.28	89.99	95.47	92.68	5
河南	102.49	87.73	90.08	92.63	6
辽宁	98.55	88.11	90.72	91.76	7
湖南	98.79	85.81	92.03	90.95	8
四川	98.30	84.26	90.45	89.71	9
山东	91.43	87.42	91.07	89.35	10
安徽	94.04	85.63	89.37	88.90	11
陕西	87.55	86.92	94.18	88.56	12
天津	93.86	84.72	88.15	88.15	13
新疆	89.28	83.09	95.44	87.42	14
重庆	98.85	81.53	84.00	87.22	15
福建	93.42	79.02	84.19	84.38	16
湖北	93.39	81.08	77.44	84.05	17
甘肃	88.53	78.29	87.40	83.18	18
贵州	83.52	77.78	85.47	81.04	19
宁夏	76.30	80.25	85.48	80.11	20
河北	74.47	83.60	75.83	79.30	21
海南	80.29	80.69	68.83	78.20	22
江西	73.72	80.94	77.21	78.03	23
青海	90.94	65.71	85.66	77.27	24
云南	68.39	78.89	84.74	76.91	25
山西	78.16	75.47	48.13	70.81	26

2. 全国上市中小企业景气平均指数同比有所提升

2017 年,全国上市中小企业景气平均指数为 87.27,较 2016 年上升了 16.09。高于全国平均指数的有广东、浙江、北京、江苏、上海、河南、辽宁、湖南、四川、山东、安徽、陕西、天津、新疆等 14 个省(直辖市、自治区),较 2016 年有较大增加。低于全国平均指数的省(直辖市、自治区)有所减少,表明全国上市中小企业景气指数总体有所提升。

3. 全国上市中小企业景气指数的层级分布内部波动起伏较大

处于第一梯队的是排名前三位的广东、浙江、北京 3 省市,平均指数为 105.08。其中广东的指数遥遥领先,显示出其上市中小企业发展的绝对优势。处于第二梯队的是江苏、上海、河南、辽宁、湖南 5 省市,平均指数为 92.23,其中辽宁、河南两省份排名上升较大,较 2016 年分别上升了 4 个和 3 个名次,这与两省份近年来努力提升各类融资渠道的利用效果,特别是将上市企业相应税收政策推广到新三板上市企业等举措有关。江苏省、上海市的上市中小企业保持稳定发展,排名未变,湖南省排名略有下降。处于第三梯队的是四川、山东、安徽、陕西、天津、新疆、重庆、福建、湖北、甘肃、贵州、宁夏 12 个省(直辖市、自治区),平均指数为 86.01,其中受"一带一路"概念股拉动的积极影响,新疆、陕西、甘肃、宁夏排名都有所上升,特别是新疆由 2016 年的 17 位跃至 14 位,上升幅度较大;天津、重庆排名未变,福建、山东、四川、安徽、湖北、贵州等省份的排名受西部省份排名上升影响出现不同程度的被动下降。处于第四梯队的是河北、海南、江西、青海、云南、山西等 6 省份,平均指数为 76.75,其中江西、青海各上升 1 位,河北、云南排名有所下降,海南、山西排名未变,山西位于此次测评排名末位(见图 6-4)。

4. 四个直辖市与五个自治区内部差异明显

四大直辖市中,北京的上市中小企业景气指数数值最高(101.22),最低的是重庆(87.22)。在五个自治区中,新疆(87.42)与宁夏(80.11)的上市中小企业景气指数同比都有所提升,但广西、内蒙古、西藏三个自治区因本年度上市中小企业的财务数据缺失而未做测评。

三、2017 年七大地区上市中小企业景气指数排名分析

2017 年,中国七大地区中小板、创业板及新三板上市中小企业景气指数的计算结果如表 6-9、图 6-5 所示。具体分析其波动趋势,具有以下特点。

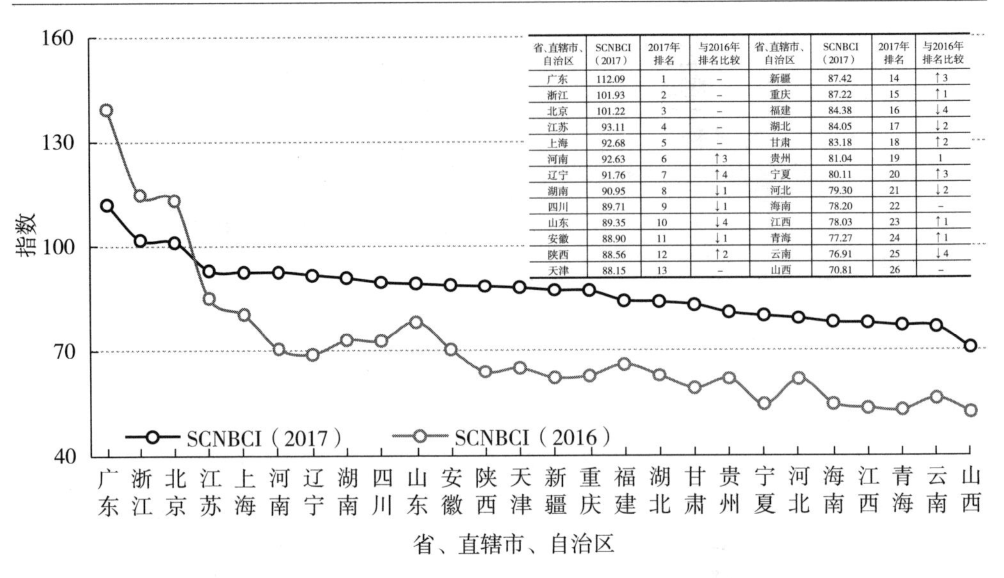

省、直辖市、自治区	SCNBCI（2017）	2017年排名	与2016年排名比较	省、直辖市、自治区	SCNBCI（2017）	2017年排名	与2016年排名比较
广东	112.09	1	–	新疆	87.42	14	↑3
浙江	101.93	2	–	重庆	87.22	15	↑1
北京	101.22	3	–	福建	84.38	16	↓4
江苏	93.11	4	–	湖北	84.05	17	↓2
上海	92.68	5	–	甘肃	83.18	18	↑2
河南	92.63	6	↑3	贵州	81.04	19	1
辽宁	91.76	7	↑4	宁夏	80.11	20	↑3
湖南	90.95	8	↓1	河北	79.30	21	↓2
四川	89.71	9	↓1	海南	78.20	22	–
山东	89.35	10	↓4	江西	78.03	23	↑1
安徽	88.90	11	↓1	青海	77.27	24	↑1
陕西	88.56	12	↑2	云南	76.91	25	↓4
天津	88.15	13	–	山西	70.81	26	–

图 6-4 2017 年中国省际上市中小企业景气指数

注：与 2016 年排名比较一栏，"—"表示与 2016 年排名持平，"↑""↓"的数字分别表示与 2016 年排名相比升降的位数。

表 6-9 2017 年中国七大地区上市中小企业景气指数排名

地区	先行指数	一致指数	滞后指数	上市企业景气指数（SCNBCI）	排名	与 2016 年排名比较
华东	134.77	131.50	131.52	132.48	1	–
华南	102.02	97.19	94.96	98.19	2	–
华北	101.45	95.90	97.23	97.83	3	–
华中	89.56	80.48	79.74	83.06	4	–
西南	83.06	79.45	81.96	81.04	5	–
西北	79.38	72.27	75.52	75.89	6	–
东北	79.63	71.46	81.34	75.06	7	–

注：与 2016 年排名比较一栏，"—"表示与 2016 年排名持平，"↑""↓"的数字分别表示与 2016 年排名相比升降的位数。

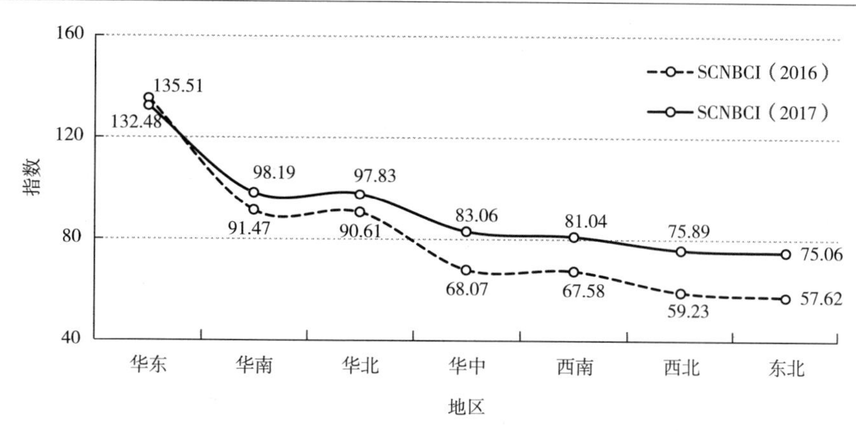

图 6-5 2017 年中国七大地区上市中小企业景气指数

1. 东西部地区指数差距略有减小但仍十分明显

最高的华东地区（132.48）与最低的东北地区（75.06）相差近 1 倍。华东、华南、华北地区因中小板、创业板及新三板上市中小企业数量和发展质量较高，在区域中小企业企业景气指数排名中明显靠前。东部省份中，广东省上市中小企业景气指数最高（112.09），中部省份中最高的是河南省（92.63），而西部省份中最高的是四川省（89.71）。中西部地区之间的上市中小企业景气指数相差不是很大。

2. 指数增幅由东南沿海向中西部和东北部地区递增

华东地区指数同比稍有回落，但仍保持在 130 以上的高水平；华南、华北地区同比有所上升，指数都维持在 90 以上；华中、西南、西北和东北 4 个地区同比增幅较大，平均上升了 20 点以上，表明这些地区的上市中小企业融资环境有所改善，发展潜力较大。

3. 改善区域上市中小企业发展不平衡的过程任重而道远

尽管中西部地区上市中小企业景气指数的增幅较大，但由于 2016 年这些地区基数较低，2017 年中国七大地区的上市中小企业景气指数排名与 2016 年相比没有发生变化，也表明改善中国区域上市中小企业发展不平衡的过程任重而道远。

第三节 2017 年中国中小企业比较景气指数测评

一、2017 年中国省际中小企业比较景气指数排名分析

中小企业比较景气指数是对中小企业家对当前微观层面企业经营状况的信

心、宏观层面经济经营环境的判断和预期结果等进行量化加工整理得到的景气指数，是对基于统计年鉴的工业中小企业景气指数和基于上市企业数据的上市中小企业景气指数的必要补充。

为了获得2017年中小企业比较景气指数，本研究报告根据最新的大数据资料获得了31个省、直辖市、自治区的中小企业综合发展数据；同时，面向中小企业家、创业者及中小企业研究专家等实施了中国中小企业景气问卷调查，然后根据专家权重法，合成计算得到了2017年中国中小企业比较景气指数（见表6-10，图6-6）。

表6-10　2017年中国省际中小企业比较景气指数

省、直辖市、自治区	比较景气指数（CCI）	排名	与2016年排名比较	省、直辖市、自治区	比较景气指数（CCI）	排名	与2016年排名比较
浙江	106.83	1	—	江西	95.76	17	↓1
江苏	106.42	2	—	海南	93.90	18	↑2
上海	103.86	3	—	贵州	93.56	19	↓1
广东	103.43	4	↑2	陕西	93.33	20	↑3
北京	102.78	5	↓1	云南	93.27	21	↓2
天津	101.18	6	↓1	山西	93.23	22	↓1
福建	100.16	7	—	内蒙古	91.23	23	↓1
山东	99.23	8	—	甘肃	90.83	24	↑1
重庆	98.43	9	—	辽宁	90.50	25	↓1
四川	98.09	10	↑1	吉林	90.17	26	—
湖北	97.61	11	↓1	青海	89.93	27	↑1
安徽	97.42	12	—	黑龙江	89.68	28	↓1
河南	96.92	13	—	宁夏	89.43	29	—
湖南	96.69	14	—	新疆	89.13	30	—
河北	96.64	15	—	西藏	86.86	31	—
广西	95.86	16	↑1				

注：与2016年排名比较一栏，“—”表示与2016年排名持平，“↑”“↓”的数字分别表示与2016年排名相比升降的位数。

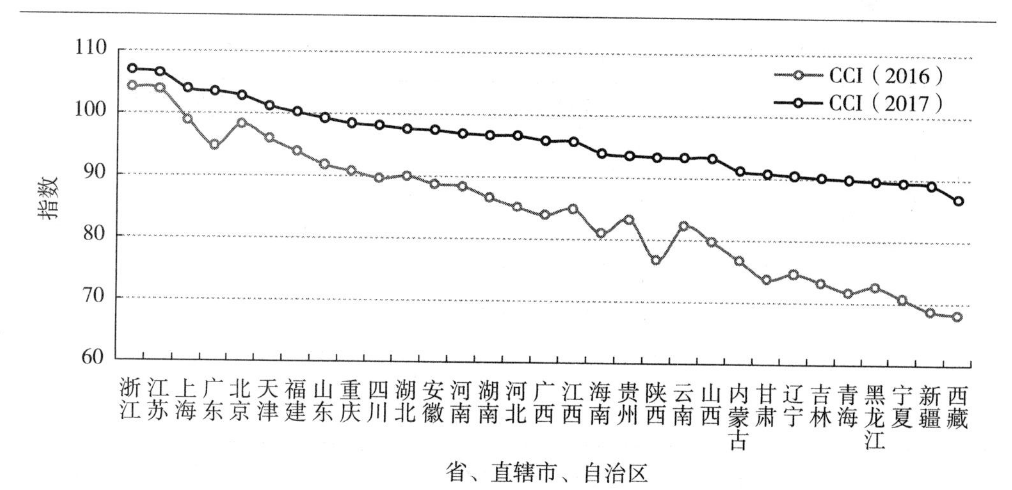

图 6-6　2017 年中国省际中小企业比较景气指数

测评结果反映出的动态趋势与特征如下：

1. 当前中国中小企业家的生产经营信心总体有所提升

2017 年，中国省际中小企业比较景气指数较 2016 年总体有所提升，平均指数上升了 11.28，而且省际指数差异不大，表明当前中小企业家的生产经营信心总体有所提升，对宏观经济发展及企业经营环境的判断和预期基本面良好。

2. 东部省市企业家信心和预期总体高于西部和东北部省市

浙江、江苏、上海、广东、北京、天津、福建、山东等省市指数较高，甘肃、辽宁、吉林、青海、黑龙江、宁夏、新疆等省市指数较低，反映了东部省市的企业家信心及对宏观经济的预期总体要高于西部和东北部省市。

3. 指数上下波动状况基本上反映了不同省市当前的客观现实情况

和 2016 年相比，广东、海南的排名分别上升了 2 位，反映了珠三角地区的中小企业对转型升级过程中先进制造业等发展信心有所增强；陕西、四川、甘肃和青海等省份的排名也有不同程度的提升，显示出中西部地区中小企业对承接东部地区的产业转移以及“一带一路”倡议下的发展空间及潜力充满了期待；云南、山西、黑龙江等部分省市的指数同比有所下降，反映了这些省市在中小企业创业创新发展方面还存在信心不足的问题。

二、2017 年中国七大地区中小企业比较景气指数排名分析

2017 年中国七大地区中小企业比较景气指数排名见表 6-11。

表 6-11　2017 年中国七大地区中小企业比较景气指数排名

地区	比较景气指数(CCI)	排名	与 2016 年排名比较
华东	101.32	1	—
华南	98.04	2	↑2
华北	97.01	3	—
华中	96.47	4	↓2
西南	93.57	5	—
西北	91.64	6	↑1
东北	89.49	7	↓1

注:与 2016 年排名比较一栏,“—”表示与 2016 年排名持平,“↑”“↓”的数字分别表示与 2016 年排名相比升降的位数。

2017 年中国七大地区中小企业比较景气指数具有以下特点:

1. 东南沿海地区中小企业信心大幅回升

2017 年,华东地区排名保持第一,特别是华南地区排名大幅上升,由 2016 年第四位回升到第二位,显示出东南沿海地区随着中小企业转型升级与提质增效的着实进展,企业家对创新成长的信心在不断增强。

2. 中西部地区中小企业信心波动较大

基于不同的区域基础设施、环境条件以及中小企业公共服务水平,中西部地区中小企业家对本地区发展的预期和判断差异较大。2017 年,华中地区从 2016 年的第二位下滑到第四位,西北地区排名上升一位,西南地区排名不变,反映出中西部地区中小企业信心波动较大。

3. 东北地区中小企业期待感不足信心下滑

2017 年,东北地区比较景气指数排名同比下降一位,全国垫底。分析其原因,工业中小企业提质增效业绩尚未充分显现,上市中小企业数量相对较少,企业转型升级总体面临企业家信心低迷、企业内生动力不足等问题。

第四节　2017 年中国中小企业综合景气指数测评

一、计算与评价方法

鉴于数据的扩充和方法的完善,课题组在评价 2007—2009 年中小企业的景气指数时，采用工业中小企业景气指数作为中小企业景气指数。在此基础上，2010年以后加入了中小板及创业板上市中小企业景气指数和中小企业比较景气指数。2016年中小企业景气指数基于工业中小企业景气指数，中小板、创业板及新三板上市中小企业景气指数和中小企业比较景气指数三部分指数，根据专家咨询法确定权重，最终按合成指数的计算方法进行综合测评。2017年中小企业景气指数沿用2016年的测评方法。

二、2017年中国省际中小企业综合景气指数排名分析

2017年中国中小企业综合景气指数的计算结果及排名情况见表6-12和图6-7。分析最新综合景气指数波动的趋势，主要有以下三大特征。

表6-12 2017年中国省际中小企业综合景气指数排名

省、直辖市、自治区	综合景气指数（CCSMECI）	排名	与2016年排名比较	省、直辖市、自治区	综合景气指数（CCSMECI）	排名	与2016年排名比较
江苏	129.13	1	↑2	江西	47.61	17	—
广东	129.09	2	↓1	重庆	47.20	18	↓2
浙江	125.86	3	↓1	新疆	43.16	19	↑3
山东	109.31	4	—	山西	43.10	20	↑1
河南	77.07	5	—	云南	42.58	21	↓1
河北	66.31	6	↑4	贵州	42.47	22	↓3
辽宁	64.82	7	↑2	甘肃	41.00	23	—
福建	64.78	8	—	宁夏	34.98	24	↑1
安徽	64.21	9	↑2	海南	34.80	25	↓1
湖北	63.84	10	↑3	青海	33.55	26	—
上海	63.42	11	↓4	吉林	21.07	27	*
四川	61.11	12	—	广西	20.90	28	*
湖南	59.68	13	↑1	黑龙江	18.65	29	*
北京	53.63	14	↓8	内蒙古	18.61	30	*
天津	50.90	15	—	西藏	9.34	31	*
陕西	48.13	16	↑2				

注：与2016年排名比较一栏，“—”表示与2016年排名持平，“↑”“↓”的数字分别表示与2016年排名相比升降的位数，*表示因部分财务数据缺失而未与2016年进行排名比较。

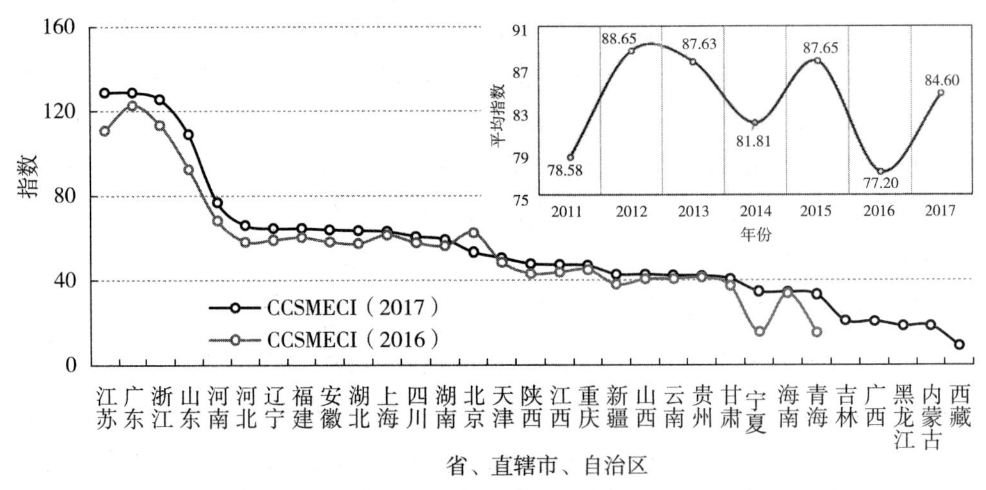

图 6-7　2017 中国省际中小企业综合景气指数及平均指数

1. 综合景气指数探底回升，企业生产经营基本面良好

2017 年，基于工业总产值加权计算的中国中小企业平均景气指数从 2016 年的 77.20 上升到 84.60，增长幅度近 10%，显示出 2017 年中国中小企业生产经营企稳回升，发展的基本面良好。2016 年以来，虽然经济下行压力依然较大，但是在全国各地中小企业深化供给侧结构性改革、各级政府减税降费降成本的政策红利下，企业负担明显减轻，大大激发了中小企业创业创新的热情，促进了中国中小企业转型升级与提质增效。

2. 江苏省崛起首登综合景气指数王座，景气指数排名上下波动较大

2017 年，江苏省、广东省、浙江省综合景气指数排名全国前三名，其中，江苏省以其雄厚的中小工业制造实力和综合优势赶超六年蝉联全国综合景气指数排名榜首的广东省，首度登上中国中小企业综合景气指数排名王座。广东省以 0.04 的微弱指数差滑落至第二位，浙江省相应下降一位排名全国第三。江苏、广东、浙江三省都以较高的综合景气指数领跑全国中小企业的发展，集中反映了近年来以长江三角洲和珠江三角洲地区主要省市在振兴中小实体经济、完善各类资本市场促进上市中小企业发展，以及通过改善政策和服务环境提振中小企业家信心方面所取得的显著实效。总体来看，除山东、河南、福建、四川、天津、江西等省市外，其他省、直辖市、自治区的中小企业综合景气指数排名都有不同程度的上下波动。其中，河北省受新设雄安新区等积极因素影响，同比上升四位，排名全国第六；陕西、新疆、青海、宁夏等省市受“一带一路”概念股等拉动，综合景气指数排名都有所上升。

上海、重庆、贵州等省市的综合景气指数同比有所提升,但省际排名相应有所下降。2017 年,北京市的上市中小企业景气指数排名仅次于广东、浙江两省,排名全国第三,但中小实体经济不够发达,工业中小企业景气指数仅排名全国 16 位,从而大大拖累了其综合景气指数排名。

3. 景气指数地区分布分层递减,省际差距进一步缩小

2017 年,中国中小企业综合景气指数的地区分布由东南沿海发达地区向中西部地区分层递减。第一层次为排名全国前四位的江苏、广东、浙江和山东 4 省份,综合景气指数在 100 以上;第二层次为河南、河北、辽宁、福建、安徽、湖北、上海、四川、湖南、北京、天津 11 省市,综合景气指数在 50—100;第三层次为陕西、江西、重庆、新疆、山西、云南、贵州、甘肃 8 省、直辖市、自治区,综合景气指数在 40—50;第四层次为宁夏、海南、青海等省、直辖市、自治区,综合景气指数在 40 以下。东部省市中江苏省最高(129.13),中部河南省(77.07)最高,西部四川省(61.11)最高。四大直辖市中,上海的中小企业综合景气指数最高(63.42),重庆最低(47.20)。五个自治区的综合景气指数差距不大,排名都较为靠后。全国省际中小企业综合景气指数最高的江苏省(129.13)与最低的青海省(33.55)相差近 3 倍,与 2016 年相比,2017 年省际综合景气指数区域差异进一步缩小。

三、2017 年中国七大地区中小企业综合景气指数排名

测评结果显示,2017 年,中国七大地区中小企业综合景气指数排名与 2016 年一致(见表 6-13、图 6-8),具体可划分为三大阵营来分析其特征。

表 6-13 2017 年中国七大地区中小企业综合景气指数排名

地区	指数	排名	与 2016 年排名比较
华东	133.72	1	—
华南	60.27	2	—
华北	55.99	3	—
华中	54.34	4	—
西南	44.33	5	—
东北	41.10	6	—
西北	35.83	7	—

注:与 2016 年排名比较一栏,"—"表示与 2016 年排名持平。

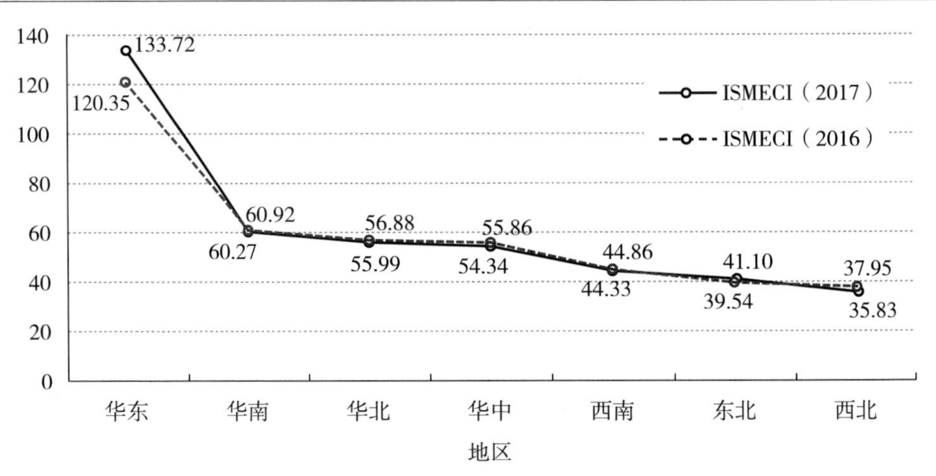

图 6-8　2017 年中国七大地区中小企业综合景气指数

1. 华东地区独树一帜，景气持续向好

第一阵营为华东地区，2017 年其综合景气指数值高达 133.72，同比提升 11%，以不容追随的绝对优势持续领先全国。华东地区的工业中小企业景气指数、上市中小企业景气指数及反映企业家信心的中小企业比较景气指数都在 100 以上，显示出了其区域中小企业发展的综合优势。

2. 第二阵营指数接近，转型升级攻坚

第二阵营为华南、华北、华中地区，2017 年其综合景气指数水平较为接近，平均远低于华东地区，但总体仍保持了较强的活力。华南地区指数同比持平，华北、华中地区指数同比有所下降，体现了这些地区企业转型升级进入攻坚期，面临严峻的挑战。

3. 西部地区指数偏低，发展潜力巨大

第三阵营为西南、东北和西北地区，2017 年其综合景气指数总体偏低。但中国西部地区中小企业具有承接东部地区产业转移的广阔空间，加之当前“一带一路”倡议又为中国西部地区中小企业“走出去”提供了良好的环境，总体来看，西部地区中小企业的发展潜力还很大。

第七章　中国中小企业景气指数变动趋势分析

本章根据2017年中国31个省、直辖市、自治区和七大地区中小企业综合景气指数排名的先后顺序，具体分析中国中小企业综合景气指数的发展趋势，考察近5年中国各省、直辖市、自治区和各地区中小企业的发展动态，总结中国中小企业景气指数波动的规律和特征。

第一节　中国省际中小企业综合景气指数变动趋势分析

一、江苏省

2017年，江苏省中小企业综合景气指数与2016年相比，上升了2位，首次超越广东省，位居全国第1，远超全国平均水平。从分类指数来看，2017年，江苏省的工业中小企业景气指数位居全国榜首，反映企业家信心的中小企业比较景气指数居全国第2位，反映中小企业成长性的上市中小企业景气指数居全国第4位，主要分类指数同比都有所上升。江苏省中小企业综合景气指数走势见图7-1。

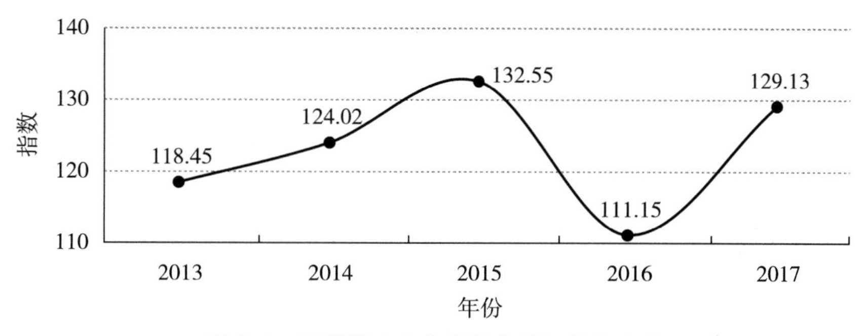

图7-1　江苏省中小企业综合景气指数走势

近年来,江苏省政府对中小企业的发展加大财政资金支持,完善普惠性税收政策,优化资本市场,大力促进先进制造业的发展。为整合中小企业创新创业资源,吸引优秀人才到江苏省创新创业,2017 年,江苏省举办了“中小企业创新创业大赛暨‘创客中国’江苏省创新创业大赛”,激发了科技型中小微企业的技术创新活力。受工业中小企业景气指数高位拉动,其综合景气指数跃居全国首位。

二、广东省

2017 年,广东省中小企业综合景气指数位居全国第 2,仅次于江苏省。从分类指数来看,2017 年,广东省上市中小企业景气指数位居中国榜首,保持绝对优势;工业中小企业景气指数同比有所上升,排名仅次于江苏省,位居全国第 2 位;反映企业信心的中小企业比较景气指数上升 2 位,居全国第 4 位。2017 年,广东省中小企业创新创业活力增强,综合景气指数触底反弹。广东省中小企业综合景气指数走势见图 7-2。

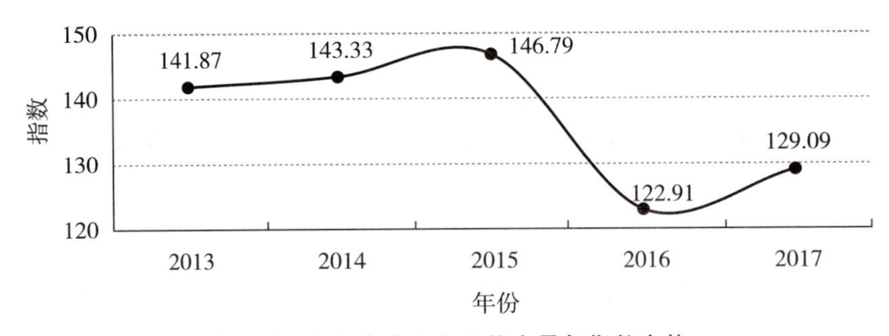

图 7-2 广东省中小企业综合景气指数走势

近年来,广东省积极推动全省先进制造业和优势传统产业新一轮技改,省财政 2015—2017 年安排 168 亿元“撬动金”,形成了实体经济振兴发展的创新动力、传统企业迈向先进制造业的转型动力。同时,政府深化税制改革,加大减税力度,扩大享受企业所得税优惠的小型微利企业范围,不断为市场主体减负增力;通过优化营商环境,增强企业活力和创新动力,巩固经济稳中向好的势头,促进结构升级。这些措施有力地拉动了广东省中小企业景气回升,并使得该省综合景气指数持续保持全国领先地位。

三、浙江省

2017 年,浙江省中小企业综合景气指数排名比 2016 年下降 1 位,位居全国第 3。从分类指数来看,反映企业信心的中小企业比较景气指数排名全国第 1,工业中小企业景气指数和上市中小企业景气指数同比都有所回升,中小企业综合景气指数位于全国前列。浙江省中小企业综合景气指数走势见图 7-3。

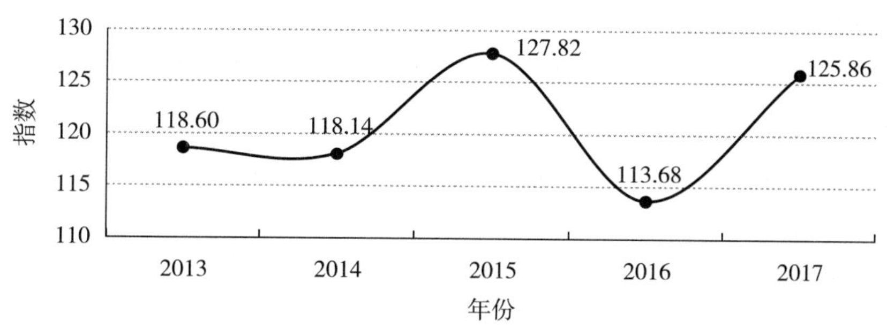

图 7-3 浙江省中小企业综合景气指数走势

2016 年以来,浙江省发布实施了《中小企业发展“十三五”规划》,以支持中小企业走“专精特新”发展之路,特别鼓励中小企业积极发展电子商务、物联网、云计算、大数据、智慧物流、数字内容等新技术和新业态,致力于打造全国中小企业创业创新示范区。2017 年,浙江省在全面落实国家降成本政策的同时,又创造性地在全省范围内实施“最多跑一次”举措,真正为企业减负松绑,极大地激发了中小企业创业创新的热情,为企业提质增效创造了良好的环境。

四、山东省

2017 年,山东省中小企业综合景气指数排名全国第 4 位,与 2016 年持平。从分类指数来看,其工业中小企业景气指数维持全国第 4 的较高排名,反映企业家信心的中小企业比较景气指数保持稳定,尽管上市中小企业景气指数有所下滑,但 2017 年的综合景气指数同比仍有较大提升。山东省中小企业综合景气指数走势见图 7-4。

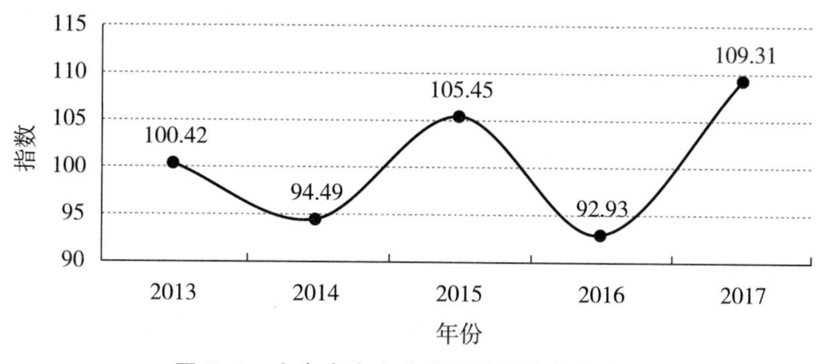

图 7-4 山东省中小企业综合景气指数走势

近年来,山东省大力推进"放管服",深化供给侧结构性改革和创新驱动发展,加速新旧动能接续转换,促进中小企业实现了较快发展。截至 2017 年 5 月末,全省中小企业户数接近 200 万户,新增中小企业累计提供了 1 000 多万个就业岗位。新设企业活跃度高于全国平均水平。现代服务业、新兴服务业和生产性服务业呈现出快速发展态势,第三产业成为新的经济增长点。借助于移动互联网、物联网、云计算、大数据等新一代信息技术的广泛应用,电子商务、智能制造、个性化定制、分享经济等新产品、新技术、新业态、新模式方兴未艾,新经济、新动能成为山东省中小企业发展的新亮点。

五、河南省

2017 年,河南省中小企业综合景气指数同比有较大提升,全国排名第 5,与 2016 年相同。从分类指标来看,工业中小企业景气指数保持全国第 5 位,上市中小企业景气指数排名居全国第 6,较 2016 年上升 3 位,中小企业比较景气指数保持全国第 13 位。河南省中小企业综合景气指数走势见图 7-5。

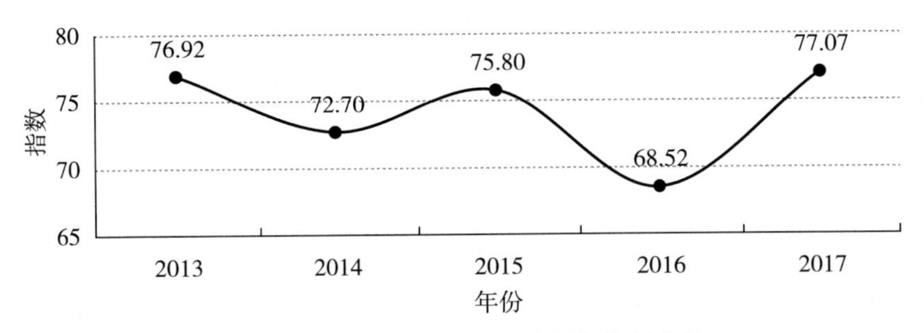

图 7-5 河南省中小企业综合景气指数走势

近年来,河南省通过建立优质中小企业库,集聚要素资源,给予精准服务,发挥示范引领作用,推动中小企业做大做强。同时,全省组织开展先进制造业发展专项资金项目申报,设立 100 亿元中小企业发展基金,重点支持在产品、技术、渠道等方面拥有核心竞争力,并且风险可预期的初创期、成长期中小企业,以激发科技型中小微企业技术创新活力,提振中小企业生产经营信心,力助景气指数回升并创近 5 年新高。

六、河北省

2017 年,河北省中小企业综合景气指数排名全国第 6 位,比 2016 年上升了 4 位。从分类指数来看,工业中小企业景气指数排名上升 1 位,反映企业家信心的中小企业比较景气指数排名保持稳定，上市中小企业景气指数排名略有下滑。总体来看，近年来，河北省受京津地区产业转移的拉动，特别是新设雄安新区的政策利好，其中小企业综合景气指数在经历了 2016 年的低谷后出现了较大回升。河北省中小企业综合景气指数走势见图 7-6。

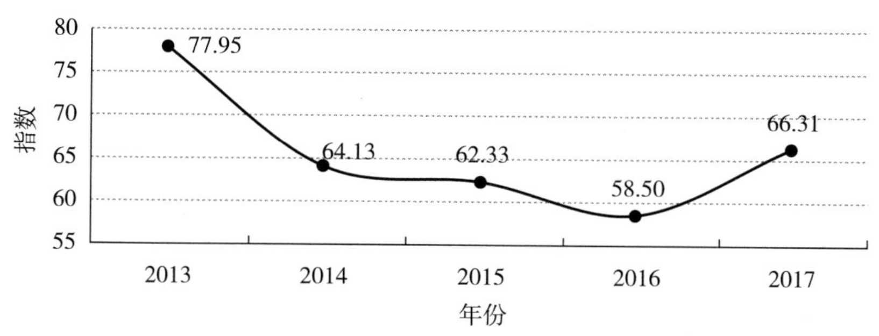

图 7-6 河北省中小企业综合景气指数走势

七、辽宁省

2017 年，辽宁省中小企业综合景气指数排名较 2016 年上升 2 位，排名全国第 7 位。从分类指数来看，上市中小企业景气指数排名较 2016 年上升 4 位，居全国第 7 位，有力地拉动了其综合景气指数排名的提升。但受近年来东北地区宏观经济低迷、传统老工业转型升级困难等发展环境影响，辽宁省工业中小企业景气指数下滑 3 位，居全国第 9 位，特别是反映企业家信心的中小企业比较景气指数排名居全国第 25 位，从而使其综合景气指数相对低位运行，回升缓慢。辽宁省中小企业综合景气指数走势见图 7-7。

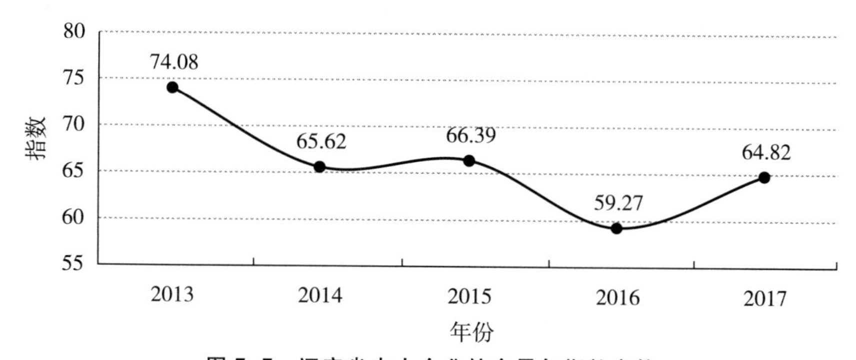

图 7-7 辽宁省中小企业综合景气指数走势

八、福建省

2017 年，福建省中小企业综合景气指数排名与 2016 年持平，保持全国第 8 位。

从分类指数来看，工业中小企业景气指数上升1位，居全国第7位；反映企业家信心的中小企业比较景气指数排名居全国第7位，与2016年相同；上市中小企业景气指数较2016年下降4位，居全国第16位。总体来看，近5年福建省中小企业综合景气指数呈W形波动，2017年再次触底缓慢回升。福建省中小企业综合景气指数走势见图7-8。

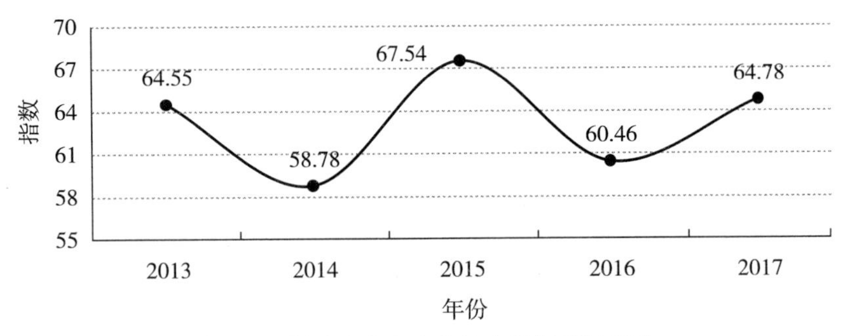

图7-8 福建省中小企业综合景气指数走势

九、安徽省

2017年，安徽省中小企业综合景气指数排名较2016年上升2位，居全国第9位。从分类指数来看，工业中小企业景气指数和反映企业家信心的中小企业比较景气指数排名都与2016年相同，分别排名第10位、第12位；上市中小企业景气指数排名较2016年下降1位，居全国第11位。总体来看，近5年安徽省受承接东部地区产业转移等积极因素影响，中小企业综合景气指数呈上升趋势，2017年创历史新高，当前中小企业发展稳中向好。安徽省中小企业综合景气指数走势见图7-9。

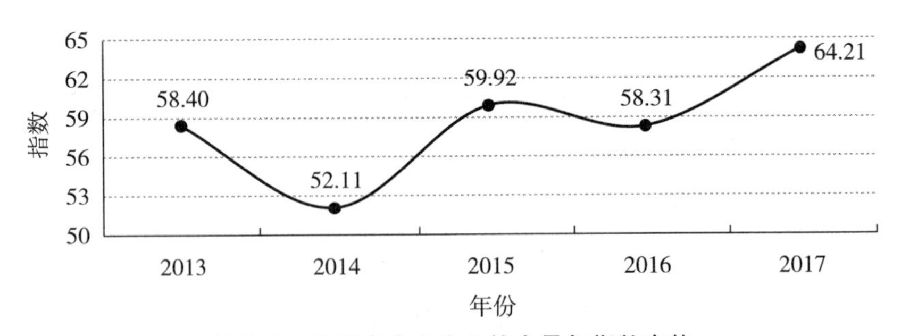

图7-9 安徽省中小企业综合景气指数走势

十、湖北省

2017年,湖北省中小企业综合景气指数排名较2016年上升3位,居全国第10位。从分类指数来看,尽管上市中小企业景气指数和反映企业家信心的中小企业比较景气指数较2016年都有所下降,但工业中小企业景气指数排名较2016年上升1位,居全国第8位。总体来看,近5年湖北省中小企业综合景气指数明显呈W形波动,2017年触底强劲回升,创历史新高。湖北省中小企业综合景气指数走势见图7-10。

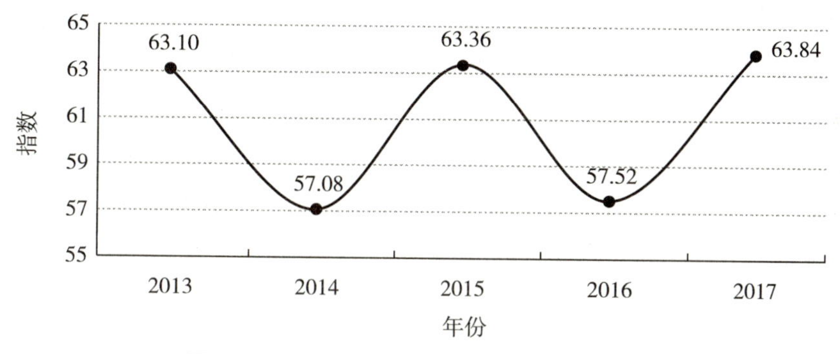

图7-10　湖北省中小企业综合景气指数走势

十一、上海市

2017年,上海市中小企业综合景气指数排名较2016年下降4位,居全国第11位。从分类指数来看,工业中小企业景气指数排名较2016年上升1位,居全国第11位;中小企业比较景气指数排名居全国第3位,与2016年持平,表明上海市中小企业发展环境总体向好;上市中小企业景气指数排名保持全国第5位。总体来看,上海市中小企业综合景气指数在2016年触底后有所反弹,但反弹幅度不大。尽管如此,上海市积极发展新技术、新产业、新业态、新模式,健全扶持和保障中小微企业发展的政策法规体系,着力营造适合中小企业发展的土壤,鼓励企业做精、做深、做强,培育"专精特新"中小企业,打造细分市场"隐形冠军",为上海市中小企业综合景气指数的强势反弹奠定基础。上海市中小企业综合景气指数走势见图7-11。

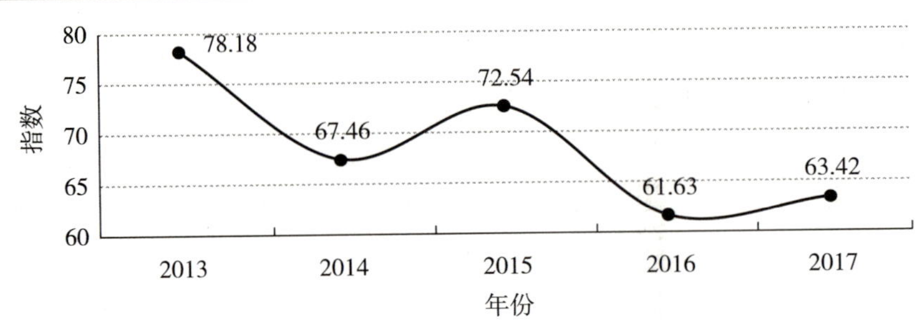

图 7-11 上海市中小企业综合景气指数走势

十二、四川省

2017 年,四川省中小企业综合景气指数排名居全国第 12 位,较 2016 年排名保持不变。从分类指数来看,工业中小企业景气指数排名较 2016 年下降 1 位,居全国第 12 位;中小企业比较景气指数居全国第 10 位,与 2016 年相比上升 1 位;上市中小企业景气指数较 2016 年下降 1 位,居全国第 9 位。总体来看,近 5 年四川省中小企业综合景气指数呈现 W 形波动趋势。四川省中小企业综合景气指数走势见图 7-12。

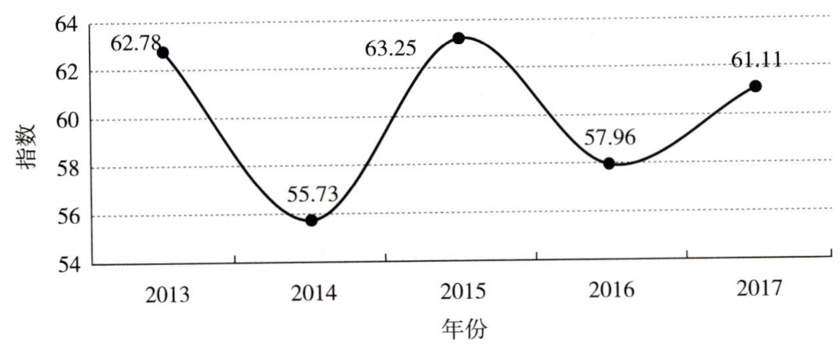

图 7-12 四川省中小企业综合景气指数走势

十三、湖南省

2017 年,湖南省中小企业综合景气指数排名较 2016 年上升 1 位,居全国第 13 位。从分类指数来看,工业中小企业景气指数排名没有发生改变,居全国第 13 位;中小企业比较景气指数排名居全国第 14 位,与 2016 年排名持平;上市中小企业景气指数排名较 2016 年下降 1 位,居全国第 8 位。总体来看,湖南省中小企业综合景气指数运行较为平缓,波动幅度较小。湖南省中小企业综合景气指数走势见图 7-13。

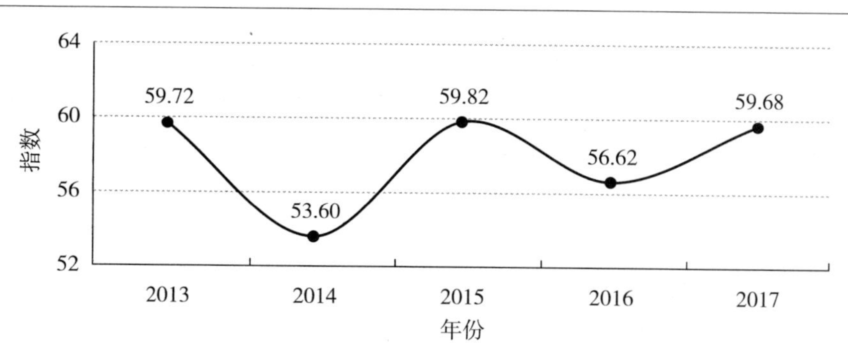

图 7-13　湖南省中小企业综合景气指数走势

十四、北京市

2017 年,北京市中小企业综合景气指数排名居全国第 14 位,与 2016 年相比下降了 8 位。从分类指数来看,中小企业比较景气指数排名下降 1 位,居全国第 5 位;上市中小企业景气指数和工业中小企业景气指数排名均保持不变,上市中小企业景气指数排名居全国第 3 位,工业中小企业景气指数排名相对落后,居全国第 16 位。一方面,受工业中小企业景气指数较低的影响,北京市中小企业综合景气指数创 5 年新低,较 2016 年下降 14.6%;另一方面,2017 年全国中小企业综合景气整体向好,这也使得北京市在综合景气指数回落的情况下,全国排名跌幅较大。尽管如此,2017 年,北京市大力发展政府支持的融资担保机构,推动设立中小企业融资担保基金,加快破解中小企业融资问题,加大政府面向中小企业采购力度,预计未来北京市的中小企业综合景气指数有望实现回升。北京市中小企业综合景气指数走势见图 7-14。

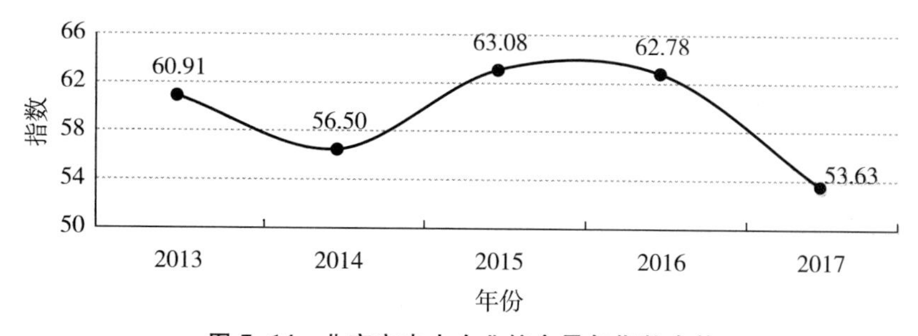

图 7-14　北京市中小企业综合景气指数走势

十五、天津市

2017 年,天津市中小企业综合景气指数排名居全国第 15 位,与 2016 年相同。

从分类指数来看,工业中小企业景气指数排名没有发生改变,居全国第 15 位;中小企业比较景气指数排名居全国第 6 位,较 2016 年排名下降 1 位;上市中小企业景气指数排名居全国第 13 位,排名保持不变。但总体来看,天津市中小企业综合景气指数在经历波动后,稳步回升。天津市中小企业综合景气指数走势见图 7-15。

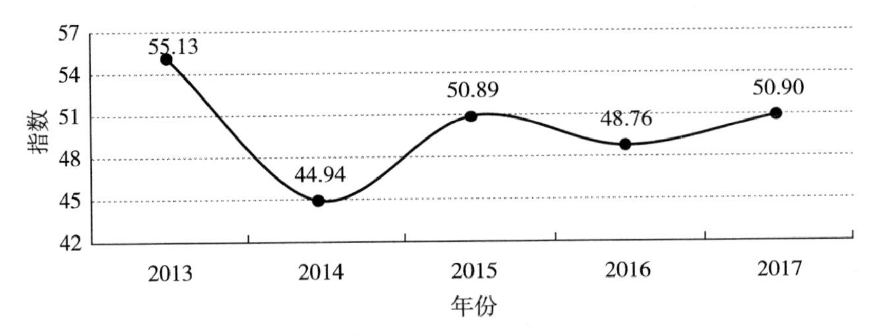

图 7-15 天津市中小企业综合景气指数走势

十六、陕西省

2017 年,陕西省中小企业综合景气指数排名居全国第 16 位,与 2016 年相比上升 2 位。从分类指数来看,工业中小企业景气指数排名居全国第 18 位;中小企业比较景气指数排名居全国第 20 位,较 2016 年排名上升 3 位;上市中小企业景气指数排名居全国第 12 位,较 2016 年上升 2 位。2017 年,陕西省重点突出中小企业发展“五个一批”工程(推进“双创”催生一批、招商引资落地一批、深化改革培育一批、加强协作带动一批、强化改造提升一批),结合示范县域工业集中区建设,培育市场主体,壮大民营骨干企业。总体来看,陕西省各项分类指数排名均有所上升,中小企业综合景气指数保持上升趋势。陕西省中小企业综合景气指数走势见图 7-16。

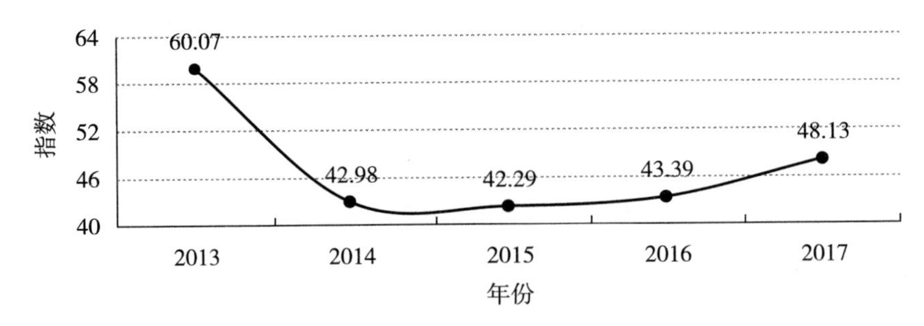

图 7-16 陕西省中小企业综合景气指数走势

十七、江西省

2017 年,江西省中小企业综合景气指数排名居全国第 17 位,排名较 2016 年未发生改变。从分类指数来看,工业中小企业景气指数排名没有发生改变,居全国第 14 位;中小企业比较景气指数排名居全国第 17 位,较 2016 年排名下降 1 位;上市中小企业景气指数排名居全国第 23 位,较 2016 年排名上升 1 位。总体来看,近 5 年来,江西省中小企业综合景气指数在 40—50 平稳波动。江西省中小企业综合景气指数走势见图 7-17。

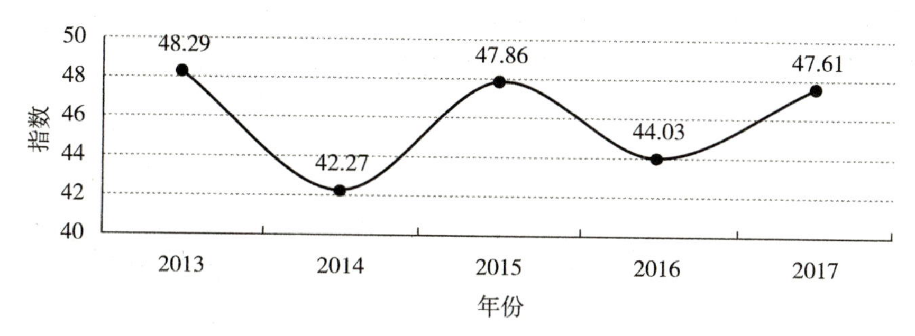

图 7-17　江西省中小企业综合景气指数走势

十八、重庆市

2017 年,重庆市中小企业综合景气指数排名居全国第 18 位,与 2016 年相比下降 2 位。从分类指数来看,中小企业比较景气指数排名未发生改变,居全国第 9 位;上市中小企业景气指数排名上升 1 位,居全国第 15 位;工业中小企业景气指数排名没有发生改变,居全国第 21 位。总体来看,近 3 年来,重庆市中小企业综合景气指数运行较为稳定,波动幅度较小。重庆市中小企业综合景气指数走势见图 7-18。

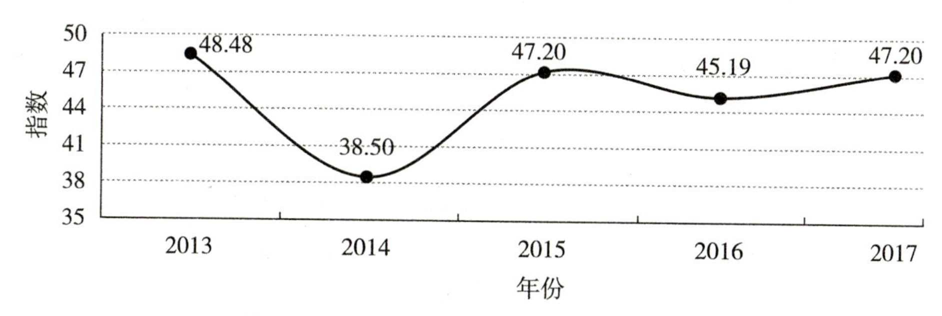

图 7-18　重庆市中小企业综合景气指数走势

十九、新疆维吾尔自治区

2017 年,新疆维吾尔自治区中小企业综合景气指数排名居全国第 19 位,较 2016 年上升 3 位。从分类指数来看,反映企业家信心的中小企业比较景气指数排名未发生改变,上市中小企业景气指数排名上升 3 位,工业中小企业景气指数排名没有发生改变。近年来,在“一带一路”倡议下,新疆维吾尔自治区凭借其独特的地理位置和历史沉淀,成为丝路基金重点支持的地区之一,更多新疆维吾尔自治区中小企业借助丝路基金“走出去”,促进了新疆中小企业的发展。这一系列措施也保证了新疆维吾尔自治区中小企业综合景气指数在全国 5 个自治区中排名首位。新疆维吾尔自治区中小企业综合景气指数走势见图 7-19。

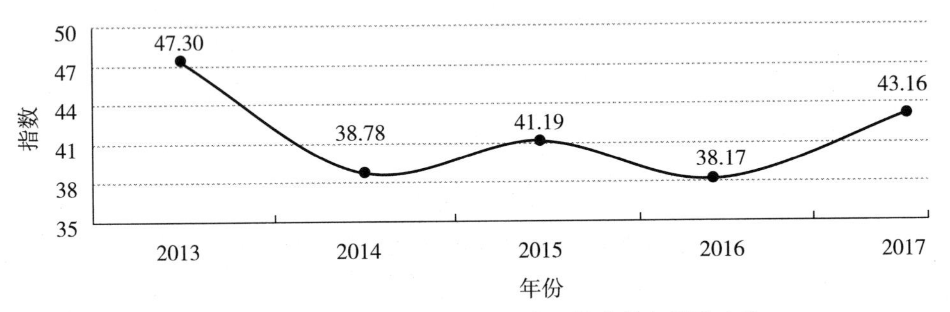

图 7-19　新疆维吾尔自治区中小企业综合景气指数走势

二十、山西省

2017 年,山西省中小企业综合景气指数排名居全国第 20 位,与 2016 年相比上升 1 位。从分类指数来看,反映企业家信心的中小企业比较景气指数排名下降 1 位,上市中小企业景气指数排名和工业中小企业景气指数排名都未发生改变。总体来看,山西省中小企业综合景气指数近 3 年来波动幅度不大,呈缓慢上升态势。山西省中小企业综合景气指数走势见图 7-20。

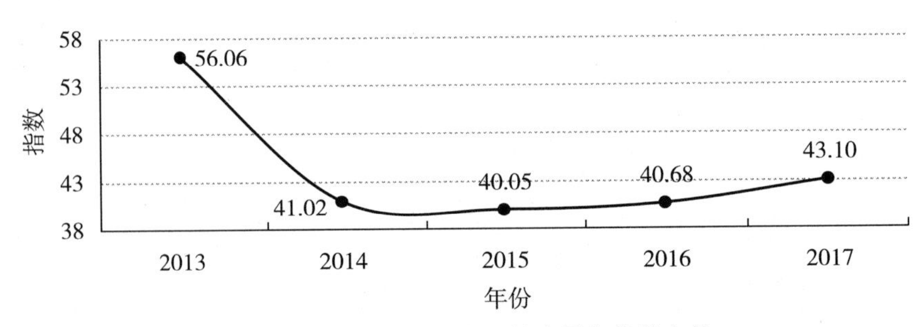

图 7-20　山西省中小企业综合景气指数走势

二十一、云南省

2017 年,云南省中小企业综合景气指数排名居全国第 21 位,与 2016 年相比下降 1 位。从分类指数来看,反映企业家信心的中小企业比较景气指数排名较 2016 年下降 2 位,居全国第 21 位;上市中小企业景气指数排名下降 4 位,居全国第 25 位;工业中小企业景气指数排名没有发生改变。总体来看,云南省中小企业综合景气指数波动上扬,虽增幅不大,但已连续 4 年保持上升态势。云南省中小企业综合景气指数走势见图 7-21。

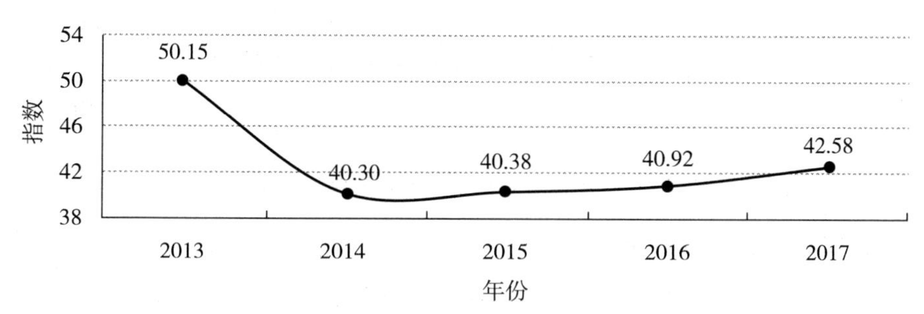

图 7-21　云南省中小企业综合景气指数走势

二十二、贵州省

2017 年,贵州省中小企业综合景气指数排名居全国第 22 位,与 2016 年相比下降 3 位。从分类指数来看,中小企业比较景气指数和上市中小企业景气指数排名均下降 1 位,工业中小企业景气指数排名没有发生改变。总体来看,贵州省中小企业综合景气指数呈小幅持续上升趋势。贵州省中小企业综合景气指数走势见图 7-22。

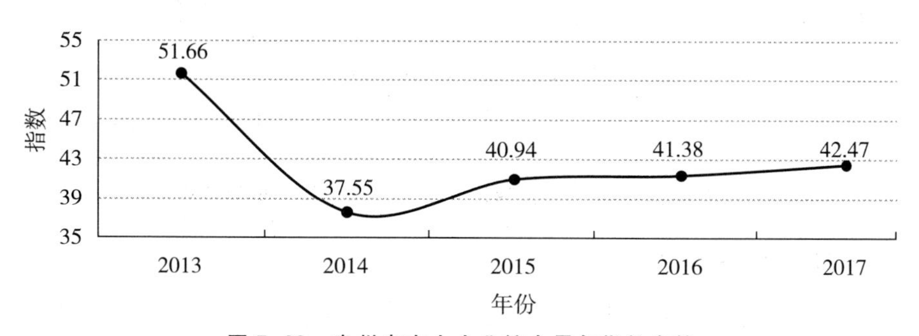

图 7-22　贵州省中小企业综合景气指数走势

二十三、甘肃省

2017 年,甘肃省中小企业综合景气指数排名居全国第 23 位,排名较 2016 年未发生改变。从分类指数来看，中小企业比较景气指数上升 1 位，上市中小企业景气指数排名上升 2 位，工业中小企业景气指数排名没有发生改变。总体来看，甘肃省中小企业综合景气指数近 3 年波动幅度不大，呈缓慢上升态势。甘肃省中小企业综合景气指数走势见图 7-23。

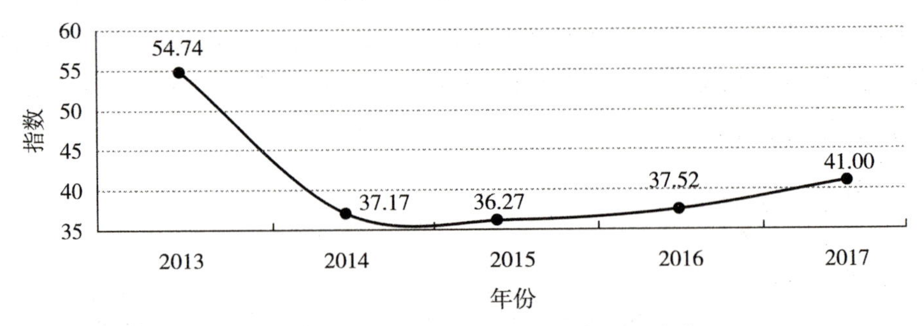

图 7-23 甘肃省中小企业综合景气指数走势

二十四、宁夏回族自治区

2017 年，宁夏回族自治区中小企业综合景气指数排名居全国第 24 位，与 2016 年相比上升 1 位。从分类指数来看，中小企业比较景气指数和工业中小企业景气指数排名均未发生改变，上市中小企业景气指数排名上升 3 位。总体来看，宁夏中小企业综合景气指数在 2017 年有了明显的上升，达到了近 5 年来的历史新高。宁夏回族自治区中小企业综合景气指数走势见图 7-24。

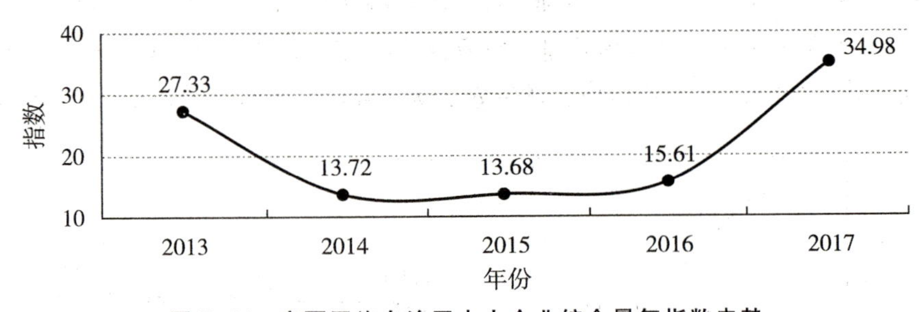

图 7-24 宁夏回族自治区中小企业综合景气指数走势

二十五、海南省

2017 年，海南省中小企业综合景气指数排名居全国第 25 位，与 2016 年相比下降 1 位。从分类指数来看，中小企业比较景气指数上升 2 位，上市中小企业景气指数和工业中小企业景气指数排名均没有发生改变。总体来看，海南省中小企业综合景气指数仍处于低位运行状态。海南省中小企业综合景气指数走势见图 7-25。

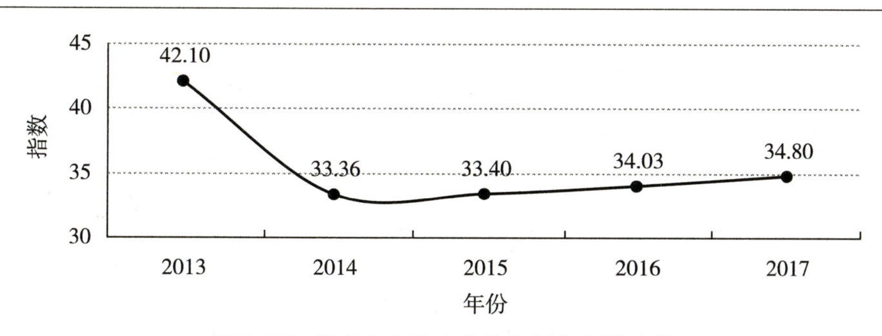

图 7-25 海南省中小企业综合景气指数走势

二十六、青海省

2017 年,青海省中小企业综合景气指数排名居全国第 26 位,排名较 2016 年未发生改变。从分类指数来看,中小企业比较景气指数和上市中小企业景气指数排名均上升 1 位,工业中小企业景气指数排名没有发生改变。总体来看,近几年青海省中小企业综合景气指数都大幅度落后于全国平均水平,发展缓慢。青海省中小企业综合景气指数走势见图 7-26。

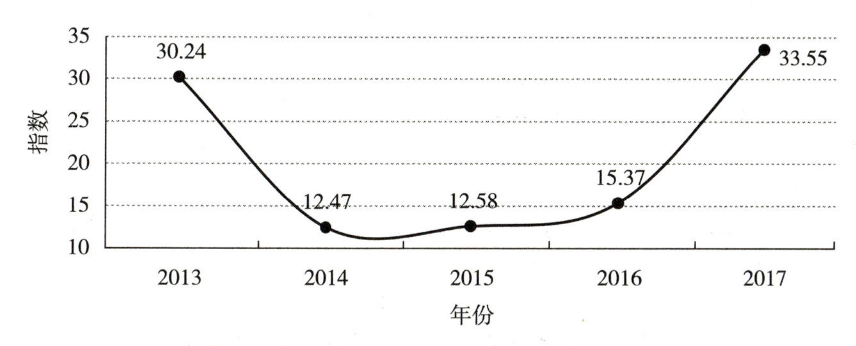

图 7-26 青海省中小企业综合景气指数走势

二十七、吉林省

2017 年,吉林省中小企业综合景气指数排名居全国第 27 位。从分类指数来看,反映企业家信心的中小企业比较景气指数排名没有改变,居全国第 26 位,工业中小企业景气指数排名较 2016 年上升 1 位,居全国第 19 位。因该省上市中小企业数据缺失,与 2016 年不具有可比性而不进行比较评价。总体来看,吉林省中小企业综合景气指数持续走低,且 2017 年持续探底。吉林省中小企业综合景气指数走势见图 7-27。

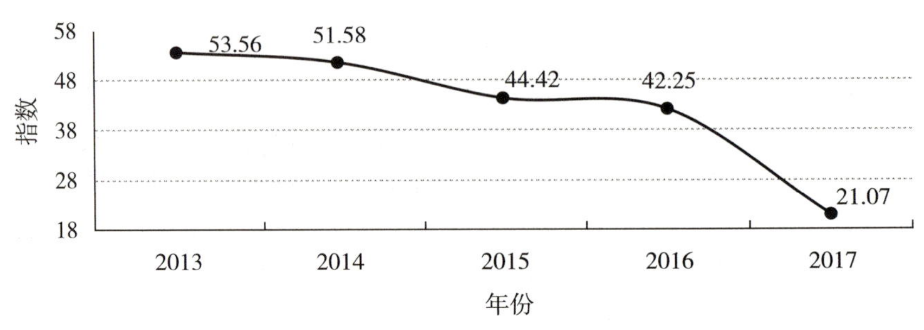

图 7-27 吉林省中小企业综合景气指数走势

二十八、广西壮族自治区

2017 年，广西壮族自治区中小企业综合景气指数排名居全国第 28 位。从分类指数来看，反映企业家信心的中小企业比较景气指数排名上升 1 位，工业中小企业景气指数较 2016 年下降 2 位，居全国第 20 位。因该省上市中小企业数据缺失，与 2016 年不具有可比性而不进行比较评价。总体来看，广西壮族自治区中小企业综合景气指数继续下滑探底。广西壮族自治区中小企业综合景气指数走势见图 7-28。

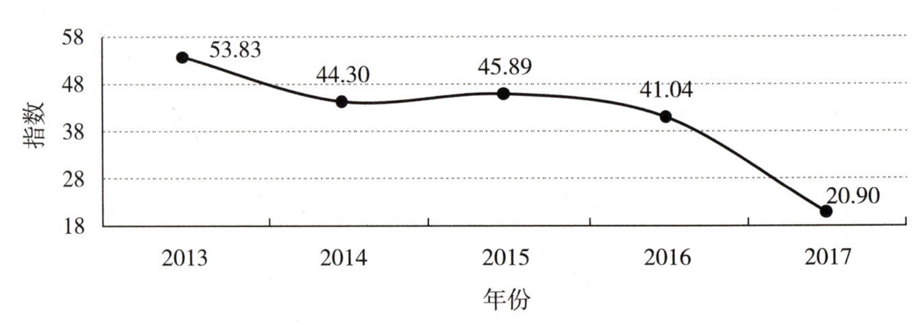

图 7-28 广西壮族自治区中小企业综合景气指数走势

二十九、黑龙江省

2017 年，黑龙江省中小企业综合景气指数排名居全国第 29 位。从分类指数来看，反映企业家信心的中小企业比较景气指数排名下降 1 位，工业中小企业景气指数排名不变，居全国第 23 位。因该省上市中小企业数据缺失，与 2016 年不具有可比性而不进行比较评价。总体来看，黑龙江省中小企业综合景气指数继续下滑，2017 年创历史新低。黑龙江省中小企业综合景气指数走势见图 7-29。

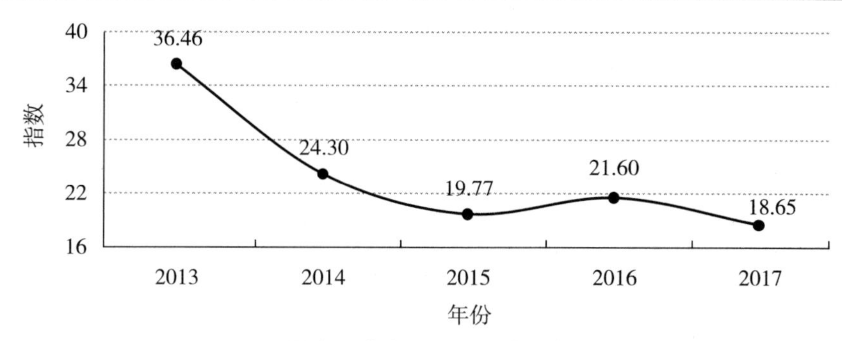

图 7-29 黑龙江省中小企业综合景气指数走势

三十、内蒙古自治区

2017 年,内蒙古自治区中小企业综合景气指数排名居全国第 30 位。从分类指数来看,中小企业比较景气指数排名较 2016 年下降 1 位,工业中小企业景气指数排名较 2016 年保持不变,居全国第 24 位。因该省上市中小企业数据缺失,与 2016 年不具有可比性而未做比较评价。总体来看,近 5 年内蒙古自治区中小企业综合景气指数波动幅度较大。内蒙古自治区中小企业综合景气指数走势见图 7-30。

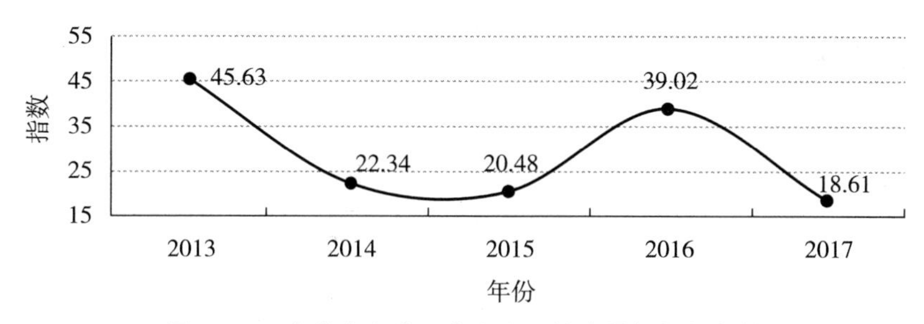

图 7-30 内蒙古自治区中小企业综合景气指数走势

三十一、西藏自治区

2017 年,西藏自治区中小企业综合景气指数排名全国垫底。从分类指数来看,中小企业比较景气指数和工业中小企业景气指数排名均未发生改变。因该省上市中小企业数据缺失,与 2016 年不具有可比性而未进行比较评价。总体来看,西藏自治区的中小企业综合景气指数位于全国 5 个自治区榜尾,且 2017 年的综合景气指数继续下滑探底,创历史新低。西藏自治区中小企业综合景气指数走势见图 7-31。

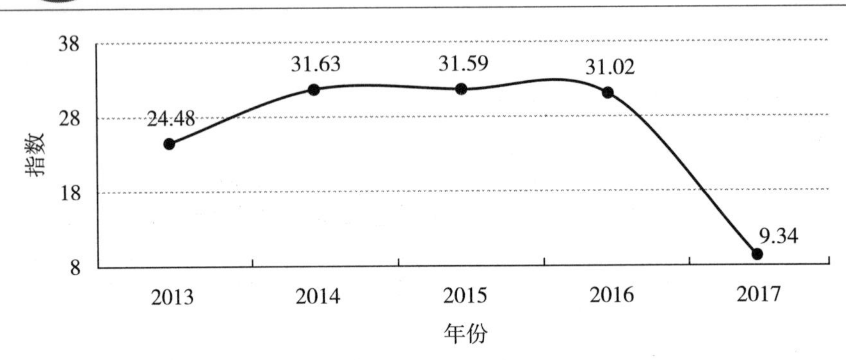

图 7-31 西藏自治区中小企业综合景气指数走势

第二节 七大地区中小企业综合景气指数变动趋势分析

一、华东地区

华东地区包括上海市、江苏省、浙江省、山东省、福建省、江西省和安徽省，华东地区各省市的综合景气指数呈现出明显的上升趋势（见图 7-32）。近 5 年来，该地区中小企业综合景气指数稳居全国七大地区首位，显示出了长江三角洲经济带中小企业的发展活力。华东地区依托主要的创新平台，凭借创新意识、人才优势和雄厚的技术积累及经济基础，在全国范围内率先转型。高端制造业、生产性服务业、民营经济和民间投资表现突出，有力地提升了经济发展质量。

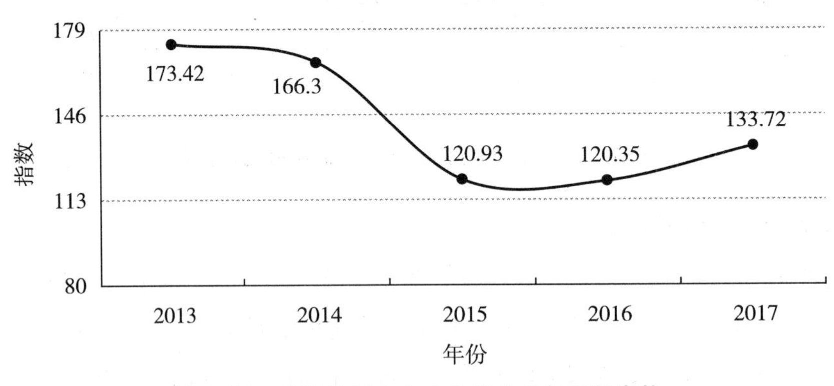

图 7-32 华东地区中小企业综合景气指数走势

二、华南地区

华南地区包括广东省、海南省和广西壮族自治区，其中小企业综合景气指数仅次于华东地区，排名全国第 2。广东省仍是华南地区中小企业的支柱。2017 年，珠江三角洲经济圈经济增长变化幅度与 2016 年差异较小，经济下行压力依然存在，经济增幅保持平稳，甚至略有回落的概率比较大。华南地区中小企业综合景气指数涨幅均不明显，总体景气指数处于低位运行态势（见图 7-33）。

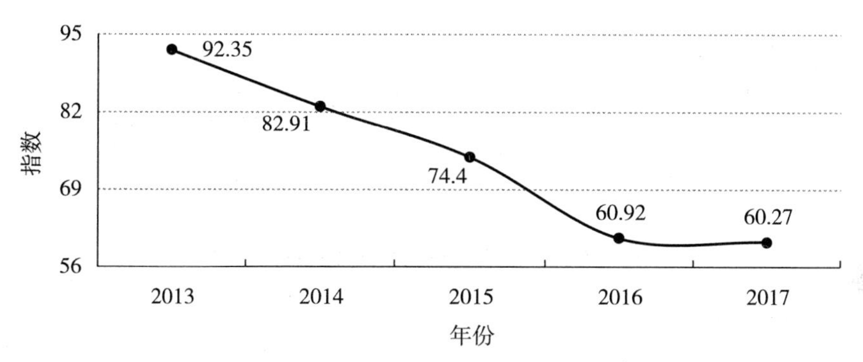

图 7-33　华南地区中小企业综合景气指数

三、华北地区

华北地区包括北京市、天津市、河北省、山西省和内蒙古自治区。2017 年，华北地区中小企业综合景气指数在全国七大地区排名不变。总体来看，河北省、天津市、山西省中小企业综合景气指数上升，北京市综合景气指数下降。受产业结构调整和转型升级的压力，该地区中小企业综合景气指数略有下滑，仍处低位运行状态（见图 7-34）。

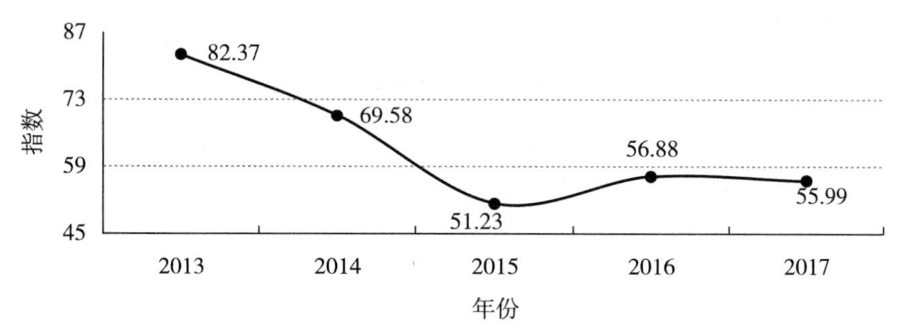

图 7-34　华北地区中小企业综合景气指数

四、华中地区

华中地区包括河南省、湖北省和湖南省。2017 年，该地区在全国七大地区排名保持第 4 位。在中部崛起等相关区域政策的持续支持下，华中地区的交通、通信、能源和基础设施等逐步完备，制度环境、投资环境、市场环境等已经明显改善，但中小企业仍然面临转型升级的巨大压力和挑战。华中地区总体景气指数处于低位运行态势，下滑趋势有所减缓（见图 7-35）。

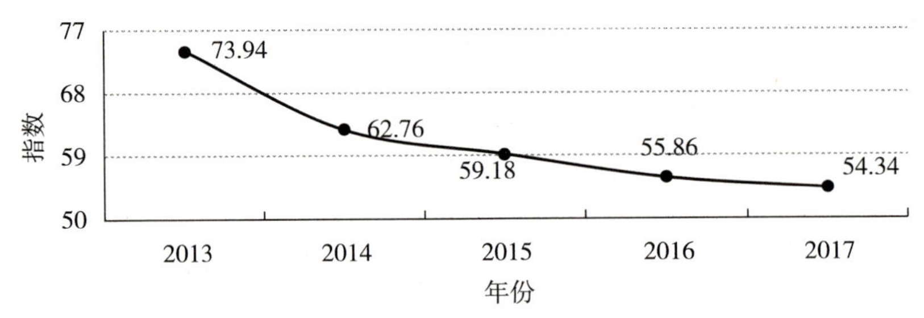

图 7-35 华中地区中小企业综合景气指数

五、西南地区

西南地区包括重庆市、四川省、贵州省、云南省和西藏自治区。2017 年，该地区中小企业综合景气指数在全国七大地区排名第 5，与 2016 年持平。西南地区在积极承接产业转移的同时，也在加快培育新动能，大力推进"大众创业、万众创新"，特别是以贵州省大数据产业、重庆市电子信息产业等为代表的新经济成为转型升级的亮点。虽然工业下行压力依然较大，但是西南地区综合景气指数下滑趋势已经逐渐缓和（见图 7-36）。

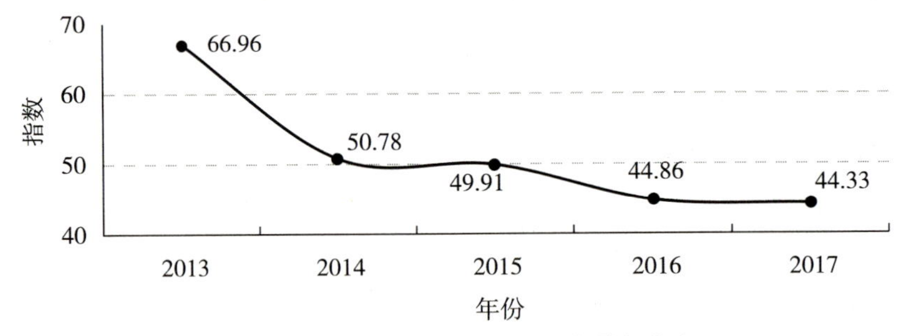

图 7-36 西南地区中小企业综合景气指数

六、东北地区

东北地区包括辽宁、吉林和黑龙江三省。2017 年，该地区中小企业综合景气指数在全国七大地区排名第 5。东北地区受体制机制因素影响，传统工业部门面临持续较大的下行压力，当地坚持深化改革、扩大开放，把发展现代服务业作为推进产业结构战略性调整和转变经济发展方式的重要抓手，第三产业对经济增长的贡献明显增强。总体来看,综合景气指数缓慢上升(见图 7-37)。

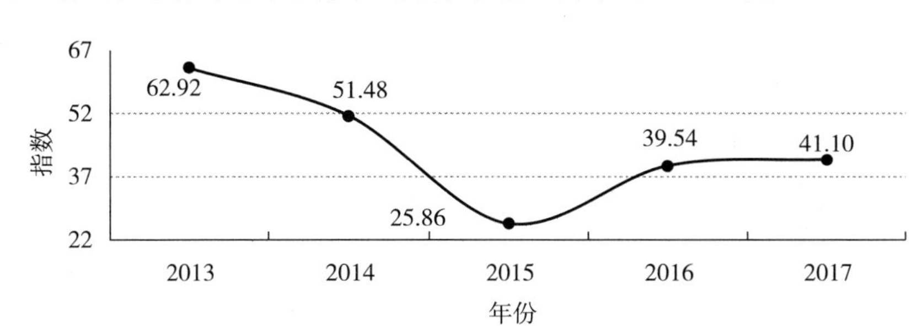

图 7-37 东北地区中小企业综合景气指数

七、西北地区

西北地区包括陕西省、甘肃省、青海省、宁夏回族自治区和新疆维吾尔自治区,是中国经济发展相对落后的地区。2017 年,西北地区中小企业综合景气指数在全国七大地区排名末位。在国家政策支持下,2017 年将会启动新疆天山北坡城市群规划编制工作,新疆维吾尔自治区将成为支撑西部地区加快发展的重要经济增长极。总体来看,西北地区经济下行压力持续加大,综合景气指数有所下降(见图 7-38)。

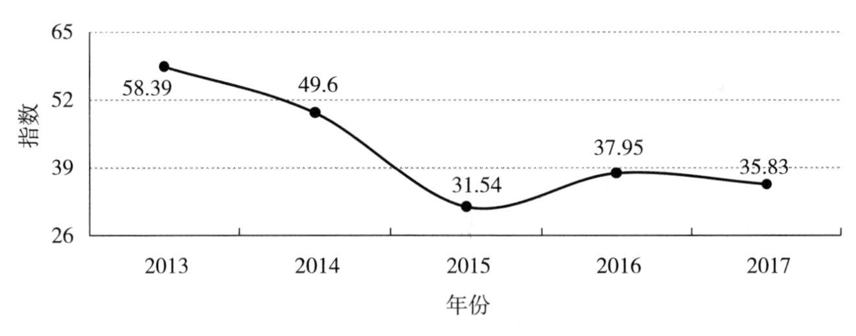

图 7-38 西北地区中小企业综合景气指数

第三节 2017 年中国中小企业景气状况综合分析

综合分析 2017 年中国中小企业景气指数的变动趋势,研究发现,中国中小企业景气指数探底回升,创业创新活力进一步增强;减税降费降成本政策助推中小企业轻装精装上阵;中小企业在“创新链”中发挥协同作用,成长为“小巨人”和“隐形冠军”;“共享经济”为中小企业提供了更宽广的成长空间。同时,研究表明,当前中国中小企业的发展也面临“脱实向虚”、定位低端、结构调整压力大、转型升级困难等突出问题。切实弥补短板，解决发展过程中存在的突出问题，才能持续促进中国中小企业稳健发展。

一、五大研究发现

（一）2017年中国中小企业景气指数探底回升，创业创新活力进一步增强

2016年以来，中国推进供给侧结构性改革初步取得成效，实体经济基本面回暖，中小板、创业板及新三板上市企业扩容，投融资环境有所好转，创业创新活力进一步增强，多种利好政策释放红利，使得2017年全国中小企业景气指数探底回升（见图7-39）。

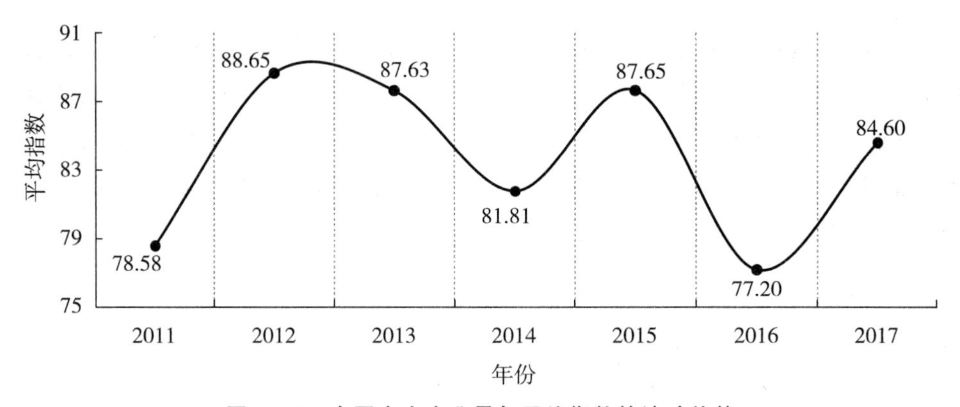

图7-39　中国中小企业景气平均指数的波动趋势

（二）中小企业减税降费降成本政策奏效，助推中小企业轻装精装上阵

2016年中央经济工作会议提出“三去一降一补”政策实施一年来，中小企业减税降费降成本取得初步成效。通过降低企业各项外部成本，使企业“轻装”上阵；同时，通过企业自身挖潜增效，提高劳动生产率，降低内部成本，使企业“精装”上阵。一是进一步加大了减税力度。2016年“营改增”试点在全国推广，降低了制造业增值税税率，精简归并“五险一金”，特别使工业企业税负有所减轻，成本下降。包括重点清理进出口业务、银行业务等不合理的涉企收费项目在内，全年为企业减少税负超过5 700亿元，其中为小微企业减负超过1 000亿元。二是实施了普遍性降费政策。按照党中央、国务院关于推进收费清理改革的有关要求，财政部会同有关部门出台实施了一系列降费减负的政策措施，包括降低社保三个险种费率，下调电价，实施航道、枢纽、江海、关检四大畅通工程等，累计取消、停征、免征和减征了

496 项政府性基金收费，每年减轻企业和个人负担超过 1 500 亿元。三是总体降成本初见成效。2016 年以来，为落实中央的大政方针，已有 20 多个省份出台了具体的降成本方案。通过层层简政放权，制度性交易成本大大下降。当前，降成本的红利已开始初步显现。根据国家统计局快报及调查数据，2016 年工业企业每百元主营业务收入中的成本为 85.76 元，同比下降 0.14 元。2017 年一季度服务业小微企业反映成本上升的企业占全部服务业小微企业的 17.9%，同比下降 7.7 个百分点，为 2014 年四季度以来最低点。

（三）中小企业在“创新链”中发挥协同作用，成长为“小巨人”和“隐形冠军”

近年来，中小企业本身作为技术创新的重要担当者，完成了 70%以上的发明专利，并在“创新链”的各环节与大企业一起积极发挥协同创新的作用；尤其是在创意前端和商业化后端催生新型业态，在生产性服务业和消费性服务业领域成为提供个性化产品设计、个性化客户体验及增值服务的新生力量；特别是在“互联网 +”和平台经济背景下，中小企业依靠“专新特精”成为提高“创新链”效率的核心驱动器。传统行业中，像从事纺织、水泥、钢铁、农副产品经营等的中小企业，很多依靠科技创新驱动助力产品的高端化，在新型面料、水泥预制品、特钢及高端有机农产品等市场实现了产品结构升级。科技型中小企业中，像青岛海丽花边织带有限公司研制的深海勘测绳索将“蛟龙号”的许多试验仪器送入海底；桂林星辰科技股份有限公司生产的双电机消隙系统在“神舟”飞船地面测控雷达中使用；小米科技有限责任公司专注于新一代智能手机软件开发与热点移动互联网业务运营，通过商业模式创新从一家小微企业成长为移动通信行业的领军企业。互联网及平台型企业中，像猪八戒网作为全球最大的创意交易服务平台，汇聚了 300 万来自各行业精英的威客，其创意版能够为企业和机构提供 360 度的创意需求解决方案；联东 U 谷入驻企业达 4 800 余家，形成了精密机械、电子信息、生物医药、能源环保四大主导产业；大唐电信围绕云计算、大数据、“互联网 + 民生”等产业热点，通过互联网创业孵化平台构建了新的价值与新的发展生态。最为典型的是阿里巴巴，其从最初的阿里 B2B 商品交易网站，到 C2C 淘宝、天猫，再到云服务、阿里金融，通过一路为中小企业搭建平台，成长为行业巨头。这些案例都表明，中国经济发展既需要顶天立地的大企业，也需要铺天盖地的中小企业。只有促进大中小企业有机配套和协同创新，才能增强全产业的竞争力和社会经济活力。

（四）共享经济助推中小企业成长，提供了更为宽广的成长空间

中小企业的成长面临资源少、成本高、资金紧等核心问题。共享经济通过利用现代信息通信和网络技术，使信息、知识、智力等资源和生产资料具有可复制性、迅速扩散性、低成本搜寻性、高效率获取性，从而使交易成本变小甚至为零，实现合作剩余。共享经济盘活存量资源，共享金融、技术、人才、设备、生产能力及公共资源，力助中小企业降低经营成本，提升核心能力。2010 年吉利汽车公司收购沃尔沃，共享了沃尔沃的品牌、技术、人才、团队，2016 年其营业收入增长 10%、净利润增长 66%，实现了企业的稳定成长。北京摩拜科技有限公司 2016 年 4 月推出的摩拜单车（mobike）提供了互联网短途出行解决方案，仅一年多，活跃用户量环比增速超过 200%，单月新增注册用户最高达 2 400 万户，五轮融资共获资金 30 多亿元，共投放超过 450 万辆智能共享单车，居市场领先地位。此外，成立于 2008 年的在线房屋租赁网站 Airbnb 自身却没有一间酒店，其利用自身的商业模式共享其他房屋资源，短短几年内就超过了许多百年老店，市场估值超 600 亿美元。还有 Uber、滴滴打车等。总之，共享经济助力中小企业低成本地获取成长资源和核心能力，为中小企业识别新的创业创新机会、实现持续快速的成长提供了更多的机会和更大的空间。

（五）“两化融合”促进中小企业信息化水平和智能制造能力进一步提高

推动中小企业信息化是促进中小企业创新转型发展的重要途径，国务院联合有关部门实施了中小企业信息化推进工程，搭建了支持中小企业研发设计、经营管理、市场营销等核心业务发展的信息化服务平台。目前全国中小企业信息化服务网络基本形成，集聚了一批优质的信息化服务资源，形成了支持中小企业信息化和创新发展的服务网络。移动互联网、云计算、大数据、智能制造等新一代信息化技术在中小企业中更加普及，中小企业通过应用经营管理信息化软件，逐步向商业智能转变；依托电子商务服务平台，利用大数据资源提升精准营销效果。

二、五大突出问题

（一）“脱实向虚”趋势严重影响中小实体经济发展

当前，中国中小实体经济面临成本高、融资难、融资贵等挑战，一方面，虽然社会流动性宽裕，但部分资金宽松的企业不愿意投资实体经济；另一方面，资金紧张的企业融不到资，而虚拟经济因赚“快钱”、赚“短钱”而备受资本青睐，导致企业大

量资金“脱实向虚”,形成资金“流动性陷阱”,严重影响中小实体经济发展。具体影响,一是导致了实体经济投资意愿下降,投资额萎缩。金融机构追求利润的最大化,让中小实体经济的终端流通环节严重失血,进一步加大了实体经济尤其是中小企业的融资困难。二是导致了消费萎缩。当前房价仍居高不下,理财产品销售火爆,这些虚拟经济都是在透支实体经济的资本,过度透支的结果是中小企业无法维持正常生产,个体工商户只做现金交易,终端销售价格居高不下,这会严重妨碍实体经济的发展。一方面,实体经济缺乏资金,贷款难、贷款贵的现象十分普遍;另一方面,大量社会资金寻找投资出路,形成社会资本在虚拟领域空转,推高了资金的时间成本。

(二) 中小企业产品定位低端,提质增效任务艰巨

从企业层面看,大多数中小企业主要处于产业价值链中低端,存在高耗低效、产能过剩、产品同质化等问题,产品附加值比较低,利润微薄,很容易受到外部市场环境和政策变化的冲击。中小企业产品定位低端,虽然市场相对较大,但由于缺乏核心竞争力,基础薄弱,导致产高利低、生产集中度低、结构雷同、同质化严重,而微薄的利润很容易禁受不住外部冲击,依然面临较大的经营压力,因此提升中小企业发展质量和效益势在必行。

(三) 中小企业产能过剩,结构调整压力依旧很大

中小企业进入门槛较低,但通常无力撼动高端市场。很多中小企业本身就是依靠低廉的价格和一般的质量在维持生产与经营,往往高估了市场对数量的需求,而低估了市场对质量的重视程度。2017 年上半年以来,尽管全国经济形势回暖,但消费并没有出现大的增长,产能扩张加剧了供需失衡,企业产品销售更加困难,而同质化严重和寡头的存在使得产能过剩大量存在,“僵尸企业”及关停倒闭的企业进一步增多。在这种背景下,企业调整产业结构的压力进一步加大,更需要打破大型企业对资源、生产和市场的垄断,以供给侧结构性改革为契机,推动生产方式和主体经营全面升级。

(四) 中小企业面临资金与技术瓶颈,转型升级任重道远

中小企业的转型升级需要技术创新,而技术创新的不确定性、复杂性和长期性决定了创新既需要充足、稳定的资金,也需要健全的激励制度和有效的市场环境,中小企业转型困难重重。一是中小企业融资难、融资贵问题依然存在。中小企业融资主要依靠的是外部渠道,中国现行的金融体系基本上为国有部门所垄断,中小

企业融资渠道有限，而成本高的民间融资难以支持转型升级。二是涉企收费项目虽有削减，但企业负担仍然较重。目前，涉企收费项目数量不少，名目繁多。政府性基金、行政事业性收费、经营服务性收费等合法合规的收费项目有200多项，行业协会、商会的收费项目也不少，企业仍未彻底“松绑”。三是知识产权保护体系不完善。目前在中国，很多中小企业几乎没有知识产权意识，盗版仿冒现象层出不穷。而技术创新的投入和风险都相当大，如果创新的利润没有有效的制度保证，巨大的成本无法收回，企业就难以坚持自主创新。

（五）中小企业获得感不足、不均，有待强化政策实施“最后一公里”

目前政府对中小企业创新发展的政策支持力度前所未有，从中央到地方，各级政府出台了大量中小企业扶持政策，但这些政策在实施过程中，中小企业的实际获得感不足、不均。突出问题表现在扶持政策名目多但企业得到的实惠少。政府在税费减免、财政补贴、财政专项资金投入和政府采购中积极支持中小企业的发展，但由于缺乏综合的指导与管理，财税政策在扶持中小企业的过程中存在实施效果欠缺的问题。比如在专项发展基金方面，不同部门先后设立了科技型中小企业技术创新基金、中小企业国际市场开拓资金、中小企业发展专项资金等，名目众多，却分散有余、支持力度不足，缺乏总体协调和规划。期待职能决策部门在减税降费降成本上拿出更有力的措施，真正打掉中小实体经济振兴的“拦路虎”，给中小企业带来真真切切的减负快感。当前，加强中小企业财税扶持的系统性与可操作性，对中国中小企业的生存与发展极为重要。为此，需要强化政策落地实施的“最后一公里”，加强政策宣传，破解政策信息不对称难题，切实提高中小企业政策的知晓度，推进中小企业政策落实。

第八章　2017年中国主要城市中小企业景气指数测评

编制中国主要城市中小企业景气指数是区域中小企业景气指数研究的重要课题。该研究对于分析把握中国主要城市中小企业发展的现状，探索中国区域中小企业发展的新规律和新课题，都具有重要意义。

第一节　评价对象与评价方法

评价中国主要城市中小企业景气指数的思路和方法与研究省际中小企业综合景气指数的思路和方法基本相同，即根据主要城市工业中小企业景气指数、上市中小企业景气指数和中小企业比较景气指数三个分类指数进行加权来计算分析。

其中，工业中小企业景气指数的评价对象是主要城市规模以上（主营业务收入达到2 000万元及以上）的工业中小企业。由于考察期间中国经济处于平稳的减速发展时期，没有出现较大起伏的循环周期变化，所以在运用合成指数计算时主要对一致指数进行计算分析，以此来表示主要城市工业中小企业景气指数。上市中小企业景气指数采用主成分分析法、扩散指数法和合成指数法的方法，其评价对象为截至2016年12月30日在深圳证券交易所上市的中小板和创业板上市中小企业，以及在全国中小企业股份转让系统（NEEQ）挂牌交易的新三板上市中小企业。比较景气指数基于网络大数据和研究机构的中小企业景气监测调查数据进行综合测评。

第二节　样本选取与指标体系

一、样本选取

由于中国的直辖市为省级行政单位，在中小企业数量、发展规模及发展水平上与一般的省级市和地级市没有可比性，所以本研究报告的评价对象界定为直辖市以外的全国主要城市。

具体样本方面，首先，本章选取了四大直辖市以外的省会城市，如杭州、福州、成都等。其次，参考中小企业具体分布情况，本章针对部分省份选取了中小企业数量较多的主要城市，如江苏选取苏州代替省会城市南京，山东选取青岛代替省会城市济南，辽宁选取大连代替省会城市沈阳。由此最终确定了苏州、杭州、合肥、福州、青岛、郑州、武汉、长沙、广州、成都、贵阳、西安、乌鲁木齐、石家庄、大连、昆明16个主要城市。

二、评价指标与数据收集

（一）主要城市工业中小企业景气指数评价指标

主要城市工业中小企业景气指数的评价指标主要考虑一致指标的影响，即采用工业总产值、企业单位数、资产总计、主营业务收入、利润总额和税金总额来计算工业中小企业景气指数。而先行指标和滞后指标仅做参考。数据基于各年度《中国城市统计年鉴》。

（二）主要城市上市中小企业景气指数评价指标

主要考虑一致指标的影响，选取总资产、主营业务收入、财务费用、利润总额和税金总额这5个指标进行测评，先行指标和滞后指标仅做参考。数据基于截至2016年12月30日在深交所上市的1 096家上市中小企业中注册地址位于上述16个城市的259家中小板和创业板上市中小企业；新三板上市中小企业数据根据新三板成分指数及做市指数样本库，选取了79家注册地址位于上述16个城市的企业样本，最后对三个板块上市中小企业数据进行综合计算分析。

（三）主要城市中小企业比较景气指数评价指标

主要城市中小企业比较景气指数的评价指标主要选取网络大数据和中国中小企业研究院的景气调查问卷数据2类指标进行综合计算测评，用以反映相应主要城市的企业家信心及总体景气程度。

第三节 指数计算与测评结果

一、计算方法

主要城市工业中小企业景气指数采用合成指数法。为了使指数波动控制在0—200,本研究报告以2007年各城市的平均值为基年数据,按前述评价指标,计算获得16个主要城市2006—2016年工业中小企业一致合成指数,然后运用最小二乘法,对2017年主要城市工业中小企业景气指数进行预测。上市中小企业景气指数的计算,首先,将企业数量进行无量纲化处理;其次,将合成计算的景气指数和企业数量与其相对应的权重相乘;最后,将获得的乘数相加作为反映上市中小企业景气指数的值。中小企业比较景气指数基于网络大数据得到的中小企业综合发展数据和中国中小企业研究院的中小企业景气调查问卷数据,运用专家咨询法确定2个分项指标的权重,合成为比较景气指数。

主要城市中小企业综合景气指数基于上述三个分类指数合成计算。由于计算各分类指数的时间跨度不尽相同,本研究报告在测评计算时分两个阶段进行数据处理:第一阶段2006—2009年的中小企业景气指数采用了工业中小企业景气指数作为中小企业综合景气指数,第二阶段2010—2017年的中小企业景气指数则综合了工业中小企业景气指数、上市中小企业景气指数和中小企业比较景气指数等三个指数;然后对两个阶段进行综合计算,最终得到中国主要城市中小企业综合景气指数。

二、计算结果

根据以上计算方法,2017年中国主要城市中小企业综合景气指数如表8-1及图8-1所示。结果显示,2017年,苏州、杭州和广州三市继续蝉联中国主要城市中小企业综合景气指数前三名。

表8-1 2017年中国主要城市中小企业综合景气指数

城市	工业中小企业景气指数	上市中小企业景气指数	中小企业比较景气指数	综合景气指数
苏州	163.80	131.83	105.57	145.19
杭州	126.09	123.59	108.00	123.28

（续表）

城市	工业中小企业景气指数	上市中小企业景气指数	中小企业比较景气指数	综合景气指数
广州	97.82	104.87	107.14	101.57
青岛	82.15	60.60	102.43	75.56
成都	44.93	79.10	101.71	64.28
郑州	45.06	61.93	100.57	57.36
武汉	39.00	66.40	100.86	56.14
福州	37.52	67.11	102.86	55.89
长沙	32.15	70.44	101.00	54.35
大连	39.10	54.99	97.29	51.27
石家庄	39.69	48.32	101.57	49.33
合肥	24.50	59.72	101.14	46.29
乌鲁木齐	4.41	64.59	97.43	37.78
昆明	15.13	49.49	98.00	37.16
西安	14.59	49.02	100.04	36.91
贵阳	8.99	55.39	98.00	36.45

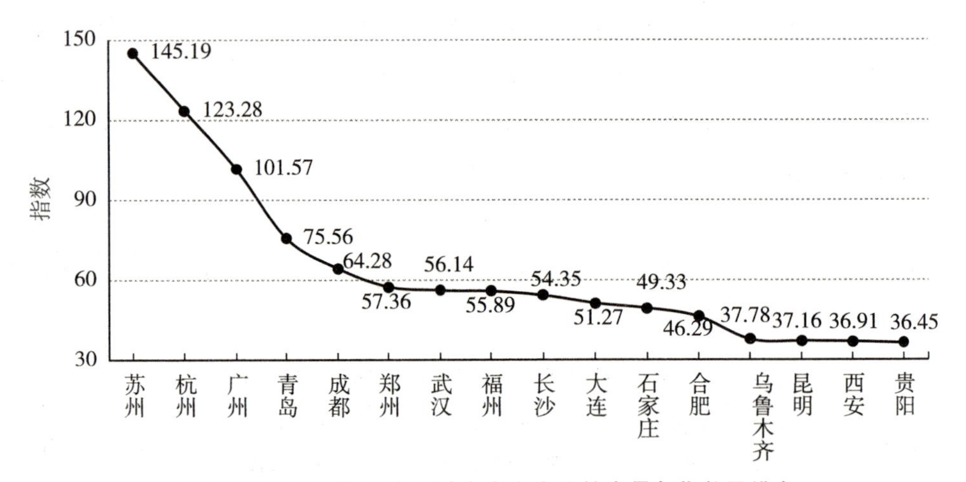

图 8-1　2017 年中国主要城市中小企业综合景气指数及排名

三、指数评价

分析 2017 年中国主要城市中小企业综合景气指数的波动趋势，主要有以下三个特点：

1. 城际中小企业景气指数差距有增大趋势

如图 8-1 所示，2017 年，中国主要城市中小企业综合景气指数可划分为三个梯队。第一梯队包括前三位的苏州、杭州和广州，平均指数为 123.35，较 2016 年进一步上升；第二梯队包括青岛、成都、郑州、武汉、福州、长沙、大连、石家庄、合肥 9 市，平均指数为 56.72，较 2016 年有所下降；第三梯队包括乌鲁木齐、昆明、西安和贵阳 4 市，平均指数为 37.08，较 2016 年也有所下降。其中，三个梯队之间差异明显，最高的苏州与最低的贵阳相差约 3 倍，差距较 2016 年有所增大。

2. 中西部城市景气指数低位运行但也呈现亮点

测评结果表明，排名前 5 位的主要城市中，东部城市占 4 个，排名后 5 位的全部为中西部城市。一方面，东部主要城市的中小企业综合景气指数总体要高于中西部主要城市的景气指数，表明东部主要城市的工业中小企业的生产经营条件、上市中小企业的投融资环境等都明显具有区域优势。但另一方面，成都、郑州、武汉等城市中小企业综合景气指数排名稳健靠前，长沙、乌鲁木齐等城市景气指数排名同比有所上升，表明中西部主要城市在承接东部地区产业转移及“一带一路”倡议下企业“走出去”发展等方面，也具有较大的景气提升空间。

3. 主要城市指数排名与省际排名分布不完全一致

观察比较城际景气指数排名和前述省际景气指数排名，第一梯队都集中在华东、华南地区。与 2017 年省际排名相比，江苏省排名第 1，苏州市在城市排名中也高居第 1 位。此外还有青岛市、福州市、贵阳市与山东省、福建省以及贵州省在各自的排名榜中位次相同，分别为第 4、第 8 和第 16 位。但杭州、成都、武汉、长沙、昆明、乌鲁木齐等城市分别相较浙江省、四川省、湖北省、湖南省、云南省和新疆维吾尔自治区等 2017 年省际排名略显靠前；郑州、大连、石家庄、合肥和西安等城市相较各自省份 2017 年的省际排名较为靠后。

第四节　中国主要城市中小企业景气指数走势分析

以下通过 2013—2017 年的时序分析，来把握中国 16 个主要城市中小企业综合景气指数的变化趋势。结果显示，主要城市工业中小企业景气指数的高低对综合景气指数起着决定性作用，但上市中小企业景气指数和中小企业比较景气指数对综合景气指数的修正作用也较为显著。

一、苏州市

2017 年，苏州市中小企业综合景气指数继续位居直辖市以外 16 个主要城市第 1 位。2013—2016 年，苏州市中小企业综合景气指数稳中有升，高位运行，2017 年持续大幅提升，领跑全国主要城市（见图 8-2）。近年来，中国“中小企业互联网 +”普及工程落地苏州，有力地推动了中小企业应用互联网来提升创新力和生产力。同时，苏州市实施了“扶持中小微企业专项行动”，加快“一基地一高地”建设，强化淘汰低效低端产能工作力度，重点引导企业走“专新特精”发展道路。为了有效解决小微企业和创业早期企业融资和发展难题，苏州市成立了股权交易中心。此外，由地方金融机构参与发起的“1 + N + 3”开放式创新创业生态圈，为中小微企业，尤其是科技型中小微企业提供了一站式、多功能、覆盖全生命周期的金融服务，使得新三板保持快速扩容势头。受工业中小企业景气指数、上市中小企业景气指数及中小企业比较景气指数的高位拉动，近 3 年苏州市综合景气指数保持持续上升态势。

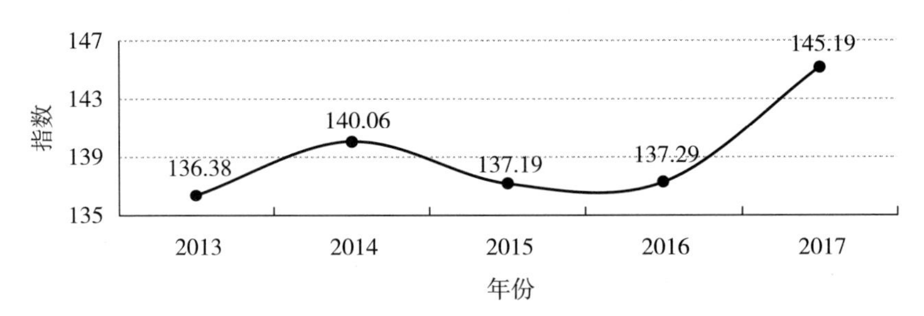

图 8-2 苏州市中小企业综合景气指数走势

二、杭州市

2017 年，杭州市中小企业综合景气指数排名仅次于苏州市，位于全国 16 个主要城市第 2 位。2013—2015 年，杭州市中小企业综合景气指数稳定上升，2016 年出现较大回落，2017 年得益于二十国集团峰会后的外贸中小企业回暖拉动效应而触底回升（见图 8-3）。杭州市是阿里巴巴总部所在地，近年来，电子商务业务急速扩大，特别是生产性服务企业、科技型中小企业成长较快。杭州市中小企业服务中心搭建的投融资平台有力地缓解了企业融资难、融资贵问题。2017 年以来，尽管中小实体经济“脱实向虚”的倾向在一定程度上拖累了企业家对发展实体经济的信心，但总体看来，全市中小企业主要运行指标持续向好，中小企业综合景气指数呈现稳中向上的良好态势。

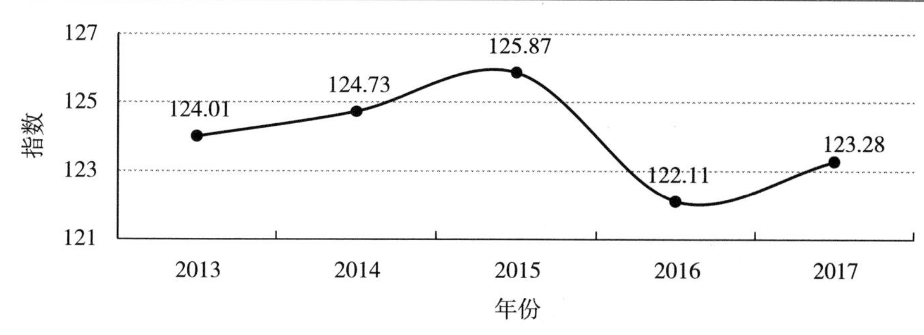

图 8-3 杭州市中小企业综合景气指数走势

三、广州市

2017 年,广州市中小企业综合景气指数排名居全国 16 个主要城市第 3 位。总体来看,近 3 年广州市中小企业综合景气指数下滑趋势明显(见图 8-4)。2017 年广州市工业中小企业景气指数和上市中小企业景气指数均有不同程度的下降,从而影响综合景气指数出现连续下滑。中小企业融资难仍是制约广州市中小企业发展的一大瓶颈。目前广州市正在探索通过"互联网+供应链金融"来打破瓶颈。此外,近年来广州市积极参与实施"粤造粤强——创新驱动、智能制造"活动。截至 2016 年,广州市制造业已涵盖国家所有 30 大类产业,其中,先进制造业增加值占规模以上工业增加值的比重超过 50%,为广东省集聚创新元素、推广智能制造成果提供了新经验,也有利于中小企业综合景气指数的提升。

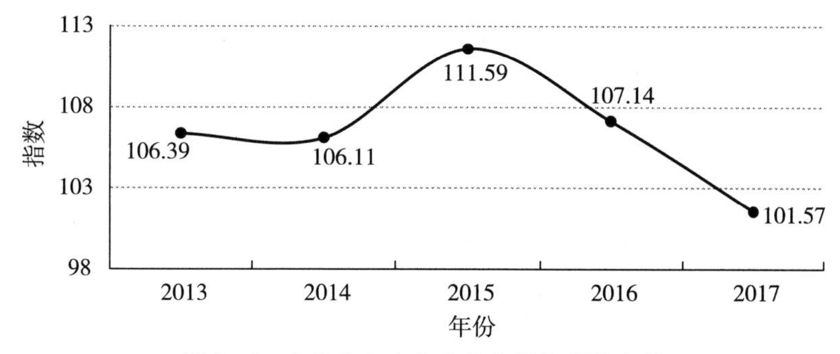

图 8-4 广州市中小企业综合景气指数走势

四、青岛市

2017 年,青岛市中小企业综合景气指数排名与 2016 年相同,居全国 16 个主要城市第 4 位。2013—2016 年,青岛市中小企业综合景气指数比较平稳,但 2017 年有较大下滑(见图 8-5)。为改善中小企业发展环境,2017 年以来,青岛市大力实施"千帆计划",整合各类科技资源,优化创业创新环境,计划 3 年内重点培育和扶持科技型中小企业 2 000 家，其中年营业收入过亿元企业超过 500 家，高新技术企业超过 1 000 家，形成千帆竞发、蓬勃向上的集群发展态势，从而提升中小企业综合景气指数。

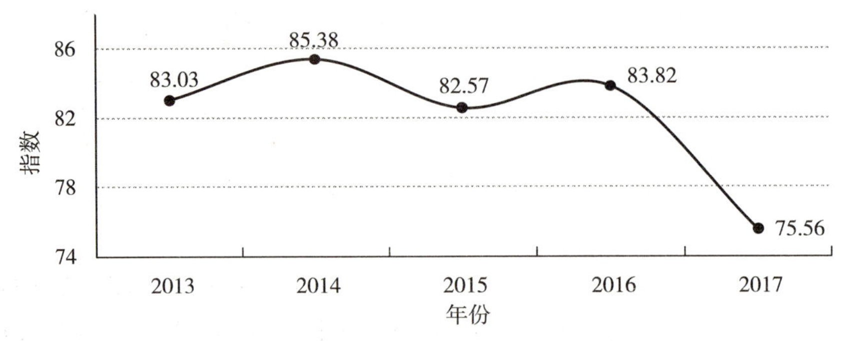

图 8-5　青岛市中小企业综合景气指数走势

五、成都市

2017 年，成都市中小企业综合景气指数排名居全国 16 个主要城市第 5 位，排名与 2016 年相同。2014—2017 年，成都市中小企业综合景气指数持续下滑（见图 8-6）。为了形成良好的营商环境和政务服务环境，增强各项中小企业政策的实施效果，近年来，成都市建设了“B2G”企业服务平台，以畅通政府与企业沟通的渠道，使企业和政府之间的联系更加常态化、制度化。在推进供给侧结构性改革中，成都市实施了中小企业成长工程，大力实施研发费用加计扣除税收优惠政策，鼓励科技成果产业化。成都市通过出台利好中小实体经济的政策，不断完善社会化服务体系，努力提升中小企业综合景气指数。

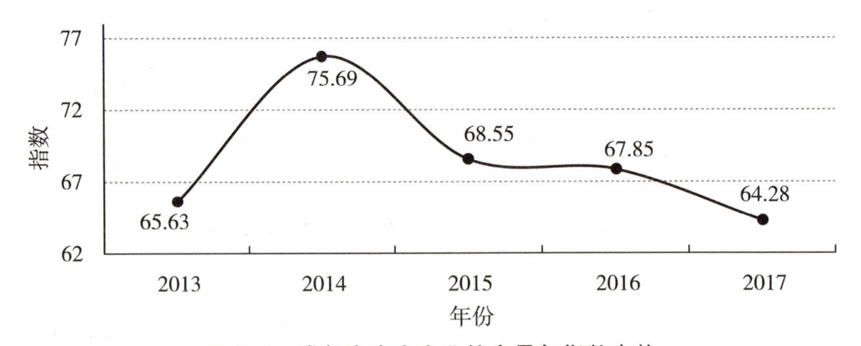

图 8-6　成都市中小企业综合景气指数走势

六、郑州市

2017 年，郑州市中小企业综合景气指数排名居全国 16 个主要城市第 6 位，排名与2016年相同。2013—2016年,郑州市中小企业综合景气指数保持增长趋势,但2017年出现下滑(见图8-7)。为了促进中小企业的发展,2016年以来,郑州市政府印发实施了《关于扶持小微企业加快发展的意见》,重点加大金融支持力度,减轻企业负担。同时,郑州市大力推进中小企业公共服务平台网络建设,帮助中小企业开拓市场,组织中小企业参加国内外大型展览展销、投资洽谈、网上展销等活动,为企业提供全方位一站式服务。

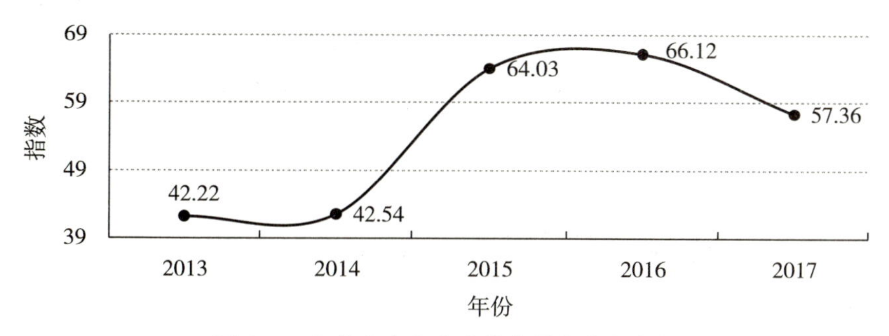

图8-7　郑州市中小企业综合景气指数走势

七、武汉市

2017年,武汉市中小企业综合景气指数排名居全国16个主要城市第7位,排名较2016年提升1位。2013—2016年,武汉市中小企业综合景气指数保持平稳,2017年出现较大下滑(见图8-8)。近年来,针对当前突出存在的中小企业融资难、资金压力大问题,武汉市政府出台实施了《中小企业(民营经济)发展专项资金融资服务类资金管理办法》,同时出台了政府采购合同信用融资工作方案,为中小企业开辟融资“绿色通道”。为了增强企业内生成长,武汉市持续实施中小企业质量提升工程,聚力打造质量强市,这些措施都有利于提升中小企业综合景气指数。

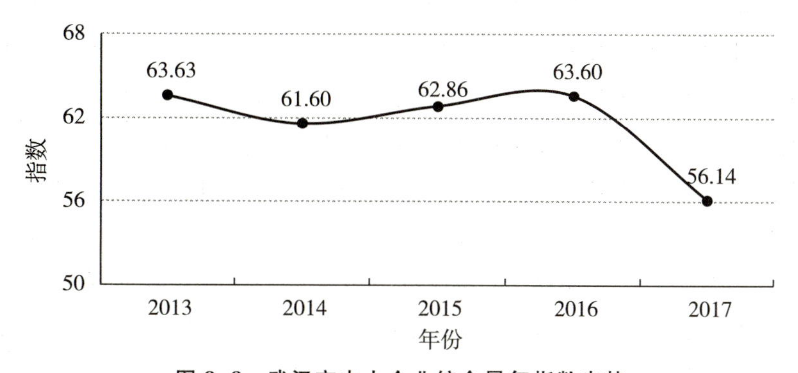

图8-8　武汉市中小企业综合景气指数走势

八、福州市

2017 年,福州市中小企业综合景气指数排名居全国 16 个主要城市第 8 位,排名较 2016 年下降 1 位。2013—2016 年,福州市中小企业综合景气指数保持在 65 以上运行,2017 年出现大幅下滑(见图 8-9)。近年来,福州市中小企业融资难、融资贵问题较为突出。为了改善融资环境,2016 年,福州市实施了《转贷服务管理办法》,由政府出台引导政策,授权专业机构作为转贷服务管理人,与银行机构签订合作协议,为中小企业提供低息有偿转贷服务。2017 年,福建省金融综合服务平台上线,通过完善中小企业的征信体系,提升融资效率,进而促进中小企业健康持续发展。

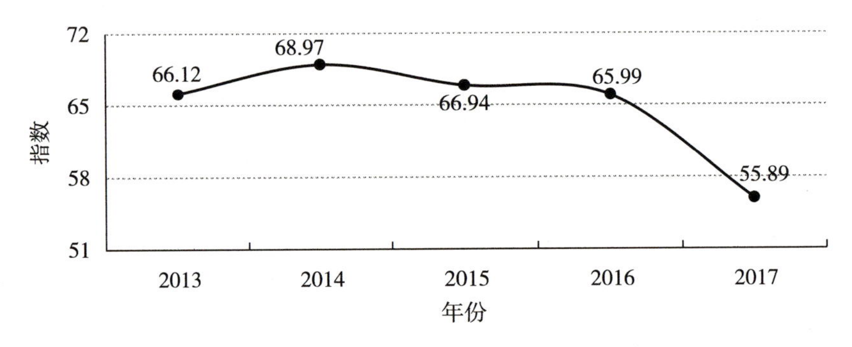

图 8-9 福州市中小企业综合景气指数走势

九、长沙市

2017 年,长沙市中小企业综合景气指数排名居全国 16 个主要城市第 9 位,排名较 2016 年上升 2 位。2013—2016 年,长沙市中小企业综合景气指数基本保持稳定态势(见图 8-10)。2017 年,尽管长沙市工业中小企业景气指数有所回升,但其上市中小企业景气指数大幅度下降,最终拖累了其综合景气指数,从而出现较大下滑。为帮助中小企业把握资本市场发展趋势,有效对接资本市场,长沙市 2016 年以来重点针对新三板上市企业举办了高管研修班,创新中小微企业融资渠道,提升企业高管运用新三板的战略能力。同时,长沙市深化供给侧结构性改革,认定了多批“专精特新”中小企业并进行动态调整,培育了一批质量过硬、技术先进、在细分行业领先的“隐形冠军”。此外,长沙市进一步推进中小企业公共服务平台网络建设,建立了省、市州和产业集群、县市区和重点园区三级服务平台网络体系,目的是提升中小企业发展景气。

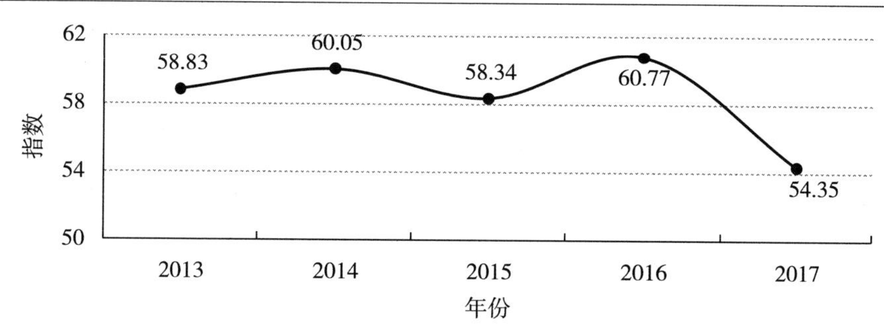

图 8-10 长沙市中小企业综合景气指数走势

十、大连市

2017 年,大连市中小企业综合景气指数排名居全国 16 个主要城市第 10 位,排名与 2016 年相同。2013—2016 年,大连市中小企业综合景气指数保持平稳,2017 年受工业中小企业景气指数下滑影响,综合景气指数有所下降(见图 8-11)。近年来,大连市面对传统行业中小企业产能过剩的困局,积极实施中小企业技术创新、产品创新、模式创新,积极提升供给体系的质量和效益,特别是在城市交通、远程医疗、智慧金融等领域,中小企业的市场占有率不断扩大。同时,大连市通过不断深化、细化与大企业的配套协作,优化中小企业的发展环境。

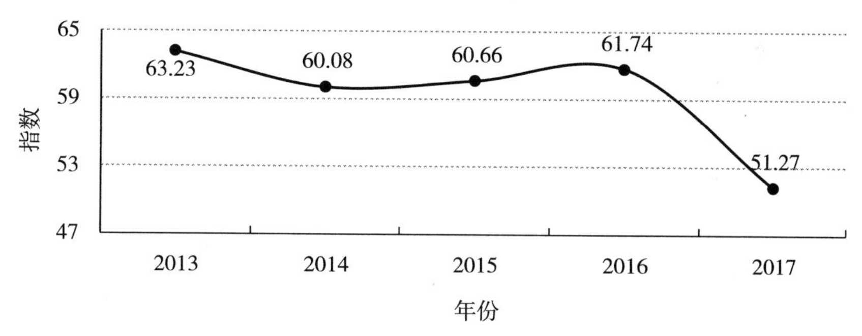

图 8-11 大连市中小企业综合景气指数走势

十一、石家庄市

2017 年,石家庄市中小企业综合景气指数排名居全国 16 个主要城市第 11 位,排名较 2016 年下降 2 位。2013—2016 年,石家庄市的综合景气指数呈上升态势,2017 年工业中小企业景气指数较 2016 年基本持平,但上市中小企业景气指数和中小企业比较景气指数都有所下降,从而使其综合景气指数下滑(见图 8-12)。近年来,石家庄市出台了一系列支持和促进中小企业发展的政策措施,但实际工作中仍存在信息不对称、措施操作性不强、办事不便捷等问题，严重影响了企业家信心。为此，石家庄市强化了政策实施监管过程，通过运用股权质押解决了一些中小企业轻资产、缺少抵质押担保物的融资难问题，通过发行科技创新券有效地帮助了科技型中小企业发展。

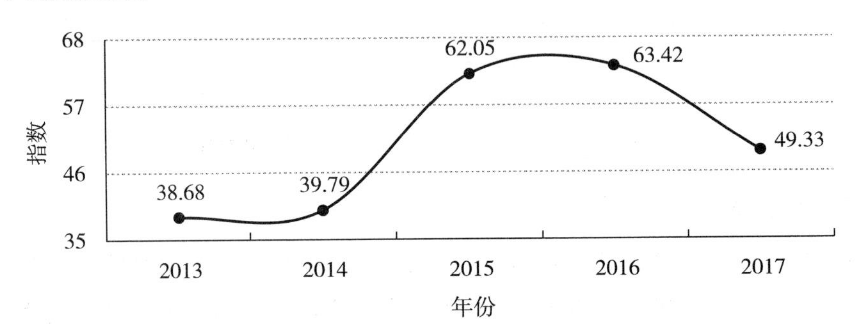

图 8-12 石家庄市中小企业综合景气指数走势

十二、合肥市

2017 年，合肥市中小企业综合景气指数排名居全国 16 个主要城市第 12 位，排名与 2016 年相同。2013—2016 年，合肥市中小企业综合景气指数呈现稳中有升态势，2017 年有所下滑（见图 8-13）。近年来，为引导中小企业不断优化结构和转型成长，合肥市大力推进“专精特新”中小企业培育工程，发挥创新在推动中小企业转型升级中的要素作用，为中小企业发展提供了良好的环境和条件。

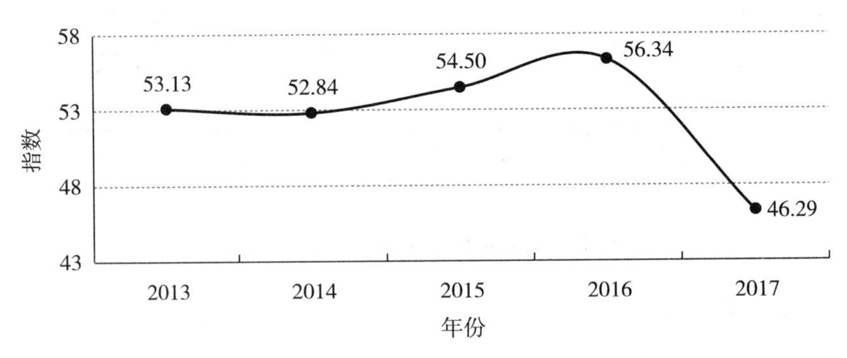

图 8-13 合肥市中小企业综合景气指数走势

十三、乌鲁木齐市

2017 年，乌鲁木齐市中小企业综合景气指数排名居全国 16 个主要城市第 13 位，与 2016 年相比上升 3 位。2013—2016 年，乌鲁木齐市中小企业综合景气指数总体呈上升趋势,但 2017 年受工业中小企业景气指数下滑影响有所回落(见图 8-14)。近年来,作为"一带一路"沿线重要支点城市,乌鲁木齐市的宏观经济发展环境有较大改善,纺织服装、轻工食品及生物制药等行业中小企业的成长性不断提高。2017 年,乌鲁木齐—昌吉中小微企业聚集区开始打造,计划到 2020 年 5 万家中小企业带动 120 万人就业,这对乌鲁木齐市中小企业综合景气指数的提升无疑具有促进作用。

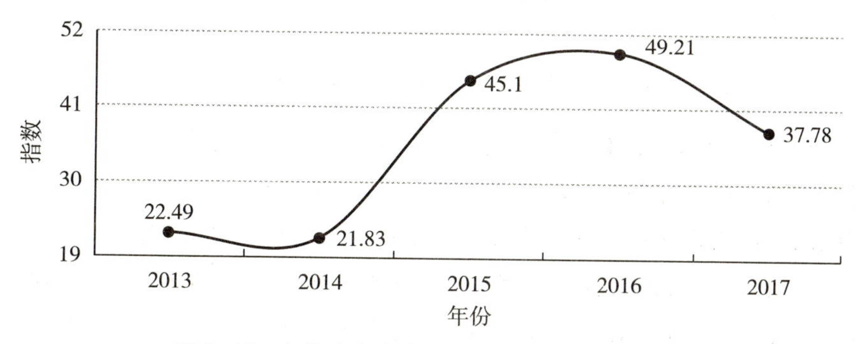

图 8-14　乌鲁木齐市中小企业综合景气指数走势

十四、昆明市

2017 年,昆明市中小企业综合景气指数排名居全国 16 个主要城市第 14 位,排名与 2016 年相比下降 1 位。2013—2016 年,昆明市中小企业综合景气指数总体上升,2017 年有所下滑(见图 8-15)。近年来,昆明市中小企业融资难问题也较为突出。为了拓展企业融资渠道,昆明市组织各类银企合作座谈会,给区内金融机构与企业提供了良好的交流平台。同时,为了进一步畅通扶持政策的"最后一公里",昆明市采取政府引导和市场运作相结合的方式,依托创业创新服务平台,为创业者提供了多层次创业创新机会,实现了社会资源优化配置,激发了企业创业创新活力。

十五、西安市

2017 年,西安市中小企业综合景气指数排名居全国 16 个主要城市第 15 位,排名较 2016 年下降 1 位。2013—2017 年,西安市中小企业综合景气指数波动较大,2017 年尽管反映企业家信心的中小企业比较景气指数排名靠前,但受工业中小企业景气指数和上市中小企业景气指数偏低的影响,综合景气指数跌至 5 年来最低点(见图 8-16)。为了优化中小企业创业创新发展环境,2017 年,西安市出台了六大举措,具体包括:大力建设众创孵化载体;建成 100 家创业实训基地,依托社会力

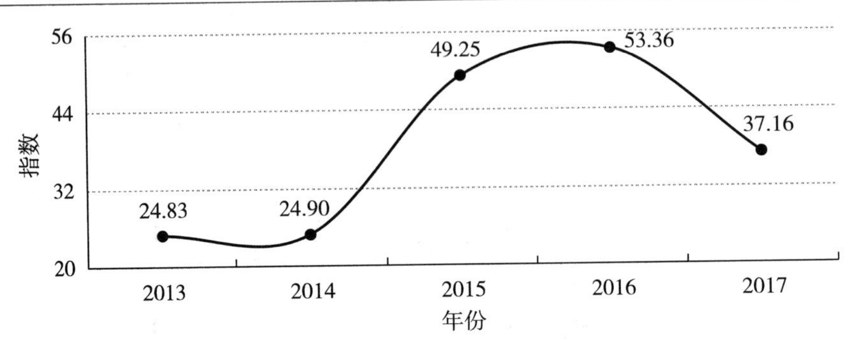

图 8-15 昆明市中小企业综合景气指数走势

量建立西安创业大学；实施农民工返乡创业担保贷款；设立总规模 20 亿元的中小企业发展基金，设立总额为 8 000 万元的小微企业助贷资金池，扩大科技创业种子投资基金，将西安市科技创业种子投资基金规模扩大至 3 亿元；对小微企业给予税收政策的支持，并继续实施稳岗补贴政策，加大失业保险基金支出就业创业工作力度；大力简化办事流程，全面推进小微企业信用体系建设等，这些措施将强力助推西安市中小企业综合景气指数的改善与提升。

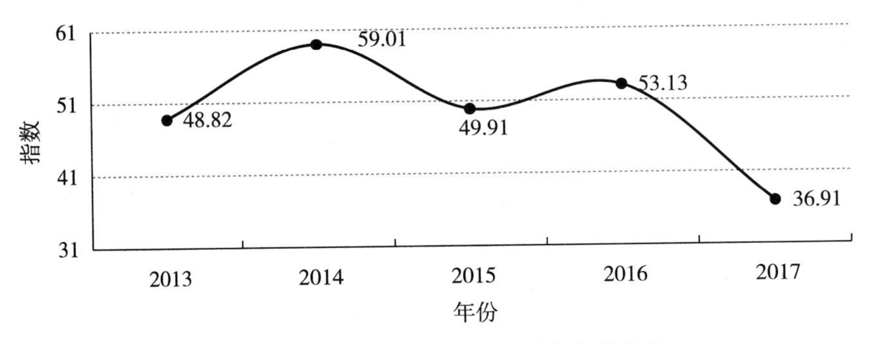

图 8-16 西安市中小企业综合景气指数走势

十六、贵阳市

2017 年，贵阳市中小企业综合景气指数排名同比下降 1 位，居全国 16 个主要城市末位。2013—2016 年，贵阳市中小企业综合景气指数总体呈上升态势，2017 年，尽管上市中小企业景气指数排名靠前，但工业中小企业景气指数及中小企业比较景气指数排名靠后，综合景气指数跌落较大（见图 8-17）。近年来，为解决中小企业信任危机、信用忧虑问题，贵阳市大力发展大数据金融，通过数据整合，开放给各类金融服务机构使用，给中小企业提供清晰、可信的综合画像和信息；同时，贵阳市还通过建立中小企业云平台，为中小企业提供合作企业、服务机构与市场需求咨询，多方位服务中小企业。

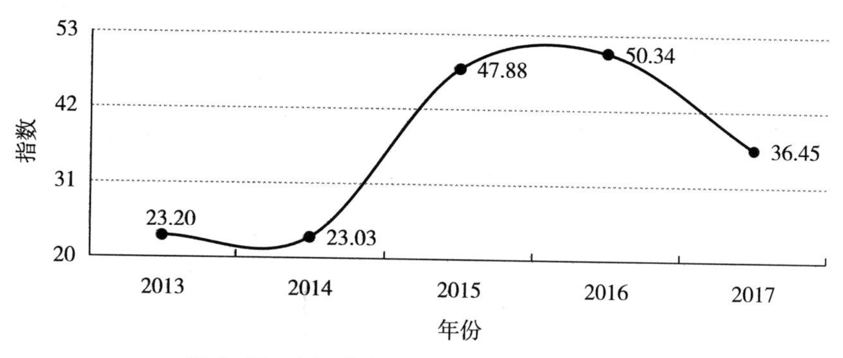

图 8-17 贵阳市中小企业综合景气指数走势

第九章　区域中小企业景气提升路径专题研究

中小企业是支撑区域发展的核心力量，在促进经济增长、增加就业机会、优化产业结构、活跃区域市场、提高科技创新与社会和谐稳定等方面发挥了不可替代的作用。尤其是随着经济朝全球化和信息化方向发展，规模经济的重要性不断降低，中小企业对国民经济的贡献程度不断增加。当前，中国中小企业总量超过8 000万家，对国民经济发展呈现出“56789”的贡献格局，即提供了50%以上的税收，60%以上的GDP，近70%的进出口贸易额，80%左右的城镇就业岗位，占中国企业总数的90%以上。此外，目前中国大约65%的发明专利、75%以上的企业创新以及80%以上的新产品开发均来自中小企业，中小企业已成为推动中国科技创新和进步的主力军。近年来，随着国家持续推进“大众创业，万众创新”政策，中小企业发展前景更加明确，国家对中小企业的财政扶持、税收减免、融资支持等政策逐渐落实，中国中小企业的发展机遇历史空前。

中小企业也是区域创新系统核心层的关键要素，是创造区域创新能力的主体，中小企业景气为区域创新能力的提升贡献了重要力量。反过来，区域创新能力反映了一个区域科技研发大环境的好坏，其科技研发投入和创新产出带来的知识和技术外溢效应能够作用于区域创新主体，促进各创新主体自身技术创新水平的提升，尤其是对于中小企业来说，其规模小、灵活度高，更容易获取和利用区域创新能力带来的知识和技术外溢效应，减少自身进行技术创新所需的费用和降低技术创新带来的风险。且技术创新是持续保持和提高中小企业发展水平的原动力，唯有不断攻克技术关卡，提高产品的技术含量，才能突破广大中小企业长期处于产业链及价值链低端的瓶颈，真正使中国中小企业的发展更上一个“台阶”，更好地适应中国现阶段经济增长质量提升而发展速度减缓的“新常态”发展模式。此外，有研究显示，区域创新能力越来越成为影响中国工业中小企业省区分布格局的关键要素，因此，区域创新能力对中小企业景气的促进作用可见一斑。

此外，中国科技发展战略研究小组主编的《中国区域创新能力评价报告 2015》显示，中国区域创新能力排名靠前的省区分别为江苏、广东、北京、上海、浙江等地，且历年排名变动不大。同时，本研究报告显示，省际中小企业综合景气指数排名靠前的省区依次为江苏、广东、浙江、山东、河南等地。对比两份国内权威报告的信息不难发现，各省区创新能力和中小企业综合景气指数排名大体趋同，部分区域也有明显差异，北京、天津、重庆和上海作为创新能力排名靠前的区域，其中小企业综合景气指数排名均在 10 名以外。造成这一现象的原因可能在于各区域的经济结构有所差异。改革开放前后，南北经济格局发生了显著差异，区域创新能力也有了翻天覆地的变化。由于中国长期实施大力发展重工业的战略，使重工业主要集中在东北及山西等资源密集型地区，以上海为代表的华东地区由于有较好的工业基础，也成为国家重点投资建设的中心。北京、西安等大城市则由于人文历史悠久、经济发达等因素成为科技中心。而早期的福建、浙江、广东等南方沿海地区，由于处于政治敏感地带，国家对这些地区的投资相当谨慎，使得这些地区的国有大型企业寥寥无几，从而也造成了南方沿海部分地区工业基础薄弱、科技落后的尴尬局面。

第一节　区域创新能力与中小企业景气的关系

具体来说，区域创新能力对中小企业景气的影响可从其三个维度进行讨论。区域创新能力的三个维度为：(1) 区域创新投入能力，即区域创新系统中的主体，主要包括企业、高校及科研机构对科研人员、科研经费等创新资源的投入能力；(2) 区域创新支撑能力，即区域环境对创新主体创新活动的支持和服务能力，如高校、技术工程研究中心等创新服务机构的数量以及各区域吸引外资、提供技术交易等服务的创新支撑能力；(3) 区域创新产出能力，即区域创新主体通过利用自身的资源及从环境中获取的各种创新资源和条件，将创新思想和知识转化为新产品和新技术的能力，具体表现为论文、专利等知识产出，GDP 产出及高新技术产出。区域创新能力的三个维度对区域中小企业景气的影响机制主要体现在：

第一，区域创新的科研投入及科技成果的产出带来的知识和技术外溢效应能促进中小企业的成长和发展，继而影响区域中小企业的景气状况。区域科研投入密集度高的地区往往会产生明显的技术扩散效应，且一个地区的创新成果及科研投入能够产生知识外溢效应,能够为大量的就业者和待业者提供创业的内容和方向,使创业者有较强的获取高新技术的能力,进而为所创办的企业带来核心竞争优势,加之中小企业规模小、灵活性强的特点,使之更容易获取知识外溢的好处,更有利于中小企业的创办,提高中小企业的新生率,也有利于提高中小企业的核心竞争力。此外,创新成果及科研投入带来的知识外溢和技术扩散效应还可以大幅提高中小企业尤其是高新技术中小企业的利润率以及降低中小企业的研发成本和研发风险,大幅提高中小企业技术创新绩效,从而促进中小企业景气(经营)状况的改善。

第二,区域创新支撑体系通过其核心要素(高校数量、技术市场成交额及外商直接投资额等)影响中小企业的技术进步,进而影响中小企业的景气(经营)状况。区域创新支撑体系中高校等创新载体的数量通过影响企业获取知识外溢的便利程度可促进企业新生率的提升,且一个地区技术转移与扩散的便利程度对企业获取技术外溢效应也会产生影响,区域创新支撑体系中技术市场的成交额是区域技术转移和扩散情况的总体和直观评价,对中小企业对技术的获取具有正向影响。此外,外商直接投资是促进中国企业技术进步的有效途径,且外商直接投资对区域创新能力具有显著的积极效应,因此本章将其作为区域创新支撑能力的构成,对区域中小企业技术创新具有促进作用,而技术创新作为企业发展的源泉、动力及目的,是影响企业经营绩效的重要途径,因此,可推知区域创新支撑能力对中小企业的景气(经营)状况具有正向影响。

第二节　区域经济结构的影响

中国各省所处的地理位置不同,分布在东、中、西三大区域,由于三大区域的资源禀赋、政策等发展条件不同,各区域创新能力对中小企业景气的影响可能存在差异。其中,区域经济结构是造成区域经济差异的主要原因,从而使各区域创新能力与中小企业景气的关系表现不一。区域经济结构的本质在于一个区域内各部门、各产业的经济体之间内在的经济及制度关联和数量及比例关系。主要包括产业结构、企业结构和所有制结构。区域经济结构通过影响区域的经济发展水平和速度,从而对区域内活动主体的能力和景气状况产生影响,且区域经济结构的差异也会造成区域创新能力与中小企业景气关系的不同。

通过与《中国区域创新能力评价报告》各区域创新能力的排名进行比较发现,

大部分省区的创新能力与中小企业综合景气指数的排名不相上下，如江苏、广东、浙江、山东等东部地区创新能力和中小企业综合景气指数排名均居全国前列，湖南、湖北、河北、四川等中部地区创新能力和中小企业综合景气指数排名均居全国中等水平，广西、贵州、青海、西藏、宁夏等西部地区创新能力和中小企业综合景气指数排名都较靠后。虽然中国的区域创新能力和中小企业综合景气指数排名具有一定的同步性，但部分省区也表现出了较大差异，如创新能力排名前 3 的北京市，其中小企业综合景气指数排名却在 10 名以外，天津、重庆、陕西、黑龙江等地区的区域创新能力排名较其中小企业综合景气指数排名拉开了较大差距，说明这些省区较强势的区域创新能力未能带动其中小企业景气水平的提高。究其原因，与其经济结构，尤其是产业结构、企业结构和所有制结构有密切联系。

本研究报告结合以往文献将区域经济结构分为区域产业结构、区域企业结构和区域所有制结构三个维度，因此，区域经济结构对区域创新能力与中小企业景气关系的调节作用可具体体现在这三个维度上。

首先，区域产业结构是指三大产业的总产值比重结构，具体用第三产业（服务业）的总产值比重对其进行考量。除第二产业（工业、制造业）外，第一和第三产业也是区域经济结构的重要组成，但第一产业比重的提高不利于对区域创新能力的提升，第三产业比重的提高对区域创新能力具有促进作用。因此，第三产业的发展对区域创新能力的贡献不容小觑，其中，第三产业中的高新技术产业更是带动区域创新能力提升的重要因素。由于目前工业仍是中小企业的集聚地，工业企业也是拉动区域创新能力的主要力量，本章以工业中小企业景气作为研究对象。区域创新能力与工业中小企业景气的关系必定还要受到区域第三产业，尤其是第三产业的企业的发展水平的影响。换言之，区域产业结构（第三产业总产值比重）可反映各个区域除工业外，服务业这一主体的发展水平及差异，并能影响一个地区工业企业，尤其是工业中小企业的规模，使得在工业欠发达的地区其区域创新能力和中小企业景气的相关性不明显。

其次，区域企业结构是指大型、中型及小型企业的数量比重，根据《中国统计年鉴》和《中国工业统计年鉴》的数据可知，大型企业和中小企业在数量上差距悬殊，且区域差异较大，因此导致在创新投入（科研经费、科研人员等）以及创新产出（专利、高新技术产值等）上二者的差距也不一。具体来看，在科研经费投入上，北京、江苏、天津等省区其大型企业的投入水平略低或持平于中小企业，在浙江、西藏等省区其大型企业的投入水平显著低于中小企业，而在其他省区，大型企业的科研经费投入占比在60%—90%，高于中小企业。在创新知识产出——专利申请的数量上，大型企业普遍低于中小企业的产出水平，大型企业专利申请量的占比平均在40%以下。而在新产品产出上，大型企业又表现得比中小企业出色，除浙江、新疆、西藏等省区外，其他省区的大型企业新产品产值的比重普遍在60%以上，且大部分在70%—95%。由此可见，大型企业的数量占比会影响区域创新投入能力和创新产出能力，从而影响区域创新能力与中小企业景气的关系。

最后，区域所有制结构包括国有和非国有两种所有制类型。区域所有制结构对区域创新能力和中小企业景气关系的影响机制和区域企业结构类似，对区域创新投入能力和创新产出能力产生影响，从而作用于二者的关系。一方面，国有企业资金实力雄厚，在研发支出上略高于民营企业，即国有企业在创新投入和创新产出上具有优势。但另一方面，国有产权降低了激励对创新的促进作用，国有经济对区域创新能力的提升具有抑制作用，而私营经济总体上对区域创新能力的提升有促进作用。中小企业属于民营经济范畴，而国有企业作为区域创新能力的主体，必定会对区域创新能力与中小企业景气的关系产生影响。因此，国有固定投资占比作为国有经济的衡量指标会对区域创新能力与中小企业景气的关系产生影响。

第三节　提升区域中小企业景气的对策与建议

近年来，随着国家推进“大众创业，万众创新”政策，中小企业的发展前景更加明确，国家对中小企业的财政扶持、税收减免、融资支持等政策逐渐落实，中国中小企业的发展机遇可谓历史空前之大。虽然中国中小企业整体上已取得上述辉煌成就，但各区域中小企业景气差异两极分化现象一直存在，大部分中西部地区中小企业景气仍落后于全国平均水平，如何进一步提高和均衡各地区中小企业景气是提升中国中小企业发展质量的关键所在。

基于本研究报告的理论分析得出的结论，区域创新能力能够显著地促进中小企业景气的提升，区域创新研发投入、产出及创新支撑能力所带来的知识和技术外溢及扩散效应，加之中小企业本身规模小、灵活度高的特点，使中小企业充分利用区域创新能力带来的这一效应，减少中小企业研发的成本及风险，扩宽中小企业知识和技术的获取渠道，从而有利于中小企业进行技术创新，提高企业核心竞争力，从而改善企业景气（经营）状况。因此，政府部门可以考虑从提升区域创新能力的角度出发，加大对区域的研发投入，改善区域创新环境，如加强高校科研经费投入，鼓励专利产出,积极吸引外商投资,增设省级乃至全国水平的技术研究中心及重点实验室,扩大区域创新知识和技术的外溢和扩散效应,给中小企业创造更好的创新环境,提高中小企业的技术创新能力,促进中小企业转型升级,从而提高区域中小企业景气(经营)状况。

此外,鉴于理论分析结果表明区域经济结构对区域创新能力与中小企业景气的关系具有调节作用,其中,区域产业结构负向调节二者的关系,而区域所有制结构则对区域创新能力与中小企业景气的关系有积极影响,因此,可以从优化区域经济结构的角度出发来加强区域创新能力对中小企业景气的促进作用。对于优化区域产业结构,值得一提的是,国有固定投资占比对区域创新能力和中小企业景气具有正向促进作用,表明相对于中小企业,国有企业更为强劲的研发投入能力能够产生和扩大区域创新能力带来的知识和技术外溢效应,颇有为中小企业提供和营造更好的创新环境之势。因此,可继续鼓励国有企业进行研发资金的投入,进一步提升区域创新能力,从而提高区域创新能力对中小企业景气的促进作用。

第三篇
特色小镇建设专题调研报告

2018
2018

第十章　高质量创新型特色小镇调研报告

第一节　高质量创新型特色小镇的发展背景

新常态下,特色小镇建设作为浙江省破解经济结构转型升级和动力转化现实难题的战略选择,是高端资源聚合、创新要素集聚的新载体,是大项目落地、特色产业提升的新平台,是大型平台型企业辐射孵化中小微企业创业创新发展的聚集地。

建设高质量特色小镇,关键是从中筛选出一批高质量的创新型特色小镇进行建设,吸引创业人才、风险资本、产业要素集聚融合,使创新型特色小镇真正成为浙江省经济的创新极。

第二节　高质量创新型特色小镇的建设目标

建设一批高质量创新型特色小镇,是浙江省创新驱动、转型发展的重要举措,是加速全球创新资源配置、高端产业集聚、经济快速转型的重要载体。因此,在未来3—5年甚至更长的时间内,应持续推进创新型特色小镇的建设,明确发展目标。

总体来说,高质量创新型特色小镇的发展总目标是建成具备全球创新资源配置能力的重要创新枢纽,使特色小镇以优良的自然生态环境、包容的创新文化氛围,动态集聚全世界最优秀的人才、最顶尖的智慧、最具创意的“点子”,不断提升技术制造能力,并与多层次市场及优势国际产业相联结,培育“顶级掠食者”创新型企业和一批科技型中小微企业“隐形冠军”。

分目标一:打造新兴产业高地,实现全产业链融合

紧扣七大万亿级产业,创新型特色小镇要找准、凸显、放大产业特色,全面优化产业结构和空间布局结构。科学设计产业特色和产业竞争力评价指标,加快建设集聚新产业、新业态的产业高地。

分目标二：打造创新孵化高地，产生顶级创新企业和一批科技型中小微企业

创新型特色小镇应集聚国际、国内高端创新资源，依托虚实结合的众创孵化平台，加快制造数字化、设备网络化、生产智能化发展，重点培养产生极具创新力和竞争力的行业龙头，孵化一批成长性高、创新能力强的科技型中小企业。

分目标三：打造双创人才高地，动态集聚全球创新人才

创新型特色小镇要运用市场机制共建平台、优化便利化的人才管理服务，构建一批全要素、开放式的新型创业服务载体，对应设定海外高层次人才评价指标，将创新型特色小镇建设为高层次人才发展平台。

分目标四：打造风险资本高地，提供一揽子金融服务

依托创新型特色小镇优良的生态环境和鲜明的产业特色，通过构建车库咖啡、创新工场、创客空间等新型孵化器、加速器，重点培育各类互联网金融、天使投资和创业投资、数量化和程序化金融等新兴金融业态，促进特色小镇的创新发展和可持续发展。

第三节 对策与建议

一、打造新兴产业高地的路径

（一）做强七大万亿级产业和十大历史经典产业

一是打造产业高地，紧扣七大万亿级产业，每个创新型特色小镇找准、凸显、放大产业特色。二是打造产业引擎，产业链协同发展做强特色产业，鼓励重点产业的领军企业和行业龙头在特色小镇发展服务化众创平台，建立基于产业链的协同发展计划，实现大中小微企业的共生发展。

（二）构筑开放协作的产业生态

一是构筑产业生态系统，提供行业社交网络、专业技术服务平台及产业链资源支持，形成自组织、自滋养、自成长、自壮大的产业生态圈。二是催生一批融合性的新业态、新模式。

（三）催生精益服务的产业支撑

一是在特色小镇内部建立精益服务网络，逐步构建特色小镇与包括创业资金、工业设计、技术开发、供应链条等在内的创业资源对接平台。二是在特色小镇之间建立服务网络,为具有互联网基因的中小微企业提供最小化可行产品测试等服务项目。三是为特色小镇向区域产业辐射提供精益服务,将网上技术市场延伸到特色小镇。

二、打造创新孵化高地的路径

(一)培育顶级企业和科技型中小微企业"隐形冠军"

一是不仅要培育出浙江生、浙江长的顶级企业,更要能够吸引全球创新企业入驻特色小镇发展,要培育和催生更多阿里巴巴式的顶级企业。二是构建大中小微企业之间的分工协作关系,核心企业通过整合创新资源,建立利益分配链,实现与其他相关企业和机构在知识、信息、技术、渠道等方面的共享和相互依存,带动中小微企业在系统中获得更好的生长空间和竞争优势。

(二)建立虚实结合的众创孵化平台

一是利用互联网平台,建设虚拟众创空间,促进众筹、众包等服务发展,提供人均创业产出效率,鼓励创客充分利用"云制造"吸取敏捷制造、网络化制造和服务化制造等先进制造模式的优势,快速对接创新链前端。二是借鉴以色列"管理公司参股式"孵化机制、法国为孵化项目配备顾问等,针对创新创业团队在融资、辅导、宣传、技术等方面的迫切需求,引入专业团队建立"专业新型孵化器"。

(三)实现众创成果的高效孵化机制

一是加快建设新型共性技术服务平台,建立科技创新服务平台、重点实验室和工程中心、科研院所、重点企业研究院等各类创新载体向创客开放共享的体制。二是建立公共实验室,借助"互联网 + "和"政务服务网"将政府实验室研究成果与企业相联,以创业需求为导向推进研发。

三、打造双创人才高地的路径

(一)开通校院人才直通车

一是实施"百校百镇对接工程",全省百余所高校对接百个特色小镇,支持高校和科研院所科研人员在职创业,鼓励拥有知识产权的在编高校和科研院所科研人员进入特色小镇"在岗创业";对于转化职务科技成果以股份或出资比例等股权形式产生收益的个人,暂不征收个人所得税,待其转让该股权时按照有关规定计征。二是实施大学生创新创业引领计划,鼓励高校创业学院设立"实践型"创业课程,支持大学生"带着学分创业"。

（二）建立O2O众创人才库

一是建立众创人才“引育留用”的线下汇合机制，实施“上天”和“入地”两类人才的建库招引工程，建立高端人才研究机构和企业共享共聘机制，吸引高层次人才创业；实施“国际创客培育和留用”计划，集聚重点行业发展、龙头企业急需、重大项目实施、关键技术转化、创新产品所需要的创业人才。二是构建跨空间的线上创客人才集聚的机制，借助互联网创客社区，打造“众创客厅”，吸引“新四军”和“三有三无”创客汇集特色小镇。

（三）聚集阿里系、浙商系创客

一是发挥阿里系、浙商系人才在产业集群内的创业衍生能力，在特色小镇为阿里系、浙商系企业高管、科技人员等提供资金、技术和平台，开展二次创业和内部创业；对自主创业的创客，按规定落实创业担保贷款及贴息、创业补助和带动就业补助等扶持政策。二是成立“中小微企业诊断师”队伍，组建一支创客顾问团、创业导师队伍，建立一批中小微企业创新创业辅导站，为特色小镇中的中小微企业进行诊断和辅导。

四、打造风险资本集聚高地的路径

（一）建立市场化的混合型产业引导基金

一是建立“公司+有限合伙”模式的混合型产业引导基金，建立产业发展和投资引导母基金，吸引“一带一路”海外资本和国内民间资本成立混合基金；通过负面清单管理、合伙协议约定、违约回购、第三方审计监管的方式，确保母子基金在设定轨道上运行。二是市场化运作产业基金，达到“以小博大”目标，坚持技术与市场融合、创新与产业对接，通过融资担保、股权投资、委托贷款、跟进投资、投保贷一体化、助贷基金等市场化运作机制，孵化和加速重点产业发展。

（二）打造“全程接力式”一揽子金融方案

一是推行“金融定制”，以互联网股权众筹等融资方式助力种子期创客企业；开辟私募基金机构集聚区，通过小微券商、小微证券服务机构辐射初创期小微企业；培育发展创业投资机构和大力吸引天使投资人，引导各种资本投向成长期的创业企业。二是“知本”换资本，拓展融资方式，以知识产权交易为核心形态，通过知识产权证券、知识产权信托和知识产权融资担保等方式进行融资；开发科技保险、创新动产、创单等新型金融产品。

（三）合理设计创新创业风险分担机制

一是建立完善政府投资基金、银行、保险、担保公司等多方参与的风险分担机制，将创业企业纳入贷款风险补偿政策范围。二是鼓励设立“科技金融专营机构”，推行差别化信贷准入和风险控制制度；推行“首贷补偿机制”，探索建立创客企业库、天使投资风险补偿机制和风险资金池。

第十一章　推进工业旅游与特色小镇互动建设的调研报告

第一节　建设工业旅游强省的重要意义

工业旅游起源于法国汽车龙头企业的“生产车间开放日”活动,逐步形成从明星企业参观→工业文化体验→工业产品销售的成熟模式,雷诺、标致、雪铁龙三大汽车公司已成为全欧洲最为成功的工业旅游项目,年接待旅客超 20 万人次。美、日等国近年来积极推动新兴产业开展工业旅游项目,其中,日本冲绳推出的“电动汽车岛”项目依托东芝、丰田等工业企业,成功将新能源汽车产品整合到区域性工业旅游项目中。

工业旅游作为一种颠覆式的旅游方式,能够有效地展示工业企业、工业系统、区域特色产业的独特魅力,国内外实践证明其能够产生巨大的经济效益和社会效益。国家旅游局于 2004 年公布首批 103 个工业旅游示范点,浙江省包括海盐秦山核电站等 11 家示范点入选。浙江省工业旅游虽然处于起步阶段,但未来发展潜力巨大。调研显示,目前工业旅游发展呈现以下趋势:(1)从企业车间范畴转向与地方产业融合;(2)从单一推销工业产品转为复合式营销;(3)从企业名牌吸引扩展到区域品牌“磁石”效应。浙江省应率先就工业旅游与地方特色产业的互动发展制定有关政策,特别是推动特色小镇与工业旅游实现互动发展,这具有重要的战略意义。

第二节　特色小镇可成为浙江省工业旅游发展的重要载体

特色小镇建设一方面需要突破传统产业的束缚,进行高端化升级,另一方面也要考虑营造友好的人居环境。工业旅游兼具观光游览、科普教育、娱乐体验等功能,能够无缝对接特色小镇建设,向社会公众深度展示特色小镇的行业特征、核心产品、创业文化等。目前,浙江省已获批的特色小镇主要包括传统产业型(地方传统特色产业的升级版)、新兴产业型(新经济、新技术、新业态的衍生)、特殊产业型(如核电、健康等公众陌生产业)、文旅产业型(自然资源衍生的工业产业)等四大类,发展工业旅游应抓住不同的切入点。

一、工业旅游有助于传统产业型特色小镇的转型升级

传统产业型特色小镇是浙江省块状经济的高级化产物,但公众对绍兴黄酒、龙泉青瓷、海宁皮革、黄岩模具等地方特色产业存在先入为主的认知惯性,这不利于区域品牌的重塑和提升。工业旅游通过开放式游览和参与式互动,有助于转变公众对老字号品牌的认知缺陷;同时,也要求传统企业更好地传承和展示传统加工工艺,从而激发企业融合更多的创新工艺来撬动新的市场需求。

二、工业旅游有助于新兴产业型特色小镇的快速升温

"互联网+"、智能制造、云计算等新兴技术产业正在深度影响社会生活方式,社会公众对新技术应用存在极大的好奇感,这对于激发工业旅游意愿是重要利好。梦想小镇、云栖小镇等小镇创业氛围浓厚、文化标识独特,园内一大批创业企业亟须扩大知名度,工业旅游为此提供了"廉价通道"。工业旅游有助于快速提升此类特色小镇的社会关注度,甚至通过商务旅游等形式为小镇带来潜在的商业合伙人。

三、工业旅游有助于特殊产业型特色小镇的公众认识

社会公众对核电、健康等特殊产业存在许多"认知黑洞",人们对核污染、转基因、通信辐射等问题的担忧不利于这些产业的良性发展。工业旅游通过深度科普游向公众宣传科技正能量。目前海盐核电小镇正在打造核电科技馆模拟演示→核电设施实地参观→核电小镇综合观光的模式,可以成为此类特色小镇开发工业旅游的良好模板。

四、工业旅游有助于文旅产业型特色小镇的价值提升

浙江省内有一部分特色小镇脱胎于著名的自然景点,但是单一的观光模式无法支撑特色小镇的长远发展。嵌入工业旅游的思路在部分特色小镇的产业中长期规划中已得到充分体现,如丽水古堰画乡小镇已形成自然景观→油画创作→文化产业→衍生加工产业的产业链。

第三节　对策与建议

发展工业旅游是助推特色小镇建设的崭新视角，首先，需要统一认识，充分整合旅游发展委员会、经济和信息化委员会等多个职能部门的管理资源；其次，针对特色小镇的个性化特点，量身定做工业旅游规划和实施方案。围绕如何有效推动工业旅游发展和特色小镇互动发展，课题组提出以下几点建议：

一、明确特色小镇“宜居、宜创、宜游”等特性，建设工业旅游基础设施

特色小镇的建设思路颠覆了传统的工业园区以及产业集聚区模式，小镇既是“宜创”的孵化器，同时也是“宜居”的生活区和“宜游”的观光地。特色小镇建设应以3A级景区建设为基本要求，争创4A和5A级景区。特色小镇应建设成为区域性地标，浓缩当地特色产业的历史传承和时代创新，对产业转型升级起到示范性作用：(1)在“政府牵头、社会共建”的指导思想下，由省旅游局和省经信委等部门协调多方关系，充分考虑本地特色和产业特色，打造精品小镇；(2)小镇建设规划中应有针对性地布点工业旅游集散中心、工业旅游产品市场、工业观光旅游巴士或有轨交通线路等基础设施；(3)营造特色小镇的工业旅游氛围，加强各类媒介渠道推广力度，逐步形成小镇产业品牌和旅游品牌的统一。

二、认证和推广一批工业旅游的“浙江精品”，加强示范和带动效应

安排部分有基础的特色小镇在工业旅游方面率先开展试点工作，可以按照所属的不同行业属性，认证并推广一批标杆性工业旅游项目。其中，传统产业型特色小镇具有庞大的产业基础，目前越城黄酒小镇、嘉善巧克力甜蜜小镇等都已形成工业旅游的基础性条件；特殊产业型特色小镇中，海盐核电小镇已积极抢滩工业旅游市场，依托中国核电城建设，目前已形成技术水平高、产业功能全、服务范围广、设施配套优、旅游特色强的核电服务、核电装备、核电文化、核电旅游相融合的综合体系；文旅产业型特色小镇可以将丽水古堰画乡小镇等作为产业纵向拓展的良好模板。

三、树立小镇企业的“开放、协同、创新”意识，夯实工业旅游发展基础

现代企业发展应该秉承开放包容的理念，企业的边界正日趋模糊。要协助进驻特色小镇发展的传统产业企业进一步牢固树立协同发展的企业理念，同时为小镇工业旅游提供基础素材：(1)鼓励知名企业、老字号企业适度开放生产流程参

观,也可面向企业参观客户设计有偿性观光线路;(2)试点建设企业博览馆,可以依照企业能力采用单独设立或者企业组团建设的方式,为展示本地产业特色提供现实平台;(3)创新企业间协作方式,产业链上下游企业可以互为宣传载体,同质企业间要建立区域品牌竞争意识。

四、设立特色小镇的工业旅游综合管理部门,实现多方参与单位的资源协调

吸引有能力的设计公司参与小镇规划,引入专业物业管理公司承担小镇工业旅游的日常管理工作。企业的核心职能必须立足于研发创新和组织生产,所以需要一个第三方管理平台对小镇的工业旅游工作进行整体协调。可以借鉴海盐县成立的工业旅游“产业联盟”,第一期共整合了政府监管机构、景区、旅游饭店、旅行社和工业涉旅企业等44家单位。建立这一公共性机构充分地吸收了特色小镇内参与工业旅游项目的联盟会员,设计了内容丰富的旅游线路,实现了工业旅游资源的统筹管理。同时,由第三方对工业旅游过程中的规范性宣传、体验式消费等活动进行监管。最后,也亟须培育一批复合型管理人才,参与特色小镇的工业旅游的管理工作。

第十二章　国外知名小镇基本情况与建设经验调研报告

现代经济演化过程中，小镇经济独具魅力与特色，即便是在城市化高度发达甚至已走向逆城市化的欧美发达国家，小镇经济与都市经济依然并驾齐驱。英国几乎每个中心城市附近都有几个甚至十几个大小不同、规划精致、环境优美、设施完善、经济活跃的小镇，伦敦周边星罗棋布的小镇和伦敦市区交相辉映。德国占全国70%的人口居住在2万人以下的小镇，建有一大批人文独特、历史悠久、富有活力的风情小镇。美国小镇人口占全国人口的70%，硅谷是“互联网 + 资本 + 技术”小镇，格林威治小镇则集中了500多家对冲基金。法国、意大利、瑞士等国家都有很多世界知名小镇，吸引了全球目光。特色小镇是经济发展到一定阶段后差异化、特色化发展的必然产物，其特质在于“特色”，魅力在于“特色”，生命力同样在于“特色”，这是打造特色小镇的核心原则，也是国外小镇的关键启示。

第一节　国外知名小镇的基本情况

一、聚焦历史经典，深耕文化品牌的小镇

在国外特色小镇，制衣、制鞋、制表、制香等传统工艺代代相传，手工作坊长年积淀，深挖欧洲万种风情的历史文化，孕育了百年经典的奢侈品牌，使得小镇成为业内传奇。

（一）“香水摇篮的浪漫风情”——法国格拉斯小镇

格拉斯位于法国东南部普罗旺斯-阿尔卑斯-蓝色海岸大区滨海阿尔卑斯省，是一座距离戛纳19公里、位于海拔325米高山之中的小镇。格拉斯是世界上最知

名的香水摇篮，盛产茉莉、玫瑰和蔷薇，洋溢着迷人的地中海风情。

200 年前第 1 家生产香精香料的工厂诞生于此，自那以后，香水制造业在这座小镇扎根发芽。目前，格拉斯有 40 多家香水工厂，包括弗拉戈纳、戛里玛、莫利纳尔等知名香水制造厂，几乎 80%的法国香水出自这块“弹丸之地”。小镇每年都要举行两次与花有关的节日庆典活动。其中的玫瑰花节在 5 月举行，茉莉花节在 8 月举行。

格拉斯位于地中海和南阿尔卑斯山之间的过渡地带，气候冬暖夏凉。山谷将融化的雪水和雨水汇集，为花卉种植提供了有利条件。得益于优越的地理位置、气候条件和丰富的花卉品种，小镇香料业发达。这里盛产的五月玫瑰和格拉斯茉莉都被专用于研发香水，曾让历史上许多伟大的调香师们灵光闪现。

在格拉斯，香水的浪漫文化是吸引游客的金字招牌。制造香水的“秘密”通过花宫娜、嘉利玛以及莫利纳尔等香水制造企业面向好奇的游人开放。嘉利玛推出的游览服务包括：讲解香水制造的基础知识，提供各语种的免费导游。游客还有机会进入香味工作室去配制自己创制的香水。出于同样的想法，莫利纳尔推出了名为“香水大师”的旅游项目，向游客介绍提炼香精的“秘方”。花宫娜还向游客展示香薰给身体带来的好处，并采用香精油来给游客进行“香味理疗”。

如今，格拉斯因香水产业享誉全球。小镇每天都接待来自世界各地慕名而来的游客。游客们能够在格拉斯的国际博物馆里找到四百多年来和香水有关的一切，甚至亲眼看到最古老的香水提取过程。

（二）“世界制表业的心脏”——瑞士拉绍德封小镇

拉绍德封是瑞士西北部的一个小镇，属纳沙泰尔州，位于汝拉山区内，距法国边境只有几公里，是连接纳沙泰尔、比尔和汝拉地区的交通枢纽。1 000 米的海拔使之成为欧洲海拔最高的城镇。这里聚集了一群精通机械、擅长制作机芯的钟表工匠，手表进出口贸易具有极大的优势。

拉绍德封小镇与制表业血脉相连，20 世纪初便是世界制表业的心脏地带。1900 年，小镇生产的手表已占世界手表市场的 55%。这里有瑞士最大的钟表博物馆——国际钟表博物馆，从古老的日晷钟表到如今先进的精密钟表，记录了钟表业发展的悠久历史。

在拉绍德封小镇，无论是街道、建筑，还是住宅、工厂，都是为了满足钟表业而规划的。过去，人们在家庭作坊中生产手表。在没有大规模电力供应的时代，房屋的采光对制表师就显得尤为重要。宽阔的街道一方面使住户不受彼此房屋阴影的影响，能够得到更多的采光，另一方面也能有效地防止火灾，城市布局就像棋盘一样整齐有序。

19 世纪末，小镇制表业开始逐步转型，简陋的家庭作坊手工业渐渐为规模化的工厂所取代。最早期的制表厂都以钟表工匠的名字命名，如皮埃尔·雅克·德罗（Pierre Jaquet-Droz）的雅克德罗（Jacquet Droz）、让·佛朗西斯·维亚（Jean-Franois Bautte）和康斯坦特·吉哈特（Constant Girard）创办的芝柏（Girard Perregaux）。随后，越来越多的手表品牌选择在此设立工厂，包括卡地亚、尚维沙、百年灵、昆仑、摩凡陀、香奈儿等。

拉绍德封小镇汇集了钟表业最珍贵的大师和工艺，从“造型”到“造芯”，精心打磨，专心雕琢每一个零件、每一道工序、每一块手表，拉绍德封小镇成为世界级名表研发设计这顶王冠上的一颗宝石。

（三）“站立在男人脚上的小镇”——英国北安普顿小镇

北安普顿是位于英格兰中部的一个小镇。制鞋业能够发展成小镇的主要产业离不开三样元素：牧场里的牛皮革、森林里的橡树树皮和流经小镇的尼利河（River Nene），后两者在皮革鞣制过程中不可或缺。

最初，小镇的鞋匠都是以家庭小作坊的形式纯手工制鞋，直到 1857 年，用于收拢鞋面的辛格缝纫机从美国引进，庞大且昂贵的机器难以在家中使用，那些历代在家中工作的鞋匠才陆续加入工厂。到 20 世纪 40 年代，北安普顿共有 240 家制鞋工厂，其中 34 位鞋匠拥有自己的品牌。

小镇是世界上的制鞋圣地之一，这座“站立在男人脚上的小镇”生产的皮鞋以过硬的品质赢得了“值得穿一辈子”的美名。全球顶尖男鞋品牌 Church's 和 John Lobb 的全球总部都在这个小镇，每一双 Church's 皮鞋都要花费将近 8 周时间、250 道手工工序才最终完工出厂；而 John Lobb 无论是皮革选择还是装配技术都严格遵循英伦美学，每双鞋履要经过一流工匠多达 190 道严谨的工序方可完成。

北安普顿博物馆还拥有世界上最大的鞋履收藏系列，展示了从古埃及到现代，由北安普顿鞋匠们参与设计的 12 000 双鞋子，包括维多利亚女王在婚礼上穿的白色锦缎婚鞋以及电影《红菱艳》中女主角莫伊拉·希勒的红色芭蕾舞鞋。

（四）“葡萄美酒的古老文化”——法国科尔马小镇

科尔马小镇位于法国东北部阿尔萨斯，它是法国最浪漫的小镇之一。科尔马是白葡萄酒的主要产区，最出名的有麝香、琼瑶浆、西万尼、雷司令、黑皮诺和白皮诺。

科尔马镇内是一个由许多不规则形状的广场组成的广阔步行区，广场之间的道路穿插着圣马丁教堂、人头屋等历史名胜。伊尔河支流酪赫河从科尔马静静淌过，清清的河水荡涤了浮躁的尘埃。科尔马仍然保留着16世纪的建筑风格——木筋屋，由木材搭建的多面形屋顶，设计独特，每栋木筋屋皆具个人品位。一座座木屋，使小镇充满着浓郁的阿尔萨斯风情。可以说科尔马是阿尔萨斯的缩影，它有过辉煌的历史，城市充满文化气息，懂得保存及发挥古老的文化遗产。

美丽的自然风光、神秘的酿酒工艺，以及个性迥异的葡萄树，相映成趣。每年9月是为期两周最负盛名的科尔马酒节。运河、花船，还有别具一格的木筋屋是科尔马小镇的元素，古老的建筑搭配娇艳的鲜花无不洋溢着浓郁的法国小镇风情。在科尔马酒节，当地人们会穿着传统的节日盛装，伴着音乐跳着当地古老的舞蹈。人们在这里不仅可以饮酒狂欢，还能够领略到酒乡真正的神韵。

二、突出创新导向，融合新兴业态的小镇

发达国家的特色小镇偏安一隅却放眼全球，通过产业、文化、生态和政策的有机融合，以“产、城、人、文”的一体化吸引人才、留住人才，以持续专注的创新不断做强特色产业，拓展新兴产业。

（一）“全球最富裕小镇”——美国格林威治基金小镇

格林威治是美国康涅狄格州的一个小镇，位于东海岸的康州南部，距离纽约曼哈顿仅40分钟的车程，面积只有174平方公里，据美国人口普查局的统计，格林威治现有人口7.2万多人。小镇集中了500多家对冲基金，全球前十大对冲基金中就有4家位于该镇，小镇的基金所管理的资产达到3 500亿美元，单单Bridge Water一家公司就掌管着1 500亿美元的规模，被称为美国对冲基金大本营。

在被确定为纽约市的住宅卫星城镇后，小镇一边致力于解决城郊连接的交通问题，一边有步骤地拓展了新型城镇建设和宜居环境打造，先后实施了有利于郊区发展的住宅政策，以及推动商业网点和其他生活配套形成集聚及致力于打造具备综合居住功能新城镇的扶持政策等，使小镇具有了边缘城市的复合功能。互联网技术兴起后，由于小镇地处沿海，离海底光缆比较近，在此后拼毫秒级的对冲基金网速之争中也发挥出优势。

小镇拥有独一无二的人文环境，在格林威治，无论是私立还是公立中小学都非

常有名,周边坐落着著名的耶鲁、康州、费尔菲尔德大学以及多所大学,受到了许多以从事金融投资为主的财富人群和高端人才的青睐。其中包括摩根大通总裁之一史蒂文·布莱克(Steven Black);前百事集团两位总裁唐纳德·肯道尔(Donald Kendall)和克里斯托弗·辛克莱(Christopher Sinclair);花旗银行董事长桑迪·威尔(Sanford Weill);前高盛集团总裁约翰·温伯格(John Weinberg)等。

经过几十年的发展,美国格林威治小镇已经初具规模,再加上它优惠的税收政策,吸引了大批的经纪人、对冲基金人才等进驻,其就业人数较1990年已经翻了好几倍。此外,美国格林威治小镇地理位置优越,毗邻纽约,许多居住在纽约州的年轻人都选择在此工作,也为小镇的金融发展提供了源源不断的优秀人才。

(二)"阡陌小镇的全球创新巨擘"——德国企业的小镇情怀

德国的很多企业建立在远离市区的小镇,这其中不乏叱咤全球、屡创传奇的创新型企业,其中有相当一部分企业成为行业"隐形冠军",比如印刷行业的大佬海德堡印刷公司位于海德堡古城,医疗器械的龙头企业西门子公司位于纽伦堡附近的厄尔兰根小镇,汽车全球领导企业奥迪总部就在巴伐利亚名不见经传的小镇英戈尔斯塔特,拥有177年历史的润滑油制造企业卡尔倍坐落在鲁尔区的边缘小镇哈根。

坐落在大概只有足球迷才知道的德国中部小镇凯泽斯劳滕的传统化工巨头巴斯夫,率先成为全球智能工厂的典范。巴斯夫位于凯泽斯劳滕小镇的试点智能工厂,生产的洗发水和洗手液已经完全实现自动化。通过利用射频码,网上的测试订单下达后,其生产流水线上的空洗手液瓶贴着的射频识别标签会自动与机器人进行通信,告知后者它需要何种肥皂、香料、瓶盖颜色和标记。在这样的流水线上,每一瓶洗手液都有可能与传送带上的下一瓶全然不同。机器和产品通过无线网络完成所有的通信工作,唯一需要的人工输入只是下达样本订单。

实践德国工业4.0的先驱,全球第一大汽车技术供应商——博世的伊门斯塔特工厂(Bosch Immenstadt Plant)就坐落在鲜为人知的阿尔卑斯山脚小镇布莱夏赫,给当地提供了3 000多个就业岗位的博世工厂依山而建,主要以生产汽车刹车系统和汽车燃油供给系统零配件为主,其生产流水线也正在向更加智能化的方向进发。

植根于小镇的德国企业,与当地的小镇经济和小镇社区融为一体,与当地政府、雇员互相依赖、互相支撑、长足发展。安静的小镇环境也有利于企业和员工静下心来，专注于产品创新、市场创新和组织创新。小镇成就企业，企业辉映小镇。

偏安一隅的德国企业却放眼全球。在技术日新月异的互联网时代，德国企业率先将传统制造技术与互联网、物联网集成为智能制造系统，在以智能制造为核心的工业 4.0 时代，阡陌小镇的德国企业正打造为全球创新巨擘！

（三）“创新医疗产业中心”——美国明尼阿波利斯医疗健康产业城

明尼阿波利斯位于美国明尼苏达州东南部，明尼苏达河口附近，也是密西西比航线顶端的入口港，面积 151.3 平方公里，人口 40.7 万（2014 年），该城位列美国十大创新医疗器械产业中心前茅。

明尼阿波利斯一直以来都是医疗健康和生命科学领域的领导者，世界上最大的独立医疗器械巨头美敦力、圣犹达、3M 公司的总部都在此，波士顿科学公司和柯惠医疗在此也都有较大的规模。全美最大的医疗保险机构联合健康集团，以及全美最大的远程医疗公司和远程放射学服务提供商 vRad（Virtual Radiologic）也都位于此地区。全美最好的医疗机构梅奥诊所距此仅 1.5 小时车程。

建立于 1950 年的美敦力对产业的形成发挥了关键作用，当地绝大部分中小医疗器械企业都是由美敦力直接或间接衍生而来的。在 1994—1995 年，明尼波利斯聚集了专业化生产心血管疾病仪器、泌尿科疾病仪器以及诊断等医疗器械的 50 多家企业。除美敦力、3M 公司等大型跨国公司外，集群内其余企业规模都在 200 人以下。

此外，明尼阿波利斯的科技环境对产业的形成和发展也有巨大的作用，据美国科普杂志《大众科学》统计，明尼阿波利斯的交通管理系统科技含量、能源利用效率、教育系统科技含量、医疗设备科技含量等均超过 50%。明尼阿波利斯的中央商业区位于密西西比河西岸，有 57 层的互联网数据中心（IDC）大楼，明尼苏达州大学也是一个科技创新的中心，该校的公共科研项目排列全美前 3 名，已培养出 14 位诺贝尔奖得主，其医学领域研究也负有盛名。

三、彰显地域特色，大区聚合发展的小镇

在“大都市化”历史背景之下，小城镇成为大都市区域和地方空间的交界点，扮演着“枢纽角色”，起到了“衔接功能”，小镇协同大城，融合大区共生发展，形成了由大学与科研机构、风险资本市场、综合服务机构、高端人才等构成的创业创新生态系统。

（一）“创造经济革新中心”——韩国板桥科技谷

在韩国“创造经济”（Creative Economy）的创新战略下，政府实施的重要措施之一就是设立“创造经济革新中心”，即韩国版的众创空间。位于韩国板桥科技谷的京畿创造经济革新中心是该战略下最成功的典范。

京畿创造经济革新中心坐落在被称为“韩国硅谷”的京畿道盆唐区板桥科技谷产业园区内，距离首尔市中心约 26 公里，坐地铁可直达，是众多韩国游戏、娱乐和技术公司的发源地，包括 NHN 娱乐、纳克森（NEXON）等韩国游戏界巨头和三星泰科光电子公司在内的 634 家企业入驻于此。这里聚集着韩国尖端的 IT 技术和融合技术研究机构。京畿道地区的生产总值约占全国的 20%，具有全国中小企业之 21%（70 500 个中小企业）和三星电子、LG、现代起亚车、SK、KT 等韩国代表性企业，被称为“同伴成长”的核心地区。

创造经济革新中心由中央（韩国未来创造科学部）和地方两级政府与至少一家韩国大型企业合作设立，采取大企业集团和地方政府共同运营的模式。政府出政策、企业出资金和技术，共同扶持创新和初创企业，为创业者提供创业平台和成果转化平台。京畿创造经济革新中心由韩国电信巨头 KT 集团出资建设，中心的“一把手”等主要负责人均来自 KT 集团。京畿道政府和 KT 集团主要是共同出资来建立一个发展基金，基金用于对符合条件的新生企业进行投资。中央政府不参加基金的建设，主要负责整体推动中心的构建和运营。当入驻中心的新生企业有商业创意时，KT 集团可以利用大型企业的优势对其进行支持。比如，对新生企业进行投资，与之共同开发，或者帮助其与其他企业建立合作关系等。京畿道政府的支援方式，主要是为这些新生企业提供免费的办公场所。凡是认为自己有创意性产品或创业模式的人和团体，都可以把自己的想法以文件形式在网站上提交申请，被选中的项目策划人会获得中心给予的 6—12 个月的资金、技术和设施等方面的支援服务。

京畿创造经济革新中心重点培育游戏产业、金融科技和物联网产业等以软件业为基础的融合性新产业。入驻企业可免费享用工作区域和办公设备。除了硬件服务，来自政府和大型企业的金融、咨询、法律支援，都为创客们解决在创业初期的各种困难。金融监督院、专利局等政府负责人常驻于京畿创造经济革新中心，因此如果创客们的构思在转化成商品的过程中出现问题的话，都可以在第一时间得到解决。

以尖端信息产业和技术研究设施聚集的板桥京畿创造经济革新中心正在打造以 IT 技术为基础的新型复合产业。

(二) 生态工业的“丹麦童话”——丹麦卡伦堡小城

卡伦堡地处丹麦北部,位于首都哥本哈根以西 100 公里,是个靠近海湾的小城,人口仅 2 万人。小城的产业形成了独特的产业共生状态,成为一个基于“商业契约型”的工业生态系统。卡伦堡生态系统发展于 1960 年,是世界上最早的工业生态系统,被誉为生态工业发展领域的“丹麦童话”。

卡伦堡工业生态系统,由一个煤电厂、炼油厂、石膏厂、生物制药厂等组成。煤电厂、炼油厂、石膏厂、生物制药厂等的工业副产品在这个生态系统中循环利用,比如,煤电厂每年产生约 17 万吨煤灰和 3 万吨炉渣,销售给水泥制造商作为路面铺设的原料,发电余热为居民供热,满足该地 90%的热能需求;炼油厂生产剩余的甲烷和乙烷混合气提供给石膏厂作为燃气,满足该厂全年约 11 个月的用气需求;生物制药厂每天用原材料土豆粉、玉米淀粉发酵所产生的 3 000 立方废泥经杀菌消毒后免费提供给当地 600 户农民作为肥料等。

卡伦堡工业生态系统由社会网络支持运行,由企业和企业间的“商业合约”建立联结。政府部门包含在卡伦堡工业生态系统中,但其职能仅限于提供城市水、电、热能输送等基础实施。政府不介入厂商和企业间的运营和合作协调事宜。卡伦堡没有设立一般工业园区常见的管委会,而只设置了一个协会(Kalundborg Symbiosis Institute),其职能更多地侧重于行业公关等。

(三)“以色列硅谷”——赫兹利亚小镇

赫兹利亚小镇面积为 26 平方公里,距离创业者的天堂特拉维夫以北 15 公里,是一座充满科技和现代化的小镇。小镇隶属特拉维夫区,处于以色列创业生态系统的核心地带——“硅壑”。很多在美国股票交易所上市的以色列软件公司和生物科技公司也坐落于此,包括惠普、Horizon Semiconductors、IBM、以色列柯达、摩托罗拉和德州仪器等。

小镇汇集了数量众多的全球顶级的创投加速器、企业孵化器、风险投资基金以及以色列首个私营非营利性高等教育学院——堪称以色列“麻省理工”的赫兹利亚跨学科研究中心 IDC(Inter Disciplinary Center)。微软在全球范围内的第一个创业孵化器,同时也是微软全球三大研发中心之一的 The Windows Azure Accelerator 也在这里创立。该孵化器为创业者提供 850 平方米的免费办公空间、30 位创业导师、教练培训、法律支持等标准服务。此外,微软为初创企业免费提供2年高达6万美元的Windows Azure云平台接入服务。

此外,包括以色列顶尖风投基金JVP(Jerusalem Venture Partners,耶路撒冷风投合伙人基金)在内,众多风投或私募基金都集中在这里。JVP本身就是一个孵化器,能够快速孵化各种项目产品原型和模型。而在整个特拉维夫大区,大大小小的创业孵化器和加速器就有200多个,形成了独特的创新生态环境(Ecosystem)。

四、融合生态文明,独具人文风情的小镇

许多国外小镇人口密度低、亲近自然、气候宜人,以动人的风景、迷人的花香、沧桑的历史、活色生香的艺术,引得游人纷至沓来。这些小镇远离都市,却不乏韵味;偏居一隅,却不乏人气;历史悠久、文化独特、风景如画、景色动人。

(一)"让音乐在身体里发芽"——奥地利萨尔茨堡小镇

萨尔茨堡小镇位于奥地利西部,靠近德国边境,是阿尔卑斯山脉的门庭小镇,有人口15万人,因经典电影《音乐之声》取景于此而久负盛名,是著名音乐神童莫扎特的故乡。莫扎特故居每天挤满了音乐朝拜者。大街上随时洋溢着莫扎特的音乐,大教堂里有莫扎特当年使用的管风琴,广场上每天都有精彩演出。萨尔茨堡拥有众多的剧院、音乐厅、电影院和博物馆等,是世界级音乐的殿堂。始创于1920年的萨尔茨堡节至今仍是欧洲最隆重的音乐节之一,它的历史可以追溯到1877年的萨尔茨堡国际音乐节。此外,每年1月27日左右的一周是萨尔茨堡的莫扎特周。

(二)"为浪漫而生"——突尼斯蓝白小镇

突尼斯蓝白小镇始建于13世纪,被美国《国家地理杂志》评选为世界十大浪漫小镇之一。放眼望去,白色的房屋依山而建,错落有致,所有的院门、窗户和楼梯扶手全都被漆成天蓝色,与地中海蔚蓝色的海水构成和谐的画面。小镇依悬崖而建,探头一望,便能看见湛绿的柔情大海。沿着泛有青绿色光泽的石板路前行,白色的古堡、蓝色的平顶屋映入眼帘——童话中才有的景致。小镇每家每户的门都独有特色,有画着黄澄澄的向日葵的,有画着无数爱心的,有钉着九九八十一个门钉的……几乎没有一扇门是相同的。这或许就是蓝白小镇的生活内涵,让长期生活在标准化、统一化城市公寓里的人真是羡慕之至。

(三)"童话城堡"——德国富森小镇

富森小镇有闻名世界的浪漫之路,以维尔兹堡为起点,富森为终点,因天鹅堡

而闻名,每年来此旅游和度假的人非常多,树林中、草地上,经常可以看见很多欧洲家庭嬉戏玩乐。富森不同于那些街巷分明、商铺整洁的欧洲小镇,它的风格更加休闲自由,既有城镇的现代,又有村落的随意,三三两两的小楼房点缀在阿尔卑斯山峦之中。特色商店里的每一件小生活用品都被设计成童话世界的模样,处处透露着浪漫的气息。穿梭其间,让人仿如童话中的主人翁。在高高低低的石块路面上散步,静静地听马路音乐家的乐曲,溜达地穿过富森的大街小巷。天鹅堡的梦幻童话、童话风格的独特建筑艺术让小镇散发出无穷魅力。

第二节 国外知名小镇的建设经验

香水产业作为格拉斯的支柱产业,得益于小镇优越的地理位置、气候条件和丰富的制香原料,充分凸显了其“产业之特”;小镇注重深入挖掘香水的文化内涵,注重香水的开放式体验,营造浪漫的香水文化,造就了格拉斯小镇“世界香水之都”的美名。

拉绍德封小镇制表历史源远流长,云集了一线的世界名表品牌,是顶级手工制表业的代名词。小镇的建设与规划紧密地围绕制表业的特点来布局和拓展。大师级制表工匠和手工制表品牌是小镇制表业经久不衰的奥秘。

科尔马充分利用独特的自然地理、气候优势以及迷人的景致,将自然、历史、文化、旅游等诸多元素有机融合,深度挖掘葡萄酒的历史文化元素,铸就了一个传统手工业与现代旅游文化完美结合的葡萄酒传奇。这些以历史经典产业为特色的小镇,拥有悠久的手工业发展传统,前店后厂的“作坊模式”,执着专著的“工匠精神”,创造性、想象力与传统工艺融为一体的“专业经验”,造就了无法复制的手工作品的“艺术价值”。随着时代不断发展,这些小镇不断传承并丰富传统产业的历史文化,深入挖掘文化元素,注重培育知名品牌,云集了产业内众多的知名企业,使小镇成为经久不衰、历久弥新、焕发独特魅力的传世小镇。此外,德国的赫尔佐根赫若拉赫小镇,意大利威尼斯市北部的穆拉诺玻璃之城、瑞士的奶酪小镇、英国的皇室小镇等,莫不是如此。

专著的工匠精神、精益求精的英伦美学态度、严格过硬的质量品质,是北安普顿小镇对传承传统产业的完美诠释。小镇制鞋业推陈出新,将传统工艺与现代化生产完美融合,成就了小镇皮鞋“值得穿一辈子”的美名。

格林威治凭借毗邻纽约的“地域优势”,税收优惠等“政策优势”,宜居环境的

“生态优势”，先进医疗、优质教育的“服务优势”吸引高端人才，实现了“富人集聚”+“财富集聚”的独特优势，吸引了大量风投资本和基金人才入驻，打造了一张“全球对冲基金之都”的金名片。

植根于小镇的德国企业，与当地的小镇经济和小镇社区融为一体，与当地政府、雇员互相依赖、互相支撑、长足发展。小镇企业凭借专注和持续的产品创新、技术创新、市场创新和组织创新，发展融合性的新业态、新模式，成为全球产业龙头。

美国阿波利斯以医疗产业为特色，通过文化、教育、产业配套全覆盖的路径，融合医疗产业的高端创新要素，不断巩固并拓展创新性医疗健康产业领域的权威和先锋地位；阿波利斯的科技环境、产业支撑对持续推动医疗产业往高端、创新、融合的方向发展起到了重要作用。这些国外小镇凭借地域优势、政策优势、生态优势、文化优势吸引优秀人才、风险资本等各类高端创新要素，并通过专注和持续的产品创新、技术创新、市场创新和组织创新，发展融合性新业态、新模式。植根于小镇的企业，与当地的小镇经济和小镇社区融为一体，小镇和社区都获得了长足发展。此外，日本的大田汽车零部件小镇、德国的斯图加特汽车城等小镇莫不是如此，成为持续创新的百年小镇。

韩国板桥科技谷位于京畿道核心位置，毗邻首尔，地理位置独特，有助于其依托大城市，实现与世界经济中心的联系对接。政府和大型企业搭建创新大平台，孵化、加速初创和小型企业，催生新产业、新业态、新模式，成为京畿道创新大区持续创新高产的源泉。

卡伦堡小镇远离欧洲腹地，地处海湾之滨，是建立煤电站并且为欧洲腹地大城市供应能源的理想之地。然而，受限于生态承载能力，以及当地居民对居住环境高品质的要求，小镇发展出独特的生态工业模式。企业和企业，企业和社区之间实现了工业共生、资源再生和循环利用，为小镇和大区的共生发展提供了持久动力。

赫兹利亚小镇受到特拉维夫创新大区辐射效应的显著影响，拥有地理位置优势，并在住房、教育、医疗、商业配套和娱乐等方面具有低生活成本的比较优势。在产业集聚效应的作用下，聚合了风险资本、创新加速器、创业孵化器等高端创新要素，形成了小镇创新经济强劲的推动力。这些特色小镇往往形成于大城市区域和边缘空间的交界点，既能承担大小城市间的“枢纽角色”，又能通过所依托的大城市实现与世界经济相联系、相对接，大城市在医疗、教育、人才、资本和公共配套等方面都给予这些特色小镇以极大倾斜，有利于实现小镇的人才集聚、产业优化和功能提升。此外，美国硅谷、芬兰于韦斯屈莱创新大区、加拿大伯恩赛德、日本筑波科学城等也都类似。

萨尔茨堡小镇是奥地利的音乐之乡，更因电影《音乐之声》被世人熟悉。小镇成功地将自然风光之美、艺术特色之美有机融合，打造了小镇独特的艺术气质和个性魅力，成为世界闻名的旅游胜地。

突尼斯蓝白小镇建设着眼于地中海的迷人景致和浪漫风情，将魅力独特的自然风貌、个性鲜明的建筑风格、气质唯美的人文元素有机融合，使之成为地中海的一颗明珠。

富林小镇的特色不仅仅局限于自然风光，更融入了古堡文化、巴伐利亚民俗等特色元素，打造出浑然天成、独具一格的童话气质。

这些国外小镇如世外桃源般浪漫，流水鲜花，古屋溪田，蜂飞蝶舞，生态优美，都是世界上最著名的旅游小镇。此外，还有"爱琴海悬崖上的浪漫"——希腊福莱甘兹罗斯小镇，"艺术天才的梦幻胜地"——瑞典阿里尔德小镇，"蓝色大海的亲密接触"——荷兰泰尔斯海灵岛，"葡萄美酒的浪漫遐想"——德国施陶芬小镇，"历史时空的轻松漫步"——苏格兰亚伯多尔镇，"黄石公园最壮观的精致"——美国蒙大拿州雷德洛奇小镇，古老的"黑海盗"魅力——美国北卡罗来纳州奥科雷科克小镇，"汤姆叔叔的小屋"的原型——美国缅因州布伦瑞克小镇等。

第三节 国外知名小镇建设的共性启示

一、产业是灵魂

（一）主导产业一定要突出"特"，力求特色化、专业化、高端化

国外小镇的产业特色，独一无二、知名度甚高，而且持续创新，代代相承、经久不衰。特色小镇作为浙江省新兴产业的新空间，在建设理念、机制和形态等方面，除了应与现有中心镇、风情小镇、小城市培育试点等有所不同，还应与开发区、集聚区、工业区、旅游度假区等有所不同，与贵州、云南、海南等地推进的小镇有所不同，体现自身鲜明的产业特色。决定小镇可持续发展的能力取决于小镇能否形成一种繁荣的主导产业，以及由这一产业派生出来的新产业，能否形成独特的产业文化和产业生态。这种累积、循环的产业发展过程将推动小镇持续发展，不会空心化。产业布局不能太杂，避免企业五花八门，工厂密密麻麻，必须突出主导产业，特色化、专业化、精细化，集聚最有优势、最具特色和成长性的产业。小镇的产业应与全省

产业优势强关联，聚焦信息、环保、健康、旅游、时尚、金融、高端装备等七大产业和茶叶、丝绸、黄酒、中药、木雕、根雕、石刻、文房、青瓷、宝剑等十大历史经典产业，突出产业的创新性、引领性、融合性和可持续性。

（二）产业细分一定要突出“精准”，走在细分行业的尖端

很多国外小镇本质上是专业小镇，在所属领域找准定位并站稳了脚跟，竞争力经久不衰。以往的开发区、工业园，往往产业同质、无序集聚、过度竞争，导致恶性循环、逐底竞争、产业衰退、优势削减。小镇的产业定位一定要精准，细化定位，深挖优势，求专求精，错位发展，差异竞争，能够走在细分行业的尖端，在全国乃至全球细分领域竞争力超前。

（三）产业项目要精挑细选，与小镇产业优势形成“强关联”

小镇不是“百货公司”，不能“填鸭式”什么项目都装，也不能堆些传统产业的坛坛罐罐，应坚持宁缺毋滥，按照产业定位精准招商，设定投资强度、亩产效益、耗能排污等门槛标准，严格执行产业投资强度、单位用地产值、产值能耗水耗等指标要求。引进项目不仅要看大不大、强不强，还要看与小镇的匹配性高不高，如果稀释了小镇的产业集中度，那么即使是好项目，也不能随意引进，而应布局在更适宜、更匹配的小镇。应细化分解产业链，绘出行业龙头企业布局图、关键共性技术需求图、重大项目开发作战图，找准产业链、创新链、价值链中关键性的“断链点”，定向引进关联性强、辐射力强、带动力强的大项目、好项目。

二、创新是引擎

（一）致力于持续创新、专注创新，创新传统成为小镇持久发展的驱动力

纵观许多国外小镇，创新是小镇发展的长久动力，从产品创新到服务创新，从工艺创新到技术创新，从组织创新到文化创新，小镇成为企业致力创新、专注创新的舞台。无论是从事制鞋、制香、制表、制酒等历史经典产业，还是从事医药、信息、金融等融合性新兴产业，创新成为国外特色小镇不竭的发展动力和持久生命力的源泉。企业家、大型支柱企业、科技型创新企业在小镇立足创新，借助小镇的产业优势、历史文脉、地域特色、生态人文，扎根市场，放眼全球，将创新内化为企业发展的内在品质和独特个性。很多小镇的这种创新品质和创新个性，历时越久，积淀越深，特色越特。因此，许多小镇虽名不见经传，但却成为全球行业“隐性冠军”的根据地。

（二）汇聚高端创新要素，小镇成为创新创业的重要枢纽

国外很多小镇之所以引人注目，是因为小却精致，功能齐备，创新要素集聚，创新成果卓著，创新效益惊人。特色小镇是对接市场的前沿阵地，是新成果转化、新技术运用、新服务体验、新产品推广的综合试验场。近几十年发展迅猛的一批国外小镇无不是集聚高端创新要素、加速创新成果转化的大平台，从商业巨擘到顶级工匠，从科研中心到现代工厂，这里汇聚了风险资本、产业精英、大学与科研机构等一应俱全的创新高端要素，创新成果及时和经营绩效对接。小镇成为创新资源汇聚和重组、商业模式创新、创业组织健康成长以及各类创新成果转化的“创新枢纽”。

（三）优化创业创新生态，持续推动小镇创业创新成果高效产出

国外以新兴产业为特色的小镇，无不拥有全方位、全过程、立体化、高质量的创新生态系统。其中，小镇完备的激励创业创新的法律和政策环境、齐全的创业创新基础设施以及完善的创业配套服务是生态系统中的关键组成部分。小镇成为独特的创业创新生态系统，对创新成果持续、快速产出起到了极其重要的支撑作用。

三、地域特色是关键

（一）“产城互动”，避免“孤岛式”开发，促进产业融合、产城融合、区域融合

传统的工业区、开发区，产城不衔接，忙时成“堵城”，闲时成“睡城”；功能不配套，“白天热热闹闹、晚上冷冷清清”。特色小镇集生产、研发、商贸、旅游、居住及各类关联服务功能于一体，具有“产、城、人、文”深度融合的特点。要避免“孤岛式”开发路径，按照创新、协调、绿色、开放、共享的发展理念，合理规划生产、生活、生态空间，挖掘特色优势、人文底蕴和生态禀赋，推动“产、城、人、文”功能融合。特别是应将产业融合、项目组合、资源整合作为特色小镇的重中之重，注重战略性新兴产业的集群培育和现代服务业的融合发展，推进“互联网 + 实体经济”“旅游 + 生态经济”“文化 + 创新经济”等融合发展。此外，特色小镇要主动与大城市或城市群经济错位发展，互补发展，充分发挥城市副中心在教育、医疗、交通、住房等方面享有的比较优势，与“大区”无缝融合。

（二）“因地制宜”，加强个性化设计，彰显地域特色

不同区位、不同模式、不同功能的小镇，无论是硬件设施，还是软件配套，应保持风格的独特性、特色的唯一性，与地域风格相匹配，一镇一风格，不重复、不趋同。

特色小镇应挖掘传统元素，塑造集地理、生态、民族、历史内涵为一体，个性鲜明、魅力独特的风貌，形成地域性建筑风格和一镇一风貌的发展格局；深入挖掘区域特色资源，着眼于个性产业、山水风光、古居旧舍、地形地貌、风俗人情、镇街小巷、人文历史等，统筹谋划、有机结合，形成招引项目、集聚人才、吸引资本等高端要素的独特优势，在全省乃至全国范围内打造具有独特品质和个性魅力的小镇。

（三）“一物一风情”，加强个性化设计，彰显建筑艺术特色

国外小镇，尤其是欧美风格独特、迥异的小镇已成为时尚旅游新潮流。小镇建设应坚持“一物一风情”，多维展示地貌特色、建筑特色、艺术特色，实现独特的自然风光之美、错落的空间结构之美、多元的功能融合之美；根据地形地貌，科学规划和形象设计，确定小镇的风情格调，避免冰冷的钢筋水泥堆砌，突出个性化和艺术化的特色元素和设计风格，让传统元素与现代元素、历史元素与时尚元素、自然元素与人文元素、艺术元素与科学元素融合、共振，在小镇得到完美体现。

四、生态是摇篮

（一）原生态——保持人文的鲜活性

只有外壳而无鲜活文化内涵的小镇是难有生命力的。国外特色小镇不局限于自然风光，而是与文化旅游、生活体验相结合。文化是小镇的内核，也是小镇魅力最持久的核心元素之一。应通过独特的自然风貌、生活习俗、传统历史文化等社会性元素，诠释小镇文化，体现文化的“原生性”和“鲜活性”。小镇的文化标识要找准自己的文化定位，切忌文化的多元、过杂，聚焦主体文化元素，挖掘地域特色文化，保持和形成个性特色；依托历史文化名镇、名村开发文化价值，打造个性鲜明的建筑风格、绿化景观和人文特色文化，为小镇发展注入文化元素，凸显文化产业价值。

（二）低碳化——保持鲜明的生态足迹

与传统小镇相比，特色小镇一个显著的特点在于，它不仅是作为一种聚居形态和生活模式而存在，还是一种宝贵的文化旅游资源和休闲、度假场所。浙江省小镇众多，但生态功能定位不够清晰、小镇风貌特色不够明显、人文风情不够诱人、承载能力不够强，应加快从目前的生态物质游向生态文化游延伸，因地制宜地凸显每个小镇的不同生态特色。目前，国内的朱家角、乌镇、丽江、腾冲、西江苗寨等小镇已比较成功，应借鉴成熟经验，从交通环境、建筑风貌，到功能布局、设施配套、文化融

合,加强绿色改造、低碳改造,打造生态旅游小镇。

(三)嵌入式——保留原汁原味的自然风光

特色小镇建设不是投资总动员,珍贵的不是物态的东西,而是应该考虑外在的作用力如何与小镇已有的自然风貌完美结合起来。应以小镇生态肌理、山水脉络、历史建筑为设计核心,通过路网、绿网、古街古道之间的互通,打造一个有机生态世界,让小镇元素与自然风貌交相辉映,让人工作品与自然本源相得益彰。无论是环境设计、建筑外观、功能布局,还是生活设施、现代服务,都应从现代化、人性化、低碳化的角度考虑,千万不能建与小镇的原始风貌格格不入的建筑,应千方百计地保留原汁原味的自然风貌和古朴元素。

第十三章　中国特色小镇调研报告

第一节　中国建设特色小镇的主要特点

浙江、海南、云南、贵州等省份积极发展的一批特色小镇的新特点主要有以下三点：

一、聚焦发展特色产业

浙江省按照“7 + 10”的产业定位，聚焦信息、环保、健康、旅游、时尚、金融、高端装备等七大未来产值可能过万亿元的产业，以及茶叶、丝绸、黄酒、中药、木雕、根雕、石刻、文房、青瓷、宝剑等十大历史经典产业建设特色小镇。云南省聚焦“现代农业型”“工业型”“旅游型”“商贸型”“边境口岸型”“生态园林型”六大类型建设一批特色小镇。贵州省重点打造“资源主导型”“历史文化型”“民族民俗型”“生态宜居型”“复合型”等五大类型的旅游小镇。海南省建设的特色小镇主要涵盖互联网和旅游、热带农业、黎苗文化、工贸服务等特色产业。

二、实行“落后者出、优胜者进”创建制

重谋划、轻申报，重实效、轻牌子，上不封顶、下不保底，宽进严定、动态管理，不搞区域平衡、产业平衡。实施“期权激励制”，从“事先给予”改为“事后结算”，对验收合格的特色小镇给予财政返还奖励。实施“追惩制”，对未在规定时间内达到规划目标任务的特色小镇，实行土地指标倒扣，防止盲目“戴帽子”。对如期完成年度规划目标任务的特色小镇，按实际使用建设用地指标的50%给予配套奖励，对3年内未达到规划目标任务的特色小镇，加倍倒扣奖励指标。

三、挖掘生态旅游功能

从交通、环境、建筑风格，到功能布局、设施配套、公共服务，注重全方位融入生态理念，打造旅游风情小镇。浙江省特色小镇利用当地的山水风光、地形地貌、风

俗风味、古村古居、人文历史等旅游资源,推动特色小镇打造3A级景区,推动旅游特色小镇打造5A级景区。贵州省旅游小镇以景区景点为依托,对小镇周边区域进行成片综合开发,建设具有产业支撑、富有地域特色、人居环境良好的旅游风情小镇。

第二节 建设特色小镇存在的新问题

一、产业特色不明显

有些地方的特色小镇产业定位模糊,产业招商重量轻质,与小镇建设的关联度不高。现实中停留在按项目招兵买马的传统做法,存在简单的产业集聚倾向,产业创新和升级不够。产业项目比重偏低,基础设施和环境治理项目占比过高,落地的大项目、好项目,尤其是特色项目不多,高端产业、高端要素、高端人才集聚不多,产业层次不够高。

二、项目拼盘组合

有些地方的特色小镇追求创建数量,"新瓶装旧酒"包装老项目,项目质量和内涵存在不足。有些地方的特色小镇为了达到30亿元、50亿元的投资体量,东拼西凑把项目放在一个篮子里,把分散在点上的项目集中起来,堆些传统产业的坛坛罐罐。有些地方的特色小镇甚至是变相的房地产或养老地产开发,缺乏较高质量和效益的新上投资、新建项目、新增税收。

三、产城融合不够

有些地方的特色小镇产业规划、旅游规划、空间规划和建筑规划分头编制,"四至"(即东西南北四个方向)边界不清,不同功能区块相对独立,没有体现"三生融合"(生产、生长、生态融合)和功能叠加要求。城镇化与产业化一快一慢、脱节割裂,小镇"孤岛式"开发,产城不对接、不融合。人群"钟摆式"流动,"潮汐式"运动,上班时成"堵城",下班后成"睡城"。公共服务不配套,功能不齐备,"白天热热闹闹、晚上冷冷清清",人才"望镇兴叹、来而不留"。

第三节 对策与建议

一、突出市场主体力量

小镇建设不能由政府大包大揽,应坚持企业为主体,发挥市场在资源配置中的决定性作用，调动企业和社会力量参与小镇建设。政府管住、管好有形之手，不干预小镇具体建设和经营，重点做好编制规划、简政放权、生态保护、设施配套、公共服务。实行市场化运作，引入有实力的建设主体，让专业人才对小镇进行专业建设，发挥当地居民、村（社区）的积极主动性，引导第三方力量和社会组织参与小镇规划建设。探索产业基金、股权众筹、PPP 等融资路径，吸引社会资本，撬动小镇建设。

二、因地制宜彰显特色

全国各地发展不平衡，各有优势和特色，小镇建设不能脱离实际“一窝蜂”推进，应因地制宜，发掘各地优势，找准定位，展现特色。产业定位、建筑风格、生态环境等应坚持“一镇一特”，差异定位、错位发展，不复制、不趋同、不雷同，体现独特性。找准、凸显、放大产业特色，根据地域条件和产业优势，主攻最有基础、最有优势的特色产业，避免“百镇一面”、同质竞争。沿海发达地区应以特色小镇为平台，多创建一些众创空间；中西部地区应结合当地文化特色、风情风貌和生态优势，打造经典风情小镇。

三、加强“多规合一”

规划先行、多规融合，科学界定小镇的人口承载力、资源承载力、环境承载力与产业支撑力，统筹考虑人口分布、生产力布局、国土空间利用和生态环境保护。结合地域资源禀赋条件，编制生产、生活、生态“三生融合”，工业化、信息化、城镇化“三化驱动”建设规划。科学地进行空间布局、功能布局、项目布局，合理布局特色小镇与周边村镇生产力，严格防止“摊大饼”，确保小镇“四至”清晰，规划和项目可落地。

四、培育“众创”功能

小镇建设应以众创空间为导向，培育创新孵化器，构建“创新牧场—产业黑土—科技蓝天”创新生态圈。根据产业特色、自然禀赋、发展定位，建设创客中心，打造“小镇客厅”，培育新业态、新模式、新企业，为小镇发展注入活力。推动小镇与知名创业机构、创业城市、创业平台开通直通车，促进要素流动、信息共享、平台分享，集聚高端人才、高端资源、高端技术，促进产业链、创新链、人才链、资金链深度融合。

第四篇
2017年中国中小企业热点问题专题研究报告

第十四章　关于创建浙江离岸创新创业基地的调研报告

目前，浙江省海外引才工作取得了一定的成绩，但是在很多方面还存在不少问题。比如，海外人才的数量与质量有待提升，各地引才政策欠规范统一，区域间海外引才工作恶性竞争，海外人才中介服务有待改善，人才与项目筛选机制有待改进，企业作为主体吸纳海外人才的力度不够。其中最根本的问题，还是海外人才质量问题，即真正的国际性领军人才和拔尖人才囿于各种主观原因和客观条件，无法全职回到国内，回到浙江省来创业和工作，因此创建海外人才离岸基地有其必要性。

第一节　关于离岸创新创业基地的基本内涵

离岸创新创业基地是面向海外人才，区内注册、海内外经营，以低成本、便利化、全要素、开放式、配套成熟完善的空间载体为基础构建的，具有引才引智、创业孵化、专业服务保障等功能的国际化综合性创业平台。其具有三大核心功能：一是海外高端人才和国际知名服务组织引进集聚功能；二是境内外创业孵化功能，包括海外预孵化及基地内预孵化和注册孵化；三是专业服务保障功能，包括政策服务、专业服务、入驻服务和托管服务等。

离岸创新创业是当前时代的潮流。“离岸”象征着海运船只离开港口进行远洋贸易，而离岸创业最早的案例，是2013年两个美国人马克斯·马蒂（Max Marty）和达里奥·马特迪加（Dario Mutabdzija）斥资8 000万美元改装一艘国际邮轮，将其命名为“蓝色种子”，邮轮上设有经改装的办公室、会议室、公共空间等，开往距离硅谷最近的公海，悬挂巴哈马旗帜。由于该船在国际公海上，那些有创业意愿、希望得到美元投资且在美国上市、但申办工作签证受阻的外国创业者，就可以绕开美国的法律限制，开始其创业活动。由于离岸创新创业的主体是非本国居民或机构，对象是离岸管辖区内依据相关法律法规开展的创新创业活动，并在特定范围内进行，因此，环境宽松，要素流动，机会更多，成为一种备受欢迎的跨境创新创业方式。离岸创新创业基地是秉承国际创新和合作理念，整合国际国内两种资源、两个市场，坚持以我为主，吸取世界基础科研成果、技术创新成果，突破创新瓶颈的有效手段。离岸创新创业模式，注重实际成效，带动服务产业升级，提升区域竞争力，需求迫切，正逢其时。

浙江省在G20峰会之后国际化程度快速提升，创新创业形成了前所未有的热潮。但是真正的国际性领军人才和拔尖人才，囿于各种主观原因和客观条件，无法全职回到国内，回到浙江省来创业和工作，因此宜以离岸创新创业基地建设为工作抓手，大力支持各类双创主体突破创新创业要素的地域(国境)限制，实现跨国家(地区)优化组合配置，推动浙江省加快成为全球知名的国际化创新创业中心。

第二节 国内外离岸创新创业基地的做法和经验

一、国外做法和经验

境外著名的离岸经济基地，如英属维尔京群岛(BVI)、开曼群岛、巴哈马群岛、百慕大群岛等，纷纷以行政、经济、管理和法律等手段，培育特别宽松的经济区域，允许国际人士在其领土上成立离岸注册、国际经营的业务公司，这些区域一般称为离岸管辖区。其值得借鉴的经验和做法，有如下几个方面：

1. 降低公司设立门槛，简化注册程序

离岸管辖区的政府一般规定成立新公司手续费在1万元以下，有的甚至无须注册资金到位。所有注册程序，在几周甚至几天内即可完成，且可由专业代理机构代为完成，注册人无须亲临注册地。

2. 用法律手段维护注册公司的各项权益

比如几乎所有的离岸管辖区均明文规定，公司的股东资料、股权比例、收益状况等，享有保密权利，如股东不愿意，可以不对外披露。法律保障本地注册的离岸公司不用每年召开股东大会及董事会，即使召开，其地点也可在世界范围内任意选择。

3. 以多种手段减免公司税赋

几乎所有的离岸中心均不同程度地规定了财产免交当地税,或以极低的税率征缴。特别是一些世界著名的避税港,如 BVI、巴哈马、开曼、伯利兹、纽埃等,通常豁免公司所得税、资本利得税、利润税、公司税、遗产税和汇出税等,只需缴纳数额不多的年费,而且规定离岸公司的累积盈余可以无限制地保留。

4. 以政府信用背书协调国际金融机构服务

离岸管辖区政府往往以自身信誉为担保,用法律文书的形式规定本地注册的离岸公司可以在如美国大通银行、新加坡发展银行、法国东方汇理银行等国际大银行类公司开设账号,以保障离岸公司在财务运作上的自由。

5. 主动帮助离岸公司避开国际贸易壁垒,化解投融资障碍

离岸管辖区一般会与世界上大多数国家或地区签订双边投资保障协定,以帮助本地注册的离岸公司在与这些国家和地区开展贸易投资时可以避开国际贸易壁垒。同时规定离岸公司的资金转移不受任何限制,并且简化境外上市的运作手续,以帮助离岸公司在全球范围内进行资金最优化管理,化解离岸公司的投融资障碍。

二、国内做法和经验

上海市在创建离岸创新创业基地时的一些做法和经验,也值得借鉴:

1. 引进海外优质创新创业资源汇聚上海

推动世界著名大学在沪建立联合研发中心,通过研发中心,构建孵化创业平台,以进一步实现产业化、商业化。引进国际风险投资,特别是支持创新创业的天使投资,帮助离岸创新创业者提高成功率,更好地推动大众创业、万众创新。

2. 加强与中国科学技术协会系统的合作

上海市政府与中国科协签署战略合作框架协议,按照优势互补、创新驱动、先行先试原则,合作建设创新驱动助力示范区。把中国科协丰富的科技资源、人才资源、渠道资源,与上海市良好的创新生态、产业基础、市场环境更加紧密地结合起来,加快打造具有国际影响力的海外创新资源聚集平台。

3. 实施整合存量和增量资源的“三个结合”

一是产学研相结合。发挥民营企业的资金与技术优势,促进离岸创新创业基地与院士专家工作站建设相结合。二是基地建设和创业需求相结合。根据技术产业链发展现状,促进离岸创新创业基地与人才、企业需求相结合。三是离岸创新创业和在岸创新创业相结合。以突破核心关键技术为重点,做好海外人才引进与国

内人才使用相结合。

4. 以市场需求引导资源配置

以市场机制整合资源，建设科技产业服务性机构，发展产业金融，运用“互联网 + 工艺”的思路，一次规划、分步实施，以市场化运作模式进行建设。

第三节　对策与建议

一、成立基地工作协调小组

建议在省委、省政府和中国科协的领导下，由省科协联合省内有关部门和单位共同推进浙江省海外人才离岸创新创业基地建设，以基地工作协调小组及其办公室的形式，建立跨部门沟通协调的工作机制，形成合力，优化资源配置。

二、设立基地管理机构

委托社会化机构为基地管理机构。该机构作为政府部门与基地运营机构之间的桥梁，在基地工作协调小组及其办公室的领导下，协助推进基地建设方案的修改和完善、招才引资、运营考核、物业管理和公共平台服务等工作；负责制定基地一网式服务平台建设方案、基地物理空间载体的管理和业务委托等事宜；负责离岸创新创业政策的落实和需求调研，加强符合国际离岸创新创业服务生态环境的研究和试验；负责国内外合作伙伴关系的建立和运作管理等。

三、确定基地物理空间

基地物理空间实行多点布局，建议首批实体平台从目前正在成熟运作的各类国家、省、市各级创新创业平台和园区中进行择优试点。根据试点区域的实施情况，形成可复制、可推广的平台建设和运营模式，以点带面辐射到省内各地市地区，适时在省内相关产业园区或产业集群区域设立离岸创新创业孵化点。

四、落实基地建设运营经费

在建设和运营初期的3—5年内，由基地所在区域管委会通过相关专项政策给予一定支持，运营成熟后进行市场化运作，主要通过空间出租、创业项目投资、提供增值服务等自身“造血”机制来实现自收自支。初期经费主要包括物理空间租金、装修、基础设施购置、网络平台建设费，协调管理机构初期运营和开展的政策宣传等公益性服务以及伙伴关系建立等公共服务经费，运营机构开展的海内外政策宣传、路演等公益性服务以及根据委托协议完成目标任务的绩效奖励等经费。

五、实施基地伙伴计划

一是依托科协系统“海智计划”的联系网络和省内现有海外高层次人才集聚工程的海外工作窗口，做好海外人才离岸创新创业基地的宣传和推介工作。通过合作备忘录、网络会议、微信群、新媒体账号等多种方式，建立信息沟通和发布机制。选择条件成熟的机构和团体，作为基地的海外窗口，开展创业预孵化，集聚海外人才资源。

二是针对海外创业人才急需的国内渠道和组织网络，引导科技社团的专业力量以及各类社会资源，协助离岸创业企业和离岸创业人才的项目、技术或产品，快速进入本土市场或与国内、业内的专业资源对接。借助科协系统和院士专家的力量，提供决策咨询和技术支持服务。

三是加强国际合作拓宽人才引进渠道。加强与美国硅谷、以色列特拉维夫等全球科技创新先进区域的技术交流；加强与国际团体、著名高校、知名研发机构及驻沪领事馆的联系和合作，开展基地功能宣传和技术交流活动；在引才引智的同时，推动浙江省企业和人才加入国际创新网络。

四是加强与国内科研机构合作，引导技术合作需求。鼓励高校、科研院所和企业、外资研发中心等，在基地内设立重大创新项目国际招投标平台，以跨境项目合作方式吸引外国科学家及团队提供智力服务，开展离岸研发活动，对具有自主知识产权的国际先进科技成果和创新项目给予资助。通过联合、加盟、联盟的形式，借助市场力量推动基地建设。

第十五章　互联网背景下“智慧乡村”扶贫模式调研报告

21 世纪以来,以网络信息技术为特征的第三次科技革命引领的互联网时代发展过程中,信息分化已经形成当今社会一种明显的技术区隔系统(谢俊贵,2003),引致的信息鸿沟加剧了机会贫困、效率贫困和规避风险贫困,进而出现了信息差距的“马太效应”和信息贫富“金字塔”现象。因此,必须高度关注发展中国家在互联网环境下的信息贫困问题,因为信息贫困既是收入贫困、人类贫困的重要原因,也是它们的结果(周向红,2016)。《第 37 次中国互联网络发展状况统计报告》指出,截至 2015 年年底,超过 6 亿人口生活在没有互联网的世界,这部分人主要分布在农村和偏远地区。偏远农村的信息化基础建设设施相对落后,互联网普及率偏低。《“十三五”全国农业农村信息化发展规划》显示,2015 年,中国农业物联网等信息技术应用比例为10.2%,农产品网上零售额占农业总产值的比重为 1.47%,信息进村入户村级信息服务站覆盖率仅为 1.35%,农村互联网普及率为 32.3%。这些数据与城市信息化应用水平差距较大,城乡信息技术与信息资源分布不均衡。因而,应用互联网信息技术加强农村信息化建设、加快推进“互联网+”扶贫项目是当今农村贫困地区反贫困的必然选择。

近年来,党和国家高度重视互联网背景下的脱贫攻坚问题。2015 年,《中央共中央国务院关于打赢脱贫攻坚战的决定》提出,“加大‘互联网 + ’扶贫力度,加快推进宽带网络覆盖贫困村”;2016 年,《网络扶贫行动计划》强调,“优先支持贫困地区的网络覆盖工程,带动农村及偏远地区经济社会发展和信息化水平提升”;《“十三五”国家信息化规划》再次强调,“发挥互联网在助推脱贫攻坚中的作用,以信息化推进精准扶贫、精准脱贫”。因此,应用信息与通信技术(Information and Communications Technology, ICT)构建“智慧乡村”是互联网背景下助力农村及贫困地区脱贫攻坚的新型扶贫形式。近年来,西藏鲁朗镇扎西岗村“智慧旅游扶贫”、河南西营村“智慧电商扶贫”、沈阳浑南区“智慧能源扶贫”、河北乱水河“智慧文化扶贫”、青海代家村“智慧信息扶贫”等“智慧乡村”扶贫实践不断涌现。从“智慧乡村”扶贫的基层实践中引申出一个亟须探索的问题:“智慧乡村”概念从何而来?其扶贫机理如何?又如何保障其在互联网信息社会处于“边缘地带”的农村地区中顺利运行?

第一节 “智慧乡村”概念缘起

“智慧乡村”源于 IBM 首席执行官萨缪尔·帕米沙诺(Samuel Palmisano)于 2008 年提出的“智慧地球”(Smart Planet)概念。在 2009 年 IBM 论坛和中国策略发布会上,IBM 公司以“点亮智慧的地球——新机遇·新智慧·新世界”为主题倡导共建“智慧的地球”的新理念,并强调信息技术与社会的融合。“智慧地球”战略认为,把新一代信息技术充分运用到各行各业之中,就是把感应器嵌入和装备到各种物体中并被普遍连接,形成物联网,然后将物联网与互联网整合起来,对网络内的人员、机器、设备和基础设施进行实时管理和控制,继而实现人类的生产和生活的精细化、动态化,使得地球达到“智慧”的“3I”状态(Instrumented, Interconnected, Intelligent)(见表 15-1)。

表 15-1 IBM 公司对“智慧地球”的“3I”认知

“3I”	具体阐释
Instrumented	物联化:任何事物和人群都可以被透彻地感知到
Interconnected	互联化:人与人、人与物和物与物之间可以全面地互联互通
Intelligent	智能化:通过信息技术手段使互联互通更智能

从现有的研究来看,国内外学术界与实践者对“智慧乡村”概念并未形成统一的认识。国内学术界主要从农村信息化建设、城乡一体化发展、乡村社会综合治理三个角度对“智慧乡村”概念进行解读(见表 15-2)。

表 15-2　国内学术界对“智慧乡村”概念的解读

研究视角	核心观点		代表人物
农村信息化建设	信息化项目	农村数字电视综合网络	鲁小丹等(2015)
		农业农村信息化应用工程	蒋洪昉等(2015)
	信息化技术	物联网、云计算、人工智能、数据挖掘、知识管理等技术	武峰等(2016)、王甜(2014)
城乡一体化发展	运用全面现代化手段来实现乡村与“智慧城市”的无缝接合,消除城乡隔阂,建立“智慧城乡”新模式		郭文博和张利凡(2016)、李嘉辉和杨宇姣(2016)
乡村社会综合治理	“智慧乡村”是“互联网 +”在农村的应用,基本思路是构建“产业发展、村容整治、精准扶贫”三位一体的智慧环境,形成基于海量信息和智能过滤处理的新的生活、产业发展、社会管理等模式,提高农村规划、建设、管理、服务的智能化水平		顾彬(2012)

国外学术界则从“智慧乡村”的核心要素、信息产业引入乡村等方面阐释了“智慧乡村”概念。Holmes et al.(2015)认为,“智慧乡村”是“智慧城市”概念在农村地区的应用,是指接入可持续能源并运用现代信息与通信技术而实现农村经济社会整体发展,包括由于良好的教育和医疗保健带来的文化变化;使村民获取清洁水源、卫生设施和必需的营养;因社会和工业企业发展提升村民收入水平等。据BBC Monitoring Middle East报道,埃及总统胡斯尼・穆巴拉克(Husni Mubarak)在开罗试点的“智慧乡村”中启动了一个具有里程碑意义的信息与通信技术项目,其实质是将信息与通信产业引入乡村中。“智慧乡村”以生产电脑程序为特征,辅以硬件组装及配套产业,提供信息与电信领域中的技术建议、培训课程及技术服务。另外,也有学者将“智慧乡村”与“绿色乡村”联系起来,强调节约能源及更好地利用自然元素;还有学者关注“智慧乡村”发展给农村地区带来的经济繁荣,譬如足够的购物机会和巨大的商业机会等。

综上所述,虽然国内外学者对“智慧乡村”的关注点各有侧重,但其基本理念基本相同,即着眼于农村地区可持续发展,强调在农村地区应用物联网、云计算、数据挖掘、人工智能等网络信息技术以实现农村生活现代化、科技化、智能化的目标。因此,本章将“智慧乡村”界定为“接入可持续能源并运用信息与通信技术构建一种数字化、网络化与智能化的全新乡村形态”。

第二节 “智慧乡村”扶贫机理

本节拟从农村可持续发展、社会资本与知识、弥合数字鸿沟、提升信息权利四个角度阐述“智慧乡村”扶贫机理。

一、农村可持续发展角度

在世界范围内，将近 1.3 亿人生活的地方依然没有通电，遵循传统的发展模式使其难以获得公平的发展。这些地方通常位于偏远地区，远离城市中心，置身于国家电网之外。许多远离电网的地区，再生能源逐渐被视为最实用经济的选择，如成本—效用逐渐增加的光伏技术应用和小规模水电资源提供的新能源发展模式。最近的金融创新、再生能源、信息与通信技术、移动医疗和生物技术等新兴科技为这 1.3 亿人提供了一个摆脱现有资源高度集中消耗的困境的方式。简言之，农村可持续发展是能够让世界 70%的穷人受益的一种优势路径。

在“智慧乡村”模式中，能源接入成为经济增长的“催化剂”。如果治理得当，“跨越式”技术将会促进医疗保健、营养、教育和经济安全。村民们因此既能有机会获得许多城市生活的便利，又能保留农村中有价值的生活，从而确保城乡的均衡发展。村民授权以选择现代化的生活方式，以期融入当地社区。这样，他们能够主宰自己的未来，自己选择居住在城市还是留在“智慧乡村”。村民们因此能够过上健康和充实的生活，与更广阔的世界保持联系。

因此，可持续的能源供应可以提供良好的教育、医疗保健、水源、卫生和营养，促进生产企业提高收入、增强安全性，增进性别平等和民主参与。然而现实社会中，有些政府和发展机构向欠发达农村社区建设基础设施或进行技术投资，都是投入极大但难以达到效果的尝试。因为许多参与者还没意识到能源接入改变生活的潜力，仅仅采取一些简单的措施而无法促进经济发展。“智慧乡村”的倡议就是为了解决这些困难。通过维持包容性的利益相关者网络（包括政府、国际发展机构、非政府组织和村民），“智慧乡村”的倡议有利于垂直信息交换。“智慧乡村”模型提供了统一的框架，亦可对多样化的农村社区给予灵活的、不同的发展道路。“智慧乡村”的愿景是实现 2015 年后发展议程和联合国 2030 年可持续发展目标的关键。

二、社会资本与知识角度

信息与通信技术通过增进信息流动、构建内生知识和提高人类减贫能力，促进人力与社会资本增长。贫困的概念要扩展至信息与通信技术贫困，如信息贫困。从个人参与和集合资本两个角度考察社会资本的主观变量，如关系、能力、路径依赖、机会和信任。社会资本理论需要研究信息与知识理论，因为信息与知识理论是减贫的社会资本的一个分支。信息与通信技术可以被视为推动社区经济与社会进步的"正确的"社会资本。社会资本越弱，一个社区的知识和人力资本就越难以生长，那么贫困就会持续存在。

能力建设对于整个社会引进新技术是至关重要的。必要的能力如个人能力、集合和管理能力，能够创造、交换、吸收和重新配置知识和技能。信息与通信技术能力建设对于发展中国家信息与通信技术应用起着重要作用，原因有二：一是缺乏信息与通信技术应用的技能和专业知识会阻碍信息与通信技术实施的可持续性操作。另外，部分用户会因缺乏信息素养而无法采用信息与通信技术。二是知识对减贫具有关键作用，信息与通信技术能够提供知识。信息与通信技术网络需要两个维度的知识：以知者为中心（Knower-centred）和以知识为中心（Knowledge-centred）。从社会资本角度，隐性知识存在于关系维度（人们如何通过网络进行交互）。信息与通信技术主要由网络和网络参与者组成。因此，信息与通信技术能力可以通过两种途径加以建设：一是在信息与通信技术干预一开始就提供必要的技能和培训；二是通过使用信息与通信技术网络培育人力与知识资本。

信息与通信技术可以在以下几个方面影响扶贫行动框架：给予贫穷的年轻工人以实用技能；为贫困家庭儿童传授知识和计算能力；通过掌握家庭信息，尤其是母亲信息防范儿童营养不良。信息与通信技术较为理想地减少了不同参与者的信息鸿沟，使得知识与技能可以为减贫采用合适的行动。从供给角度来看，扶贫既可以通过财富分配实现，也可以由政府直接新建基础设施。因此，良好的政府治理是扶贫的重要因素，信息与通信技术在贫困地区起到传播信息的作用。信息与通信技术通过利用社会资本和知识管理理论促进减贫。信息与通信技术干预、发展和能力建设作为一个相互关联的链条，有助于社会资本形成和减贫。"智慧乡村"中信息与通信技术发展作用于减贫的机理如图 15-1 所示。

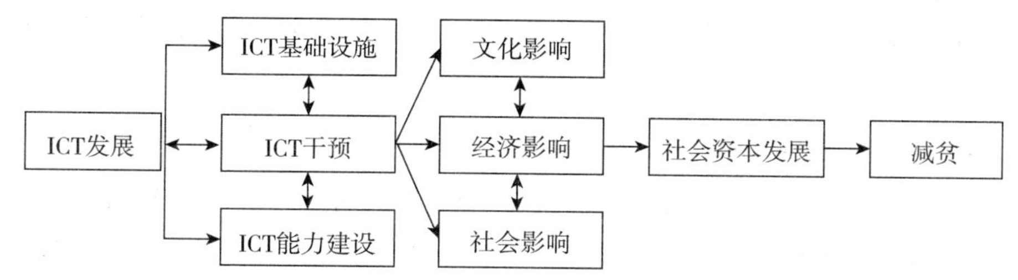

图 15-1　“智慧乡村”中信息与通信技术发展作用于减贫的机理

三、弥合数字鸿沟角度

贫困并非仅仅被定义为经济和社会的剥夺。学者们也将贫困视为“信息贫困”。信息与通信技术如能配合适当的发展战略,将会对发展中国家的农村地区减贫起到至关重要的作用。而且,应用信息与通信技术也是缩小贫富差距、城乡差距的有效途径,有助于破解孤立于外界的贫困乡村的“信息贫困”问题。简言之,信息与通信技术干预有助于弥合数字鸿沟。世界银行于 1998 年指出,新技术极大地便利了知识的获取,为发展中国家提供了前所未有的教育机会,为穷人带来了更大的商业机会。而且,信息与通信技术能够为村民的经济福利和社会福利提供切实有效的信息(Anwer,2006)。例如,有关耕种方法和技巧、基础医疗服务、环境意识、市场价格、教育或培训等信息都可以通过信息与通信技术干预获得。

如今,发展中国家农村地区一半的人群还未接触信息与通信技术。统计表明,生活在发展中国家的人比起发达国家来说,拥有较少的电脑、电话线、移动电话。技术分布的不均衡是产生数字鸿沟的原因之一。所谓数字鸿沟,是指接触到最新信息技术的人群与没有接触到最新信息技术的人群之间产生的差距(Compaine,2001)。世界范围内信息、通信和技术拥有者与非拥有者之间的差距逐渐扩大。在发展中国家,数字鸿沟可能发生在缺乏基础设施(如电力供应)或无法接入现代技术(互联网、电脑或移动电话)的地方。

发达国家正应用现代技术加速经济发展,从而使其获得了前所未有的机会以及提升了其生活水平,而发展中国家依然贫困(Tipton,2002)。低识字率、缓慢的技术采用率、缺乏基础设施都是发展中国家面临的共同障碍,从而导致经济下滑,加剧了数字鸿沟。在发展中国家应对数字鸿沟的举措主要是发展信息与通信技术基础设施,包括采购更多电脑、拓展电信网络、加速发展互联网服务供应商,然而更多的电脑并不必然弥合数字鸿沟。如今,数字鸿沟讨论的话题是信息和额外资源的使用,如内容、语言、教育、读写能力、社区以及允许人们应用技术的社会资源。

因此，弥合数字鸿沟的现实挑战主要是社会维度，尤其是发展中国家的人群使用信息与通信技术的能力。

四、提升信息权利角度

在互联网信息社会中，信息权利是公民的一项基本权利。著名的管理学家彼德·德鲁克(Peter Drucker)曾指出，“在信息经济社会中，真正控制资源和具有决定性的‘生产要素’既不是资本也不是土地或劳动力，而是知识。”信息与知识逐渐成为影响社会经济的主要因素，而缺乏基本的信息与知识是个人及组织无法立足于互联网信息社会的主要原因，信息权利的缺失引致的“信息贫困”已经演变为制约经济发展和社会进步的重要阻力。

缺乏基本信息与知识的个人或组织称为信息弱势群体，其中两类人群值得高度关注：一是无法接触网络的人群。中国互联网络信息中心(CNNIC)发布的《第39次中国互联网络发展状况统计报告》显示，截至2016年年底，中国网民规模达7.31亿，互联网普及率为53.2%。可见，全国近一半的人群过着无网生活。在“泛在网络”社会中，这部分人群无网络即丧失了基本的信息权利。二是一部分农村和贫困人群。如中国农村人口约5.9亿人，农村网民规模仅1.95亿，占农村总人口约33%。农村居民信息贫困的脆弱性表现在敏感性高、适应力低和恢复力弱三方面。因此，信息弱势群体在消费信息上处于相对弱势，表明他们在信息资源获取方面能力不足，必然导致其不能充分、平等地享有信息权利。

阿马蒂亚·森(Amartya Sen)从权利缺失和可行能力剥夺角度来看待贫困。他认为，在一个私有制市场经济中，权利关系主要包括“以贸易为基础的权利”“以生产为基础的权利”“自己劳动的权利”“继承和转移的权利 ”四个方面。阿马蒂亚·森指出，一个人能够获得的各种商品组合构成的集合即个人所拥有东西的“交换权利”，并分析到“一个人避免饥饿的能力依赖于他的所有权，以及他所面对的交换权利映射”，得出了“即使饥饿是由食物短缺引起的，饥饿的直接原因也是个人交换权利下降”的结论。根据可行能力视角，“贫困必须被视为基本可行能力的被剥夺，而不仅仅是收入低下”。因此，在互联网信息社会中，可以从信息权利提升和信息获取的可行能力补给角度对农村及贫困地区进行反贫困治理。创建“智慧乡村”提升农民信息权利的机理如图15-2所示。

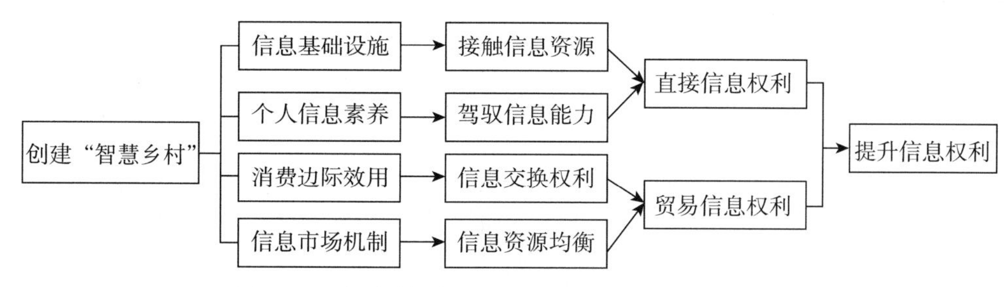

图 15-2　创建“智慧乡村”提升农民信息权利的机理

第三节　“智慧乡村”扶贫实践创新模式

在深入推进农业供给侧结构性改革、加快培育农业农村发展新动能的战略部署下，中国农业生产、经营、管理、服务信息化水平全面提升，基础支撑能力明显增强。《“十三五”全国农业农村信息化发展规划》显示，2015 年，中国农产品网络零售交易额超过 1 500 亿元，较 2013 年增长 2 倍以上。行政村通宽带比例达到 95%。2017 年中央一号文件明确指出，要实施农村新能源行动，推进光伏发电，逐步扩大农村电力、燃气和清洁煤等能源供给。同时实施农村饮用水巩固提升工程和新一轮农村电网改造升级工程。随着农村网络基础设施的显著改善和互联网经济的蓬勃发展，“智慧乡村”建设在中国各地如火如荼地开展。经过调查分析，本节将“智慧乡村”扶贫实践创新模式总结如表 15-3。

表 15-3　“智慧乡村”扶贫实践创新模式总结

模式	特征				案例
	扶贫类型	扶持谁	谁来扶	怎么扶	
智慧旅游扶贫	ICT 接入旅游产业扶贫	纳入试点的家庭旅馆	政府 + 旅游推广网站	旅游信息化数据库；乡村旅游电子商务；移动互联网旅游信息推送	西藏鲁朗镇扎西岗村智慧乡村旅游信息化建设项目
		景区附近的贫困群体	政府 + 腾讯公司	打造微信平台，实现微信购票、扫码入园、语音讲解等功能	河南三门峡市峡州区地坑院智慧景区建设

（续表）

模式	特征				案例
	扶贫类型	扶持谁	谁来扶	怎么扶	
智慧电商扶贫	ICT 接入乡村商务扶贫	农资购销的困难群体	政府 + 电商平台企业	电子商务服务点建设；对有意从事电商创业的贫困户提供信贷授信、咨询服务	四川达州市渠县电子商务服务项目
		农资购销的困难群体	政府 + 阿里巴巴集团	通过村淘合伙人在网络平台上代买、代卖商品	河南新乡县阿里巴巴农村淘宝项目
		互联网创业的贫困群体	供销合作社+深圳动态电子商务有限公司	“淘实惠”电商网络	浙江柯桥区复合型信息化新农村建设
智慧信息扶贫	ICT 接入乡村信息扶贫	辖区内所有贫困群体	青海巨泰信息科技有限公司	查询政务信息	青海代家村农村数字化社会管理平台
		农村基层政务人员	中国电信	乡镇电子政务、手机 OA 办公	四川江竹乡“智慧政务”
智慧能源扶贫	ICT 接入乡村能源扶贫	辖区内所有贫困群体	政府 + 沈阳爱易智慧能源科技有限公司	光伏屋顶电站；“爱易 · 牧阳人”APP	沈阳浑南区互联网 + 农村户用光伏电站项目
智慧网络扶贫	ICT 社会普及扶贫	网络基建缺失的贫困户	政府	三网融合；农村信息化综合服务平台	广西五塘镇坛棍村三网融合项目
		网络基建缺失的贫困户	政府 + 中国联通	改造光纤网络，实现三网融合	山西王禹乡回祖村、昔阳县大寨村“智慧乡村”示范点
智慧文化扶贫	ICT 接入乡村文化扶贫	辖区内所有贫困群体	中国扶贫开发协会	多媒体信息服务平台软件和智能交互式多媒体触控一体机	河北东小白旗乡乱水河“精准扶贫智慧乡村多媒体阅览室”公益项目

（续表）

模式	特征				案例
	扶贫类型	扶持谁	谁来扶	怎么扶	
智慧乡域扶贫	ICT 接入村级综合扶贫	辖区内所有贫困群体	市农村经济研究中心 + 区政府	搭建综合服务平台；开发实施智能大棚物联网监控系统、农产品溯源管理系统及数据采集终端 APP、村内视频监控系统 + WLAN + 村内局域网	北京平谷区西柏店村“美丽智慧乡村”集成创新试点项目
		辖区内所有贫困群体	政府 + 中国电信、网通、铁通 + 旅游网站	信息基础设施建设，旅游信息推送机制，大型农业企业信息化建设，环保信息智能监控	上海金山区廊下镇“智慧村镇”建设
		辖区内所有贫困群体	政府主导投资建设	“智慧旅游”“智慧家居”“智慧教育”“智慧医疗”	浙江安吉县“智慧乡村”建设
		辖区内所有贫困群体	中国电信	从政务、医疗、教育、电商、平安乡村、农业六个版块打造“智慧乡村”	四川高坪村“智慧乡村信息化扶贫”项目

一、“智慧乡村”扶贫实践形态多元化，发挥着脱贫攻坚的关键作用

从各地“智慧乡村”建设经验来看，本节将“智慧乡村”扶贫模式归纳为七种形态：

（一）智慧旅游扶贫模式

2016 年 5 月，西藏林芝市启动实施“智慧乡村”旅游信息化工程建设项目。一方面，林芝市以乡村信息化建设数据为平台，纵向将景区景点、住宿、交通及特色产品等信息有机整合，横向通过免费 WiFi、手机 APP、短信、微信推送等现代化信息网络技术手段为游客提供全方位的乡村旅游信息服务，从而将旅游产品和游客需求实现有效衔接，积极引导贫困户参与旅游服务业，走上旅游扶贫的致富之路。另一方面，加快普及旅游电子商务，建设乡村旅游电商服务点，帮助农牧民家庭旅馆

网上营销，实现乡村旅游线上线下整合营销，推动旅游扶贫提质增效。

2016年，河南三门峡市峡州区地坑院利用“互联网+”创建智慧乡村游景区。峡州区政府与腾讯公司就地坑院智慧景区建设及品牌宣传开展战略性合作，由腾讯公司打造的微信平台通过微信购票、扫码入园、语音讲解等功能为游客带来景区全过程的智慧体验。

（二）智慧电商扶贫模式

2015年，四川达州市渠县商务局牵头组织实施“智慧农村——渠县电子商务服务项目”，着力从渠道、物流、人才、金融等方面构建农村电子商务基层服务体系。从ICT接入乡村商务角度来看，一是与“京东”“淘宝”“一号店”等知名电商平台合作；二是为电子商务服务点配置EPOS机、电脑、液晶电视、点钞机、助农存取款登记台账等信息通信设备；三是打造“农村淘宝”网络平台，通过示范点商户的电子支付环节，村民可以享受到如同市民一样便利的电子购物体验。

随着阿里巴巴集团的“千县万村”战略在全国各地铺开，2015年7月，河南省新乡县政府积极与阿里巴巴集团达成了战略合作协议。由此，“村淘合伙人”开启了农村创业的新起点。“村淘合伙人”实质上是农村电子商务的“中介人”，帮助村民“代买”和“代卖”，打通村民与外界的购销渠道。通过“村淘合伙人”，村民不仅可以获得网上购物的便利和实惠，而且还可以扩大当地特产的销售市场。

成立于2015年11月的浙江绍兴供销智慧乡村电子商务公司凭借“淘实惠”平台解决了柯桥区实体企业通过互联网覆盖全区乃至全国的难题，利用“淘实惠”增值服务培养了电商人才，提升了当地的互联网品牌，提供了更多的互联网创业机会。

（三）智慧信息扶贫模式

2016年5月，青海首个“智慧乡村”项目——农村数字化社会管理平台在长宁镇代家村落成，这极大地方便了群众办事或者查询政府部门的政务。2012年，四川会理县江竹乡实现了C网覆盖和宽带接入，使农民通信更加便捷，而乡镇电子政务、OA办公等“智慧政务”平台应用则极大地推进了农村基层政府信息化建设，不仅提高了政府响应速度和工作效率，而且网上透明、公开的办公模式也增强了民众对政府的信任。

（四）智慧能源扶贫模式

2015年12月，沈阳浑南区创建了“互联网+新能源”建设智慧乡村的模式——“爱易·牧羊人”互联网 + 农村户用光伏电站项目。户用光伏电站的应用，起到了“一举三得”的效果：一是太阳能发电量完全满足农户每年的用电量，节约了农户的能源开销；二是分布式光伏发电商业运行模式相当于为每家农户开设了“绿色银行”，因为安装了户用光伏电站的农户可以将用不了的剩余电量卖出去，获取稳定的发电收益；三是光伏发电装机容量超过 10 兆瓦级时，可参与二氧化碳减排交易，届时使用户用光伏电站的农户还可以获得一笔可观的“绿色收入”。除此之外，通过能源互联网管理平台的移动终端——装有“爱易·牧阳人”APP 服务终端的智能手机，农户可以随时查阅发电、用电信息及收入情况，并进行远程控制。

（五）智慧网络扶贫模式

2016 年 8 月底，广西五塘镇坛棍村实施了“智慧乡村”项目，让全体村民用上了“三网融合”的电视信号。农户不仅可以观看有线电视、连接互联网，还能够通过农村信息化综合服务平台定制和浏览农技信息。2015 年 7 月，山西王禹乡回祖村成为该省首个“智慧乡村”示范点。通过光纤网络改造工作，山西联通公司在回祖村率先成功实现了“三网融合”，从而促进了农村信息化发展。2015 年，山西昔阳县大寨村大力推进“智慧乡村”建设，重点打造“智慧大寨”。2015 年年底全村所有家庭覆盖高速优质的 3G/4G 网络，并率先在大寨村实现了“通信网、广播电视网、互联网”三网融合，为千家万户提供全方位的综合信息服务。

（六）智慧文化扶贫模式

2016 年 10 月，中国扶贫开发协会在河北东小白旗乡乱水河村启动“精准扶贫智慧乡村多媒体阅览室”公益项目，主要内容包括：(1)“智慧乡村建设”多媒体信息服务平台；(2)最新智能交互式多媒体触控一体机；(3)丰富的农业科技、法律、文化、娱乐等图书资源；(4)免费为贫困地区培训农技人才。此项目以“互联网 + 公共文化服务”模式，对提高贫困地区农民群众的科学文化素养具有积极意义。

（七）智慧乡域扶贫模式

2014 年，北京平谷区西柏店村通过系列农业农村信息化应用工程建设“智慧乡村”，实现了电子农务、电子政务、电子商务和信息服务与农村生产、生活、生态的全面融合。一期建设侧重于硬件方面的四项工程：智慧柏坡店综合服务平台、智能大棚物联网监控系统、农产品溯源管理系统及数据采集终端 APP、村内视频监控系统；二期建设侧重于智慧信息化升级与培训，开展内置金融，成立资金资产互助社和菊花民俗旅游合作社。

2015年，上海金山区廊下镇在建设“智慧村镇”方面的主要经验在于：包括宽带普及、有线电视双向数字化改造、政务信息化、公共文化服务、医疗养老信息化、信息中心管理在内的信息基础设施建设与服务较为完备；旅游信息推送机制初步形成，重点乡村旅游项目信息服务有较高水平；在智慧农业建设和智慧环保建设方面有一定基础。

浙江安吉县“智慧乡村”建设突出表现为“智慧旅游”“智慧家居”“智慧教育”“智慧医疗”。四川高坪村则从政务、医疗、教育、电商、平安乡村、农业六个版块打造“智慧乡村”，从而实现“智慧乡村信息化扶贫”。

二、塑造“政府、社会、产业、贫困群体”的多层次“互动扶贫生态”

中国“智慧乡村”扶贫的生动实践映射出一个“政府主导、社会参与、产业发展、贫困群体受益”的多层次“互动扶贫生态”（见表15-4），为扭转“政府热、社会冷、产业弱、贫困群体‘等靠要’”的扶贫局面、塑造“可持续发展式扶贫模式”提供了可行路径。

表15-4 “智慧乡村”多元主体价值共创的“互动扶贫生态”

扶贫模式	“智慧乡村”案例	政府	社会	产业	贫困群体
智慧旅游扶贫	西藏鲁朗镇扎西岗村智慧乡村旅游信息化建设项目	林芝市政府	旅游推广网站	旅游产业	旅游收入
	河南三门峡市峡州区地坑院智慧景区建设	峡州区政府	腾讯公司		
智慧电商扶贫	四川达州市渠县电子商务服务项目	渠县商务局	电商平台、渠县联社	电子商务	购物便捷电商收入
	河南新乡县阿里巴巴农村淘宝项目	新乡县政府	阿里巴巴集团		
	浙江柯桥区复合型信息化新农村建设	——	绍兴供销智慧乡村电子商务公司		
智慧信息扶贫	青海代家村农村数字化社会管理平台	——	青海巨泰信息科技有限公司	信息通信产业	提升信息权利
	四川江竹乡“智慧政务”	——	中国电信四川分公司		

（续表）

扶贫模式	“智慧乡村”案例	政府	社会	产业	贫困群体
智慧能源扶贫	沈阳浑南区互联网 + 农村户用光伏电站项目	浑南区政府	沈阳爱易智慧能源科技有限公司	光伏产业	能源普及能源收入
智慧网络扶贫	广西五塘镇坛棍村三网融合项目	南宁市文新广电总局	——	信息通信产业	弥合数字鸿沟
	山西王禹乡回祖村、昔阳县大寨村“智慧乡村”示范点	昔阳县政府	山西联通		
智慧文化扶贫	河北东小白旗乡乱水河“精准扶贫智慧乡村多媒体阅览室”公益项目	——	中国扶贫开发协会	文化产业	提升科学文化素养
智慧乡域扶贫	北京平谷区西柏店村“美丽智慧乡村”集成创新试点项目	平谷区政府	北京市农村经济研究中心	信息通信产业	提高农业生产管理效益
	上海金山区廊下镇“智慧村镇”建设	金山区科委	中国电信、中国网通、中国铁通		
	浙江安吉县“智慧乡村”建设	吉安县政府	安吉文澜信息发展有限公司		享受便捷智能的村庄生活
	四川高坪村“智慧乡村信息化扶贫”项目	——	中国电信泸州分公司		

（一）政府强力主导

政府部门在“智慧乡村”建设中起主导、关键作用，主要体现在政策响应、直接投资和向社会购买公共服务三个方面。新乡县政府积极与阿里巴巴集团的“千县万村”战略进行对接，并迅速成立了以县长为组长的阿里巴巴农村淘宝项目工作小组。同时，新乡县财政局出资 300 万元专项资金来启动农村淘宝项目。广西五塘镇坛棍村建设的“智慧乡村”项目是由南宁市文新广电总局投资近 70 万元的试点项目，免费为农户装机、调试，实现户户通有线电视、光纤宽带网络。西藏林芝市政府整合 1 000 万余元资金投入“智慧乡村”旅游信息化工程建设，采取旅游 + 网络 + 农户“3 + ”模式，选择 8 个村 149 户家庭旅馆作为试点，推进工程建设。

浙江绍兴供销智慧乡村电子商务公司致力于打造复合型信息化新农村，正是该公司承接政府向社会购买公共服务的项目。这个由供销合作社与深圳动态电子商务有限公司联合成立的公司将利用供销社的资金、服务体系以及网点优势及深圳动态电子商务有限公司“淘实惠”平台的互联网资源、技术和特许经营权优势，全面提升区域农村电商竞争力。

(二) 社会积极参与

在创建“智慧乡村”中，社会各组织是参与其中的重要力量，如旅游推广网站、电商平台企业、信用联社、青海巨泰信息科技有限公司、中国电信、中国移动、中国扶贫开发协会、农村经济研究中心等各类电信运营企业、高科技企业、金融机构、研究机构及非政府组织。

在“智慧农村——渠县电子商务服务项目”中，渠县联社不仅大力支持了电子商务服务点的建设，而且加大了对现代农业和电商平台的信贷支持，对电商创业的大学生、农户提供信贷授信、咨询服务。在与渠县商务局达成“渠县电子商务进农村综合示范”项目战略合作框架下，渠县联社为此项目提供金融结算、信贷理财等综合金融服务。

在利用“互联网 + 新能源”的“智慧乡村”建设中，沈阳爱易智慧能源科技有限公司为每个安装光伏设备的农户免费赠送一部装有“爱易 · 牧阳人”APP 服务终端的智能手机，便于农户监控电力生产与消费情况。未来，“爱易 · 牧阳人”将借助云计算、大数据、物联网等技术优势，将光伏电站、电网设备、用电设备和农户计入互联网，实现农户“增加收入、有效连接、跨界融合”的功能，全面打造面向农村社会服务的 O2O(即 Online to Offline)能源互联网电子商务平台。

为响应“智慧乡村”建设的号召，截至 2016 年 6 月底，山西晋中联通共投资 2.6 亿元实施宽带网络光纤化改造，积极推广“智慧沃家”系列产品在光纤宽带网络中的信息化应用。

(三) 绿色产业发展

在创建“智慧乡村”的典型事例中，培育并发展生态型产业进而实现产业扶贫是一大特色。西藏鲁朗镇扎西岗村智慧乡村旅游信息化建设项目和河南三门峡市峡州区地坑院智慧景区建设系 ICT 接入旅游产业扶贫，沈阳浑南区互联网 + 农村户用光伏电站项目系 ICT 接入乡村能源扶贫，四川达州市渠县电子商务服务项目、河南新乡县阿里巴巴农村淘宝项目和浙江柯桥区复合型信息化新农村建设涉及 ICT 接入乡村商务扶贫，河北东小白旗乡乱水河“精准扶贫智慧乡村多媒体阅览室"公益项则系 ICT 接入乡村文化扶贫,而智慧信息扶贫、智慧网络扶贫和智慧乡域扶贫模式侧重于农村社会、农业生产中充分接入及应用信息通信设备与技术。因此,创建"智慧乡村"发展旅游产业、信息通信产业、电子商务、光伏产业及文化产业等绿色产业,以产业发展为杠杆的扶贫开发过程是促进贫困地区发展、增加贫困农户收入的有效途径。

(四) 贫困群众受益

在智慧旅游扶贫模式中,旅游收入的增长是给贫困群众带来的最直接经济利益。西藏林芝市巴宜区纳入旅游信息化建设试点的家庭旅馆实现旅游收入 68 万元,比纳入试点之前翻了一番。河南三门峡市峡州区地坑院智慧景区在 2016 年端午节假期共吸引游客 16 万人,为景区居民带来了可观的旅游收入。

沈阳浑南区"互联网 + 新能源"的智慧能源扶贫模式不仅让农户用上了清洁的再生能源,而且通过销售富余电量使农户每年增加了 5 000—6 000 元的额外收入。

智慧电商扶贫模式给贫困群众带来了网络购物生活的便利和实惠,同时也给当地居民带来了巨大的商机。四川渠县村民在"电子商务进农村"综合示范点购买农用物资和生活用品,体验着市民般的现代生活方式。河南新乡县的"阿里巴巴农村淘宝项目"不仅激活了广大的农村消费市场,而且"村淘合伙人"将村民的农产品和手工艺品以更好的价格销售出去,帮助当地村民脱贫致富。

智慧网络扶贫和智慧信息扶贫模式,通过信息网络的普及与政务信息平台的应用,实现了农村的"数字脱贫",缩小了城乡数字鸿沟。四川江竹乡的"智慧政务"不仅提高了基层政府机关的办公效率,而且通过赋予村民信息权利有效地提高了人民对政府服务的满意度。

由中国扶贫开发协会实施的文化精准扶贫项目丰富了农民群众的精神文化生活,提高了贫困群众的科学文化素养。

智慧乡域扶贫模式是全面提升乡村治理水平和推动农村和农业可持续发展的新路径。2016 年,四川贫困村高坪村实施的"智慧乡村信息化扶贫"板块——平安乡村视频监控、农村电子商务信息化、农业农技信息化、农村教育信息化、农民民生信息化、农村医疗信息化,较好地解决了当地经济滞后、教育落后、农业销路不畅等问题,改善了村民的生活安全、教育、养老及医疗等民生问题。北京平谷区西柏店村"美丽智慧乡村"试点建设,应用物联网技术将农业生产由"模糊"处理转变为

"精确把关",实现了科学管理,提高了生产效率。消费者通过农产品质量追溯系统了解农产品各个环节的农事档案,从而让消费者更加放心地购买产品,提高产品的知名度和品牌的附加值,有力地促进农民增收。

三、实现"环境、经济、服务、人文、民生"效益的多重扶贫绩效

"智慧乡村"建设依托先进的信息与通信技术,用智慧的手段发展农业产业,促进乡村治理,改善农民生活和生态环境,通过对"三农"全方位的管理与服务,从而打造乡村"生产、生活、生态"的良性循环,最终实现环境效益、经济效益、服务效益、人文效益、民生效益的多重扶贫绩效(见表 15-5)。

表 15-5 "智慧乡村"实现五维扶贫绩效

维度	建设内容	扶贫绩效
智慧环境	智慧基础设施	山西大寨村:2015 年年底大寨村所有家庭将具备 100 兆光纤接入能力,高速优质的 3G/4G 网络将全面覆盖大寨村;率先在大寨村实现"三网融合" 山西回祖村:2012 年 7 月已经实现了 C 网覆盖和宽带接入 四川江竹乡:率先实现"三网融合";光纤改造工程;"智慧沃家"在宽带用户中的渗透率达 100% 广西坛棍村:有线电视、光纤宽带网络户户通
	智慧化环保监控	沈阳浑南区:52 千瓦的光伏发电装机容量,每年可节约 24 000 千克标准煤,减少排放 16 320 千克碳粉尘、59 820 千克二氧化碳、1 800 千克二氧化硫、900 千克氮氢化物 上海廊下镇:较大企业建有污染实时监测系统
	智慧能源	沈阳浑南区:2015 年 12 月,首批 15 套、总装机容量 52 千瓦的农村户用光伏电站并网发电,每户每年发电量为 6 000 多度,每户家庭每年可获得 6 000 余元的稳定收入
智慧经济	信息产业发展水平	四川高坪村:中国电信"益农社"和"天虎云商"平台 浙江吉安县:"智慧旅游"的专业平台"安吉通" 北京西柏店村:智慧西柏店综合服务平台 西藏扎西岗村:智慧乡村旅游信息化数据库 河南峡州区:地坑院智慧景区微信平台 河南新乡县:"村淘合伙人"

（续表）

维度	建设内容	扶贫绩效
	企业信息化水平	浙江柯桥区:在各行政村建立起以供销超市为依托的淘实惠电商网络 北京西柏店村:智能大棚物联网监控系统、农产品溯源管理系统及数据采集终端 APP 四川高坪村:农技 APP 上海廊下镇:可查询农业技术知识的终端机“农民一点通” 四川渠县:电子商务服务点
智慧服务	智慧医疗	四川高坪村:开通村卫生室的金保专网和新农合专网,搭建电子健康档案和电子病历系统
	智慧教育	四川高坪村:平安到校智能考勤,加载触控式教学大屏
	智慧政府	山西大寨村:“大寨村委会官方微信” 四川江竹乡:乡镇电子政务、手机 OA 办公 四川高坪村:电子政务外网及农村网格化管理、农村政务公开及党员远程教育 上海廊下镇:“民情一点通” 青海代家村:农村数字化社会管理平台
智慧人文	智慧社区管理	四川高坪村:为老人配置专用一键呼叫终端,提供 12349 线上服务和理发、体检、助洁等线下“无助”服务;平安乡村视频监控 北京西柏店村:全天候村域内智能监控预警 上海廊下镇:医务平台系统
	居民文化科学素养	河北乱水村:精准扶贫智慧乡村多媒体阅览室
智慧民生	智慧化公共安全管理	浙江吉安县:“爱吉安”APP
	生活便捷感	四川高坪村:电子健康档案和电子病历系统 浙江吉安县:“智慧医疗”远程监护就医

第四节　对策与建议

一、技术层面

构建以发展信息产业生态为主体,信息基础设施统筹规划和信息资源开发利用为两翼,以绿色、智能、泛在为特征的“一体两翼三维”技术政策支撑体系。

以建设网络强国为战略目标，重点突破核心芯片、光通信器件、高端服务器、数据库等关键软硬件设备的技术瓶颈，加快推进云操作系统、智能终端操作系统的研发和应用。建立以企业为核心的产学研协同创新群，形成高校、科研机构向企业开放实验室、中试基地等创新资源，深化信息产业升级的重大研发项目的企业主导机制，鼓励建设产学研协同创新资源共享平台。

提升和完善泛在、先进的信息基础设施，扩大 4G 网络覆盖，推进下一代互联网演进升级。提前部署云计算数据中心、物联网设施，实现应用技术与宽带网络优化匹配、有效协同。大力支持在农村及贫困地区采用再生新能源和节能减排技术，并创建绿色云计算数据中心。实施宽带乡村，加大对边远贫困地区的网络投资和网络覆盖。

加快推进政务、社会、互联网数据资源的共享应用机制，建立统一开放的大数据体系。以政务信息资源为基础，依托政府数据统一共享交换平台，加快推进跨层级、跨部门数据资源交互使用。尽快建立数据开放、产权保护、隐私保护相关法律法规，加强数据安全保护。

二、空间层面

构建大纵深、广覆盖的信息服务体系，实现网络扶贫工作统一谋划、系统部署、协同推进。

一是搭建三级服务平台体系。在国家层面，建设统一的扶贫开发大数据平台，为各级扶贫部门提供信息采集和分析支撑。在县层面，以贫困县为单位建设电商平台，大力发展农村电子商务。在乡镇层面，建立线上线下互动的贫困乡镇电商服务点，充分发挥乡镇节点网络扶贫的关键作用。

二是全要素工作部署。建立素质高、能力强的网络扶贫队伍，培养网商带头人，协助贫困户提高信息技能，实现增收致富。定制简单易操作的网络终端，切实解决贫困户上网难题，帮助农民随时随地获取信息和服务。

三是打造综合信息服务体系。以服务民生为价值取向，构建网络扶贫信息服务体系。加快推行“互联网 + 政务服务”，整合利用民生信息系统和服务资源，构建扶贫综合服务体系，让公共服务普惠贫困群众。

三、资本层面

建立市场化、多元化的投融资机制。以财政资金为主导，吸引企业资金和众筹资金及社会捐赠等社会资金来源，鼓励政府与社会资本合作（PPP）模式塑造“智慧乡村”扶贫投融资的新路径。

发挥财政资金“杠杆式”引导作用，充分利用乡村自筹基金、中央和地方预算内资金、临时性或一次性财政资助，使其成为“智慧乡村”建设实施的基础性资金。

积极争取国内商业和政策性银行贷款，其中国家开发银行是中央政府全资设立的政策性银行，其主要任务是为国家基础设施、基础产业、支柱产业和高新技术产业重点建设项目提供金融服务。因此，争取政策性贷款是中国“智慧乡村”建设长期信贷资金的主要来源。

充分调动民营资本投资建设“智慧乡村”的积极性。从国际经验来看，电信运营企业和高新技术企业是“智慧乡村”建设的重要投资主体。从国内“智慧乡村”扶贫实践形态来看，目前腾讯公司、阿里巴巴集团、青海巨泰信息科技有限公司、中国电信等电信运营企业和高新技术企业积极投入“智慧乡村”建设，可见民营资本已经成为“智慧乡村”建设的主要融资来源之一。

四、个体层面

建立技能培训机制。建立贫困群体主动脱贫的技能培训体系，实现贫困群体从被动性、引导性参与向自主性参与转变。

通过开设乡村讲堂、宣传致富典型、知识教育培训等方式，潜移默化、循序渐进地改变贫困群众“安贫乐道”的思想观念，彻底根除贫困文化的影响，提升贫困群众主动脱贫的积极性。通过扶智，让贫困群众主动寻求脱贫致富的“门路”，增强自我发展的能力。

首先，从义务教育到高等教育的各个阶段对贫困家庭的学生实施全领域结对帮扶，精确瞄准贫困群体。其次，对贫困群众进行文化智慧的渗透、启迪、滋养和教育，让他们不断开阔视野，增强发展的内在动力。最后，加大对贫困地区的教育宣传力度和教育事业资金投入力度，让贫困地区的孩子接触到丰富的教育资源，受到良好的教育，避免“际代贫困”的恶性循环。

第十六章　借鉴日本经验化解“两链”风险振兴中小实体经济

第一节　当前企业“两链”风险成因和主要问题

受宏观经济下行、市场需求不足、企业内生增长乏力等多重因素的叠加影响，当前浙江省中小企业“两链”风险居高不下。主要原因包括以下三个方面：

一是企业成本压力持续加大，长期盈利能力走低。调研显示，2016年浙江省规模以下工业企业面临的突出问题中，用工成本上升快和原材料成本高居前两位。目前结构性技术用工短缺，劳动力成本上涨呈常态化趋势。原材料价格大幅回升进一步挤压了企业利润。2016年，浙江省规模以下工业企业亏损面近20%，长期盈利能力低下。大部分中小企业利用高杠杆扩大投资，长期盈利能力持续走低，资金链日趋脆弱。部分企业仍通过互保联保多元扩张，因负债率过高而导致资金链出险。一些担保企业为抱团互助，决策随意，因隐形负债过高而承担代偿风险。

二是金融“脱实向虚”，企业融资负担加重。调研显示，银行表外业务增加，向中小企业提供融资的意愿下降，新增贷款主要流向房地产等行业，民营企业融资难、融资贵现象更加严重。银行业金融机构过于强调抵押担保，对一些目标客户降低门槛过度授信，助长了部分企业向房地产项目等过度投资。当事企业资金链出险后，往往多家银行相继抽贷，从而使风险向担保链传递扩散。近两年来，央行多次降息降准，使融资成本有所降低，但因资金供需传导渠道不畅，融资难、融资贵问题仍未得到根本缓解，金融信用风险压力仍持续增大。

三是政策方面缺乏预防“两链”风险的长效机制。近年来，浙江省委、省政府高度重视“两链”风险问题，各地各部门采取了诸多积极应对措施，有效地遏制了区域性风险蔓延，但总体上还未确立彻底防范和化解“两链”风险的长效机制。目前，浙江省中小企业仍主要集中在制造业和批发零售业，产能过剩问题突出。受土地、劳动力、环境等要素制约，省内企业正加速外迁，“去浙江化”“去制造业化”和“去实体化”趋势开始显现。如果不采取更为有效的风险管控对策，就会加重浙江省产业的“空心化”，进而带来更大的“两链”风险隐患，这种潜在风险对区域实体经济的影响需要密切关注。

当前浙江省“两链”风险对实体经济的影响主要有以下三方面：一是“一损俱损”。“两链”风险暴露后，涉险企业往往无法签约接单，无法正常安排生产。特别是进入司法处置后，涉险企业疲于应对各种纠纷，无力谋划再生发展，容易导致“一损俱损”。二是“二次死亡”。陷入“两链”风险的企业难以申请贷款。特别是破产重整的企业，旧有企业的不良记录会“拖累”新生企业的信用等级，最终因企业信用难以修复而造成企业“二次死亡”。三是“三差两错”。当前浙江省“两链”风险企业既涉及因“两链”断裂而明显存在很大融资风险的企业，也涉及因银行抽贷断贷等导致流动性缺乏的企业，还包括部分主营业务良好但受互保联保牵连的龙头企业。随着“两链”风险逐渐向规上、限上企业及优质企业扩散，有些地方将被银行抽贷的企业视为“僵尸企业”来处置，造成了“该倒的没倒，不该倒的倒了”的乱象。针对上述突出问题，如何有效“解圈断链”，需要进一步借鉴国外相关经验，并探索浙江省“两链”风险防控新机制。

第二节　日本防范化解中小企业“两链”风险的主要经验

日本在 20 世纪 80 年代后期至 21 世纪初期，随着产业结构高度化的进展，同样出现过“两链”问题频发、大量中小企业连环倒闭的现象。但近十年企业倒闭破产件数连续下降。课题组通过调研分析认为，这得益于日本长期以来建立的企业经营风险防范、化解和管控的长效机制。

一、有效预防风险

一是实施中小企业诊断制度，识别和管控风险源。具体通过全国商工会议所和各地商工联合会设置“经营安定特别相谈室”，主要聘请中小企业诊断师向中小企业主提供生产经营及投融资管理等全方位的诊断咨询指导。目前，日本全国共有企业诊断咨询室300多所，中小企业诊断师近1万名，每年接受企业诊断咨询数十万件。企业诊断过程中，不仅重视财务指标评价，更重视企业的事业性评价与创新价值评价。对于"两链"风险，通过金融调解、订单合同调解、经营事业转换、债权人支援及改进管理、改进理财等诊断指导，许多风险源企业强化了资金链和担保链，有效地规避了企业连环倒闭的风险。

二是推进中小企业信息化建设，解决信息不对称问题。日本从20世纪80年代开始将计算机信息技术广泛应用于中小企业经营管理。2000年以后开始实施《中小企业IT化推进计划》，普及自动化管理和电子商务。中小企业信息化管理所需的设备资金及流动资金，通过政策金融公库按特惠利率融资。中小企业IT应用和管理人才主要通过国家设立的中小机构和中小企业大学校组织专业培训。中小企业通过IT平台及时获得政策信息、融资担保信息及行业信息等，政府和金融机构也通过IT平台把握相关企业、行业及区域的大数据，一旦发现企业"两链"风险，即可及早应对，防患于未然。

三是强化中小企业与大企业的协同关系，抱团防范风险。日本中小企业和大企业之间多存在垂直分工关系，通过"下包制度"和相互持股机制形成了以大企业为主导的长期协作网络。在这种机制下，当下包的中小企业资金链出险时，大企业通常都能及时提供资金援助或信用担保。同样，当大企业资金链或担保链出现问题时，处于同一系列的中小企业也会及时提供协助，抱团防范风险的传递扩散。

二、分类化解风险

据调研分析，日本中小企业倒闭有连环倒闭、销售不振、盲目经营、管理不善等多方面原因，但共通主因多为"两链"断裂。日本在应对风险的过程中，针对不同风险类别采取了不同对策。

一是针对企业连环倒闭风险，实施防倒共济基金制度。20世纪70年代前半期，受产业结构调整和石油危机影响，日本出现了大量的中小企业连环倒闭现象。以此为契机，1977年日本建立了中小企业防倒共济基金制度。该制度规定，开业1年以上企业都可自愿申请加入，只要连续6个月以上认缴5 000—200 000日元的共济保险金，在"两链"出险时，就可申请获得累计最高8 000万日元、最长可7年偿还的无担保无息贷款。该制度明确规定，恶意逃债"跑路"的企业主无资格申请共济金。

二是针对小企业的经营困境，实施停业共济保险金制度。为应对小企业倒闭、个体经营者年老停业问题,日本从 1965 年起实施了专门适用于小企业的共济保险金制度。根据该制度,小企业经营者及高级职员每月可自愿交纳共济保险费 500—7 000 日元,并免征所得税,企业主在停业退休后按每月交纳的保险费计算发放退休金,帮助小企业平稳关闭。目前,日本约有 150 万小企业主加入了该项制度。

三是针对突发灾害、事故等,实施中小企业特别贷款制度。为了防范地震、台风等突发性自然灾害和重大事故、全国性行业恶化及银行倒闭等引起的中小企业"两链"风险,政府实施了经营安全网贷款制度和景气对策紧急担保制度,具体通过政策金融公库设立特别预算发放低息贷款,通过全国信用保证协会扩充企业信用,促进民间金融机构及时放贷。

四是针对行业龙头企业,实施重点专项贷款制度。通过政策金融公库等实施重点专项贷款,强化行业龙头企业资金链,帮助龙头企业缓解因经营暂时恶化、金融环境恶化带来的资金周转困难;设立龙头企业再创业专项贷款,防范发生因龙头企业倒闭而引起的连环倒闭。

三、立法管控风险

日本每设立一个中小企业管理或服务机构、每实施一项制度都有立法保驾护航。20 世纪 60 年代以来,日本先后颁布了《中小企业基本法》《小规模企业共济法》《防止中小企业倒闭共济法》《中小企业现代化资金助成法》《中小企业振兴事业团法》《中小企业金融公库法》《中小企业信用保险公库法》《信用保证协会法》《中小企业金融支援金融延期偿付法》等 30 多部为中小企业提供贷款或信用担保的专门法律。基于这些法律,日本政府 100%出资先后建立了中小企业金融公库、国民金融金库、商工组合金融公库等中小企业政策性金融机构,并在 2008 年整合组建了日本政策金融公库,向中小企业提供低于市场 2—3 个百分点的较长期低息贷款。同时,还设立了全国中小企业信用保证协会和中小企业信用公库,为中小企业从民间银行贷款提供信用担保。这些长效机制有效地防范和化解了大规模的企业连环倒闭风险。

第三节 对策与建议

当前浙江省中小企业"两链"风险成为制约浙江省实体经济发展的瓶颈。借鉴上述日本的相关经验,建议浙江省按照"以防为主、疏堵结合、分类处置"的方针,加大防治介入力度,排查"两链"风险源,阻断风险传导节点,分类处置管控风险,确保浙江省中小企业健康持续发展。

一、以防为主,创新机制有效防控风险

一是建立防止中小企业连环倒闭互助基金制度。建议在总结温州市金融综合改革试点、杭州市转贷基金等经验的基础上,灵活有效地运用国家中小企业发展专项资金,建立由政府和企业共同出资的防止中小企业连环倒闭互助基金制度,本着"自愿加入、有偿应急、专款专用"的原则,帮助企业无缝转贷,为企业贷款风险兜底。二是充实政策性担保机构。完善现行担保制度,规范连带责任担保方式,明确代偿责任及条件,从源头防止过度互保联保。加大对政策性担保机构和再担保机构的支持力度,帮助企业增信转贷还贷。三是建立中小企业诊断制度。借鉴日本中小企业诊断师的做法,建议在浙江省率先试点建立中国中小企业诊断师培养制度。在企业出现"两链"问题时,通过中小企业诊断师事前、事中与事后的持续援助,精准管控风险。四是建立中小企业景气动态监测和风险预警机制。重点监测涉险企业的用地、用电、用工、产值、信贷等动态情况。跟踪排查涉及快速多元扩张、高负债运行、高息融资、跨国转移资金的企业及产能过剩行业等风险源。建立涉险企业名单制度,高度关注欠薪、欠税、欠息、欠费企业,"僵尸企业",逃废债企业及"跑路"失信企业。特别重视涉贷欠息金额高的企业、地区及相关机构,防范发生区域性、系统性金融风险。

二、疏堵结合,创新思维阻断风险传导路径

一是因势利导,以疏代堵。支持资产管理公司打包处置不良资产。加快去担保化,及时处置闲置资产,推动土地、厂房等分割流转,扩大抵押质押范围,鼓励对效益好、信用好的企业减少担保贷款,直接授信。引导涉险企业回归主业,防止"脱实向虚"。二是以"堵"治险,支持发展非银金融。积极发挥基金小镇和民间金融的作用,促进股权融资,支持金融机构去杠杆化。在信贷管理上,探索跨行授信总额联合管理,防止贷款限期错配、多头及过多授信。三是疏堵结合,支持盘活资产。通过用地分割方式处置"两链"风险,鼓励推进债转股。支持优质企业对涉险企业的兼并重组。加强对银行业金融机构贷款的分类指导和检查,减少风险认定及传导过程中不合理的人为因素。

三、分类处置,创新模式妥善化解风险

当前,浙江省"两链"问题企业涉及部分行业龙头企业(A 类),更多的是涉及

因银行抽贷、压贷或互保联保牵连而导致流动性缺乏的企业(B 类)及产能过剩、存在较大融资风险的企业(C 类)。建议在化解风险的过程中采取“重点扶持、重组整合、依法破产”的分类处置原则,妥善化解风险。一是对于“不该倒的企业”加大扶持救治力度。A、B 类涉险企业中,对于暂时资金链紧张,但主业经营尚好、产品有销路、有发展潜力的龙头企业,政府应基于事业性评价机制加大重点扶持力度;银行应延缓起诉和查封,允许企业分期付款。而对于过度融资、杠杆率高引发风险的企业,政府应及早介入,加大救助力度,支持重组整合。二是对于“该倒的企业”依法破产倒闭。对于 C 类涉险企业,交由市场优胜劣汰,特别是“僵尸企业”,加快依法破产重整的进度;对于恶意逃废债等“假倒闭”企业,建议加强涉事企业产权登记、变更、抵押等事项的监管,强化依法打击的力度,切实保护银行机构、担保企业及关联企业的合法权益。三是对于非理性抽贷的银行,强化自律管理。调整完善银行考核机制,建立主办银行牵头的会商帮扶机制,对企业授信额度进行有效管理。银行对担保企业、参与重组企业不抽贷不压贷,在新增信贷规模、存贷比例、不良贷款核销等方面给予支持,从而为振兴浙江省区域实体经济构建良好的金融生态环境。

第十七章　浙江省产业升级调研报告

改革开放三十多年来，浙江省生产总值从1978年的124亿元增长到了2014年的40 154亿元，增加了300余倍，而且以中小企业为主的民营企业异军突起，成为推动浙江省经济发展的“主力军”，形成了“民营经济看浙江”的特色。伴随着经济的发展，产业结构必然处于不断优化以及升级之中。早在17世纪，英国古典政治经济学创始人威廉·配第(William Petty)便发现，工业部门的收入比农业部门多，而商业部门的收入又比工业部门多，即工业比农业、服务业比工业的附加值高。这一发现为资源配置从生产率低的产业向生产率高的产业转移提供了证据，奠定了经济发展势必推动产业升级的理论基础。20世纪30年代之后，科林·克拉克(Colin Clark)、西蒙·库兹涅茨(Simon Kuznets)、霍利斯·钱纳里(Hollis Chenery)、瓦尔特·霍夫曼(Walther Hoffmann)等人对产业升级以及产业结构优化进行了大量研究，得出了无论是发达国家还是发展中国家的产业升级都遵循一条普遍的路径的结论，即从“农业—工业—服务业”到“工业—农业—服务业”再到“工业—服务业—农业”，最后进入“服务业—工业—农业”阶段。就浙江省而言，毋庸置疑，在经济快速增长的同时浙江省产业结构也在不断跃迁，但就浙江省产业升级的轨迹、经验以及表征依旧需要回答以下三个问题：第一，浙江省产业升级是否符合一般化的“三步走”轨迹？第二，浙江省三大产业的内部结构是否真正优化？第三，浙江省产业升级是否具有“本土化”的特征？据此，本章将通过测算浙江省各个产业发展的数据，划分浙江省产业升级的阶段，分析浙江省各个产业的内部结构以及特征来回答以上三个问题。

第一节　浙江省产业结构的三级跃迁

自1978年至2014年，浙江省农业、工业和服务业的增加值从47.09亿元、

53.52亿元和23.11亿元增加到1 779亿元、19 153亿元和19 222亿元，三次产业结构从38：43：19调整到4.4：47.7：47.9。从数据中可以直观得知，浙江省三大产业的生产总值快速增长，三大产业结构也在不断优化，第三产业所占比重首次超过第二产业。基于浙江省的经济发展以及产业结构优化，本章将浙江省产业升级和跃迁划分为三大阶段。

第一阶段为1979—1992年，这一时期浙江省产业结构明显地从“一产、二产、三产”转变为“二产、一产、三产”。从1979年改革开放元年到1992年邓小平同志南方谈话，浙江省凭借独特的地理优势以及靠近上海市的区位优势，生产力得到了飞速发展。这一时期生产总值从158亿元跃升到了1 376亿元，而且三次产业占比出现了快速变化。其中，第一产业占比迅速下降，从1979年的42.8%下降到了1992年的19.1%；第二产业占比则从1979年的40.6%上升到了1992年的47.5%；第三产业占比也增加明显，从1979年的16.6%上升到了1992年的33.4%（见图17-1）。这一时期的明显特征是浙江省从计划经济向市场经济转变，个体商户等经济体如雨后春笋般大量涌现，乡镇企业异军突起，这就使得第一产业的占比迅速下降，而第二、三产业飞速发展，占比不断增加。

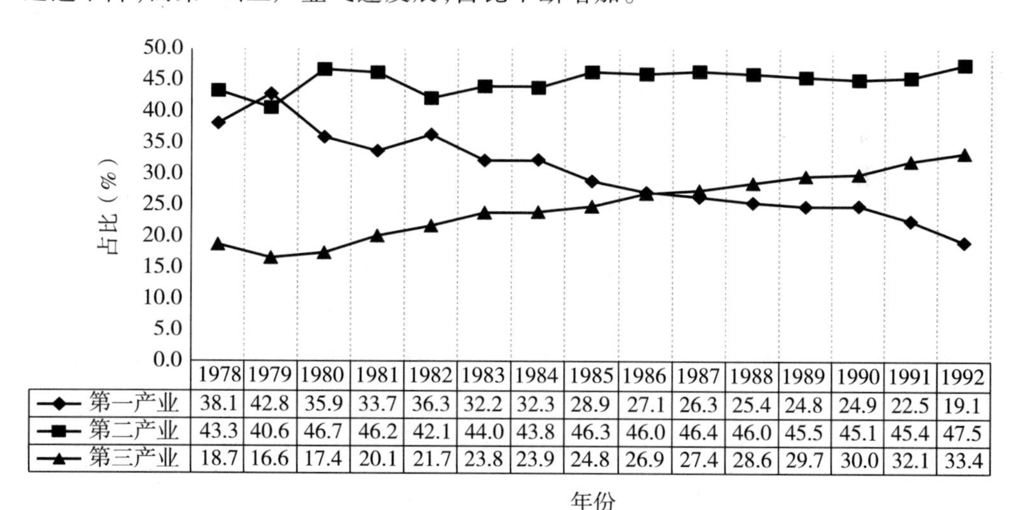

	1978	1979	1980	1981	1982	1983	1984	1985	1986	1987	1988	1989	1990	1991	1992
第一产业	38.1	42.8	35.9	33.7	36.3	32.2	32.3	28.9	27.1	26.3	25.4	24.8	24.9	22.5	19.1
第二产业	43.3	40.6	46.7	46.2	42.1	44.0	43.8	46.3	46.0	46.4	46.0	45.5	45.1	45.4	47.5
第三产业	18.7	16.6	17.4	20.1	21.7	23.8	23.9	24.8	26.9	27.4	28.6	29.7	30.0	32.1	33.4

图17-1 1979—1992年浙江省三次产业占比

第二阶段为1993—2002年，这一时期浙江省产业结构从“二产、一产、三产”转变为“二产、三产、一产”。从1992年邓小平同志南方谈话之后到2002年中国加入WTO（世界贸易组织），浙江省乡镇企业发展的阻碍不断减小，出现了私营经济发展的新高潮，逐步形成了富有特色的民营经济。这一时期浙江省的产业结构不断优化，虽然第二产业依旧是浙江省国民经济发展的第一组成部分，但是这一时期第三产业得到了快速发展。第一产业占比下降迅速，从 1993 年的 16.4%下降到了 2002 年的 8.6%，首次跌破 10%；第二产业保持高位发展状态，占比超过全省 GDP 的一半，在 1999 年之前第二产业占比有所上升，但是之后略有回落，保持在 51%左右；第三产业迅速发展，从 1993 年的 32.5%上升到了 2002 年的 40.3%，首次超过 40%（见图 17-2）。在这一阶段，伴随着中国改革开放进程的加快，浙江省经济整体呈现出外向型经济，而且服装、电子等产业逐渐成为国民经济发展的主导产业。

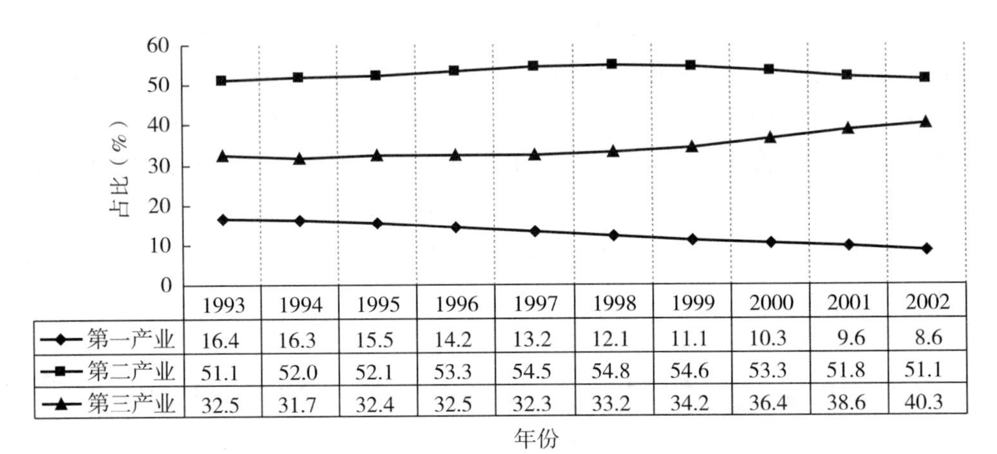

	1993	1994	1995	1996	1997	1998	1999	2000	2001	2002
第一产业	16.4	16.3	15.5	14.2	13.2	12.1	11.1	10.3	9.6	8.6
第二产业	51.1	52.0	52.1	53.3	54.5	54.8	54.6	53.3	51.8	51.1
第三产业	32.5	31.7	32.4	32.5	32.3	33.2	34.2	36.4	38.6	40.3

图 17-2　1993—2002 年浙江省三次产业占比

第三阶段是 2003 年至今，这一时期浙江省产业结构变迁的趋势是从“二产、三产、一产”升级到“三产、二产、一产”。这一时期的主要特征是现代服务业快速增长，虽然目前第二产业占比仍旧高于第三产业，但是就两大产业的发展趋势而言，第二产业占比会逐步下降，而第三产业占比会迅速上升。这一时期浙江省第一产业占比仍旧下降，从 2003 年的 7.4%下降到了 2014 年的 4.4%；第二产业占比虽然依旧较大，但是出现了下降趋势，从 2003 年的 52.5%下降到了 2014 年的 47.7%，跌破 50%；第三产业增长明显，占比从 2003 年的 40.1%上升到了 2014 年的47.9%，2014 年第三产业占比首次超过第二产业，说明浙江省产业进入了高级化发展阶段（见图 17-3）。

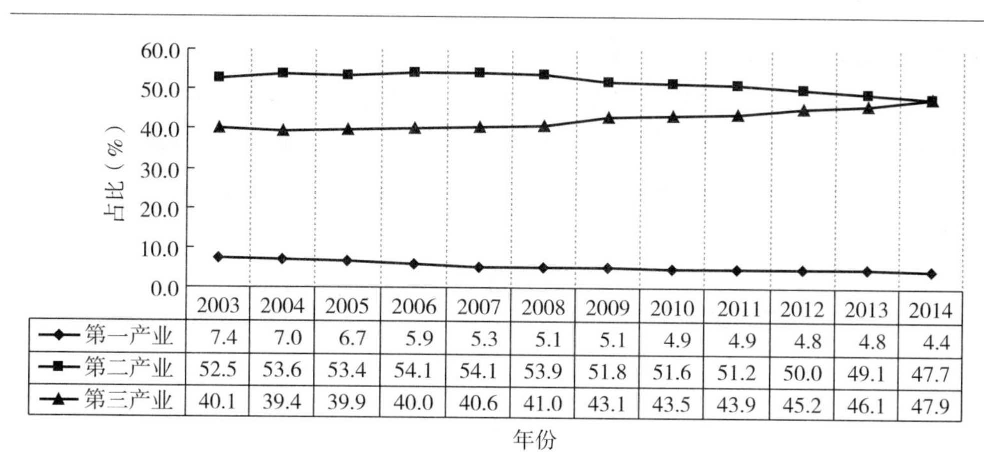

图 17-3　2003—2014 年浙江省三次产业占比

从上述分析可知，伴随着经济发展，浙江省产业不断升级，产业结构不断优化，而且浙江省产业升级的轨迹符合发达国家和发展中国家产业升级的“一般路径”。虽然很长时期内浙江省产业结构依旧以第二产业为主导，但是不难发现，第二产业所占全省生产总值的比重正出现不断下降的趋势，取而代之的是第三产业的发展。但是，上述分析只是基于三次产业的总体结构而言，而就三次产业内部结构是否在不断优化还有待进一步考证。

第二节　浙江省三大产业内部结构变迁

从浙江省产业发展的三个阶段来看，浙江省产业正处于不断跃迁和升级当中，而且第三产业进入快速增长时期，未来一段时间会超越第二产业，成为拉动浙江省经济增长的核心动力。但就产业内部结构而言，在整体产业升级的背景下，三大产业内部结构是否不断优化，是否趋于“高度化”还需要进一步分析。

针对第一产业，本章测算了 1978—2013 年第一产业内部农业、林业、牧业以及渔业产值所占第一产业产值的比重（见表 17-1），可以发现，1980—2013 年渔业与牧业产值占比出现了明显上升，农业产值占比却大幅度下降，而且自 2000 年开始便跌破 50%，同时林业产值占比略微上升，但基本维持在 5%—6%的水平。这说明浙江省第一产业的内部结构正在不断优化，单纯的传统农业在第一产业产值中的占比明显下降，取而代之的是附加值相对较高的渔业部门和牧业部门。虽然浙江省第一产业的结构不断优化,但是产业结构远未达到合理水平,农业产值占比依旧占据第一产业首位,而且这些农业多是传统农业,如何使得这些传统农业转变为精细农业,是浙江省第一产业结构优化的重要课题。此外,浙江省地貌素有“七山二水一分田”的特征,但是林业产值占比却不到10%,这说明浙江省的农业结构与资源结构不匹配程度严重,地理资源利用率很低。

表 17-1 1978—2012 年浙江省第一产业内部结构

年份	农业产值占比	林业产值占比	牧业产值占比	渔业产值占比
1978	0.77	0.03	0.14	0.05
1979	0.76	0.03	0.17	0.04
1980	0.69	0.04	0.21	0.06
1981	0.72	0.04	0.17	0.06
1982	0.72	0.04	0.19	0.05
1983	0.70	0.04	0.20	0.06
1984	0.70	0.05	0.18	0.07
1985	0.64	0.05	0.22	0.09
1986	0.64	0.05	0.21	0.10
1987	0.62	0.05	0.21	0.11
1988	0.58	0.05	0.25	0.12
1989	0.60	0.04	0.25	0.11
1990	0.60	0.05	0.23	0.12
1991	0.60	0.05	0.21	0.14
1992	0.57	0.05	0.21	0.16
1993	0.56	0.06	0.19	0.19
1994	0.54	0.06	0.20	0.20
1995	0.55	0.06	0.16	0.22
1996	0.55	0.06	0.17	0.22
1997	0.51	0.06	0.19	0.24
1998	0.52	0.06	0.17	0.25
1999	0.52	0.06	0.16	0.27
2000	0.49	0.05	0.17	0.28

(续表)

年份	农业产值占比	林业产值占比	牧业产值占比	渔业产值占比
2001	0.46	0.06	0.19	0.29
2002	0.46	0.06	0.19	0.29
2003	0.45	0.06	0.20	0.28
2004	0.44	0.06	0.21	0.27
2005	0.46	0.06	0.20	0.27
2006	0.48	0.06	0.20	0.24
2007	0.46	0.06	0.23	0.23
2008	0.46	0.06	0.24	0.23
2009	0.47	0.06	0.22	0.23
2010	0.48	0.05	0.21	0.24
2011	0.45	0.05	0.22	0.26
2012	0.46	0.05	0.21	0.26
2013	0.47	0.05	0.19	0.29

对于第二产业,从 2004—2013 年的数据可知,浙江省工业总产值在不断增加。同时,浙江省工业的霍夫曼系数小于 1 且在不断下降,说明浙江省工业主要以重工业为主,且重工业比重在不断上升,意味着浙江省第二产业的内部结构也在不断优化(见表 17-2)。即便如此,浙江省第二产业的内部结构依旧是以传统的低端制造业为主,新兴的先进制造业发展不足。就浙江省第二产业占比前 10 位的行业而言(见表 17-3),基本上都是纺织业、电气机械及器材制造业、化学原料及化学制品制造业等传统的劳动密集型产业,而诸如通信设备、计算机及其他电子设备制造业等先进的资本密集型制造业占比非常低。这主要是由于浙江省经济发展以民营中小企业为“主力军”,缺乏龙头企业的带动,而这些民营中小企业往往是乡镇企业或者是家庭作坊式的,只能从事纺织、汽配等低端制造业的生产。现阶段,浙江省要实现第二产业内部结构优化,应当充分利用“浙商回归”的资源,引进具有先进技术的龙头企业、跨国企业等,从而真正提升制造业的技术水平。

表 17-2 2004—2013 年浙江省工业霍夫曼指数

年份	工业总产值（亿元）	轻工业产值（亿元）	重工业产业（亿元）	霍夫曼系数
2004	18 729.05	8 615.93	10 113.12	0.85
2005	23 106.76	10 626.24	12 480.52	0.85
2006	29 129.94	12 756.99	16 372.95	0.78
2007	36 073.93	15 519.12	20 554.82	0.76
2008	40 832.10	16 943.47	23 888.63	0.71
2009	41 035.29	17 196.43	23 838.86	0.72
2010	51 394.20	20 896.40	30 497.80	0.69
2011	56 406.06	21 953.08	34 452.98	0.64
2012	56 903.25	22 310.34	34 592.91	0.64
2013	61 836.91	24 026.84	37 810.07	0.64

表 17-3 2007—2011 年浙江省第二产业内部结构占比（前 10 位）

行业	2007 年	2008 年	2009 年	2010 年	2011 年
纺织业	0.12	0.11	0.11	0.11	0.10
电气机械及器材制造业	0.09	0.09	0.09	0.09	0.09
化学原料及化学制品制造业	0.06	0.06	0.07	0.07	0.08
通用设备制造业	0.07	0.07	0.07	0.07	0.07
交通运输设备制造业	0.06	0.06	0.07	0.07	0.07
电力、热力的生产和供应业	0.06	0.06	0.07	0.06	0.07
化学纤维制造业	0.04	0.04	0.03	0.04	0.04
有色金属冶炼及压延加工业	0.04	0.03	0.03	0.04	0.04
通信设备、计算机及其他电子设备制造业	0.05	0.04	0.04	0.04	0.04
金属制品业	0.04	0.04	0.04	0.04	0.04

针对浙江省第三产业内部结构发展，本章选取 2005—2012 年批发和零售业、住宿和餐饮业以及交通运输、仓储和邮政业等行业历年的生产值进行了对标比较（见图 17-4），发现 2005 年之后，浙江省第三产业各行业进入了黄金增长期，生产

值不断增加而且结构也趋于优化。但是,浙江省第三产业的结构远未达到“先进”水平,批发和零售业依然在浙江省第三产业中占据着重要位置,而金融业、房地产业也紧随其后不断发展,但是新兴服务业,如信息产业、教育医疗、文化娱乐投入还是比较少。这与浙江省的省情较为符合,浙江省小商品体系较为发达,如义乌的国际小商品城、绍兴的纺织城等,使得浙江省服务业以零售业等低端服务业为主,新兴服务业发展明显不足。与此同时,浙江省第二产业以低端制造业为主,导致了先进制造业与现代服务业之间的互动也不足,加重了现代服务业升级的空间弱化,所以要破除服务业升级困境,必须着力于第二产业、第三产业之间的联动发展。

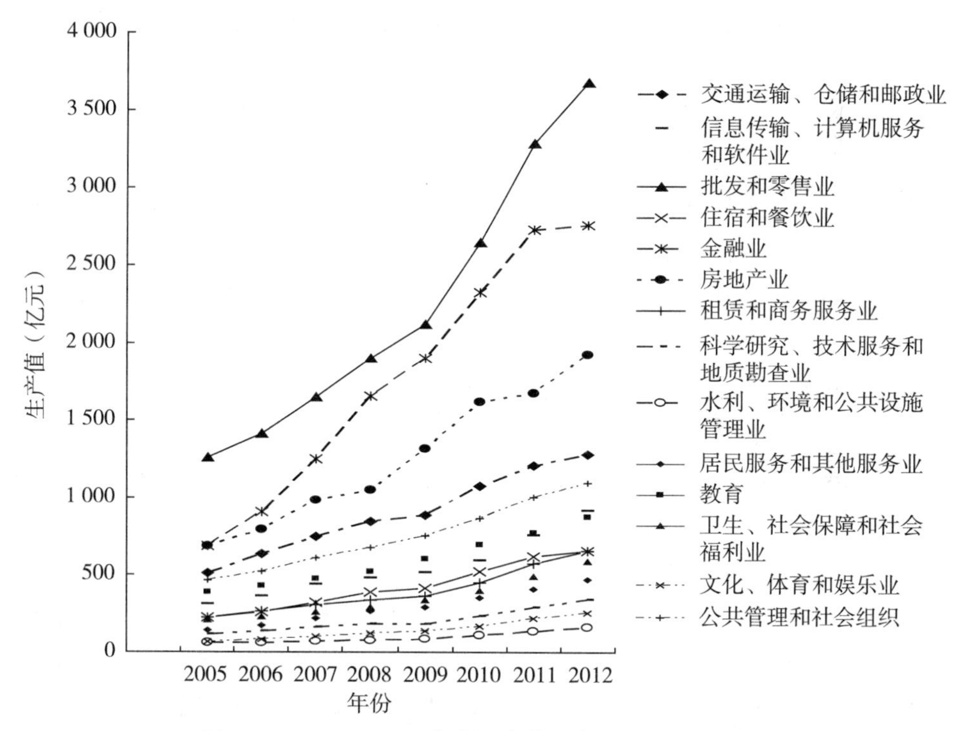

图 17-4 2005—2012 年浙江省第三产业各行业生产值

第三节 浙江省产业升级的块状模式

块状经济又称区域特色经济,是指在一定的地域范围内,围绕某类产品,众多企业通过积聚和协作形成专业化的产、供、销基地的组织形式。在经济发展过程中,浙江省形成了富有特色的地区产业集群,并以此为基础建立了特有的块状经济模式。如桐庐被称为“中国制笔之乡”、永康被称为“五金之都”,浦江被称为“中国水晶玻璃之都”,温州赢得了“中国鞋都”“中国锁都”和“中国印刷城”等美誉,这些块状经济品牌的兴起无疑促进了当地经济的快速发展。具体而言,产业集群以及块状经济对于浙江省的产业升级可以概括为以下“四个有利于”:

第一,有利于产业集群内部资源合理配置,提高资源的利用效率。基于产业集群,既有资源往往会集中流向发展潜力大、竞争力强的核心企业,从而保证整个产业集群区域的竞争实力。资源的流向基于市场的配置,能够使得资源充分合理利用,从而带动整个区域的产业升级。

第二,有利于企业之间的技术外溢,提升企业的自主创新能力。产业集群内部企业之间往往会形成人才对流、技术外溢现象,从而使得整个产业集群的技术水平得到提高,进而促进企业利用既有技术,研发新型技术,提升自身的竞争实力,实现企业微观个体的转型升级。

第三,有利于充分整合区域优势,带动区域化的产业升级。产业集群往往是基于当地的生产特点所形成的,如绍兴的纺织、台州的汽配等,所以产业集群的形成有利于充分整合当地的区域优势以及资源优势,从而由产业集群带动整个区域产业升级。

第四,有利于打造区域产业品牌,扩大区域影响,吸引外商投资。产业集群的建立往往能够使当地形成适合本土发展的块状经济,从而建立起本土产业发展的“金名片”,这样便有利于扩大区域影响,吸引更多的投资进入本地,促进产业升级。

现阶段,浙江省各地政府不断重视产业集群转型升级的规划,笔者根据调研资料整理出了 21 个地区的产业集群(见表 17-4),但是从表 17-4 中也可知浙江省产业集群转型升级的规划也多是汽配、模具、服装、纺织等低端制造业,鲜有先进制造业转型升级的规划。这与浙江省经济发展的模式密不可分,虽然浙江省经济处于全国经济的“第一集团军”,但浙江省依托的是民营企业,而这些民营企业多是中小企业,很难形成真正高层次的技术密集型龙头企业。但就目前浙江省产业集群的产业转型升级而言,笔者认为存在以下两个问题:第一,产业集群内部企业规模小,自主品牌缺失,多是粗放型经营,没有形成现代管理模式,而且侵权仿冒等问题严重,这导致产业集群转型升级很难真正实现从“量”到“质”的跨越式发展。如何提升区域产业集群的技术含量,打造具有本土特征的品牌,提高企业在价值链中的分工地位,是下阶段产业转型升级规划的重大课题。第二,现阶段浙江省的块状经济都是依托当地的中小企业,未能引进技术含量高、竞争实力强的大型企业进驻,形成如上海张江高新区、北京中关村这样的高科技产业园区,无法实现从块状经济向总部经济的飞跃。所以,浙江省的产业集群应当逐步摒弃现有的发展模式,吸引真正有实力、有技术的大型企业进驻,发挥现有块状经济优势,形成总部经济效应,从而真正推动浙江省各大产业内部结构优化,真正实现产业转型升级。

表 17-4　浙江省 21 地区产业集群

地区	集群产业	地区	集群产业
台州黄岩	模具产业	杭州地区	装备制造业
金华地区	汽车和零部件产业	丽水缙云	带锯床和特色机械装备产业
嘉兴平湖	光机电产业	温州乐清	工业电气产业
温州瑞安	汽摩配产业	宁波地区	服装产业
绍兴嵊州	领带产业	衢州地区	氟硅产业
台州地区	医药化工产业	绍兴地区	纺织产业
金华永康	五金产业	台州温岭	泵产业
湖州长兴	蓄电池及新兴能源产业	杭州萧山	纺织产业
舟山地区	船舶产业	义乌地区	饰品、小商品
宁波慈溪	家电产业	杭州余杭	家纺产业
嘉兴海宁	皮革产业		

第四节　对策与建议

本章从发展阶段、内部结构以及特有模式等角度研究了浙江省的产业升级,认为浙江省产业升级符合产业升级理论的"三步走"一般轨迹,而且随着经济发展,浙江省三大产业的内部结构也在不断优化,但是各产业依旧是以低端行业为主,产业内部结构有待进一步优化。同时,本章认为,浙江省的块状经济以及产业集群对于产业升级起到了很大作用,而且各地方政府不断重视区域产业集群转型升级的规划,但是浙江省的区域产业集群升级需要突破"缺乏自主品牌"以及"缺乏核心技术"的两大瓶颈。从浙江省产业升级的发展经验中,笔者认为有以下四点值得借鉴,并进行完善:

第一，依托区域块状经济，培育特色总部经济，发挥“1 - 1 > 1”的升级效应。浙江省充分发挥产业集群的规模效益，培育了富有特色的块状经济模式，这为国内其他城市产业升级提供了路径参考。但是浙江省的块状经济以低端产业为主导，鲜有战略性新兴产业等高端块状经济。所以，在既有块状经济的基础上，应当引进高技术企业总部进驻，使得块状经济能够转型升级为总部经济，真正发挥产业集群的优势。以总部经济替代块状经济，实现产业带的转型升级。在此过程中，要加大招商引资的力度和效率，尤其关注在外发展的地方籍商人的联通作用，形成“拉动一个，连成一线，带动一片”的效应，即拉动一个原籍商人回归，利用这个商人的资源网连成一线，从而带动一大批原籍商人回归。

第二，优化产业升级方式，加快发展循环经济，实现“1 ÷ 1 = 1”的南风效应。在产业转型升级过程中，浙江省不仅关注产业结构调整，从低端产业向高端产业迈进，也积极培育现代化、绿色化、集约化的生产模式，大力发展循环经济，促使经济发展与环境保护双赢。就同类省市产业升级而言，在经济发展过程中，也应当关注节能环保，鼓励企业摒弃传统的粗放型发展方式，形成绿色、环保、节能的循环发展模式。另外，要加强监管，使得产业升级做到零污染。尤其要大力发展循环经济，用循环经济的发展模式来代替原先的发展方式，坚持走低能耗、少污染的发展道路，打下产业升级可持续发展的坚实基础。同时，鼓励企业自主创新，提升产业竞争实力，从源头上真正实现产业升级。

第三，积极发展第三产业，加强第二产业、第三产业联动，寻求“1 + 1 > 2”的鲶鱼效应。第三产业的快速发展不仅是产业升级的重要组成部分，也是反哺第二产业转型升级的重要力量，尤其是信息技术的发展在很大程度上能够促进制造业生产的一体化、流程化和智能化。2015 年“两会”期间，李克强总理多次提及实施“互联网 + ”战略，浙江省充分利用阿里巴巴等优势平台，已经推进跨境电子商务、智慧城市等试点工作。随着“互联网 + ”战略的不断深入，北京、上海、江苏等省市都与腾讯等互联网巨头签署战略协议，通过互联网技术来推动城市发展。因此，在产业转型升级进程中，应当充分重视现代服务业和先进制造业的积极联动，培育新型“2.5”产业，从而促使产业的转型升级。

第四，鼓励企业自主创新，提升产业竞争实力，强化“1 × 1 > 2”的包容效应。“大众创业、万众创新”是新常态下经济发展的新增长点，亦是宏观经济供给侧结构性改革的重要层面。浙江省以互联网为媒介，培育了大量的梦想小镇、众创空间平台等，为创新创业提供了良好的环境，以此来培育产业转型升级的核心竞争力，值得学习和借鉴。就政府而言,应当加强政策支持、财政补助、税收优惠力度,鼓励企业发挥主观能动性,引进拥有核心技术的尖端人才,从而为产业升级提供人才储备。同时,利用互联网技术克服创新创业的时间、空间等限制,搭建创新创业的优势平台。就企业而言,应当发挥主观能动性,加大资金投入进行研发创新,加强人才外引内培,创造真正的核心技术,提高企业的竞争实力,从而加快产业的转型升级。

第十八章 “数字经济”与“浙江制造”深度融合调研报告

“数字经济”与“浙江制造”深度融合是浙江省经济转型升级的重要突破口。2017年,中国数字经济体量达26.7万亿元,同比增长17.2%,数字经济占GDP的比重达32.3%。据埃森哲统计,2016年,全球数字经济体量达17万亿美元,占全球GDP总量的23%;预测2021年将达到21万亿美元。目前,浙江省信息经济核心产值突破4 000亿元,工业增加值突破2万亿元,应将信息经济的先发优势和浙江制造的传统优势集成起来,加快进军数字经济“一号工程”,积极创建“中国数字经济示范省”,推动数字经济与浙江制造深度融合,使数据强省成为数据强国的又一典范,使浙江制造成为中国制造的鲜明标杆。

第一节 启动实施“数字经济与浙江制造深度融合专项行动”

浙江制造正在加快推进“互联网+”“大数据+”“人工智能+”,但总体上仍是工业1.0、2.0、3.0并存,大数据与浙江制造融合得不够平衡、不够充分,而且承受着传统制造和高端制造“双向转移”的压力。建议抓住中国制造2025的历史性机遇,制订实施“数字经济与浙江制造深度融合行动计划”。一是启动“工业大数据推动浙江制造智能再造行动”,研究出台《深化“互联网 + 先进制造业”发展工业互联网的实施意见》,建立一批工业互联网服务平台、工业大数据分析与集成平台、人工智能引擎服务与运营平台等,推动工业生产自动化、个性化、柔性化。二是启动“浙江制造对标国际先进制造追赶行动”,遴选一批“追赶”的细分制造业,大力运用智能云、工业云、量子通信、量子计算等大科学装置，加快研发工业大数据系统、数据建模分析、边缘计算、人工智能算法库等关键技术，以数字化、网络化、智能化为抓手，实现弯道超车甚至换道超车。三是启动“浙江企业上云行动计划”“浙江智能制造标准化 + 行动”，通过树立 100 家左右的上云标杆企业，推广深度用云典型案例，加快云计算、大数据等与制造深度融合，同时通过标准化推动智能化，力争到 2020 年，新增浙江制造标准 1 000 个，培育浙江制造认证企业 2 万家，打造浙江制造精品 300 个。主要发达省市政策和量化指标对比见表 18-1。

表 18-1　主要发达省市政策和量化指标对比

省市	时间节点	主要政策和量化指标
上海	2020 年	重点打造 10 个制造业互联网双创平台，重点行业装备数控化率和工业云使用普及率分别达到 60%、65%，企业信息化投入占主营业务收入的比重达到 0.5%，处于集成提升和创新突破阶段的企业的比例不低于 50%
北京	2020 年	两化融合发展水平达 70 分，生产设备数字化率达 65%，关键工序数控化率达 70%，数字化生产设备联网率达 60%，云平台利用率达 75%，智能制造就绪率达 18%，实现网络化协同的企业占比达 45%
广东	2018 年	重点行业骨干企业双创平台普及率达 85%，工业云企业用户突破 2 万家，规模以上制造业企业关键工序数控率达 50%、网络化率达 70%，国家级互联网与工业融合创新试点企业达 40 家，省级试点企业超过 300 家
江苏	2020 年	全省重点行业骨干企业双创平台普及率超过 90%，工业云企业用户比 2015 年增长 2 倍，制造业企业智能制造就绪率翻一番；规模以上企业关键生产工序数控化率达 60%，关键环节互联网应用覆盖率达 60%，重点管控系统集成覆盖率达 45%，企业互联网化指数超过 55；创建 50 个“互联网 + 先进制造”特色基地，培育发展 1 000 家以上制造业与互联网融合创新试点示范企业、100 家以上融合创新优秀解决方案服务类企业

第二节 对标国际一流打造智能制造科创平台与孵化平台

一是打造3—5个在全球有竞争力的科创平台。全力打造世界级现代化科创中心,加快推进之江实验室、西湖大学、科创大走廊、钱塘江金融港湾等科创大平台建设,加快建设“浙江智能制造协同创新中心”,积极争设1—2家国家实验室,鼓励龙头骨干企业建立智能制造研究院,以加快智能芯片、数字测控、模糊控制、传感器、人机交互、嵌入式软件、环境感应等新技术、新产品的创新研发速度。

二是打造10个左右有影响力的行业性工业云平台。块状经济分布于浙江省各地,在地理版图上形成了块状明显、色彩斑斓的“集群马赛克”,应瞄准国际水平,面向“永康五金”“诸暨袜业”等500多个产值在5亿元以上的产业集群,培育10家具有行业特色的工业云平台,培育1—2个具有国际水平的国家级工业云平台,创建100个省级“两化”融合示范点,促进产业链垂直领域数据集成和集群数字化、网络化升级。

三是打造一批数字经济平台。利用杭州国家自主创新示范区、浙东南国家自主创新示范区建设契机,加快发展以杭州、宁波为核心,金华、台州等多点联动的数字经济发展格局,扎实推进“两化”融合国家示范区建设,构筑一批数字经济创业创新平台,加快应用数字工厂、工业云、智能制造,力争全省数字经济增加值年均增长15%,占全省GDP的比重年均提高0.5个百分点以上。

第三节 实施“大数据与先进制造深度融合示范工程”

一是遴选10个示范产业,实施“智能制造产业示范工程”。结合《浙江省全面改造提升传统制造业行动计划(2017—2020年)》,加快推进大数据、AI(人工智能)、云计算、物联网等与纺织、服装、皮革、化工、化纤、造纸、橡胶和塑料制品、非金属矿物制品、有色金属加工、食品加工等10个制造行业融合。大力实施人工智能“铸脑”行动计划、集成电路“铸芯”行动计划,加快发展物联网、大数据、量子通信等引领浙江省发展的未来产业。

二是遴选10个示范基地,建设“智能制造示范基地”。结合地区产业特色与制造业基础优势，在全省制造基础扎实、智能水平较高的滨江区、余杭区、北仑区、余姚市、慈溪市、乐清市、海宁市、柯桥区、诸暨市、上虞区等10个县市区，建成10个在国内具有较强影响力、大数据技术先进、产品智能化过硬的智能制造示范基地。

三是遴选10家龙头骨干企业，实施"工业互联网标杆工程"。美的集团"632"数字化战略（6大运营平台、3大管理平台、2大集成技术平台）、阿里云ET工业大脑、中控SupOS工业操作系统等值得龙头骨干企业借鉴。建议制定"浙江省工业互联网标杆工程项目遴选标准"，在全省遴选10家龙头骨干企业，开展工业互联网应用示范试点，打造企业级平台，引领带动一批规上工业企业上云。

四是建设1个具有国际一流水平的数字经济和先进制造深度融合联盟。依托浙江大学、之江实验室、西湖大学、阿里云、海康威视、中控工业物联网、华为浙江研究院等力量，积极引入中国科学院、中国工程院、中国科技大学、北京航空航天大学、解放军信息工程大学等高端智力资源，打通协同研发、测试验证、数据集成、成果转化等创新链，加快向数字经济和浙江制造深度融合前沿领域攻关。

五是建设3—5个工业互联网创新中心、大数据与先进制造深度融合中心。目前，阿里巴巴、万向、吉利、中控等领军型企业都在单独攻关工业互联网、大数据、人工智能，面对工业4.0浪潮，亟须加快集成领军型企业、高校院所、行业联盟、政府部门等各方资源，引进国际国内领先的高端创新资源，加快开展产学研用协同攻关。

六是建设200家大数据与先进制造融合研发中心。瞄准浙江省"10＋1"传统制造重点行业领域，到2020年建成省级产业创新服务综合体20家，新增省级重点企业研究院25家、省级以上企业技术中心80家，培育建设云工程与云服务省级重点企业研究院50家、工业信息工程省级重点企业研究院25家。

第四节　对标全球领先实施"上云行动、互通行动、顶端行动"

一是大力实施"上云行动"。目前，浙江省上云企业有18万家，占全省企业的比例仅为10.6%。对此，制定有针对性的财税支持、政府购买服务等政策，鼓励工业互联网平台在高新技术园区、科技城、产业集聚区等平台落地，推动2 000万元营业收入的规上企业率先“上云”，力争到2020年，重点传统制造业上云企业达到10万家，培育服务型制造示范试点企业200家、个性化定制示范试点企业200家。

二是大力实施“互通行动”。大力实施信息互通工程，切实打破“信息孤岛”和“信息烟囱”，加快建立“浙江省工业互联网产业生态资源池”。加快推进工业企业内网的IP（互联网协议）化、扁平化、柔性化技术改造和建设部署，全面部署IPv6（Internet协议第6版），推动工业企业以IPv6、工业无源光网络（PON）、工业无线等技术、设备改造生产网络系统。

三是大力实施“顶端行动”。积极参与制定工业互联网标准体系，力争每年制定5项总体性标准和关键共性标准，制定10项重点行业标准，积极开展时间敏感网络、确定性网络、低功耗工业无线网络等新型网络技术研发。大力培养海康威视、大华通信等3—5家具有核心竞争力的工业互联网安全企业，启动实施一批创新实用的网络安全示范项目。

第五篇
国外智能制造推动中小企业转型发展的经验措施研究报告

第十九章　德国智能制造推动中小企业转型发展经验措施

第一节　德国工业4.0战略计划

德国是全球制造业中最具竞争力的国家之一，其装备制造行业全球领先。这是德国在创新制造技术方面的研究、开发和生产，以及在复杂工业过程管理方面的高度专业化使然。德国拥有强大的机械和装备制造业，占据全球信息技术能力的显著地位，在嵌入式系统和自动化工程领域具有很高的技术水平，这些都意味着德国确立了其在制造行业中的领导地位。因此，德国以其独特的优势开拓新型工业化的潜力：工业4.0。

前三次工业革命源于机械化、电力和信息技术。现在，将物联网和服务应用到制造业正在引发第四次工业革命。在制造系统中，智能机器、存储系统和生产设施能够相互独立地自动交换信息、触发动作和控制，这有利于从根本上改善包括制造、工程、材料使用、供应链和生命周期管理在内的工业过程。正在兴起的智能工厂采用了一种全新的生产方法。智能产品通过独特的形式加以识别，可以在任何时候被定位，并能知道它们自己的历史、当前状态和为了实现其目标状态的替代路线。嵌入式制造系统在工厂和企业之间的业务流程上实现了纵向网络连接，在分散的价值网络上实现了横向连接，并可进行实时管理——从下订单开始，直到外运物流。此外，它们形成且要求的端到端工程贯穿整个价值链。

当前，全球经济发展已经进入以信息技术为主导的第五次经济浪潮，物联网、大数据、云计算等新一代信息技术正加速与新制造、新能源、新材料及新商业模式的融合，智能制造日益成为生产方式变革的重要方向。发达国家纷纷调整了其创新战略和企业扶持政策,德国政府推出工业4.0战略计划,并相应地实施了德国智能制造领域的中小企业的一系列扶持政策。研究德国的工业4.0战略计划,提供可供中国中小企业扶持政策借鉴的经验,对中国中小企业的发展和产业的转型升级具有重要意义。

一、工业4.0战略计划的背景和目标

德国有着和美国不一样的竞争优势:制造业。无论是质量还是技术,德国制造在全世界范围内都是优秀的代名词。德国70%左右的制造业产品出口到世界各地。也正是因为这一点,在最近几年的经济危机中,德国经济才能保持强劲的稳定性,和美国、欧洲其他国家形成了鲜明的对比。"与美国相比,德国有一点不同,德国拥有强大的制造业,它从另一个基础开始起步。"德国联邦外贸与投资署驻华代表韩佩德表示,德国现在的目标是把传统制造业转型成电子型制造业,并在制造业中加入新的服务。

2011年,在汉诺威工业博览会开幕式致辞中,德国人工智能研究中心负责人和执行总裁沃夫冈·瓦尔斯特尔(Wolfgang Wahlster)教授首次提出"工业4.0"一词。2013年,德国成立了工业4.0工作组,并于同年4月在汉诺威工业博览会上发布了最终报告《保障德国制造业的未来:关于实施"工业4.0"战略计划的建议》。这份报告认为,工业4.0的核心就是下一代工业革命是信息物联网和服务互联网与制造业的融合创新。报告指出,工业4.0会将智能技术和网络投入工业应用中,从而进一步巩固德国作为生产地以及制造设备供应国和IT业务解决方案供应国的领先地位。

德国工业4.0战略计划的提出,主要是基于内外部原因。外部原因一是2008年金融危机后,美国等发达国家挤出虚拟经济泡沫的同时,寻求经济的新动力,加强制造业的坚实基础,提出了"再工业化"计划,对德国施加了压力;二是以中国为代表的新兴国家的快速发展也使德国企业的国际市场份额大幅削减。德国的工业4.0战略计划也可以说是对美国和新兴国家竞争的回应。内部原因是保持和提高德国在制造业强国中的技术和创新优势。

德国工业4.0战略计划的目标是积极回应国际经济深度转型和经济结构深度调整,紧紧抓住新一轮产业革命的契机,依托制造业的传统优势,借助新技术的推广和运用,以制造业智能化带动国民经济体系的全面智能化,将物联网和物联网技术用于制造业,在向工业化第四阶段迈进的过程中先发制人,保持德国的竞争力,

确立新科技产业革命的领先地位。

二、工业 4.0 战略计划的主体和内容

工业 4.0 战略计划的主体是以智能制造为主导的第四次工业革命。通过实施工业 4.0 战略计划推动全面智能制造,提升工业领域的智能化和信息化水平,是德国产业转型发展的重要手段。

智能化是德国工业 4.0 的灵魂,主要内容包括以下方面:一是制造业的服务化将为制造业产品提供智能服务及大数据支撑,进一步带来制造业组织管理方式、制造工艺等的变革,从而使得制造业更加智能且富有效率;二是新一代互联网技术与制造业融合,大数据将成为智能时代新型的生产要素;三是以制造业的智能化带动全社会的智能化。智能制造根据客户需求定制个性化的智能产品;数字化的智能工厂完成产品生产并向网络云端提供产品和服务的大数据;智能供应链网络将产品送到客户手中,从产品的创意、设计、生产、运输、服务形成智能化的回路,最终实现全社会的智能化。

工业 4.0 战略计划的前提是工厂标准化。工业 4.0 通过"工厂的标准化",将标准化的智能产品、智能服务扩展到全球市场,大幅提高智能制造技术和制造模式的市场转化效率。工业 4.0 战略计划的核心是人、机器与产品实时连通、相互识别和高效交流,进而实现个性化和数字化的智能制造。通过这种联通方式,生产制造由集中向分散转变,企业的利润不再是大规模生产带来的福利;企业产品由大众化向个性化转型,产品将完全按照个体个性化设计进行生产,甚至是只为一个人量身打造;消费者的身份将从生产的末端被动接受向生产过程自主全程设计转变,消费者可以全过程、大幅度参与设计、生产和价值创造过程。

三、工业 4.0 战略计划的三大主题——智能工厂、智能生产服务、智能物流

智能工厂,即分散的、具备一定智能化的生产设备,在实现了数据交互之后,能够形成高度智能化的有机体,实现网络化、分布式生产。

智能生产服务,主要涉及整个企业的生产物流管理、人机互动以及 3D 技术在工业生产过程中的应用等。该计划将特别注重吸引中小企业参与,力图使中小企业成为新一代智能化生产技术的使用者和受益者,同时也成为先进工业生产技术的创造者和供应者。

智能物流,主要通过互联网、物联网、物流网,整合物流资源,充分发挥现有物流资源供应方的效率,而需求方则能够快速地获得服务匹配,得到物流支持。

四、工业 4.0 战略计划的特性和意义

工业 4.0 拥有巨大的潜力。智能工厂使得个体顾客的需求得到满足,这意味着即使是生产一次性的产品也能获利。在工业 4.0 中,动态业务和工程流程使得生产在最后时刻也可以变化,供应商可以对生产过程中的干扰与失灵做出灵活反应。制造过程中提供的端到端的透明度有利于优化决策。工业 4.0 也将带来创造价值的新方式和新的商业模式。特别是,它将为初创企业和小企业提供发展良机,并提供下游服务。此外,工业 4.0 将应对并解决当今世界所面临的一些挑战,如资源和能源利用效率不高,城市生产和人口结构变化等。工业 4.0 使资源生产率和效率增益不间断地贯穿于整个价值网络,使工作的组织考虑到人口结构变化和社会因素。智能辅助系统将工人从执行例行任务中解放出来,使他们能够专注于创新、增值活动。鉴于即将发生的技术工人短缺问题,年长的工人将被允许延长其工龄,保持更长的生产力。灵活的工作组织使得工人能够将他们的工作和私人生活相结合,并且继续进行更加高效的专业发展,在工作和生活之间实现更好的平衡。

第二节 德国工业 4.0 战略计划的政策及实施

德国工业的适应调整能力,离不开德国政府的支持。为保证德国工业的领军地位,德国经济和技术部出台了七大政策,主要包括满足工业对专业人才的需求、增强创新能力、加强融资基础、保证能源供应、保证原材料供应、改善出口环境和特定工业领域的特殊政策。

一、满足工业对专业人才的需求

据德国联邦劳工局统计,到 2025 年,德国可支配劳动力将比 2010 年减少 600 万人。另外,许多经济领域正在向知识密集型方向发展,这也给劳动市场带来了挑战。工业领域对专业人才素质的要求逐步提高,这也将导致专业劳动力出现结构性变化。在人才方面,德国政府认为,政府与企业双方都负有责任与义务。政府的义务主要体现在教育方面,而企业的责任则主要体现在对员工的培训方面。

从现状来看,德国有部分地区、部分产业已经出现专业人才匮乏等问题。根据德国工业联合会(BDI)2012 年秋季的统计,45%的工业中小企业在填补空缺职位方面存在困难,主要体现在机械和汽车制造、技术研发、设计和建模、信息技术和污水处理等领域。在这些领域,工程师缺乏成为突出问题。在技术人才方面,能源、

焊接、机电一体化、能源电力等领域都存在人才缺口。图 19-1 是德国高素质专业人才失业人数与高素质专业人才职位空缺情况对比结果。

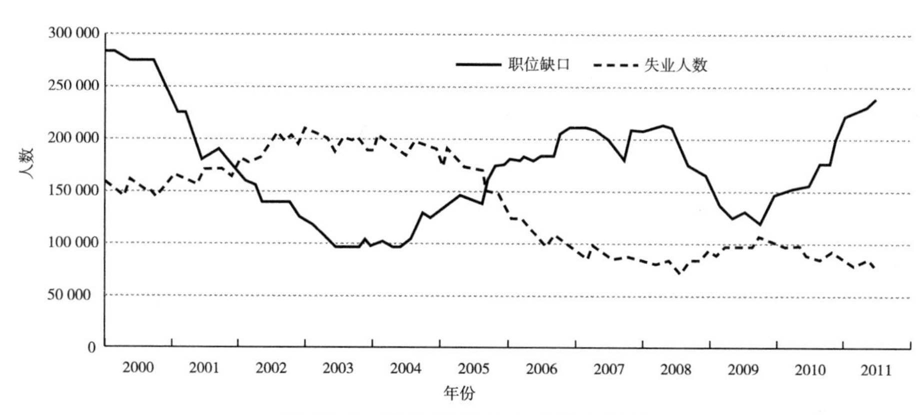

图 19-1　高素质专业人才供小于求

资料来源：德国科隆经济研究所（IW）、联邦就业局。

德国政府采取的措施有：

1. 出台专业人才方案，鼓励专业人才发展

德国政府出台了专业人才方案，重点是激励与保障就业。该方案更好地兼顾了工作与家庭，为公民提供了接受教育的机会，通过培训提高员工专业水平，利用人才迁移政策引入专业人才。德国经济和技术部、劳动和社会事务部通过有效宣传和动员，对该方案进行了补充。2012 年 6 月，他们启动了专业人才门户网站，旨在鼓励、吸引国际化的专业人才。2013 年 4 月，该门户网站的浏览人数已经达到 150 万，其中 90%来自国外。另外，德国在印度、印度尼西亚和越南也启动了类似的项目。

2. 培训计划

德国经济和技术部也注重对企业员工的职业培训。2010 年秋季，经济和技术部将先前出台的培训一揽子计划延长到了 2014 年，并增加了新的章节，以鼓励具有移民背景的年轻人更好地融入当地的经济活动。此外，还启动了对年轻人的职业教育培训。从培训的行业来讲，制造业在所有的行业分支中占比最高，约为 35.3%。

3. MINT 专业人才

据科隆经济研究所（IW）统计，在所谓的 MINT 领域，即在数学—自然科学等对工业有着重要意义的领域，已经出现 9.5 万人的人才缺口。德国经济和技术部鼓

励更多知识女性参与到该领域的建设中来，并鼓励更多年轻人在高等教育中选择工程师职业，例如在有些研究机构建立小学生实验室，借此提高年轻人对技术领域的兴趣。

4. 承认国外的职业培训认证

从国外移民的专业人才，对于填补德国工业领域的职位空缺起着重要作用。但是，由于很多人的职业资格在德国并不被承认，所以这部分潜力没能充分挖掘出来。为了解决这一问题，2012 年 4 月，德国对国外获得的职业资格进行确认与识别的法律开始生效，其中包括对在国外获得的职业资格进行评估。该项法律生效一年内，有逾 3 万名移民人士提交了评估申请，其中大部分已经申请成功。现在，这种跨国评估正变得越来越透明，评估效率也越来越高。

5. 发放“蓝卡”

德国经济和技术部为方便国外专业人才的流动，还制订了其他人才计划。2011 年 6 月，德国政府决定，对存在人才瓶颈的职业领域，如机械制造与电气工程师，废除选拔考试。2012 年 8 月，德国引入了居住头衔“蓝卡”，持有蓝卡的第三国高校毕业生，可以在找工作期间享受 6 个月的居留许可。2013 年，德国的移民法变得更加开放。经联邦参议院同意，职业培训合格的专业人才将有机会在德国人才市场找到工作。

二、增强创新能力

创新和研发投入在推动国民经济增长、保持国际竞争力、创造工作岗位中发挥了关键作用。创新是一种企业行为，在德国比较典型。2005—2011 年，德国工业在研发方面的投入提高了 26%。2011 年，德国工业的研发投入将近 540 亿欧元，公司内部的运行开支大约在 430 亿欧元。德国经济和技术部主要通过以下两方面措施来支持企业创新：一是创造创新友好型环境；二是支持以市场为取向的研究、开发和创新行为。在过去 10 年间，德国政府在技术方面的投入增加了将近 1 倍。1995—2013 年德国制造业及其他行业研发费用情况见图 19-2。

德国政府采取的措施有：

1. 工业联合研究

研究机构与工业企业之间的合作，能够激发工业中小企业的创新激情，“工业联合研究”项目将具有研发兴趣的工业企业与研究机构集合到一起。项目资助资金需要通过公平的竞争程序获得，该项资金无须偿还。每年，德国政府会选出 400

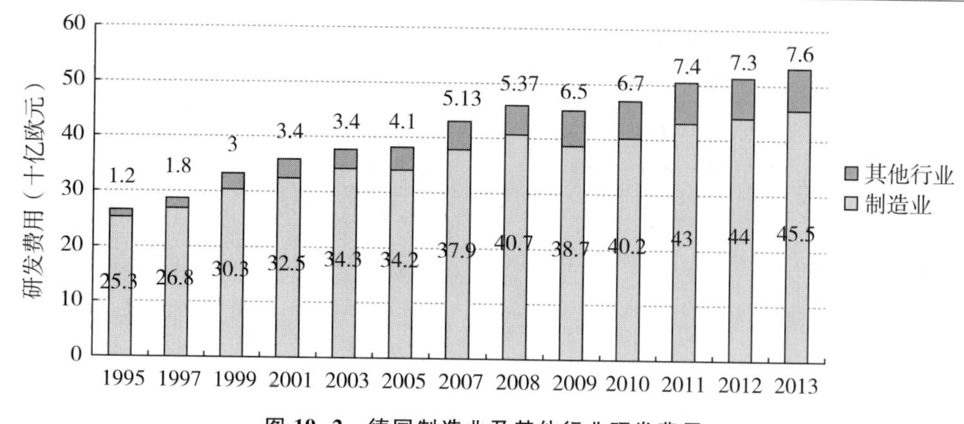

图 19-2 德国制造业及其他行业研发费用

注:2012 年、2013 年数据为计划值。

资料来源:德国科学资助者协会。

多个通过竞争的新计划予以资助,该项目现在已经发展成为跨行业、国际性的大项目。

2. 中小企业中央创新计划

在德国,工业中小企业是创新的重要驱动力。通过“中小企业中央创新计划”,德国经济和技术部对单个企业的研发项目及中小企业与研发机构之间的交流合作进行资助。该项资金从 2010 年的 3.13 亿欧元提高到了 2013 年的 5.13 亿欧元,接受资助的新项目每年大约有 4 000—5 000 个,资助的主要领域包括生产技术、材料技术、电子、仪器仪表、传感器、信息和通信技术等,占支持资金总额的 57%。

3. 走集群化道路

通过创新集群,工业与科学紧密地联系在一起,这也在很大程度上提高了企业的创新能力。通过“走集群化道路”项目,德国经济和技术部继续实施以未来应用为导向的集群政策。“走集群化道路”鼓励创新的服务理念,支持集群化的管理发展模式。

4. 创新优惠券

虽然德国的中小企业具备很强的创新潜力,但是对许多企业来说,这种潜力并没有充分发挥出来。在公司的组织架构、创新管理,提高材料与原材料利用率等方面,许多小企业还存在信息缺口,也有着信息咨询需求。德国经济和技术部通过发放创新优惠券,为中小企业提供创新管理以及提高材料与原材料利用率等方面的咨询与建议。这种创新优惠券覆盖了外部咨询服务支出的50%。

5. 工业4.0

对于几乎所有的工业分支来说,信息和通信技术都能成为具有决定话语权的创新驱动力。借助"工业4.0"项目,德国经济和技术部对某些技术方案进行资助。在这些方案中,智能自动化系统可以通过网络进行内部连接或者与用户进行互动。另外,接受政府支持的还有以未来应用为导向的产品与技术,这些有待开发的系统将重点放在提高能源效率、提高原材料利用率、实现环境的可持续发展等方面。

6. 保护知识产权

德国政府一直重视对中小企业知识产权的保护。2012年,德国企业在欧洲专利局申请专利多达34 000项,占欧洲专利申请数量的36%。借助SIGNO资助计划,德国经济和技术部对工业中小企业的创新方案进行评估,并提供法律保护。为了鼓励专利申请行为,德国经济和技术部对中小企业提供资助,资助范围涵盖从评估第一项专利到保护专利的各个过程。侵犯知识产权的行为每年会给德国工业带来5 000万欧元的损失。所以,德国政府一直在国际层面呼吁保护知识产权,而且将在WTO框架下,继续打击侵犯知识产权的行为。德国政府为鼓励企业创新,还非常注重标准的制定。通过制定标准,强化集成能力,提高产品的质量和透明度,从而提升产品的国际竞争力。

三、加强融资基础

德国政府在企业借贷方面也投入了不少心血。在产品具有很好市场前景的情况下,公共银行可对企业融资提供帮助。德国经济和技术部通过欧洲复兴计划的专用资产基金(已经被证明行之有效)和政府专属的德国复兴信贷银行,对中小企业融资提供支持。

德国政府采取的措施有:

1. 企业融资

德国复兴信贷银行的企业家贷款,是一种主要用于国内外投资计划和运行的中长期贷款,前提是公司的年营业额在5亿欧元以内。2012年总的贷款额度在78亿欧元左右,受益的企业中有1/4约为工业企业。

2. 国内担保

工业企业如果不具有银行要求的抵押物,往往难以在银行获得贷款,这时担保就派上了用场,它的作用是一种替代形式的抵押物。在德国,联邦与州的三层担保系统在中小企业贷款担保中发挥了极为重要的作用。为了使无法提供抵押的创业者和企业能够得到贷款,德国还建立了担保银行,125 万欧元以内的借贷可以通过各个州的担保银行进行担保。在德国,担保银行是经济自助组织。它的最初倡议来自工商会和手工业协会,并得到了德国经济和技术部的支持。

3. 区域经济支持

改善区域经济结构是联邦政府与州政府的共同任务。德国区域经济政策的主要工具是改善区域经济结构基金,从这笔资金中受益的大部分是工业企业。这笔资金主要用于指定地区的工业投资,而获得资助的企业必须要持续地创造新的工作岗位,或者能够保证现有的工作岗位。2012 年,该项资金进行的投资创造了将近 2 万个工作岗位,6.4 万个工作岗位得到了保障。从 2014 年开始,投资补贴取消,改善区域经济结构基金将变得越来重要。

4. 风险资本与私募股权融资

对于创新型企业来讲,资金不足是其增长的最大阻碍,它们在申请银行贷款方面经常会面临困难。为解决这一问题,德国政府成立了高新技术启动基金与 ERP 启动基金,风险投资的意义也愈发显现。高新技术启动基金主要面向德国境内新成立的技术型企业,资金的获得渠道主要来自德国联邦政府、德国复兴信贷银行以及 17 家工业巨头。第一批高新技术启动基金为符合条件的新建企业提供最高可达 50 万欧元的融资,第二批高新技术启动基金始于 2011 年 10 月,金额高达 30 150 万欧元。连同以前推出的基金,自 2005 年以来,已经有 300 多家新建技术型企业受到资助。

ERP 启动基金同样面向年轻的创新型企业。2012 年有 153 家企业受益,金额约为 5 800 万欧元。ERP 启动基金主要落户在高新技术领域,如信息和通信技术、生物技术和化学、系统与工艺流程技术等。随着新的资助措施——风险资本投资补助的出台,小型的、年轻的创新型企业的融资条件将得到进一步改善。2012 年,德国经济和技术部联合欧洲投资基金共同推出了欧洲天使基金,该基金主要面向经验丰富的商业天使以及其他非机构型股权投资者,为创新型中小企业提供融资,融资额度在 25 万—500 万欧元。

四、保证能源供应

德国作为高度发达的工业国之一,对电力供应的依赖程度自然很高。一秒钟的断电也会直接波及工业生产设备的正常运行,从而造成巨大的经济损失。因此,在能源转型发展的同时,必须保证充足的发电能力和输配电能力。能源供应安全不仅涉及能源主体,也涉及电网等各个领域。另外,德国政府也表示要降低能源成本。2000—2010年,德国工业的能源成本从211亿欧元提高到了354亿欧元,能源成本占国民生产总值的比重从1.6%提高到了2.1%(数据来源于德国联邦统计局)。而德国的工业用电价格高出欧盟国家平均水平的15%,甚至比法国、荷兰高出40%。

高昂的能源成本只是德国工业遇到的挑战之一,德国工业还必须符合严格的环保标准,这一标准主要通过欧盟进行调控和监管。这就要求工业企业必须保持高标准的创新能力和竞争能力,实现可持续发展,这不仅是挑战的一部分,也是解决方案的一部分。德国工业也在环境保护方面投入了巨资,2010年德国制造业在环保方面投入了大约240亿欧元。

德国政府对此采取的措施有:

1. 电网建设与发电设备

可再生能源利用率的提高及发电量的逐步提升,都意味着有更多的电力需要运输,这就要求必须大规模扩建电网。2012年11月,德国联邦电网管理局出台了“电网发展计划”,该计划是电网大规模扩建的基础。按照该计划,未来十年间,德国将建成2 800公里的新高压输电线路,另外将对2 900公里的既有输电线路进行改造。在该计划的基础上,2013年4月,德国联邦议会出台了关于需求计划的法律,其中也包含了电网扩建项目。

2. 可再生资源补偿规定

德国工业能够始终保持国际竞争力,与其能源密集型产业密不可分。2011年春季,德国政府规定,中小型能源密集型企业也可以享受《可再生能源法》的特殊补偿规定,这一规定可以降低企业的用电成本。具体来说,企业需要将全年用电量降至最低值,这样才能达到享受该规定的条件。如此一来,企业每年消耗1千兆瓦时的电量,电力成本只占国民生产总值的14%。

3. 为能源密集型企业减负

相较于欧洲和国际标准,德国的能源税和电力税是比较高的,所以德国政府想方设法为制造行业减负,以保证它们的国际竞争力。2012年,约有1.1万家企业从能源税收减负政策中受益,约有2.3万家企业从电力税收减负政策中受益。据德国联邦财政部估计,整个2012年减负金额大约达到23亿欧元。工业制造业的能源密集型企业在缴纳能源税与电力税之后,还能拿回其缴纳的部分税收,这一规定从 2013 年 1 月 1 日开始生效,2022 年废止。与这一规定紧密相连的是能源利用效率,也就是说企业从 2013 年年初必须引进能源管理系统与环境管理系统,中小企业也可以引进替代性系统,以提高能源利用效率。德国政府与德国企业界达成了提高能源利用效率的共识,并制定了目标,由第三方独立机构定期监测目标的完成情况。

另外,欧洲碳排放交易使得电价在一定程度上有所上升,为应对这一情况,德国经济和技术部出台了《电力价格补偿方针》。该方针规定,处于国际竞争中的一部分能源密集型企业,可以从电力成本中得到部分补偿,以避免部分重要的工业分支流向国外,保证德国境内的就业。接受补偿的工业领域,主要包括钢铁、化工、有色金属、造纸行业。按照这一补偿方案,碳排放交易导致的电价上涨部分中有 85%能够得到补偿。

4. 能源效率

1991—2011 年,德国工业在提高能源利用效率、提高国际竞争力方面大有建树。虽然能源成本在不断上涨,但是提高能源利用效率的潜力却依然很大,所以德国政府的政策一直在向提高企业能源利用效率方面倾斜。例如,员工少于 500 名、年营业额在 1 亿欧元以下的企业,若想投资高效共性技术,可以申请德国经济和技术部的资助。资助重点主要放在设备方面,如购买新的电机、泵或压缩空气系统(前提条件是净投资额在 5 000 欧元到 3 万欧元之间)。净投资额在 3 万欧元以上的共性技术也能够得到德国经济和技术部的资助,前提是必须以新的设备取代至少两台旧设备或机器。

德国政府还出台了复兴信贷银行能源效率计划,以对工业企业提供能效措施方面的低息贷款支持,贷款主要投放在建筑、能源、设备技术,制冷、制热,测量、调节、控制技术,以及新建与改造建筑物等领域。贷款额度可覆盖投资成本的 100%。2012 年德国共发放了 35 亿欧元的贷款,其中 40%用到了工业领域。此外,德国政府还制订了“中小企业能源咨询”计划,为中小企业提供提高能源利用效率方面的咨询和建议。

五、保证原材料供应

德国是全球最大的能源消费国之一,由于大部分原材料不是产自国内,因此德国工业对进口有很强的依赖性。2011 年,德国 81.5%的原材料都来自国外,价值约为 1 690 亿欧元,其余部分来自国内生产(12.5%)和再利用(6%)。德国政府和产业界一致认为,保证原材料供应归根结底是企业自己的任务。当然,德国政府也通过制定原材料战略对企业提供支持,重点是鼓励企业开发新的原材料来源,提高原材料的利用效率。

德国政府对此采取的措施有:

1. 消除市场障碍

为了消除原材料方面的贸易壁垒,需要有效利用欧盟以及多边贸易政策手段。为此,德国经济和技术部牵头,成立了"部际原材料委员会",确定行动需求,开发解决方案。

2. 原材料机构

德国在联邦地球科学与自然资源研究院下面成立了以服务为导向的原材料机构,为德国企业在保证原材料供应方面提供咨询与支撑。2012 年 3 月开始,它作为联邦地球科学与自然资源研究院的独立部门开始执行任务,以便与原材料战略进行更好的、更紧密的结合。

3. 原材料合作

德国政府一直积极寻求与其他国家进行原材料方面的合作。2011 年 10 月,德国与蒙古国签署了有关原材料、工业、技术合作的首个政府协议;2012 年 2 月,德国与哈萨克斯坦签署十亿欧元原材料合作协议;2013 年 1 月,德国与智利签署了关于采矿与矿产资源合作的两个声明。签署这些政府协定有其前提条件,即德国企业本身就在这些国家从事具体的原材料项目。

4. 原材料来源

针对德国境内外自然资源的勘探、开发和开采,德国经济和技术部出台了支持计划。该计划于 2013 年 1 月 1 日生效,旨在进一步缓和德国原材料供应紧张的现象。

5. 原材料效率

德国经济和技术部还在提高资源和原材料利用效率方面提供研发支持和咨询支撑。2011 年以来,德国政府开始为原材料利用效率方面表现突出的企业颁发德国原材料效率奖。

6. 循环经济

循环利用是提高原材料利用效率的一个重要环节。以铜等原材料为例,德国的回收利用率为 55%,居全球最高。另外,纸、铝、铁生产过程中产生的二次原料也得到了有效利用。关于欧盟和国际的循环经济法,德国经济和技术部始终支持更多的竞争,制定出了更多的非官方解决方案,以更有效地提高循环利用率。循环经济法于 2012 年 6 月正式付诸实施,主要内容为减少废物排放、加强循环利用。德国经济和技术部支持将循环经济纳入竞争的大环境中,并在废物回收这一环节充分权衡政府和企业的利益。

六、改善出口环境

在德国,商品和服务贸易是经济增长与繁荣的一个重要来源,出口(直接或间接)创造的工作岗位约占总工作岗位的 1/4,具体到工业,这一份额甚至超过 1/2。1995—2012 年德国制造业出口比重见图 19-3。

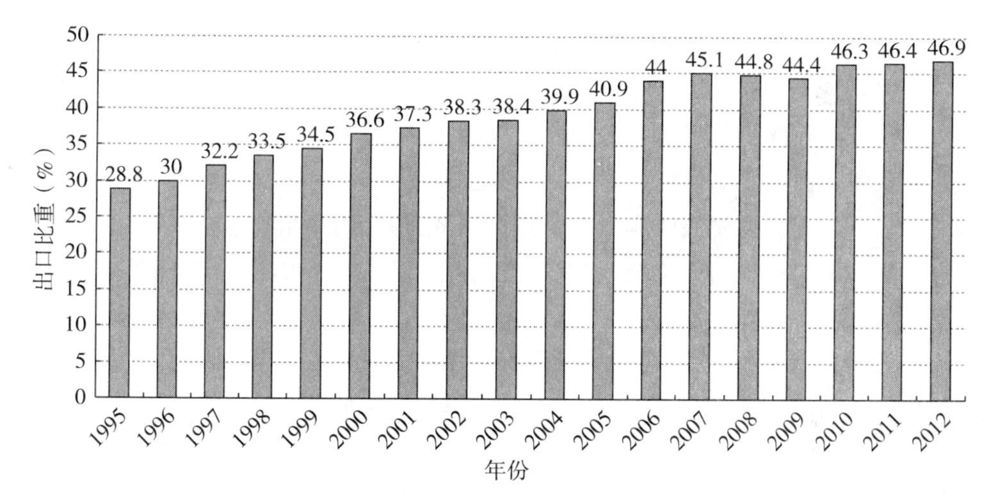

图 19-3 德国制造业出口比重

2012 年,德国商品出口额为 10 973 亿欧元,商品进口额约为 9 091 亿欧元,与 2011 年相比分别增长 3.4%与 0.7%。政策方面,德国经济和技术部为德国企业开拓国外市场提供支持,并努力寻求市场开放、贸易自由和减少贸易壁垒。在机制和手段方面,德国经济和技术部对中小企业有所偏重。

德国政府对此采取的措施有:

1. 减少贸易壁垒

自由化的全球贸易是德国工业出口成功的前提,德国政府倡导市场开放与贸易自由化,且以明确的、多边的贸易规则为基础。德国政府出台政策的基本目标是德国企业能够继续成功地推进其国外业务,其中在 WTO 框架下减少贸易壁垒是重点。此外,德国政府积极推动多哈谈判并取得了成效。为了创造更为有利的市场准入环境,德国政府支持欧盟与第三国订立自由贸易协定。2011 年 7 月 1 日,欧盟与韩国的自由贸易协定生效。2013 年 3 月 1 日,欧盟与秘鲁的自由贸易协定生效;另外,与哥伦比亚和中美地区的自由贸易协定也相继生效。2012 年 12 月 16 日,欧盟与新加坡、越南的自由贸易谈判结束,与加拿的谈判迎来历史性突破。值得注意的是,欧盟与美国的双边磋商也取得了进展。由欧盟贸易专员卡洛·德古赫特(Karel DeGucht)和美国贸易代表罗恩·柯克(Ron Kirk)牵头成立的高级别工作组在最终报告中提议在欧盟和美国之间建立广泛的跨大西洋协议,该协议应减少商品、服务与投资方面的壁垒,建立统一的监管标准。如果该协议生效,德国出口导向型的中小企业将能从中获益。2013 年 3 月 12 日,欧盟委员会提交了关于跨大西洋贸易和投资合作的谈判委托书草案。

2. 推动外贸业务

德国经济和技术部不断完善手段和机制,在降低风险的同时开拓新的市场,促进外贸发展。例如,扩大德国海外商会的覆盖面,鼓励德国外贸与投资署对国外市场进行调研与分析。德国政府出台了外贸经济方案,用以指导企业的出口行为,如组织企业参加国内外的展览会,组织企业考察、开拓国外市场,针对国外的目标市场承办信息发布会等。

3. 国外商会

德国在 80 多个国家设立了 120 多家商会与办事处,这些商会由德国以及伙伴国的企业(德国工商大会认可)组成,接受德国经济和技术部资助,代表两个国家的利益,促进双方的经济交流。商会覆盖的网络已经扩展到安哥拉、加纳、肯尼亚、伊拉克、阿塞拜疆,卡塔尔、孟加拉国和菲律宾的办事处也正在筹划中。

4. 德国外贸与投资署

德国外贸与投资署在全球 120 个国家设有办事处,为开发国外市场的德国企业提供支持,如为企业提供国外市场的信息,包括提供经济与行业数据、市场分析、关税与法律信息、项目建议等。

5. 出口信贷国家担保

德国政府为工业企业提供出口信贷担保,以国家承担出口风险的方法,鼓励扩大商品出口和争夺海外市场。2015 年,德国联邦政府提供出口信贷担保的出口额为 258 亿欧元,其中,出口目的地为新兴和发展中国家的相关担保额占全部担保额的 80%。中小企业是出口信贷担保最大的受益者,最近几年,中小企业在担保业务中占到了 2/3。

6. 投资担保

为了支持企业“走出去”开拓国际市场，德国政府建立了一整套对外直接投资担保体系，其主要目的在于保护本国企业对外直接投资在遭遇风险时免受损失或最大限度地减少损失，尤其对企业海外经营的政治风险予以担保。投资担保的一个重要条件是企业投资在该国受到足够的法律保护，如投资促进与保护协议，迄今为止德国已与139个发展中国家签订了诸如此类的协议。从产业来看，德国政府的投资担保大约有一半体现在工业和能源产业；从金额来看，2016年德国政府投资担保额为43亿欧元，投资项目72个，涵盖22个国家，其中25%的申请者来自中小企业。

7. 国外会展项目

德国经济和技术部的国外会展项目，为工业企业提供了参加国际性专业展会与博览会的机会，主要目的在于推动德国中小企业产品和技术的出口。参加展会主要是以展团的形式，70%的参展企业来自工业领域。德国展览业协会(AUMA)出版的“2017德国海外贸易展会质量”手册显示，德国展览组织者计划2017年在全球38个国家举办316场贸易展会，范围覆盖机械、纺织、食品、农业与林业、医学技术、自动化、施工技术等，主要目标地区是东南亚与中亚，以及欧盟以外的欧洲国家和欧洲中东部地区。

8. 中小企业市场开拓项目

2012年，德国经济和技术部通过中小企业市场开拓项目，将ZIM、INNO-WATT、ERP三个项目整合在一起，旨在帮助中小企业开拓国外销售市场。在该项目中，德国经济和技术部通过召开信息发布会、进行市场调研、开发商业渠道，为德国企业提供服务。

9. 出口倡议

德国政府发起可再生能源出口倡议，鼓励可再生能源企业开拓国际市场，行业涉及太阳能、风能、生物能、地热能、水能和热力系统。出口倡议还包括能源效率出口倡议、安全技术出口倡议。能源效率出口倡议帮助中小企业更有效地开发国际市场，提高用户企业的能源效率，重点针对经济增速快的国家、出口经济具有战略意义的工业国家以及发展中国家。安全技术出口倡议对开始进入国际市场的安全技术企业提供支持，包括提供市场信息、市场开发考察等，目标市场为巴西、印度以及阿拉伯地区，也包括俄罗斯。安全技术领域涉及重大体育赛事的安保、关键基础设施的保护、灾难应急管理、防火等。

10. 出口管制

德国经济和技术部负责加速、简化出口管制的审批程序。联邦经济与出口管制局开发了电子交流渠道,企业用户可以通过电子方式提交申请,并获悉处理状态。在欧盟层面,也在继续简化审批程序。此外,德国议会将对德国的对外贸易法进行精简,出口导向型的德国企业将从中高度受益。

通过对德国政府六大工业政策的梳理,可以看出,这六大政策的本质,实际上就是:在市场经济条件下,充分挖掘企业发展的潜力。对转型中的中国工业来说,这一点也尤为重要。

七、通过科技园区实施对中小企业智能化的推动

工业 4.0 战略计划使生产方式由原来的大规模生产转变为个性化生产,使产品模式由原来的大众化产品转变为个性化和数字化的产品与服务。德国通过科技园区的模式,实现了智能制造创新创业生态体系的成功孵化,以此实现了中小企业的生产智能化。并且,德国通过将科技园区和周边大型城市对接,打造产城融合和生态智慧型的科技城区,一方面为科技园区的智能化提供了城市配套的支撑,另一方面也为德国城市的发展提供了科技支持。

八、鼓励大企业和中小企业协同搭建全新价值链

ICT(信息与通信技术)行业是德国工业 4.0 的核心,该行业中超过九成的中小企业成为新技术推广和最新技术成果市场化和商业化的重要力量。工业 4.0 战略计划为中小企业带来了巨大的发展机遇。在工业 4.0 战略计划中,德国政府积极引导具有国际化背景的行业标杆企业与科技型中小企业加强产业链内的价值链整合,推动中小企业的智能转变。大企业与中小企业构建新的灵活价值网络能够使更多的小微企业获益。该战略的主要做法是:构建知识转化和技术转移机制,加速创新成果的商业化,扶持中小企业的创新和创业;通过典范行业和企业辐射,扶持科技型中小企业参与智能制造的生态系统;加强信息等基础设施的建设;为科技型中小企业提供专业技术人员教育培训等人力资源支持。

九、政府引导大企业带动中小企业形成创新的良性循环

在工业 4.0 的框架下,德国政府提出要在生产研究计划下吸引更多的中小企业参与进来,项目实施过程中,德国通过官产学研的聚合,突出中小企业既是智能制造生产技术的使用者和受益者,也是先进生产方式和创新技术的创造者和提供者。一方面,政府提供资金支持,以科技项目的形式,对开发新技术和前沿领域研

究的中小企业创新进行资金支持。另一方面,鼓励德国的众多智能制造领域的“隐形冠军”企业,其中近 1/5 的中小企业是顶级的机械和设备制造商,为德国的工业 4.0 提供重要的专业技术方案。此外,为便于中小企业实现智能化升级,德国特别编纂了“工业 4.0”标准化路线图,以确保生产要素、技术和产业能够互联集成。在商业化过程,德国政府鼓励超大型企业投入资源开拓市场,带动科技型中小企业跟进。

第三节　德国工业 4.0 战略计划的典型案例

本节我们列举了工业 4.0 战略计划提出以来的六个实践案例,从这些案例我们可以得出一个最基本的结论:工业 4.0 无论以何种方式进行,最根本的结果只有一个——融互联网技术于工业生产,降低生产成本,提高生产质量和效率。

案例一:德国安贝格西门子智能工厂

作为工业 4.0 概念的提出者,德国也是第一个实践智能工厂的国家。位于德国巴伐利亚州东部城市安贝格的西门子智能工厂就是德国政府、企业、大学以及研究机构合力研发全自动、基于互联网智能工厂的早期案例。安贝格西门子智能工厂实现了多品种工控机的混线生产,占地 10 万平方米的厂房内,员工仅有 1 000 名,近千个制造单元仅通过互联网进行联络,大多数设备都在无人力操作状态下进行挑选和组装。最令人惊叹的是,在该工厂中,每 100 万件产品中次品约为 15 件,可靠性达到 99%,追溯性更是达到 100%。这样的智能工厂能够让产品完全实现自动化生产,堪称智能工厂的典范。

案例二:德国博世洪堡工厂

德国罗伯特·博世有限公司(以下简称“博世”)是德国的工业企业之一,从事汽车与智能交通技术、工业技术、消费品和能源及建筑技术产业。1886 年,年仅 25 岁的罗伯特·博世(Robert Bosch)先生在斯图加特创办公司时,就将公司定位为“精密机械及电气工程的工厂”。

作为全球第一大汽车技术供应商,博世的汽车刹车系统在市场上有相当的实力。洪堡工厂生产线的特殊之处在于,所有零件都有一个独特的射频识别码,能同沿途关卡自动“对话”,每经过一个生产环节,读卡器会自动读出相关信息,反馈到控制中心进行相应处理,从而提高整个生产效率。洪堡工厂引入的射频码系统价值几十万欧元,但由于库存减少 30%、生产效率提高 10%,由此可节省上千万欧元的成本。独立的射频码给博世公司旗下工厂的 20 多条生产线带来了低成本高效率的回报。而这种让每个零件都能说话的技术,也是智能工厂的重要体现形式。鉴于它是对工业 4.0 技术的有效应用,这套系统获得了 2015 年德国汽车工业协会颁发的物流奖。博世负责工业 4.0 战略的经理安德里亚斯 · 穆勒(Andreas Müller)说,这样做是为了加快可视化管理。作为一种无线电通信技术,射频识别的原理并不复杂。穆勒说,工业 4.0 的核心是"物联"。给产品贴智能标签有几种方式:条形码、二维码、射频码和传感器。条形码和二维码必须进行近距离扫描,容易受水和化学品等腐蚀,而射频码可以穿透各种介质快速读取。

案例三:德国巴斯夫化工集团凯泽斯劳滕工厂

传统化工巨头巴斯夫对射频码的利用更进一步。巴斯夫位于凯泽斯劳滕的试点智能工厂所生产的洗发水和洗手液已经完全实现自动化。随着网上测试订单的下达,其生产流水线上的空洗手液瓶贴着的射频识别标签会自动地与生产机器进行通信,告知后者它需要何种肥皂、香料、瓶盖颜色和标记。在这样的流水线上,每一瓶洗手液都有可能与传送带上的下一瓶全然不同。该试验依赖于无线网络,机器和产品通过无线网络完成所有的通信工作,唯一需要的人工输入就只是下达样本订单。虽然是个实验,但这种由客户直接下单到工厂的运作方式,足以给智能工厂的模式提供另一种发展途径。

案例四:德国曼集团慕尼黑工厂

德国曼(MAN)集团成立于 1758 年。三个字母 MAN 由公司前身 Maschinenfabrik Augsburg Nürnberg(机械工厂 奥斯堡-纽伦堡)的第一个字母组成。总部位于德国慕尼黑,是一个欧洲领先的工程集团,在世界 120 个国家有约 52 500 名员工在商用车辆、工业服务、印刷系统、柴油发动机和涡轮机五大核心领域工作,能力全面,提供系统解决方案,年销售额达 165 亿欧元(2011 年),是世界 500 强之一。

曼集团慕尼黑工厂,主要生产重型卡车。慕尼黑工厂的车桥组装线和卡车总装线主要有以下特点:

第一,柔性化程度非常高。重型卡车是定制要求很高的行业,不同企业对卡车的要求不同,会有不同的配置选项。柔性化是重型卡车需要解决的难点。国内的重型卡车生产企业很难做到柔性化,同一天混线生产的车型数量是有限的。而曼集团的重型卡车生产柔性化程度非常高,卡车的车架上有非常多的螺丝孔,这些螺丝孔的模式,决定了卡车的型号,曼集团卡车的螺丝孔有 700 多种模式,也就是说工厂的车可以有 700 多种配置。而汽车总装厂,可以根据这些配置自动组织生产。曼集团实现柔性化,需要非常好的信息系统,生产过程实现透明化。另外,每个车型的配件都不同,所以在总装前,为每一部车都提前配好了物料,装在一部小的运料车上,拖挂在组装车之后。小车上的配料,在组装之前,曼集团有非常完善的选料地点,由完善的信息系统保证选料的准确性。

第二,曼集团搭建了完备的厂内物流体系,利用 AGV 装载进行装配的部件和整车,便于灵活调整装配线,并建立了物料超市,取得了明显的成效。AGV 小车有自动驾驶功能,根据生产配置,自动在各个生产环节移动。AGV 小车可以随意配置,车上有很多操作,比生产线要灵活,可以增加车厂的柔性。

第三,充分考虑人机工程。在每个生产环节都充分考虑人机工程,保证人的舒适性。因为重型卡车零部件的质量大,所以质量大的部件的操作都有助力工具。一些操作线可以调整高度,适合不同的人操作。

案例五:德国通快集团

德国通快(TRUMPF)集团是全球制造技术领域的主导企业之一,1923 年成立至今,已具有 90 多年辉煌的历史。通快集团总部位于德国斯图加特市附近的迪琴根(Ditzingen),在工业用激光及激光系统领域是技术及市场的全球领导者。

通快互联制造 TruConnect,是德国工业 4.0 联盟创始成员通快集团对工业 4.0 的最新诠释,旨在降低不同生产环节、商务环节等之间的周转时间,减少管理与营运成本,提升制造的灵活性。不同于一般的设备或软件,TruConnect 是一整套基于数字化、网络化、智能化平台的全方位解决方案,以精益化制造和各种智能终端为基础,融合互联编程、自动化系统(互联生产)、管理软件(互联管理)、云端计算(互联技术)以及最新的互联商务解决方案。

值得一提的是,通快集团的激光金属 3D 打印技术也是业界领先,TruPrint 产品系列的 LMF(激光金属熔融)系统主要通过一个 200 瓦的激光器照射粉末层,与此同时构建室下沉将多余的粉末倒入一个溢出粉末接收器中,所有这一切都发生在氧含量仅有 0.1%的封闭空间里,以防止氧化和可能出现的火灾;而 TruPrint 产品系列的 LMD(激光金属沉积)技术则可以在现有部件上通过激光融覆 3D 打印新的金属结构,在部件表面创建熔池,同时融化金属粉末沉积到对象上。集 LMD 和 LMF 两种互补的金属 3D 打印技术于一身,通快集团宣称它可以满足客户各种金属 3D 打印的需要。如今,激光作为一种工具被直接或者间接地应用在几乎所有的生活领域,通快集团在这个进程中起到了一定的推动作用。从起初用于焊接手表中的弹簧,到如今激光微加工和普通加工领域的最新发展趋势——激光的成功从某种意义上来说也铸就了通快集团的成功。

案例六：德国宝沃汽车集团

德国宝沃汽车集团(BORGWARD Group AG)是一家致力于为全球中坚阶层提供智能产品及生态服务的德国汽车公司。1919年,卡尔·宝沃(Carl Borgward)在德国不莱梅创建宝沃品牌,其以革命性的技术引领风潮的设计,全面的产品谱系超过当时德国60%的出口份额,一度成为德国第三大汽车生产制造商。

据了解,德国宝沃汽车集团为了能够实现智能化与个性化生产,积极与SAP(思爱普)公司进行通力合作,并大力构建智能化生产体系,实现物联网化的生产配套,在企业供应链、制造、营销等环节实现了数据化建设。此外,德国宝沃汽车集团还与誉满全球的工业机器人制造商KUKA(库卡)达成了战略合作关系,为自家智能工厂引入了先进的自动化制造设备,这不但大大地提升了生产的自动化率,而且也让智能系统在软硬件方面均趋于完善,受到了业内专家的认可。

德国宝沃汽车集团工厂初期产能为每年10万台,最高产能达到每年36万台,通过汇聚SAP、KUKA等全球领先的合作伙伴,使工厂具备柔性化生产线,实现协同制造。其中,在车辆冲压过程中采用了全球一流的整线高速伺服自动化技术,同时在车身制造过程中采用了八车型柔性化生产线、中频自适应焊接技术,在油漆过程中采用了环境友好型水性漆和免中涂工艺体系及先进的节能环保技术。此外,车辆总装时采用"h"型生产布局,高柔性、模块化装配。智能化的生产体系以及物联网化的生产设施,最终实现了企业供应链、制造、营销等环节的数据化,达到了高效生产及满足个性化需求的目的。

第四节　启示与建议

一、德国"智能制造"推动中小企业转型发展的成效

工业4.0更加灵活、坚强,包括工程最高质量标准、计划、生产、操作和物流过程,这将使动态的、实时优化的和自我组织的价值链成为现实,并带来诸如成本、可利用性和资源消耗等不同标准的最优化选择。而这些都需要恰当的规则框架、标准化接口和和谐的商业进程。

(一) 生产均具有高度的灵活性

当前,产品设计已经被高度固化,客户不可以将一款车的雨刷器用于跨厂商的其他车型。工业4.0之下,设计、生产均具有高度的灵活性,可以完成端到端的从客户需

求到加工制造等各方面的配置,从而以较低的成本满足客户需求,实现产量很低仍能获利的一次性生产,为客户生产该款雨刷器。

(二) 动态生产线

当前,汽车生产线也是高度静态配置,不可能将同一厂商不同产品组的部件相互置换。比如,客户不能将同是大众品牌下的保时捷的坐骑用于大众其他车型。工业4.0之下,将形成动态生产线,实现车辆的混装并确保匹配。

(三) 远程维护服务

工业4.0之下,生产系统将如同“社会机器”一般,以类似于社交网络的方式运转,自动连接到云平台搜索合适的专家处理问题。专家将通过集成的知识平台、移动设备更有效地进行传统的远程维护服务。

二、德国工业4.0战略计划对中国的启示

德国企业考虑问题的角度比我们更长远。中国的中小企业应该避免短视,立足长远。虽然说在开始创业阶段,生存是第一位的,不免产生急功近利的短视行为,但经过改革开放几十年的发展,中国的中小企业,特别是纺织行业的中小企业随着中国纺织品市场的全球化,很多已经发展成了大型企业,即使仍是中小型的家族企业也大多完成了原始积累,在考虑企业发展的问题上应该从长计议。这不仅是指产品的质量要经久耐用,更重要的是如何保持企业的创新能力。而创新能力实际上是企业各种资源,包括人才、资本和文化的积淀。目前,中国的企业中也不乏有战略思想、具有长远目光的企业家,而且大多数中小企业也希望能长久地发展下去。因此越来越多的企业开始对研发和创新进行资金投入,但效果却不是很理想。造成这种局面的一个原因是社会上缺少具有创新能力的人才。中国每年的大学毕业生虽然在数量上领先,但学生的能力却令人担忧。或者说目前的应试教育使学生忙于纸上谈兵,而完全忽略了创新能力的培养。而从另一个角度分析,中国的企业在用人上也存在短视行为。中国企业中,目前受重视程度最高的往往是销售人员,而非技术人员。因为销售可以直接带来收入,是企业赚钱最直接的人员。因此销售人员的待遇往往是企业中最高的,这在一定程度上也吸引了那些原本搞技术的人员转行做销售,尤其是在机械领域,技术型的销售人员越来越多。这种人员的流动是单向的,即技术人员可以转行做销售,但销售人员如果想转行做技术将是非常困难的。从长远来看,其结果就是技术人员的流失。在这种情况下,企业即使有足够的资金对研发进行投入,但由于缺少稳定的研发队伍,其效果不言而喻。因为创新是一种由量的积累而产生质的突变的

过程,需要长期稳定的资源,包括资金、人员等各种因素做保证。

另外,目光长远还体现在对所属行业的专注度上。由于近几年中国的房地产市场异常火爆,很多纺织企业偏离自己的主业,甚至放弃主业投身到房地产行业。转型意味着企业过去技术积淀的停止,企业产品的竞争力自然随创新能力的削弱而下降。而德国的房地产市场由于德国政府的严格控制,几十年平稳发展,从客观意义上讲,这确实为德国的中小企业提供了良好的外部环境,使中小企业得以专心于它们的行业。相比较而言,中国目前的外部环境对中小企业诱惑太多了。这更需要我们的企业家具备长远发展的眼光,不为外界所诱惑,把自己的企业做精做强。总之,一个国家的经济水平不仅体现在大企业的发展上,更重要的是如何使中小企业充满活力。中小企业的稳定发展才是社会发展的基础。他山之石,可以攻玉,德国中小企业,特别是机械行业的中小企业的发展特点,非常值得目前处于产业转型期的中国企业学习和借鉴。

第二十章　美国先进制造业战略推动中小企业转型发展经验措施

随着第三次工业革命的不断推进，尤其是在2008年金融危机之后寻求新经济解决方案的几年中，世界主要工业化发达国家掀起了“再工业化”的浪潮，将智能制造作为重振制造业战略的重要抓手。以金融危机为契机，美国政府提出了“再工业化”和“重振美国制造业”战略，采取了促进先进制造业发展的重大政策举措，特别是整合政府、企业、高校及其他社会资源，构建全国制造业创新研究网络等，这不仅有利于促进美国制造业的复兴，也有助于巩固和加强美国制造业强国的地位。

第一节　美国发展先进制造业的特点

一、美国政府针对先进制造业的一系列举措

2010年8月，美国总统奥巴马签署了《2010年美国制造业促进法案》。

2011年6月，美国总统科技顾问委员会提交了一份题为“确保先进制造业领先地位”的报告，随后奥巴马在卡内基梅隆大学的讲话中宣布了“先进制造业合作伙伴关系”专项。

2012年2月，美国国家科学与技术委员会正式宣布了“国家先进制造的战略计划”。

2012年8月16日，奥巴马政府宣布新公私合营伙伴关系，以支持制造业创新，鼓励在美国投资。

2012年9月，奥巴马政府宣布专项资金用于制造业教育。

2013年1月，奥巴马政府第一次推出全国制造业创新网络的设计规划。

2013年5月，奥巴马政府宣布投入2亿美元，与五个政府部门——国防部、能

源部、商务部、国家航空航天局(NASA)和国家科学基金会(NSF)成立三个制造业创新研究所——第一个是国家级增材制造业创新研究所,已于2012年8月在俄亥俄州的杨斯敦成立,另外两个研究所也在积极筹备中。

2013年5月,奥巴马向国会建议一次性投入10亿美元在全美成立15个制造业创新研究所,在十年内共成立45个与制造业相关的创新研究所。

2013年9月,奥巴马宣布正式成立高端制造业联席会议(AMP2.0)。

2014年1月,"下一代电力电子制造创新研究所"在北卡罗来纳州立大学正式成立。美国能源部集资投入了1.4亿美元,另有4所公立大学,2个国家实验室及以ABB为首的18家企业加盟。

2014年12月16号,奥巴马正式签署了《振兴美国制造业与创新法案》。

二、美国智能制造相关政策的具体内容

2011—2013年美国智能制造相关政策见表20-1。

表20-1 2011—2013年美国智能制造相关政策

发布时间	政策	主要内容	战略目标
2011年	美国先进制造业伙伴关系计划	创造高品质制造业工作机会以及对新兴技术进行投资	提高美国制造业全球竞争力
2012年	美国先进制造业国家战略计划	围绕中小企业、劳动力、伙伴关系、联邦投资以及研发投资提出五大目标和具体建议	促进美国先进制造业的发展
2013年	美国制造业创新网络计划	计划建设由45个制造创新中心和1个协调性网络组成的全国性创新网络,专注研究3D打印等有潜在革命性影响的关键制造技术	打造成世界先进技术和服务的区域中心,持续关注制造业技术创新,并将技术转化为面向市场的生产制造项目

(一)美国先进制造业伙伴关系计划

2011年6月24日,美国总统奥巴马宣布启动总额超过5亿美元的先进制造业伙伴关系计划(AMP),通过政府、高校及企业的合作来振兴美国制造业。先进制造业伙伴关系计划所搭建的平台通过构建先进制造技术的路线图,加快从思想火花到产品制造的速度,扩大一流技术规模,发展基础设施以及公共设施,鼓励中小型制造业企业进行创新及参与竞争。

1. 关键措施

（1）强化关系国家安全的关键产业的本土制造能力。自 2011 年夏，美国国防部、国土安全部、能源部、农业部和商务部等部门先期投入 3 亿美元，与产业界合作，在关系美国国家安全的关键产业和关系关键产业长期发展的创新技术方面进行投资。起初的投资方向包括小型大功率电池、先进合成材料、金属加工、生物制造和替代能源等。

（2）缩短先进材料从开发到应用推广的时间。美国政府启动了一项名为“材料基因组”的项目，计划投资 1 亿多美元，通过研究、培训和基础设施建设等方式，力求使美国企业发现、开发、制造和应用推广先进材料的速度提高 1 倍，从而能够应对先进制造业、清洁能源和国家安全等方面的挑战。

（3）投资新一代机器人。美国国家科学基金会、国家航空航天局、国立卫生健康研究院（NIH）和农业部将共同投入 7 000 万美元支持新一代机器人的研发。这些机器人将使工人、外科医生、医护人员、士兵和宇航员获得和提高执行关键艰巨任务的能力。

（4）研究开发创新型节能制造工艺。美国能源部将整合现有和预算的资金，初期投入 1.2 亿美元，开发节能制造工艺和材料，使美国制造业企业能够以更少的能源制造更多的产品，减少制造成本，从而提高竞争力。

2. 配套措施

（1）美国国防部高级研究计划局（DARPA）将开发新技术，大大缩短从设计、建造到成品测试的产品周期。目标是将产品周期缩短为原来的 1/5。

（2）麻省理工学院、卡内基梅隆大学、佐治亚理工学院、斯坦福大学、加州大学伯克利分校和密歇根大学等六大名校形成了协作联盟，共享先进制造和创新项目方面的资源。这些大学还将与产业界、联邦政府机构合作，发现研究机会，为关键技术编制合作研究的技术路线图。

（3）美国商务部将在 2012 财年初期投入 1 200 万美元组建“先进制造技术联合体”，以公私合作方式对新产品开发的共性技术进行联合攻关。

（4）宝洁公司将通过组建的中西部“模型与模拟”联盟，免费为美国中小型制造业企业提供先进的软件。通常，小型制造业企业没有能力拥有自身的数字化设计工具，这无疑提供了重要的创新资源平台。

（5）美国能源部联合福特汽车公司和全国制造商协会，有效利用全国培训和教育资源，共同推出了一项旨在培养新一代制造商的计划。

（6）美国国防部将在2011财年投入2 400万美元，以开发作战用途的国内制造技术；同时开发一个网上交易平台，对接国防部以及其他国家机构的需求，来提高关系美国国家安全关键产业的本土生产能力。

（二）美国先进制造业国家战略计划

2012年2月，美国总统执行办公室、国家科技委员会发布了“先进制造业国家战略计划”的研究报告。该报告从投资、劳动力和创新等方面提出了促进美国先进制造业发展的五大目标及相应的对策措施。这是美国政府在先后发布《重振美国制造业政策框架》《先进制造业伙伴关系计划》后，从国家战略层面提出的加快创新、促进美国先进制造业发展的具体建议和措施。美国先进制造业国家战略计划借助信息化、智能化手段升级美国制造技术，以保持美国制造业的持续发展、未来竞争力和领导权地位。

该战略计划强调先进制造对国家安全和国民经济的重要意义：

（1）在该战略规划中，先进制造是指基于信息协同、自动化、计算、软件、传感、网络，以及运用物理、化学和生物学等众多学科而实现的新材料和新功能，如纳米技术、化学和生物学的一系列活动，包括制造现有产品的新方法和制造由新型先进技术催生的新产品两个方面。先进制造业能够提供高质量的就业岗位，是出口的重要来源和技术创新的关键源泉，也为军方、情报界和国土安全机构提供了必需品和装备。

（2）通过资源共享与协调合作推进创新与研发。美国先进制造业国家战略计划明确了三大原则：一是完善先进制造业创新政策；二是加强“产业公地”建设；三是优化政府投资。该战略计划提出的核心原则是：采取公私紧密结合的方式对先进制造技术的研发与应用进行投资，使联邦政府能够将关注的重点放在研发活动上。该战略计划倡导通过创造良好的创新环境，协调进入先进制造技术基础领域的公私投资，推动创新技术在本土快速发展，促进先进制造技术推广应用。

（3）该战略计划提出了五大目标：一是加快中小企业投资；二是提高劳动力技能；三是建立健全伙伴关系；四是调整优化政府投资；五是加大研发投资力度。这些目标相互关联，任何一个目标的进步将带动其余几个目标的进步。众多联邦政府机构，通过国家科学与技术委员会的统筹协调，将为实现这五大战略目标发挥重要作用。

（三）美国制造业创新网络计划

美国制造业创新网络计划（NNMI 计划）是 2012 年 3 月由美国联邦政府提出的一项旨在建立起全美产业界和学术界间有效的制造业研发基础、解决美国制造业创新和产业化相关问题的综合性项目。2014 年美国财政预算提议给予该项目的联邦支持资金为 10 亿美元。其主要模式是组建各领域的制造创新研究所，从而建立起全国性的制造领域的产学研联合网络。

NNMI 计划的目的：一是为先进的制造业提供一个富饶的创新环境；二是促使转化性制造技术在国内活跃发展；三是促进先进制造技术的竞争前基础建设的公私协同投资；四是促进先进制造技术的急速扩张和市场渗透；五是为建立在先进制造业企业中推动革新所必需的人才提供领导和创造性解决方法。

创新技术的商业转化力是核心所在。NNMI 计划所要解决的问题在于商业转化能力，重点是商业转化，而不是技术创新。这使得 NNMI 计划在 2016 年 9 月被重新命名为更加鲜明的“制造业 USA”（Manufacturing USA）。美国制造业创新的逻辑见图 20-1。

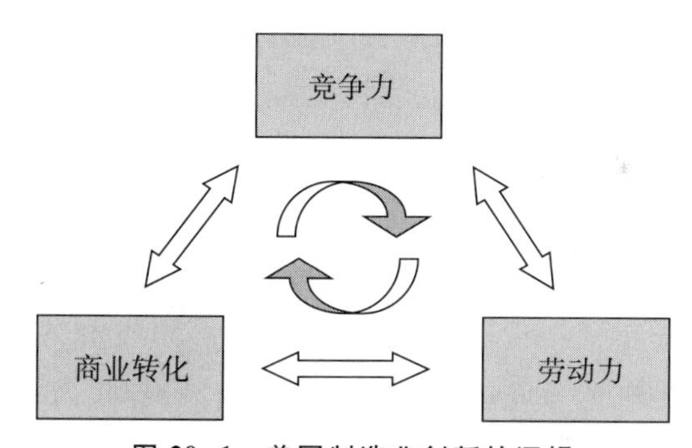

图 20-1 美国制造业创新的逻辑

Manufacturing USA 作为一个国家级制造业创新计划，是一个复杂的系统工程，其决定因素非常多样化，既有世界范围内制造业先进技术潮流、国家创新战略、制造业创新战略，也有创新机构招标发起人的优先利益重点、技术成熟度、产业需求迫切度等，是一个自上而下设计的国家创新战略模型，环环相扣：国家创新战略指导先进制造业创新战略，而先进制造业创新战略则来指导 Manufacturing USA 技术创新战略。美国 Manufacturing USA 的建设，充分地体现了这是一个系统工程的落地实践。

三、健全的先进制造顶层设计

为了重塑美国制造业的全球竞争优势，奥巴马政府推出了一系列制造业振兴计划，依托新一代信息技术、新材料、新能源等创新技术，加快发展技术密集型的先进制造业。作为先进制造业的重要组成，以先进传感器、工业机器人、先进制造测试设备等为代表的智能制造，得到了美国政府、企业各层面的高度重视，创新机制得以不断完善，相关技术产业展现出了良好的发展势头。

美国以发展智能制造为其战略意图，以实现制造业的智能化，抢占新一轮产业革命的制高点，并保持其制造业在全球的领先地位，相继出台了很多政策举措。2009 年 12 月，美国发布了《重振美国制造业框架》。2011 年 2 月，奥巴马政府发布了"美国创新战略"，提出要加快先进制造业发展；同年 6 月，"先进制造业伙伴关系计划"出台，提出优先发展先进传感、控制与制造平台技术和可视化、信息与数字制造技术两大智能制造关键共性技术，旨在推动创新、保障智力渠道、完善商业环境。2012 年 2 月，"国家先进制造业战略计划"公布，就加速先进制造领域特别是中小制造业企业投资、加大对先进制造的研发投入、加强先进制造相关机构伙伴关系等五个方面设定了政策目标，提出通过加强研究和试验税收减免、扩大和优化政府投资、建设"智能"制造技术平台以加快智能制造技术的创新，以及重振和增强其制造业强国的地位。

除此之外，美国还构建了与智能制造相关联的配套政策，加大对新一代机器人、3D 打印、物联网等智能制造技术的税收减免与拨款。2012 年在白宫举行的企业高层论坛上，美国提出了新税收优惠政策，对在国内投资的制造业企业，简化其办事审批手续，着力推进适合先进制造业发展的贸易规则，为智能制造提供良好的软环境。

四、注重先进制造技术的开发与应用

美国在 20 世纪 90 年代就大力支持新技术的创新发展，希望通过智能制造技术助推制造业升级。2012 年，美国出台先进制造业国家战略计划，指出要加大对以智能制造技术为基础的智能制造的投资力度。一直以来，美国特别重视智能制造技术的研发与应用，以确保长期处于相对领先的地位。2011 年，美国启动国家机器人技术计划，2013 年着手在国防、医疗、制造中广泛应用。人工智能、物联网、控制技术及各种先进的传感器等，众多与智能制造技术相关的产品均来自美国大学的研究机构和企业的研发中心。同时，美国加大对智能制造技术在生产中的深化应用，注重智能制造技术与产业的融合发展。例如，建立增材制造创新中心力推3D打印技术的研究与应用，建立数字制造和设计技术创新中心进行数字化流程的开发与推广，将先进的传感技术、控制技术嵌入清洁能源的生产制造流程。

五、构建完善的先进制造创新网络体系

创新是技术进步的动力源泉，是发展智能制造的基础，没有智能制造的创新研发，实现智能制造的愿景就会大打折扣。除了AMP计划，美国政府于2012年3月宣布启动作为“振兴制造业”战略重要一环的“国家网络创新”计划。该计划由美国先进制造国家项目办公室（AMNPO）协同国防部、能源部、国家航空航天局、商务部以及国家科学基金会等联邦政府部门共同实施，以公私合营的方式，建设15—45家“制造创新机构”，形成覆盖全美的制造创新网络。

美国以构建完善的创新网络体系来促进智能制造的形成和发展，具体通过以下三个方面来实行创新网络的构建：第一，建立关键智能技术及重点制造行业智能化器件的研发创新中心。2013年，奥巴马政府提出要建立45个制造业创新研究所。现已启动增材制造业创新研究所、数字制造和设计创新研究所、轻型现代金属制造业创新研究所、新一代电力电子制造业创新研究所及先进复合材料制造业创新研究所5个区域制造业创新研究所。此外，还计划建成光电子、灵活的混合型电子制造、清洁能源、革命性纤维和纺织品4个制造业创新研究所。第二，由政府、非营利性组织、大学、企业共同组成智能制造创新成员。例如，已建成的增材制造业创新研究所大约由85家企业、139所大学、18个非营利性组织组成。第三，制造业创新研究所的资金起初以政府出资为主，慢慢通过智能制造咨询服务收费、技术提供、会员收费等转为自负盈亏。

第二节　美国先进制造业战略对中小企业的实施政策

美国约有小企业2 500万家，占到美国全部企业数量的98%，而制造业领域的小企业数量接近30万家，其中不乏像居于全球超高频RFID（射频识别）行业领先地位的Alien公司和加速器传感器等方面表现卓越的Dytran公司等优秀企业。美国联邦实验室和联邦资助研发中心的研发量只占美国研发总量的10%左右，超过80%的研发是企业完成的。为了保证美国的研发能力，美国政府对小企业历来高度重视，很早就成立了小企业管理局等专门机构为小企业提供全方位服务；非营利

组织也对小企业发展提供了尽可能的帮助，国家制造科学中心（NCMS）就通过向小企业积极推广其所掌握的国家技术帮助小企业提升竞争力。

一、先进制造国家战略规划促进中小企业投资

先进制造国家战略规划的第一个目标就是促进中小企业投资。通过实施联邦机构对前沿产品的早期采办等相关举措，促进联邦职能和设施的有效使用，加速对先进制造技术研发的投资，促进中小制造业企业的投资。该目标将促进美国制造业企业，特别是中小制造业企业，在技术生命周期的商业化和规模扩大阶段取得成功。国家将采取三种支持先进制造技术研发投资的举措：协调国家、私人及非联邦投资人对先进制造技术的投资；购买先进制造商在扩大规模阶段早期制造的产品；向那些对国家安全至关重要的目标领域投资。

（一）公私共同投资

私人投资更乐于投向使个别公司获益，而非使众多公司集体获益的投资机会。协调公共和私人投资，将加速先进制造技术的商业化进程，带动对工厂和设施的私人投资，使公私双方获益。2011 年 6 月公布的先进制造业伙伴关系计划是该战略的重要基础，用于确定能够促进先进制造技术研发、竞争前合作、共享设备和基础设施等方面的投资机会。

（二）政府早期采办

联邦政府是先进制造产品的主要买主。有效使用此类购买力能够扩大经济规模，增强经济实力，这对有望进入新市场并进行国际竞争的中小企业尤为重要。很多中小企业借助早期采办实现了规模经济，获得了生产经验。国防部为加速先进制造领域的创新更应扩大其早期采办的运用。早期采办有力地促进了美国半导体工业的发展。1962 年，美国军方购买了几乎全部的半导体产品。军方持续的大规模购买使半导体产品的价格在随后的 6 年里下降了 96%，迅速被商业领域接受。

（三）与国家安全相关的先进制造

国防生产法案委员会（DPAC）负责提升国防制造能力，就如何解决制造能力缺口向总统提供建议。国防部制造技术（Mantech）计划是由美国陆军、海军、空军、国防后勤局以及国防部长办公室共同组织实施的一套组合项目，其目的是降低武器系统成本，缩短交付时间，增强系统性能，提高制造效率，降低金融和技术风险。Mantech 计划目前关注电子器件、金属和复合材料等方面。

二、先进制造国家战略规划建立创造性的合作关系

先进制造国家战略规划的其余四个目标是建立创造性的合作关系，促进公共机构与私人组织合作，增强政府、工业界、学术界之间的合作，加速先进制造技术的投资与应用。加速先进制造技术创新，需要填补美国目前创新系统的大量能力缺口。学术人员必须同工业研究人员开展更有效的交流。必须协调好联邦、州、地方和民间在先进制造技术和能力方面的投资。各参与方通力合作，是填补能力缺口的关键。

（一）通过合作促进中小企业参与

在商业化和规模扩大阶段，联邦投资将增强工业公共资源的共享，中小企业依赖工业公共资源能够实现规模经济和经济能力。国家设计工程与制造业联盟(NDEMC)是增强工业公共资源共享的典型例子，使中小企业也能够使用以往仅能被大企业使用的先进建模与仿真工具，对产品进行开发和测试。

（二）基于集群的合作

区域工业集群以合作的方式为投资提供富有成效的环境，改善了技术开发能力，扩散了知识，扩大了规模。集群为中小企业提供了重要资源，例如，生产设施共享，不仅有生产经验，还有制定扩张规划用的知识。联邦机构对此类能够增强先进制造竞争力的创新方法提供支持。

三、国家制造创新网络计划注重对中小企业的作用

NNMI 计划(国家制造创新网络计划)规定，IMI 研究机构(制造创新研究所)应由一个美国本土的、独立的、非营利机构领导，该机构需要有能力组织产业技术研究和人力分配以及进行基础设施布局。NNMI 计划设想的 IMI 机构的主要职能包括：(1)进行先进制造领域新技术的应用研究、发展和示范，从而降低这些技术发展和推广的成本和风险；(2)在各层面开展教育和培训工作；(3)发展创新的手段和方法，以提高供应链的整合能力和扩大整个供应链的容量；(4)鼓励中小企业的参与；(5)共享基础设施。其中，尤其注重中小企业的介入，要求每个 IMI 研究机构的申报单位能够阐述项目对中小企业的意义，并期望 IMI 机构能够吸纳现有的与中小企业有工作联系或能够传递中小企业需求的中介机构及网络组织的参与。

为了帮助美国中小企业更加有效地提升产量，美国国家科学基金会赞助的美国前瞻制造智库 MForesight，在大众制造研讨会上集合了来自制造业的 30 多位专

家,辨别了那些技术与教育障碍,从五个方面来促进美国中小企业在加强设计与生产方面的竞争力(见图 20-2)。

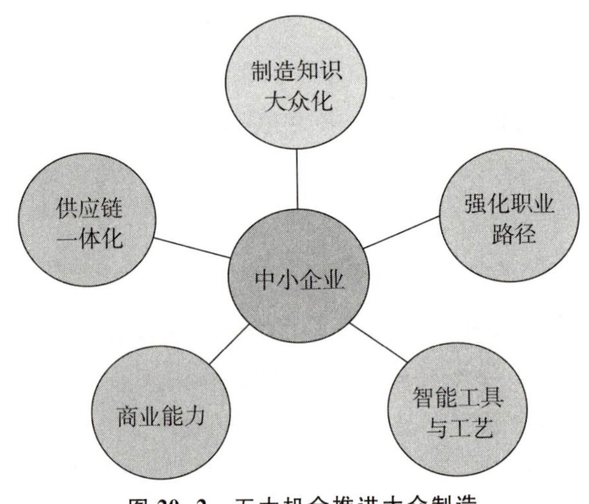

图 20-2　五大机会推进大众制造

第三节　美国实施先进制造业的典型案例

案例一:Marlin 钢铁公司应用智能自动化推动企业转型升级

作为被美国公司杂志(*Inc.*)排在前 200 位增长最快的民营制造商,Marlin 钢铁公司为航空航天、国防、医疗和汽车等行业生产金属集装箱。工厂位于马里兰州巴尔的摩市,从 1998 年以来就拥有 7 倍收入增长,2014 年其销售总额达到 550 万美元。

但在应用自动化转型发展之前,Marlin 钢铁公司制造采用的是手工制作的传统模式:每一个弯曲、每一个切面、每一个焊接都是手工完成的;公司有 8 个工人,他们唯一的工作是手工弯曲线。他们每天工作 8—10 个小时,1 个小时可以完成约 300 个弯曲。工人每天从一遍又一遍地重复令人麻木的工作。

面对来自中国的难以逾越的竞争和对百吉饼的低碳水化合物饮食热潮的需求,传统的制作模式难以支撑其生存发展。为了避免公司遭遇破产,Marlin 金属制品有限责任公司(所属 Marlin 钢铁公司)总裁德鲁 · 葛林布莱特(Drew Greenblatt)引进了 FANUC 机器人以及各种机械自动化设备,这改变了他的车间、产品和劳动力的口径以及他的金属集装箱的市场需求。机器人做重复性的工作,而人类从事脑力劳动,处理所有复杂的部分、设置、质量检查、过程检验和调整机器。“有了这个战略,我们的员工都像超人。我们给他们提供各种工具,这显著地提高了工人的生产效率。有些自动化可以做到折弯、焊接和切割这样的工序,然后我们还有其他的自动化,如 FANUC 机器人可以做装卸。员工都在(机器人的)笼子外面,而且很安全。”

使用正确的工具和最先进的技术进行生产制造为 Marlin 钢铁公司开创了一个新的时代。一方面,得益于机器人及自动化,Marlin 钢铁公司制造的产品精确到±0.1毫米的精度,这是工人进行人工弯曲无法掌握的公差。质量和精度的提高成为 Marlin 钢铁公司成功和拥有旺盛的出口市场的主要驱动力,出口的范围从过去的只能从布鲁克林、纽约运送到布朗克斯扩展到了现在的出口阿根廷、加拿大、墨西哥和奥地利等 39 个国家。另一方面,Marlin 钢铁公司的自动化发展也推动了创造就业机会和回报给人类诸多益处的职业生涯。智能自动化的应用使得对技术人员的需求增加,公司寻找技能人才以填补焊工和机器人安装工作。在应用机器人之前,公司支付给员工最低的工资,现在公司根据具体的职位支付比之前多出 3 倍、4 倍甚至是 5 倍的工资,并通过在员工身上进行投资,使得员工变得更有价值和更不可或缺。

作为挖掘新市场的中小企业,Marlin 钢铁公司从一个技术含量低的商品经营者转变成为排在财富 500 强的生产高精度、设计精良的产品的出口商,其成功的关键就在于他们投资数百万美元在自动化和先进技术上。

案例二:Del Papa 使用工业互联网优化企业建立新型分销公司

Del Papa 是一家位于美国得克萨斯州的啤酒、饮用水和功能饮料分销的家族企业。每在得克萨斯州的墨西哥湾沿岸享用一杯啤酒,都归功于 Del Papa 分销公司。该公司成立于一个多世纪前,迄今为止,每年都会从 30 家供应商手中分销 1 000万箱啤酒。公司在得克萨斯州的总部拥有超过 375 名员工,同时还有另外两个配送中心。在使用工业互联网之前,公司存在许多虽小但不可忽视的问题。一方面,虽然这家历史悠久的公司有独立的语音、数据、视频和物理安全网络,但是这些网络是分开的,这种网络模式不仅昂贵,而且妨碍了生意的开展。另一方面,公司之前使用的无线基础架构不够可靠,监控系统也不够完善,如果一名员工站在仓库的一个特定区域,那么他可能会失去信号,然后无法在无线设备上查看一个到达订单的明细信息,人员只能监控某些工作站的视频监控摄像机。

Del Papa 企业有着自己的目标:成为一家伟大的啤酒分销公司。公司打算建

立一个新的27英亩的总部,所以其领导者们开始考虑如何利用科学来事半功倍。他们希望新的配送中心能有一个可以用于物理安全、通信、协作,甚至是监控库存情况的独立又安全的网络,而工业互联网正好满足了他们的需求。

在建设新总部大厦的过程中,Del Papa 和思科(Cisco)合作,设计了一个可以将以前未联系在一起的人和事物都结合起来的网络,建成了一个可靠的、安全度高的思科 IP 网络。它同时连接着视频监控摄像机、物理访问控制门、有线和无线 IP 电话、办公室间个人合作的思科监控系统(Cisco TelePresence© systems)、员工通信用的数字标牌以及仓库和小金库的温度传感器。除此之外,同一个网络还可以连接 Del Papa 将来添加的任何其他系统。

为了保护员工和库存,思科视频监控摄像机监控着一切,包括10万平方英尺的仓库、办公室走廊以及所有传送门。所有门根据时间表自动锁定和解锁,指定的人员打开限制区域的门时会收到警报。同时,视频监控和物理访问控制有助于防止盗窃,他们只需点击一个链接就可以从附近的摄像机播放视频,视频监控和物理访问控制也有助于员工感到安全。

此系统还能实现更有效的仓库操作。现在员工可以监控加热、通风和空调系统,然后远程实时做出修改。对于啤酒而言,保存温度是至关重要的,Del papa 分销品牌之一——Anheuser-Busch 与 Del Papa 签订了协议,要保持仓库温度恒定在一个指定的温度,以保护啤酒不变质。通过该系统,工作人员可随时监控温度,并远程进行调整。

远程会议更是大大提高了工作效率。分布在3个地点的团队可以使用视频和音频系统直接召开会议。比如 IT 部门想要大采购,但要得到业主和财务总监批准,以往常因其中某一人缺席无法办理,现在通过网络就可以协商好一切,甚至在通话过程中也可能签署一份合同。

系统协调基础设施升级,并将设施移动到新总部,通过 Del Papa 的私有云站点到站点复制。相较于之前3个地点60个物理服务器,现在的 Del Papa 总部只有1个私有云系统,只需要40个虚拟服务器就可以联合所有地点并进行管理。通过整合基础设施,减少了9%的能源消耗。

除此之外,还可以向其他地点的促销人员远程进行销售预测和宣传。相较于其他啤酒分销公司,Del Papa 率先引用工业互联网系统,有效地提高了工作效率,减少了成本,使其在同行业中脱颖而出。而这些都归功于工业互联网带来的优势。

第四节 启示与建议

智能制造之所以能够引领新一轮产业革命,关键在于它深刻地改变了产品的生产方式、组织方式、流通方式和销售方式,重塑了产业的价值链、生态链。这一系列智能制造生态链,在中小企业的创新发展过程中有诸多促进作用。

一、智能制造系统平台——降低中小企业研发制造成本

2006 年,美国高校、研究机构和企业发起成立了智能制造领导联盟,2011 年发布了《实施 21 世纪智能制造》报告,明确推进智能制造发展的目标和路径,提出为中小企业建立智能制造系统平台,到 2020 年将智能软件和系统成本降低 80%—90%。该联盟目前已经获得由美国联邦政府支持的智能制造开放平台项目。

二、工业互联网联盟——打造中小企业智能制造商业模式

2014 年,通用电气公司(GE)与 AT&T、思科、IBM 和英特尔发起成立工业互联网联盟,并于 2013 年推出 Predix 操作系统。该系统可以为机器设备提供标准、可靠的数据传输接口,对各种设备进行互联和实时监测。2015 年,GE 公司开放了 Predix 操作系统,帮助制造业企业开发自己的工业互联网应用,从而建立起涵盖装备制造业企业、用户企业和 IT 企业的商业共同体。为助推该联盟商业模式,美国国家标准与技术研究院为工业互联网确立了国家标准。

三、产品升级服务化——促进中小企业个性化产品规模化生产

智能制造将简化流水线生产流程(大规模定制)并使其变得更加经济。柔性的工厂和运用 IT 技术优化的供应链使得生产过程可定制更多个性化的产品,如特定剂量的药物。正如戴尔开创了定制化个人电脑的革命,特斯拉也展示了类似的汽车工业转型——允许客户网上指导工厂将所需的个性化功能导入他们的汽车中。高效生产所需规模的缩小和生产所需经济体量的减小,将使小型制造商比以往更容易获得市场份额,特别是针对那些想要更加个性化产品和愿意支付适度价格溢价的客户。此外,智能制造通过提高劳动生产率和降低高效生产所需的批量规模,中小企业可能会实现更多的本地化生产。

四、制造技术智能化——拓宽中小企业潜在市场

智能制造可拓宽中小企业的潜在市场,并为所有的制造商(大企业和中小企

业)创造更多高技术含量的工作岗位。制造业的工作对整体就业具有显著的乘数效应。在美国的经济环境中,平均而言,每新创造1个制造业的工作岗位将支持其他额外的4个工作岗位,但在某些先进制造业如电子计算机制造业,乘数效应可高达16倍,也就是说,每1个制造业工作岗位将支持其他15个工作岗位。在更广泛的层面上,据市场情报公司IDC估计,未来4年,由数据驱动的智能制造过程通过以下两种方式将产生3 710亿美元的全球净值:(1)利用数据创造价值;(2)简化设计过程,减少工厂操作和降低供应链风险。麦肯锡全球研究院则预测会有更显著的收益,到2025年世界范围内的工业物联网每年将产生高达1.8万亿美元的新增价值。

五、协同创新网络——加快中小企业创新发展

智能制造时代的最大特征就是创新,美国国家制造业创新网络计划的推行以及工业互联网的发展,使得智能制造生态链中新业态、新模式不断涌现,联盟式、开放式的协同创新给中小企业提供了发展空间。对于智能制造生态系统中的中小企业来讲,智能制造资源与技术的共享,使其有机会参与前沿的技术创新联盟,通过整合或借力各种优良技术和资源,提高自身的创新能力和整体的创新实力,在市场中获取技术支持,从而逐步在协同创新体系和产业生态链中占据有利位置,实现收益最大化。

第二十一章　日本智能制造推动中小企业转型发展经验措施

自20世纪80年代末智能制造被提出以来，世界各国都对智能制造进行了各种研究，首先是对智能制造技术的研究，然后为了满足经济全球化和社会产品需求的变化，智能制造技术集成应用的环境——智能制造系统被提出。日本于1989年提出智能制造系统，且于1994年启动了先进制造国际合作研究项目，通过加快发展协同式机器人、无人化工厂提升制造业的国际竞争力。

第一节　日本智能制造发展背景及历程

第二次世界大战后，日本工业依靠承接西方低端制造业转移而迅速实现了原始资本积累，随着劳动力成本的快速上升，日本工业智能化升级的进程也随之启动。以机器人产业为例，日本机器人行业经历了四个发展阶段：20世纪60年代，日本进入工业智能化升级阶段，工业机器人产业开始发展；70年代，机器人在日本工业领域的应用逐渐深入；80年代，工业机器人在工业领域得到普及，根据日本机器人协会的统计数据，1970年日本工业机器人产量为1 350台，到了1980年其产量猛增到19 843台，年复合增长率达到30.8%；从90年代开始，日本工业机器人领域的发展逐渐趋于稳定。目前日本的工业机器人保有量稳居世界第一，约为31万台，约占全球工业机器人保有量总数的1/3，为世界上最大的工业机器人消费和应用国，同时也是最大的生产和出口国。在日本工业机器人发展的过程中，政府连续从市场培育、融资环境、技术研发等不同方面制定相关支持政策（见表21-1），对行业发展起到了巨大的推动作用。

表 21-1 日本支持工业机器人发展的主要支持政策

时间	政策法规	内容	类型
1971 年	《机电法》	规定了工业机器人制造业的应用行业和种类，初步奠定了产业基础	市场培育
1980 年	财政投融资租赁制度	由财政投资、日本开发银行融资建立了工业机器人租赁制度，并由 24 家工业机器人制造商、10 家保险公司共同出资成立了“日本机器人租赁公司”	融资环境
1980 年	中小企业设备现代化贷款制度和设备借贷制度	由国家和都道府县各出等额资金合在一起作为基金，为中小企业进行设备贷款，帮助其引入现代化设备，提高生产率	融资环境
1985 年	高技术税制	所得税按扣除研究开发费用后的所得计征，以促进高功能机器人等六个领域的基础技术研究	技术研发
1991 年	微机器技术研究开发项目	由通产省工业技术院发起的大型研究开发项目，主要研究能在发电厂等复杂的机构及生物体内狭小的部位移动的能进行高度自治作业的微型机器系统	技术研发

资料来源：智研数据研究中心整理。

第二节 日本智能制造发展的特点

在先进制造、工业 4.0 等概念席卷全球，引发全球智能制造热时，日本仍保持着客观冷静。在《制造业白皮书(2015 年版)》中，日本表示无须追随美国和德国的前进方向，最重要的是认清日本制造业的优势，各个公司应深入探讨最适合日本的策略，并根据需要转变方向以充分享受这个优势。

日本政府高度重视高端制造业的发展，积极出台措施着力扭转制造业比重降低的局面，把信息通信、节能等产业作为国家重点培育领域，尤其是加强了对制造业信息化、信息物理融合系统、大数据、3D 打印机等项目的资助和研究。

自安倍政府上台以来，特别强调“科学技术创新能力是重振经济的原动力”。自 2013 年开始，日本政府每年都制定《科学技术创新综合战略》。《科学技术创新综合战略 2013》提出，要从“智能化、系统化、全球化”的角度推动科技创新，使之成为日本经济复兴的引擎。为此，安倍政府设立了许多涉及科技领域的领导机构，还承诺要向太空、物理和干细胞研究拨款数千亿日元。《科学技术创新综合战略

2014》提出，重点聚焦信息通信（如信息安全、大数据分析、机器人、控制系统技术等）、纳米（用于开发元件、传感器及具备新功能的先进材料）和环保三大跨领域技术，使其成为增强日本产业竞争力的源泉。《科学技术创新综合战略 2015》对科研资金改革，借助物联网和大数据培育新产业等内容进行了重点阐述，提出 2016 年在制造技术领域投资 147 亿日元预算、在纳米材料领域投入 230 亿日元预算、在信息通信领域投入 916 亿日元预算。日本政府为发展智能制造投入资金的特点表现在：

一、研究开发领域

（一）特定研究领域资金支持

3D 打印技术领域，2014 年，日本政府继续把 3D 打印机列为优先政策扶持对象，当年投资 45 亿日元，实施名为“以 3D 造型技术为核心的产品制造革命”的大规模研究开发项目，开发世界上最高水平的金属粉末造型用 3D 打印机。机器人领域，2015 年发布《机器人新战略》，提出在未来 5 年间，最大限度地应用包括政府制度改革在内的多种政策，扩大机器人开发投资，推进 1 000 亿日元规模的机器人扶持项目。人工智能领域，在 2016 年政府预算要求中，将投入 100 亿日元政府预算，以广泛支持研究机构和大学的人工智能研究。

（二）通过开发和利用国家基础技术强化产品制造基础

投资 75.25 亿日元，建立 X 线自由电子激光设备（SACLA）的配备和共用项目；投资 150.52 亿日元，建立创新性的高性能计算基础设施（HPCI）项目。

（三）构建产学研合作基地

在以产业界和社会需求为基础的产学合作上，聚集大学、公共研究机构和企业，构建大规模的产业协作基地，集中进行从基础研究到商业化阶段的研发。

二、人才培育方面

一是设置公共职业能力开发设施，为离职者、在职者和高校毕业生提供有针对性的培训；二是为开展员工职业能力培训的雇主提供补助金；三是如果劳动者自己负担费用接受并完成一定的教育培训，则为劳动者支付一定比例的费用。

三、研发税制减免方面

一是针对试验研究经费，按照试验研究经费 8%—10%的税额进行减免；二是针对中小企业开展的研发活动，减免 12%的试验研究经费；三是为促进中小企业设备投资，在购置一定机械设备时，采取购置成本30%的折旧或7%的税额减免措施。

四、金融支持方面

为避免产业空心化及鼓励企业走出去，日本政策性银行设立1 000亿美元基金协助其本国企业收购国外企业。

五、日本实施智能制造的三大举措

在经历了看上去略微有些混乱的应对工业4.0的各种政策之后，日本产业界终于在智能制造领域找到了自己的位置。2016年12月8日，日本工业价值链参考架构(Industrial Value Chain Reference Architecture，IVRA)正式发布，标志着日本智能制造策略正式完成里程碑式的落地。IVRA是日本智能制造独有的顶层框架，相当于美国工业互联网联盟的参考框架IIRA和德国工业4.0的参考框架RAMI 4.0，这是编织了日本制造优势的智能工厂得以互联互通的基本模式。

工业价值链计划(Industrial Value Chain Initiative，IVI)，与日本制造另外两个战略——物联网和机器人密切相关。为了应对以德国工业4.0为代表的全球制造业升级战略，日本采取了三个系列的实施行动来推进制造业的升级：一是推动工业价值链的发展，建立日本制造的联合体王国；二是通过"机器人革命计划协议会"，以工业机械、中小企业为突破口，探索领域协调及企业合作的方式；三是利用IoT推进实验室，加大与其他领域合作的新型业务的创出。

六、日本实施智能制造的三大侧重

(一) 长期注重信息技术与智能系统的深化发展

日本长期重视信息技术在产业发展中的重要性，通过对技术创新的长期性积累，渐近式地掌握生产制造在全球的竞争优势。日本政府早在1990年就对智能制造做出了长远规划，并同欧洲委员会及美国商务部合作，建立起了一个国际性IMS(智能制造系统)委员会。在之后的几年，日本投入了1 500亿日元用于开发智能制造系统。1992年，日、美、欧联合提出了不受国界限制的更宽网络的生产制造合作系统；1994年，提出了全球先进制造研究项目，探索一些先进的智能制造关键领域。之后的"U-JAPAN战略"重点发展信息网络技术的基础设施建设、物联网及信息网络在生产中的应用。2006年10月提出了"创新25战略"规划，以期通过科学技术的创新服务提高日本制造业生产在全球的竞争力。智能制造系统的开发也作为该计划的核心目标之一，着重研究智能计算机和智能虚拟技术在制造业中的融合应用，打造生产的网络化、智能化、全球化。2008 年、2011 年相继提出了《技术创新战略》《科技发展基本计划》等政策文件，其核心内容均是通过对智能技术、智能制造系统的各个领域进行攻关，打造制造业智能化的领先地位。

（二）打造智能机器人竞争优势

智能机器人作为智能制造的关键技术，有着广泛的市场需求与发展前景，在医疗、服务、制造等领域得到了广泛的应用，美、日、德等先进制造业强国都在抢先发展下一代智能机器人。日本 2014 年在《新经济增长战略》中把机器人产业作为国民经济发展的重要动力来源，计划将制造业机器人的应用量扩大 2 倍，市场规模达到 2.85 万亿日元的目标。2015 年 1 月，日本发布《机器人新战略》，一是通过多方合作、人才培养、技术创新、标准推广等培育机器人产业，使其成为“世界机器人创新基地”；二是扩大机器人在制造、医疗、服务等方面的应用，打造“世界第一的机器人应用国家”；三是建立下一代机器人数据的互联互通，“迈向世界领先的机器人新时代”。

（三）实行智能制造核心技术保密策略

日本在生产制造过程中，特别注意对核心智能制造技术的保护，通常会设立智能制造“研发中心”和智能装备“制造中心”，分别通过软件和硬件对智能制造技术进行加密和保护。例如，日本制造商 FANUC 为避免技术的外溢与复制，将发明的核心技术通过“黑匣子”承载然后再交由客户，公司生产的无人控制机床也通过 NC 装置将核心技术浓缩在其中。此外，日本的大中型企业还经常设立“工机部”，专门负责将新技术固化到智能生产服务装备中，与“研发中心”“制造中心”协同提供生产所需装备。例如，日本阿斯莫微电机公司一个名叫丰桥工厂的分公司，是智能设备“制造中心”，70%的生产设备由该工厂根据公司研发中心的设计图纸自行制造；日本天龙工厂（YAZAKD）燃气仪表公司的“工机部”根据市场需求自行研发、制造设备。

七、实施政策

日本自确立技术立国战略以来，一直推行技术带动经济发展战略。面对当前信息技术革命带来的机遇和挑战，日本于 2006 年 10 月提出了“创新 25 战略”计划。该战略计划的目的是在全球竞争时代，通过科技和服务创造新价值，提高生产力，促进日本经济的持续增长。智能制造系统是该战略计划的核心理念之一，主要包括实现以智能计算机部分替代生产过程中人的智能活动，通过虚拟现实技术集成设计与制造过程实现虚拟制造，通过数据网络实现全球化制造，开发自律化、协作化的智能加工系统等。

日本是世界上工业化最为发达的国家，电子、汽车制造等行业均世界排名第一，许多企业已经成为国际性的大托拉斯公司。然而日本的许多大公司、大企业集团却是在第二次世界大战后中小企业的基础上发展起来的。这些中小企业之所以能够迅速发展起来，主要是得益于日本政府、金融机构和民间组织的大力支持。

在日本的企业中，中小企业所占的比重很大，大约占企业总数的98%。在"创新25战略"提出之前，日本政府就已经致力于建设信息社会，以信息技术推动制造业的发展，增强产业的竞争力，从而提出了"U-JAPAN战略"计划，目的在于建设泛在信息社会。其主要关注网络信息基础设施、信息与通信技术（ICT）、信息技术安全和国际战略四大领域。在泛在网络（人与人、人与物、物与物的沟通）发展方面，形成有线、无线无缝连接的网络环境，建立全国性的宽带基础设施以推进数字广播，建立物联网，开发网络机器人，促进信息家电的网络化。此外，通过促进信息内容的创造、流通、使用和ICT人才的培养实现ICT的高级利用。"U-JAPAN战略"计划在ICT基础设施、物联网等领域取得了一系列成就，为"创新25战略"的实施奠定了基础。2008年，基于"创新25战略"和第三期《科学技术基本计划》的基本立场和基本目标，日本政府提出了《技术创新战略》，主要围绕提升产业竞争力等方面进行政策设计。

为强化制造业竞争力，2011年，日本发布了第四期《科技技术基本计划（2011—2015）》。该计划主要部署多项智能制造领域的技术攻关项目，包括多功能电子设备、信息通信技术、精密加工、嵌入式系统、智能网络、高速数据传输、云计算等基础性技术领域。日本通过这一布局建设覆盖产业链全过程的智能制造系统，重视发展人工智能技术的企业，并给予优惠税制、优惠贷款、减税等多项政策支持。以日本汽车巨头本田公司为典型，该企业通过采取机器人、无人搬运机、无人工厂等智能制造技术，将生产线缩短了40%，建成了世界上最短的高端车型生产线。日本企业制造技术的快速发展和政府制定的一系列战略计划为日本对接工业4.0时代奠定了良好的基础。

第三节 日本推动智能制造典型案例

案例一：APS 穿针引线助力通威迈向智能制造

通威精密金属(佛山)有限公司(以下简称“通威”)是由日本株式会社东海弹簧制作所和日本长濑产业株式会社投资的全日资企业，主要生产各种弹簧、冲压加工品、铁架、雨刮等高质量汽配零部件产品。公司的主要客户为电装集团、丰田合成等，终端客户为丰田、日产、本田、福特等。

通威生产接单主要通过正式的订单以及后期的预测需求，并且大部分产品及原料都需要储备安全库存。其中的弹簧产品，原材料采购周期长、要提前备料；同时，弹簧产品分销售和自用两部分，有的是作为半成品用于生产自用，有的是作为产成品直接销售出货。

通威有两个生产车间：一车间主要进行组装，组装的产品包括铁架、运转轴、雨刮；二车间主要生产弹簧，弹簧成型是主要工序。公司的生产计划由两个生产车间的计划人员负责，各计划人员只负责安排自己部门的生产计划，其中弹簧产品分为直接销售和自用两大类，产品品种非常多。外购的原材料则另外由生管部负责制订采购计划。

在引用 APS 系统(高级计划与排产)智能排产之前，通威的计划排产面临各种问题。首先，人为排产都是用 EXCEL 表格，需要从系统里先导出当前库存量、在制品、在途采购等数据，并填在电子表格中；还需要依据订单和预测需求整理成出货计划，再将出货计划填写到表格中。这样操作耗费时间较长，又容易出错。其次，计划人员在确定出货计划及生产计划时，除需考虑设备班组的产能外，在很大程度上还是凭个人经验，排产耗用的时间也很长，又容易导致不准确，后期生产执行时容易与计划脱节；并且，设备班组等生产资源的产能数据，未做到标准化、规范化、精准化和全员共享，排产主要由各车间负责人独自完成，其他人员不清楚设备产能，一旦该负责人休假或离职，再排产将面临困难。最重要的是，很多半成品和成品需要储备安全库存，储备安全库存的又不需要急于生产，所以在计划排产时既要兼顾该产品的正式订单需求，又要兼顾安全库存的需求，常常顾此失彼。

通威管理层逐步意识到生产排程对后续生产带来的影响越来越大，十分重视并积极与金蝶合作，上线使用金蝶 K/3 WISE 的 APS 生产排程系统。首先，通过对设备班组等瓶颈资源进行统计归纳整理，以及对产能的估算和不断修复调整，所有的生产资源及其产能在系统中都得以标准化、准确化，为计划排程提供了基础依据，以前以人为执行主体的排产转变为以系统为核心。其次，排程平台直接引入销售订单、预测及库存等数据进行排产，避免了人为大量、烦琐地收集统计数据，简单快捷，并确保了数据的准确性。再次，计划人员通过从订单、生产资源两个维度，跟踪管理计划排产情况和生产执行进度，对订单能否满足交期的状况一目了然，避免了订单交货的延迟，提升了通威客户的满意度。最后，计划人员借助资源负荷甘特图，对各个资源是否闲置、资源换模具的耗用时间、资源负荷占用产能的比例、哪些是备库存的生产、是否有超期状况等信息都了如指掌，便于计划管理。

有了金蝶 K/3 WISE 的 APS 智能排产穿针引线，通威的生产计划变得有条不紊，生产井然有序，效率大幅提升。在金蝶 K/3 WISE 的推动下，通威正迈步走向智能制造的康庄大道。

案例二：日本电装公司——提出“领先工厂”概念

1949 年 12 月，作为丰田汽车工业株式会社的零部件工厂之一的电装(DENSO)，从丰田集团独立分离出来，以 1 500 万日元的资本金和 1 445 名员工的规模，在日本爱知县刈谷市成立了日本株式会社电装，并开始运营。

电装公司提供多样化的产品及其售后服务，包括汽车空调设备和供热系统、电子自动化和电子控制产品、燃油管理系统、散热器、火花塞、组合仪表、过滤器、产业机器人、电信产品以及信息处理设备。

由于政府政策支持，电装公司通过采取机器人、无人搬运机、无人工厂等先进技术和产品，加之采用新技术减少喷漆次数、减少热处理工序等措施把生产线缩短了 40%，并通过改变车身结构设计把焊接生产线由 18 道工序减少为 9 道，建成了世界上最短的高端车型生产线。

“领先工厂”是日本电装公司在 2015 年东京车展上提出的一个概念。通过对汽车生产制造工艺及装备的独自研发与制造，在大规模定制生产过程加入了现代化的信息技术。“领先工厂”是基于产品批量减少而成本不变的思想提出的，融合了精益生产和大规模定制生产方式。其具体做法是先对生产流程和制造设备进行改造，将原有生产工艺上的装备缩小并集中到最终的组装车间安放，在改造的过程中实现设备自动化和生产流程标准化，同时在装备与装备之间、生产车间与生产车间之间实现信息互联，最后实现工厂与工厂信息互联。

如今，电装公司已发展成为日本排名第一、世界顶级的汽车零部件供应商，在全球 30 多个国家和地区设有 184 家关联公司,集团员工数约 14 万名。

案例三:零部件加工——南通中远川崎船舶工程有限公司

中国远洋运输(集团)总公司与日本川崎重工业株式会社合资兴建的南通中远川崎船舶工程有限公司,主要从事中、高端船舶的研发和建造,产品类型涵盖各型散货船、大型集装箱船、超级油轮、矿砂船、汽车滚装船等主流船型,以及多用途船、双燃料船、LNG 船等特种船,年生产能力约为 300 万载重吨。公司成立以来,实现了高起点、跨越式发展,迄今共交付各种远洋船舶 170 余艘,其中,30 万吨超级油轮、30 万吨矿石运输船、13 386 标箱集装箱船等多个船型,填补了中国造船业多项空白。建造工时、钢材利用率、万美元产值耗电量、生产效率等主要经济技术指标达到国内领先、国际先进水平,先后被认定为"江苏省船舶技术工程研究中心""江苏省博士后创新实践基地""江苏省两化融合示范企业",三次被认定为国家级"高新技术企业"。

2007 年开始,公司大规模利用信息技术改造传统设计建造手段,升级改造计算机集成制造系统功能,进一步提升信息系统的应用范围和信息系统的集成度,扩大数字化制造装备的使用规模,实现了以信息化和工业化深度融合为标志的数字化造船。经过几年的开发、创新和实践,公司建立了完善的计算机集成制造系统,将贯穿船舶产品全生命周期的 CAD(计算机辅助设计)、CAPP(计算机辅助工艺过程设计)、CAM(计算机辅助智造)、ERP(企业资源计划)等应用高度集成,在研发、设计、采购、制造、财务、管理等流程中实现了信息化和数据共享,并由此获得了"江苏省两化融合示范企业"称号。

2012 年,公司确立了将智能造船作为转型发展的主攻方向和实现造船强厂的主要途径,4 条机器人生产线相继投产。通过不断攻关,公司初步建立了以数字化、模型化、自动化、可视化、集成化为特征的智能造船和生产管理体系,真正实现了研发、设计、生产、管理等环节的全面融合、协同运行,具有示范作用的船舶制造智能车间初具规模。船舶制造智能车间建设,实现了各加工系列的智能制造,达到了工装自动化、工艺流水化、控制智能化、管理精益化,保障了产品质量的稳定,缩短了加工周期,极大地提高了生产效率,产品质量和建造效率率先达到世界先进水平。

案例四:半导体案例——三菱电机

三菱电机创立于 1921 年,是全球知名的综合性企业集团,在全球的电力设备、通信设备、工业自动化、电子元器件、家电等市场占据着重要地位。旗下的名古屋制作所通过应用 e-F@ ctory 方案,可根据交货期随时切换生产品种,实现设备运转率提高 190%,整体生产率提高 180%,开发周期缩短 50%。

2016 年 12 月 8 日,日本工业价值链促进会推出了智能制造基本架构 IVRA,被称为“日本版的工业 4.0”。三菱电机积极参与其中,其综合价值创造理念成为这一体系的重要组成部分,这也正是智能制造时代的核心理念。

1. TVOE 战略的宏远目标

三菱电机自动化(中国)有限公司总裁三条宽和将原来的 TCOE(Total Cost of Ownership Engineering)降低客户综合成本理念升级为 TVOE(Total Value of Ownership Engineering)为客户提供综合价值方案。

三菱电机的 TVOE 战略正契合智能制造趋势,这一战略能够帮助客户提升生产效率,提高产品品质,帮助他们以企业生产和经营为着力点,提供覆盖整个价值链的解决方案以降低综合成本,最终帮助中国企业提升自身竞争力。

2. e-F@ ctory 直指智能制造的核心——制造现场

在智能制造的道路上,三菱电机早已先行一步:三菱电机在设备的使用中领悟到了自动化和数据结合的重要价值,于 2003 年提出了 e-F@ ctory 理念,经过十多年在众多行业的实践应用,已经具备了深厚的技术储备和强有力的人才支持。未来智能制造要取得成功需要将制造现场与信息化相结合。

智能制造最核心的是生产现场,生产现场既是立足点也是出发点。生产现场可以分为横轴和纵轴来进行立体式管理:纵轴是供应链管理,包括从物料到达,到生产计划、生产制造、发货出仓、后期物流等步骤;横轴是工程管理,从设备的设计、产品的设计、产品的生产等方面统筹,是对产品生命周期的管理。供应链管理和工程管理如何结合起来,是一个重要问题。相对于以前只是单纯地以削减成本、关注制造成本为目的的自动化和 IT 化,未来会随着横向和纵向的并行管理,创造出更大的价值。e-F@ ctory 作为一个信息可视化管理平台,通过人、机械、IT 协同,从横轴和纵轴方面提供综合提案,帮助企业逐步实现价值提升。

3. 协同合作,提供务实的行业协作方案

e-F@ ctory 从 IT 和生产线两方面切入,为生产型企业通往智能制造打造出便捷的通道,用户通过导入信息管理系统实现转型,向“务实、具有实效”的现场管理转变,打造生产现场和信息管理系统“有机结合”的智能制造解决方案。“自推广以来,e-F@ ctory 已经为 200 多家公司导入 7 300 件以上的系统,以汽车相关产业为领头,在半导体、精密仪器、食品、金属加工等多个行业中应用。"三条宽和总裁谈起 e-F@ ctory 的行业适用性时自豪之情溢于言表。

e-F@ ctory 最为突出的特点是其灵活性,它既可以适用于大型厂商全面的运营管理,也可以适用于小型企业的生产单元管理。以某大型厂商的组装生产线为例,三菱电机原本计划导入机器人提高智能制造水平,但是在调研时发现很多问题,包括生产线每个装置的生产能力有偏差、不能在最佳时机提供材料、工序间的距离较大、人的行动效率低等。针对这些问题,三菱电机实施了生产工程和作业效率的改善(缩短交货期、削减零部件库存)解决方案,实现了生产率提高 5%—10%、交货期缩短 20%—40%、库存缩短 20%—40%的成效。

2015 年,三菱电机发起了 e-F@ ctory Alliance 合作伙伴大会,与传感器、软件、系统集成等环节的合作伙伴协作,向用户提供整体的解决方案。发展至今,已经由原来的 40 家发展到现在的 300 多家合作伙伴,中国 e-F@ ctory Alliance 成员已达 80 多家。建设 IT 系统,需要已经达到理想状态的生产现场的支持,这样才能最大限度地发挥工业化和信息化的融合优势。这对三菱电机来讲既是挑战也是机遇。e-F@ ctory 蕴含三菱电机领先的制造技术和项目实施经验,适用于人、机械、IT 协调共存的生产现场,能够在 IT 层对现场海量的数据进行解析并反馈。在全球激烈的竞争环境下,e-F@ ctory 在帮助用户削减成本、提高生产效率、提升品质、缩短交货期等方面发挥了极大的作用,解决了智能制造进程中的一系列难题。

第四节　启示与建议

智能制造的创新活动是在市场经济的条件下发生的,而企业不论规模大小均是市场经济的主体,因此企业在创新中的作用是需要重点关注的。智能制造战略的实施者主要是微观层面的企业,也就是说,智能制造归根结底是企业的活动。尤其是在经济转型和迎接新的科技浪潮所引发的制造业变革时代,企业如何行动尤为令人关注。智能制造贯穿于产品创新、制造技术创新和产业模式创新各个方面。然而这些多维的、复杂的创新活动,无疑需要企业在市场经济环境中去完成,即智能制造的实现过程,就是企业通过市场配置资源,在创新驱动下实现能够充分体现个性化、定制化和绿色化特征的高品质制造的过程。只不过与传统的工业经济相比,企业在配置资源和组织生产的过程中,要更多地甚或最终可能大部分借助于信息技术发展基础上形成的网络力量,实现信息化与制造过程的深度融合。日本以往经济取得成功、制造业攀上工业经济峰巅的历史,就是其企业不断创新的历史。丰田、京瓷、安川电机等大企业通过不断创新,称雄于各自的产业领域,并且稳步占领竞争激烈的世界市场,已是人所共知的事实。而日本的中小企业亦是凭借长期打磨和钻研的一技之长,成为昔日大企业稳定的产品零部件供应商和今日的合作创新伙伴。

第二十二章　国外智能制造对中国中小企业转型发展的经验启示

近年来，全球主要经济体都在积极寻求构筑未来中长期增长的支点，它们不约而同地将目光聚焦在制造业上，并且各国政府纷纷提出振兴制造业的战略或计划，如美国先进制造2.0、德国工业4.0以及日本工业4.0。各国智能制造的模式也有诸多不同，但有一点明显的共同之处就是将智能制造视作未来制造业的愿景。

第一节　智能制造发展模式差异

一、由“软”至“硬”的美国模式

美国发展智能制造的基本思路是利用美国在新一代信息技术和智能软件等基础产业的全球领先优势“反哺”制造业，显著地提升制造业企业的智能化、数字化水平，从而在灵巧性、质量、效率和可持续性等方面重塑美国制造业的长期竞争力。在发展重点上，美国优先发展三项制造技术：尖端传感、控制与制造平台；可视化、信息和数字制造技术；先进材料制造。其中，前两项技术重在提升企业对信息做出快速和高效响应的能力。标准对信息的有效流动和系统的快速响应具有至关重要的作用，所以美国发展智能制造的战略思路可以归纳为“信息先行、标准支撑”。

二、由“硬”求“软”的德国模式

德国工业4.0计划是其发展智能制造的总体战略。该计划立足于德国强大的复杂产品制造能力，这促成德国发展智能制造的基本思路是在制造业领域引入“物理—信息系统”——从建设“智能工厂”着手，生产可实时生成数据的“智能产品”，形成制造与产品的大数据系统。大数据经实时分析和数据归并后形成“智能数据",再将"智能数据"进行可视化和交互式处理,实时向智能工厂反馈产品和工艺优化的方案,从而形成"智能工厂—智能产品—智能数据"的闭环,驱动生产系统智能化。德国还希望在智能工厂的基础上,借助物联网和服务网,将智能交通、智能物流、智能建筑、智能产品和智能电网等相互连接,引领国民经济体系的智能化发展。

三、"三大助推"的日本模式

起步较晚的日本,为了追赶新一轮技术变革趋势,同时也为了实现"日本再兴战略",提出了物联网、大数据和人工智能三个核心技术改革方向。在应对工业互联的升级浪潮中,许多企业聚焦于内部的互联互通问题,而日本产业界却另辟蹊径,致力于探讨企业的相互连接问题,换言之,是否存在一个生态系统,让企业集体受益。为此日本采取了三个系列的实施行动来推进制造业的升级:一是推动工业价值链 IVI 的发展,建立日本制造的联合体王国;二是通过"机器人革命计划协议会",以工业机械、中小企业为突破口,探索领域协调及企业合作的方式;三是利用 IoT 推进实验室,加大与其他领域合作的新型业务的创出。

面对当前全球智能制造发展趋势,作为一个工业大国和经济大国,中国发展智能制造应该立足于本国的优势与问题,可以参考但不能盲目照搬别国的智能制造发展模式。中国发展智能制造最大的潜能,是产业转型发展过程中对智能解决方案的本土化需求。因此,应按照"适用的便是最好的"原则,勇于探索符合中国国情的智能制造发展之路,坚持需求牵引、问题导向,坚持企业主体、协同创新,坚持远近结合、重点突破,采取有力且有效的措施推进智能制造深入发展,真正构建信息化条件下的产业生态体系和新型制造模式。

第二节　智能制造发展产业及政策差异

一、美国"再工业化"产业重点

美国"再工业化"计划框架从重振制造业到大力发展先进制造业,积极抢占世界高端制造业的战略跳板,推动制造业智能化发展的思路越来越明确。美国主要在以下几个关键领域(见表 22-1)不断贯彻落实制造业智能化的战略目标:

表 22-1　美国“再工业化”智能制造概念

发展方向	内容
信息技术与智能制造技术融合	此轮实施“再工业化”战略，信息技术被作为战略性基础设施来投资建设。智能制造是信息技术和智能技术在制造领域的深度应用与融合，大量诞生自美国高校实验室和企业研发中心的智能技术和产品为智能制造提供了坚实的技术基础，如云计算、人工智能、控制论、物联网以及各种先进的传感器等
高端制造与智能制造产业化	为了重塑美国制造业的全球竞争优势，奥巴马政府将高端制造业作为“再工业化”战略产业政策的突破口。作为先进制造业的重要组成，以先进传感器、工业机器人、先进制造测试设备等为代表的智能制造，得到了美国政府、企业各层面的高度重视，创新机制得以不断完善，相关技术产业展现出了良好的发展势头
科技创新与智能制造产业支撑	美国政府在“再工业化”进程中瞄准清洁能源、生物制药、生命科学、先进原材料等高新技术和战略性新兴产业，加大研发投入，鼓励科技创新，培训高技能员工，力推 3D 打印技术、工业机器人等应用，以取得技术优势，引领制造业向智能化方向发展，从而抢占制造业新一轮变革的制高点

资料来源：林汉川，汤临佳.新一轮产业革命的全局战略分析——各国智能制造发展动向概览[J].人民论坛·学术前沿，2015(11)：62-75.

美国作为 IT 和互联网领域最强大的国家，也是率先提出智能制造概念，并展开人工智能、控制论、物联网等基础理论研究的国家。美国试图借助其在互联网领域强大的创新能力，将互联网思维与技术应用到制造业的各个领域，带动制造业的智能化进程。

目前，智能制造已经广泛应用于数控机床、集成电路、智能硬件、无人驾驶汽车等前沿领域。美国工厂大约有 23 万机器人在代替人类生产，特斯拉的机器人全自动工厂生产一辆电动车仅需 5 天时间。同时，美国各个大型企业也在建立工业互联网联盟，以实现各个厂商设备之间的数据共享，推动美国工业再升级。可以说，具有全球化视野的美国，已经将智能制造和工业互联网定位于服务全球市场与跨国企业。

二、德国工业 4.0 计划产业重点

德国工业 4.0 计划中智能制造概念也占据核心位置，具有鲜明的发展特征，主要在以下四个领域（见表 22-2）优先采取行动：

表 22-2　德国工业 4.0 计划中智能制造概念

发展方向	内容
工业标准化与智能制造基础投入	工业 4.0 的目标是建立一个物联网、互联网和服务化智能联接的系统框架，在这个框架内，各种终端设备和应用软件之间的数据信息交换、识别、处理、维护等必须基于一套标准化的体系和高质量的工业宽带网络。因此，开发出一套单一的共同标准是计划的第一位，建立可靠、全面和高质量的通信网络基础设施是工业 4.0 的一个关键要求
工业系统化管理与智能制造流程再造	工业 4.0 计划以智能化工厂建设来带动复杂制造系统的应用，同时随着开放虚拟工作平台与广泛使用人机交互系统，企业的工作内容、工作流程、工作环境等发生深刻改变。智能制造流程再造能够颠覆封闭性的传统工厂车间管理模式，将智能化设备、智能化器件、智能化管理、智能化监测等技术集成全新的制造流程，实现真正的智能生产服务
工业合法化监管与人员能力提升	智能制造模式、再造新的作业流程和立体化业务网络框架，对企业数据保护、责任归属、个人数据处理以及贸易限制都提出了挑战。原有的职业培训体系，也随着智能化导致的工作和技能的改变而随之改变。因此，建立一套同智能制造相匹配的合法监管体系和职业发展体系尤为重要
工业资源分配与智能决策系统	制造业需要消耗大量的原材料和能源，这对自然环境和安全供给带来了若干威胁。工业 4.0 计划的智能制造也带来了资源利用率的提升。因此，企业在进行智能化生产时要权衡投入的额外资源与产生的节约潜力之间的利弊

资料来源：林汉川，汤临佳.新一轮产业革命的全局战略分析——各国智能制造发展动向概览[J].人民论坛·学术前沿，2015(11)：62-75.

德国工业 4.0 计划的核心是通过物理信息系统，使得人、机器与产品实时连通、相互识别和高效交流，进而实现个性化和数字化的智能制造。通过这种联通方式，生产制造由集中向分散转变，企业的利润不再是大规模生产带来的福利；企业产品由大众化向个性化转型，产品将完全按照个体个性化设计进行生产，甚至是只为一个人量身打造；消费者的身份将从生产的末端被动接受向生产过程自主全程设计转变，可以全过程、大幅度地参与设计、生产和价值创造。

三、日本智能制造计划产业重点

日本早在 1989 年即提出“智能制造系统”(IMS)的思想,并于 1990 年 4 月启动了智能制造系统国际合作研究计划。该计划将智能制造系统定义为“一种在整个制造过程中贯穿智能活动,并将这种智能活动与智能机器有机融合,将整个制造过程从订货、产品设计、生产到市场销售等各个环节以柔性方式集成起来的能发挥最大生产力的先进生产系统”,其主要研究目标包括:(1)以智能计算机部分替代生产过程中人的智能活动;(2)通过虚拟现实技术集成设计与制造过程,实现虚拟制造;(3)通过数据网络实现全球化制造;(4)开发自律化、协作化的智能加工系统等。2011 年,日本发布了第四期《科技发展基本计划(2011—2015 年)》。为强化制造业竞争力,在该计划中主要部署了多功能电子设备、信息通信技术、测量技术、精密加工、嵌入式系统等重点研发方向;同时,加强智能网络、高速数据传输、云计算等智能制造支撑技术领域的研究。其中,日本在以下三个领域较为突出:制造领域、汽车领域和服务领域。

FANUC 是全球领先的工业机器人制造商,常年致力于研究尖端技术,目标是创造出“能在工作时彼此对话的机器人”。就目前来说,FANUC 机器人还达不到这样的水平。如果想要设计出会自主学习并自己做出判断的机器人关键技术还在于人工智能(AI)。为了实现其目标,FANUC 改变自主创造的策略,选择寻找战略伙伴:与初创公司 Preferred Networks Inc.达成了资本商业合作。2016 年 8 月 29 日,FANUC 宣布与 200 家公司在 AI 领域达成伙伴关系,其中包括日立和富士通。

汽车行业正在经历一场重要变革。面对谷歌和特斯拉这些新面孔在无人驾驶汽车上的巨额投入和强势领导力,全球汽车巨头们倍感压力,日本也不例外。丰田汽车公司对外宣布,到 2020 年将在 AI 领域投入 1 000 亿元。东京 DeNA Co.公司是日本移动游戏巨头,目前该公司明确将无人驾驶出租和无人驾驶运输的发展作为未来的主要发展方向。

利用机器代替人力的现象,不仅仅存在于制造业。日本全球首家员工全部由机器人担任的酒店——Henn na Hotel,迎接客人和打扫房间的工作由 16 种 182 个机器人完成,经营人员只有寥寥数人。

四、政策差异

后金融危机时代,美国、英国等发达国家实施“再工业化”战略,重新回归重视发展高技术的制造业;德国、日本竭力保持在智能制造装备领域的优势和垄断地位。智能制造装备的发展将成为世界各国竞争的焦点,发达工业化国家和地区纷纷做出战略部署,抢占智能制造装备产业发展的制高点。美、德、日三国智能制造政策比较如表22-3所示。

表22-3 美、德、日三国智能制造政策比较

国家	时间	规划	主要内容	战略重点
美国	2011年6月	先进制造业伙伴关系计划	其中国家机器人计划(NRI)目标是开发下一代机器人,提高机器人系统的性能和可用性;2012年9月和2013年10月,美国国家科学基金会(NSF)、国立卫生研究院(NIH)、农业部(USDA)和航空航天局(NASA)共同宣布,NRI第一轮、第二轮资助计划总额分别达4 000万、3 800万美元	再工业化,工业互联网侧重软服务,用互联网激活传统工业,保持制造业的长期竞争力
	2012年2月	美国先进制造业国家战略计划	该报告从投资、劳动力和创新等方面提出了促进美国先进制造业发展的五大目标及相应的对策措施	
	2013年3月	机器人技术路线图:从互联网到机器人	由美国机器人协会联合麻省理工、卡耐基梅隆、加州伯克利、宾夕法尼亚等大学共同发布,对制造业、医疗业、服务业、空间探索、国防五大领域的机器人发展做出了详细规划	
	2014年10月	《加速美国先进制造业》	明确提出了构建国家级的创新网络、保证创新人才渠道以及提升商业环境等三方面的关键措施,继续保持美国在全球创新方面的领先优势	
德国	2013年4月	保障德国制造业的未来——关于实施"工业4.0"战略的建议(2013)	建设一个网络(Cyber-Physical System,信息物理系统)、研究两大主题(智能工厂、智能生产服务)、实现三大集成(横向集成、纵向集成与端对端集成)、推进三大转变(实现生产由集中向分散的转变,实现产品由大规模趋同性生产向规模化定制生产的转变,实现由客户导向向客户全程参与的转变)	工业4.0成为新一代工业生产技术的供应商和主导市场

（续表）

国家	时间	规划	主要内容	战略重点
日本	2014 年 6 月	制造业白皮书（2013 年版）	将大力调整制造业结构，将机器人、下一代清洁能源汽车、再生医疗以及 3D 打印技术作为今后制造业发展的重点领域；并且提出为了改变日本国内制造业不断萎缩，贸易赤字日益扩大的状况，日本必须调整制造业结构，大力提高工业产品的国际竞争力；为了保障制造业的结构调整，进一步发展高附加值的尖端技术产业，必须加强专业科学技术人才的培养，发展高等职业教育，确保所需的高素质专业技术人才。	人工智能、生产化和 3D 造型技术
	2014 年 7 月	机器人白皮书	充分运用机器人技术来解决人口减少问题等社会课题，其中预测医疗、护理等服务行业机器人将进一步普及，2020 年市场规模预计为现在的 3 倍以上，达到约 2.8 万亿日元	
	2015 年 1 月	机器人新战略	提出三大核心目标，即“世界机器人创新基地”“世界第一的机器人应用国家”“迈向世界领先的机器人新时代”。为实现上述三大核心目标，该战略制订了 5 年计划，旨在确保日本在机器人领域的世界领先地位	
	2015 年 6 月	制造业白皮书（2014 年版）	日本制造业在积极发挥 IT 作用方面落后于欧美，建议转型为利用大数据的“下一代”制造业。日本制造业依然有着勃勃雄心，一方面，不断通过海外并购打通相关领域，整合优势资源，从而有更进一步提升的空间；另一方面，日本制造业希望通过大量开放专利技术使技术得到普及，从而成为“领跑者”	
	2016 年 12 月	日本工业价值链参考框架 IVRA	在应对工业互联的升级浪潮中，许多企业正在聚焦于内部的互联互通问题，而日本产业界却另辟蹊径，致力于探讨企业的相互连接问题，换言之 IVRA 框架是一个生态系统，使企业集体受益	

资料来源：王德生，“世界智能制造装备产业总体发展态势”，上海情报服务平台，2015 年 9 月 21 日。

第三节　中国与发达国家智能制造发展的程度差异

智能制造发展需要经历不同的阶段，每一阶段都对应着智能制造体系中某一核心环节的不断成熟，具体分为四个阶段，分别为自动化（淘汰、改造低自动化水平的设备，制造高自动化水平的智能装备）、信息化（产品、服务由物理到信息网络，智能化元件参与提高产品信息处理能力）、互联化（建设工厂物联网、服务网、数据网及工厂间互联网，装备实现集成）、智能化（通过传感器和机器视觉等技术实现智能监控、决策）。

中国目前仍处于工业 2.0（电气化）的后期阶段，工业 3.0（信息化）还待普及，工业 4.0 正在尝试尽可能做一些示范，制造的自动化和信息化正在逐步布局。在智能制造发展程度上，国内外还存在一些差距，具体表现在：

一、自动化生产线集成

国内系统集成商正在崛起，应用市场主要集中于汽车工业，市场规模已超百亿元。目前国内智能制造系统集成领域大部分集中于汽车工业，2016 年国内机器人下游应用领域中占比最大的是汽车制造（48%），其次是“3C”制造（24%）。随着国内自主品牌整车企业的崛起，近年来国内系统集成企业份额不断提升，机器人产品认可度不断提高，系统集成应用领域也扩展至一般工业。

二、工业机器人

目前中国工业机器人需求仍高度依赖进口，每年的进口量往往高于当年的销量，但 2015 年数据显示，当年的进口量（4.67 万台）低于当年的销量（6.85 万台），可见中国自主生产的工业机器人逐步得到市场认可。同时，中国工业机器人的密度仍偏低。从工业机器人的普及使用情况来看，截至 2015 年，中国每万人拥有工业机器人的数量已升至 49 台，虽然仍显著地低于全球每万人 69 台的水平，但较 2011 年中国每万人 10 台已有显著的提升。行业发展主要受制于重要的核心零部件、工控系统依赖进口。工业机器人的核心零部件主要包括减速器、伺服系统、控制系统三部分，对应着执行系统、驱动系统和控制系统，在多轴工业机器人的成本中占比分别为 36%、24%、12%。其中，减速器的成本占比最大且对精度的要求较高，而全球减速器行业集中度较高，目前基本上被日本的纳博特斯克（Nabtesco）和哈默纳科（Harmonic Drive）所垄断，其全球市场份额超 75%；控制器方面，复杂高端工业机器人的控制器对进口依赖较高，中低端机器人的控制器国内基本上能够实现自给。

三、数控机床

中国目前处于数控机床的智能化技术起步阶段，大部分的数控机床还不具备智能化功能，自主生产的数控机床主要以中低端产品为主，高端数控机床(数控系统)主要依靠进口，2016 年中国数控机床进口额约为 26 亿美元。

四、工业信息化

全球各类工业软件发展呈现出较大差异。由于制造业企业的不同发展阶段，对工业软件的功能和技术需求也会出现差异，从而导致每一类工业软件在产业发展中呈现出较大差异。从产业格局来看，目前全球工业软件产业主要由欧美企业主导，呈“两极多强”态势，SAP、西门子在多个领域均崭露头角，而 IBM、达索系统和 Salesforce.com 在各自专业领域形成了一定优势。国内企业市场占比偏低，水平与领先企业有较大差距。在国内市场方面，国内软件企业在研发设计、业务管理和生产调度、过程控制三类软件中均有一定的市场份额，但在某些细分领域仍与国外领先软件企业差距较大，属于行业末端跟随者的角色。

五、工业互联/物联网

国内射频识别(RFID)、机器视觉等物联技术发展处于初期。相较于欧美发达国家，中国在 RFID、机器视觉、传感器等物联技术和设备产业上的发展还较为落后，如中国 RFID 企业总数虽然超过百家，但是缺乏关键核心技术，尤其是芯片、中间件等方面，目前还未形成成熟的 RFID 产业链。相较于 RFID、机器视觉产业发展，国内传感器产业发展相对成熟，目前国内已有 1 700 多家从事传感器生产和研发的企业，其中，从事微系统研制、生产的有 50 多家，已建成三大传感器生产基地(安徽、陕西、黑龙江)，但与国外技术差距仍旧明显。目前全球约有 40 个国家从事传感器研制、生产和应用开发，其中美、日、德等国的市场总占有率近 60%，如德国海德汉、英国雷尼绍。相比之下，中国的传感器企业 95%以上属于小型企业，传感器技术水平偏低、研发实力较弱、规模偏小、产业集中度低。

六、智能生产服务

目前全球智能生产服务市场主要分布于欧美国家(市场占比超 60%)，竞争格局也相对集中，其中，Stratasys、3D Systems 和 EOS 三家 3D 设备制造商市场份额占到整个3D打印市场的70%，3D打印服务商也是Materialise和ProtoLabs两家独大，市场份额占10%。但国内3D打印产业在商业化过程中发展仍相对较慢，而且完整的产业链尚未形成。近年来，中国的3D打印产业已经在打印机的研发方面有了小规模的发展，目前在分层实体制造技术以及电子束融化技术等方面有了一定的突破，截至2015年，全球3D打印市场的占比升至14.96%。但由于一些打印材料被国外垄断，市场需求没有较好的开发，导致中国该产业的发展仍然较为缓慢。

第四节　启示与建议

中国制造业一方面面临自主创新能力不足、缺乏核心技术、产品附加值低、产品质量和生产效率不高、资源利用效率偏低、产业结构不尽合理等长期没有解决的老问题；另一方面，近年来又遇到了劳动力、土地和资源等生产要素价格快速上升等新问题。

在国际市场，高端制造有向发达国家回流之势，低端制造也逐渐向比中国制造成本更低的发展中国家转移。中国制造面临欧美发达国家和发展中国家的双重夹击，已经陷入"高端失守，低端混战"的尴尬局面，"世界工厂"的地位受到严重威胁。更为重要的问题是，中国制造已经陷入全面的产能过剩局面，并伴随着制约转型发展的体制障碍。

中国亟须建立多层次综合支持政策体系推进智能制造建设工作。有效推进智能制造建设工作首先需要架构完整的政策体系作为保障，包括宏观战略性政策、部门管理性政策以及企业操作层政策等，需要在国家战略性政策中将智能制造提升到影响中国制造业转型发展的核心地位。

因此《中国制造2025》应运而生，它由研究机构发起，最后由政府主持编制而成。《中国制造2025》的主线是两化融合，即两个"IT"（Industry Technology和Information Technology）的深度融合，主攻方向是智能制造。为了争夺智能制造这个制造业产业链的制高点，早在2015年1月，工业和信息化部就发布了《智能制造试点示范专项行动实施方案》，吹响了中国企业向智能制造进军的号角。2017年6月30日，"国家制造强国建设专家论坛"在北京举办，论坛现场权威发布了《中国制造2025蓝皮书（2017）》（以下简称"蓝皮书"）。蓝皮书由国家制造强国建设战略咨询委组织全体委员、国内相关领域研究机构和行业协会共同完成。

蓝皮书从综合、领域、专题、区域四个角度，系统地梳理了过去一年中国制造业整体推进、十大重点领域突破、重点任务实施、重点区域布局的进展情况，分析了中国制造业发展面临的新机遇、新挑战，总结了中国制造强国建设两年来的成功做法和典型案例，并提出了制造强国建设的下一步重点工作和相关政策措施建议，为国家和各地推进制造业提质增效与企业创新发展提供了重要参考和指引，旨在为中国推进制造强国建设提供重要借鉴。

2017年中小企业大事记

1月

1月13日,工业和信息化部中小企业局局长马向晖会见了中国欧盟商会秘书长、欧盟中小企业中心董事会成员唐亚东一行。双方交流了中小企业最新政策措施、国家中小企业发展基金和《中华人民共和国中小企业促进法(修订草案)》等情况,并就继续深化中欧中小企业合作交换了意见。

2月

2月8日,工业和信息化部中小企业局局长马向晖带队赴民建中央,与全国人大常委会委员、民建中央副主席张少琴,民建中央社会服务部部长包瑞玲等就共同促进中小企业和非公有制经济健康发展等工作进行了沟通和交流。

2月14日,工业和信息化部中小企业局局长马向晖带队赴中国企业联合会,拜会了中国企联常务副会长、理事长朱宏任,并就加强双方在促进中小企业发展工作方面的合作进行了沟通和交流。

2月20—24日,为深入了解当前制造业企业特别是中小企业的成本负担情况,研究提出进一步降低企业成本的政策措施,工业和信息化部中小企业局、运行监测协调局、财务司组成调研组,赴浙江省开展专题调研。

2月23日,工业和信息化部办公厅和教育部办公厅联合印发了《关于开展2017年中小企业与高校毕业生创业就业对接服务工作的通知》(工信厅联企业函〔2017〕100号)。

3月

3月9日,中小企业局局长马向晖、副局长秦志辉一行赴北京市昌平区进行专题调研并座谈,了解小微企业创业创新基地城市示范工作开展有关情况,先后对北大医疗产业园、华北电力大学科技园、赛迪产业园、腾讯众创空间(北京)等双创基地进行实地调研。同时,召开管理部门座谈会,分别听取了昌平区“双创示范”工作开展情况及北京市指导推动相关工作情况。

3月10日,工业和信息化部副部长徐乐江会见天津市副市长李树起一行,就中小企业创新转型等工作进行交流座谈。

3月21日,工业和信息化部中小企业局局长马向晖会见了经济合作与发展组织(OECD)创业与中小企业司司长拉米亚·卡马尔·查维一行。双方交流了中小企业在融资、创新等方面的最新政策措施,并就继续深化中小企业国际合作交换了意见。

3月27日,为贯彻落实党中央、国务院关于金融支持中小企业发展的战略部署,工业和信息化部与中国邮政储蓄银行在京签署《中小企业金融服务战略合作协议》,工业和信息化部副部长徐乐江、中国邮政储蓄银行董事长李国华出席签约仪式并代表双方签署协议。

3月28—30日,工业和信息化部中小企业局局长马向晖一行在河南郑州、许昌和信阳调研中小企业创业创新和民营企业发展情况。先后考察了3U创业孵化器、太能电气、森源集团、黄河集团、鲜易控股、国智恒北斗科技、信阳中小企业公共服务平台等,与创业者和企业家交流研讨,了解企业发展情况、困难和问题,并与河南省中小企业局、有关地方政府部门负责同志重点就推进供给侧结构性改革,支持中小企业和民营企业加快结构调整、促进两化融合、鼓励创业创新、加强国际合作等方面进行了座谈交流。

3月29日,工业和信息化部与河南省人民政府、中国银行共同举办的"2017河南工商企业跨境投资与贸易对接会"在郑州开幕。

3月29日,全国人大常委会法制工作委员会赴北京市开展专题调研,听取北京市经信委及部分小微企业对《中华人民共和国中小企业促进法(修订草案)》的意见建议。调研组由全国人大法工委副主任张勇带队,工业和信息化部中小企业局副局长秦志辉等人陪同调研。

4月

4月6日,联合国全体会议决定,每年6月27日为"中小微企业日"。为营造促进中小微企业发展的良好氛围,首个"中小微企业日"座谈会暨中小企业创新发展交流会在北京市中关村领创空间召开,工业和信息化部中小企业局局长马向晖出席活动并讲话。

4月6—9日,工业和信息化部副部长徐乐江一行赴山东济南、聊城、滨州、烟台等地就电解铝及铝加工产业和中小企业发展情况进行调研。

4 月 13 日,工业和信息化部中小企业局副局长田川为中国银行“落实《促进中小企业国际化发展五年行动计划(2016—2020)》培训班”授课。

4 月 22 日,由工业和信息化部中小企业发展促进中心承办的 2016—2017 年度中小企业经营管理领军人才高级研修班在北京开班。

4 月 24 日,第十四届中国国际中小企业博览会(以下简称“第十四届中博会”)在北京召开新闻发布会。第十四届中博会将围绕“十三五”规划纲要和供给侧结构性改革的要求,落实企业对接洽谈,打造精品专业展,办好品牌论坛,进一步推动国内外中小企业的交流与合作。同时,第十四届中博会是在中非合作论坛和金砖国家机制的框架下深化中非全面战略合作伙伴关系的重要举措,必将推动中外各国中小企业实现包容与可持续的发展。

5 月

5 月 5 日,为进一步贯彻《国务院关于大力推进大众创业万众创新若干政策措施的意见》,落实《国务院关于积极推进“互联网 + ”行动的指导意见》,工业和信息化部在北京召开了“2017 中小企业信息化服务信息发布会”,来自地方政府部门、信息化服务商和服务机构、行业协会,以及在京部分新闻媒体代表参加了发布会。

5 月 9 日,工业和信息化部中小企业局在北京组织召开了中德(济南)、(嘉兴)、(昆山)中小企业合作区建设方案评审会。中国企业联合会常务副会长兼理事长朱宏任、中国驻德前大使卢秋田、国务院参事陈全生、中国中小企业国际合作协会副会长刘伯安、工业和信息化部中小企业局原局长郑昕等专家对三个合作区建设方案进行了评审。

5 月 11—12 日,工业和信息化部中小企业局副局长田川同志带队前往雄安新区调研中小企业发展情况。调研组与河北省工业和信息化厅,新区筹备工作委员会协调发展组及雄县、安新、容城三县有关领导以及中小企业主管部门负责同志进行了座谈,调研了容城服装产业集群,实地考察了中关村北服时尚产业创新园(容城)示范基地、河北服装产业技术研究院及部分企业。

6 月

6 月 2 日,为深入贯彻党中央、国务院关于金融支持实体经济、促进中小企业发展的战略部署,推进落实《促进中小企业发展规划(2016—2020 年)》,推动产融结合,改善中小企业融资环境,服务大众创业、万众创新,近期工业和信息化部与中国建设银行在 2012 年签订并认真执行《中小企业金融服务战略合作协议》的基础上,结合中小企业融资新形势、新要求,续签了《中小企业金融服务战略合作协议》。

6月12—13日，由工业和信息化部、广东省人民政府、中国银行联合主办的第三届中德(欧)中小企业合作交流会在揭阳市举行。本届交流会以“一带一路 智造未来”为主题，广东省副省长袁宝成、国务院发展研究中心副主任张军扩、中国银行中小企业部总经理朱军，以及德国工商大会广州代表处首席代表晏思、德国联邦内政部前部长奥托·席利、德国联邦雇主总会名誉主席洪德博士、捷克工业和交通联合会副会长弗朗西斯科·查洛佩斯基、西班牙驻广州总领馆商务参赞高亮东等出席活动。共有来自德国、捷克、奥地利、西班牙、法国的165家企业(机构)和国内260多家企业参与交流对接。此外，《揭阳市政府与中国标准化研究院框架协议》等10个项目在开幕式现场签约，中欧科创中心、中德双元教育培训中心等2个项目举行了授牌仪式。

6月23日，2017青岛中小企业中外采购暨投资合作洽谈会在青岛海滨花园大酒店举行。本次活动由工业和信息化部、中国国际贸易促进委员会、青岛市人民政府支持，工业和信息化部中小企业局、中国国际贸易促进委员会贸易投资促进部、青岛市经济和信息化委员会、中国银行股份有限公司青岛分行主办，中国中小企业信息网、青岛市中小企业公共服务中心、中国银行青岛市分行中小企业部共同承办，现场共有来自美国、加拿大、海地、多米尼加、智利、白俄罗斯、塞尔维亚、保加利亚、波兰、斯洛伐克、立陶宛、拉脱维亚、密克罗尼西亚、尼日利亚、塞拉利昂、蒙古、巴基斯坦、塔吉克斯坦、马来西亚、越南、韩国等五大洲21个国家的37家外商和青岛市200余家企业参加。

6月28日，为研究落实近期国务院领导同志重要批示精神，工业和信息化部党组成员、总工程师张峰主持召开国务院促进中小企业发展工作领导小组办公室会议，财政部、发展改革委等18个领导小组成员单位相关司局负责人参加会议。

6月29日，为贯彻落实党中央、国务院关于“稳增长、促改革、调结构、惠民生、防风险”的有关要求，引导和推动小企业加强内部控制建设，提升经营管理水平和风险防范能力，促进小企业健康可持续发展，根据《中华人民共和国会计法》《中华人民共和国公司法》等法律法规及《企业内部控制基本规范》，财政部制定了《小企业内部控制规范(试行)》(财会〔2017〕21号)。

6月29日，为落实中国人民银行、工业和信息化部等七部门印发的《小微企业应收账款融资专项行动工作方案(2017—2019年)》(银发〔2017〕104号)，支持各地开展小微企业应收账款融资工作，中国人民银行征信中心在天津市召开小微企业应收账款融资研讨会。

6月29—30日,中小企业局党支部为贯彻部党组关于推进“两学一做”学习教育常态化、制度化,按照《工业和信息化部2017年脱贫攻坚工作计划》关于各司局要与贫困县开展一次对接,有关负责同志赴片区县开展一次扶贫调研,为片区县脱贫攻坚办一件实事的要求,中小企业局党支部书记、局长马向晖带队赴河北省承德市丰宁县开展对口扶贫调研及对接工作,副书记、副局长秦志辉,河北省工业和信息化厅、电子工业出版社、中国网库集团相关负责同志参加调研。

7月

7月7日,为贯彻落实《国家中长期人才发展规划纲要(2010—2020年)》《促进中小企业发展规划(2016—2020年)》以及《制造业人才发展规划指南》,部署做好企业经营管理人才素质提升工程和国家中小企业银河培训工程,加强中小企业人才队伍建设,工业和信息化部人才交流中心在浙江杭州召开中小企业培训工作座谈会。

7月21日,工业和信息化部党组成员、总工程师张峰主持召开国务院促进中小企业发展工作领导小组(下称“领导小组”)办公室专题会议,财政部、发展改革委等10个领导小组成员单位相关司局同志参加会议。会议传达了国务院领导同志关于中小企业优惠政策落实情况的重要批示精神,听取了各成员单位对落实领导批示的意见建议,对做好下一步工作提出了具体要求。

7月24日下午,工业和信息化部中小企业局局长马向晖会见了国际劳工组织企业司司长范维克一行。范维克介绍了国际劳工组织企业司的主要职能以及在促进中小企业发展方面开展的工作和研究,重点介绍了SCORE项目(企业可持续发展项目)在中国及其他国家实施的情况。

推进“一带一路”建设是党中央、国务院统筹国际国内两个大局做出的重大决策。中小企业是“一带一路”沿线各国对外经贸关系中最重要的合作领域之一,也是促进各国经济社会发展的重要力量。随着“一带一路”建设的不断推进,中国中小企业迎来了新的发展机遇和广阔的发展空间。为加强中国中小企业与“一带一路”沿线各国的经济技术合作和贸易投资往来,支持中小企业“走出去”“引进来”,7月27日,工业和信息化部、中国国际贸易促进委员会联合印发了《关于开展支持中小企业参与“一带一路”建设专项行动的通知》(工信部联企业〔2017〕191号)。

7月27日,全国中小企业工作座谈会在山东济南召开。

7月27—28日,工业和信息化部党组成员、总工程师张峰一行在山东济南调研中小企业优惠政策落实情况。27日下午,调研组先后实地考察了联暻半导体有限

公司、智汇蓝海孵化基地、山东诺安诺泰信息系统有限公司、济南英盛生物技术有限公司、山东百诺医药股份有限公司、费斯托气动有限公司等中小企业，并与企业经营者交流研讨，了解关于企业发展、惠企政策落实等方面的情况。28日上午，召开专题座谈会，与山东省以及济南市各有关部门负责人、济南市部分中小企业代表就中小企业优惠政策落实情况进行了座谈交流，座谈会由济南市人民政府副市长王宏志主持。

8月

8月23日，根据《网络借贷信息中介机构业务活动管理暂行办法》关于建立网络借贷信息中介机构信息披露制度的工作部署和要求，银监会研究制定了《网络借贷信息中介机构业务活动信息披露指引》（银监办发〔2017〕）。

8月24日，为做好第十二届全国人大第五次会议吴英代表提出的关于促进中小型制造业企业发展的建议的办理工作，工业和信息化部中小企业局副局长叶定达带队赴江西省高安市与吴英代表开展座谈，当面听取代表意见，沟通办理情况，并调研了超鹰科技有限公司、奥其斯科技股份有限公司。

8月25日，为贯彻落实《国务院办公厅关于建设第二批大众创业万众创新示范基地的实施意见》（国办发〔2017〕54号）、《国务院关于强化实施创新驱动发展战略进一步推进大众创业万众创新深入发展的意见》（国发〔2017〕37号）等文件精神，工业和信息化部党组成员、总工程师张峰主持召开了专题会议，审议并原则通过了第二批国家“双创”示范基地建设工作方案。

8月28日，《中华人民共和国中小企业促进法（修订草案）》再次提请全国人民代表大会常委会第二十九次会议审议，本次审议为促进法修订草案的第三次审议。根据相关会议议程安排，由工业和信息化部中小企业局局长马向晖带队，中小企业局全体在京局、处领导以及部政法司有关领导一行12人赴全国人大参加了促进法修订草案（三次审议稿）的分组审议。

9月

9月1日，为改善中小企业经营环境，保障中小企业公平参与市场竞争，维护中小企业合法权益，支持中小企业创业创新，促进中小企业健康发展，扩大城乡就业，发挥中小企业在国民经济和社会发展中的重要作用，第十二届全国人民代表大会常务委员会第二十九次会议修订《中华人民共和国中小企业促进法》。

9月6日，为贯彻落实国务院《推进普惠金融发展规划（2016—2020年）》，帮助小微企业掌握融资必需的金融基础知识，进一步缓解融资难、融资贵问题，工业和信息化部决定在全国开展小微企业金融知识普及教育活动,并印发《关于开展小微企业金融知识普及教育活动的通知》。

9月6日,第十四届中国国际中小企业博览会第二次全国联络员会议在广州召开。会上,中国银行、中国中小企业信息网、中博会事务局等单位代表介绍了有关活动的相关情况。参会代表就有关筹备工作与组委会秘书处进行了沟通与对接。

9月15日,第24次亚太经合组织(APEC)中小企业部长会议在越南胡志明市举行。工业和信息化部党组成员、总工程师张峰率团出席会议并围绕中小企业融入全球价值链、优化中小企业发展环境、增强数字时代企业家精神等议题进行了主旨发言。会议通过了《APEC中小企业部长联合声明》和《关于促进APEC中小企业创新创业的倡议》。

9月20日,由机械工业信息中心主办的中小企业公共服务能力提升培训班在上海举行。培训班围绕加强中小企业"双创"服务,运用互联网、区块链等技术提高服务中小企业双创能力开展了培训,各省市中小企业主管部门和服务机构负责同志交流了平台网络服务中小企业"双创"发展的经验做法。同时,组织培训学员赴长阳创谷参观了全国"双创"活动周主会场展示项目。

9月20日,中小企业创业创新工作座谈会在上海召开。

9月21—22日,由工业和信息化部中小企业发展促进中心、中国中小企业国际合作协会、北京市昌平区人民政府联合主办的全国中小企业服务对接大会在北京举行。中小企业服务商代表发起了"诚信、优质、创新"服务倡议,关注中小企业服务领域的专家学者和企业家们围绕"互联网+"助力中小企业转型升级、普惠金融助力小微企业创新发展以及进一步健全完善社会化中小企业服务体系等议题展开了热烈讨论和交流。

9月22日,由中国民主建国会中央委员会、工业和信息化部、江西省人民政府共同主办的2017中国(江西)非公有制经济发展论坛在南昌隆重开幕。本届论坛以"非公有制经济转型升级与绿色发展"为主题,邀请政府官员、专家学者、民营企业家等嘉宾,共同探讨非公有制经济发展大计。

10月

10月10日,2017年"创客中国"创新创业大赛全国总决赛在广州召开。"创客中国"创新创业大赛是工业和信息化部推动开展"双创"工作的重要举措。我们坚持将"围绕产业链,打造创新链"作为大赛主旨,着力打造为中小企业和创客提供交流展示、产融对接、项目孵化的一体化平台，目的是激发创新潜力，集聚创业资源，营造“双创”氛围，发掘和培育“双创”优秀项目和团队，催生新产品、新技术、新模式和新业态，进而推动中小企业转型升级，促进大中小企业协同创新发展。

10月10日上午，广东省委书记胡春华、工业和信息化部部长苗圩、省长马兴瑞在广州出席第十四届中国国际中小企业博览会，会见国内外与会嘉宾，并参观博览会展馆。本届中博会由工业和信息化部、国家工商总局、广东省人民政府和南非小企业发展部、联合国工业发展组织联合主办，共有境内外报名参展企业2 925家、展位总数6 282个，来自30多个国家和地区的企业和机构参展。其中，联合主办国南非有50家中小企业参展，联合国工业发展组织重点展示其致力于减贫、包容性全球化和环境可持续性工业发展的成果。

10月11日，由工业和信息化部、外交部、广东省人民政府、中国银行联合主办的亚欧会议中小企业融资研讨会在广州召开。研讨会以“聚焦普惠金融，服务中小企业”为主题，围绕创新融资产品和模式、拓展多元化融资渠道、完善融资服务体系等方面议题进行深入探讨，达成了一系列重要共识，发表了《关于支持亚欧中小企业融资发展的广州倡议》。

10月12日，第十四届中国国际中小企业博览会重要活动“中小企业信息化应用推广活动暨信息化论坛”在广州隆重举行。信息化论坛旨在为中小企业和信息化服务商搭建信息交流、增进了解、加强合作的桥梁，围绕“拥抱大数据和互联网，推动中小企业创新发展”的主题，充分发挥信息化服务商在云计算、大数据、移动互联网等信息技术方面的优势，整合社会信息化服务资源，降低中小企业市场开拓、研发和融资的成本和门槛，推动中小企业与互联网深度融合和创新发展。

10月12日，由工业和信息化部主办的“一带一路”专项行动2017之广东行——走进非洲系列活动在广州举行。通过主题论坛、对接交流、专题培训等多个维度，切实打造国内中小企业对非洲进而对“一带一路”国家合作的立体通道，构建中小企业走向非洲的合作交流平台。

10月20日，财政部和国家税务总局联合印发《关于延续小微企业增值税政策的通知》(财税〔2017〕76号)，指出“为支持小微企业发展，自2018年1月1日至2020年12月31日，继续对月销售额2万元(含本数)至3万元的增值税小规模纳税人免征增值税”。

10月20日，由工业和信息化部和山东省人民政府共同主办的2017中德中小企业合作交流大会在济南举行。本届交流会以“共塑创新　智造未来”为主题，山东省副省长王书坚、济南市市长王忠林、德中经济联合会理事林武福、欧洲专利局原副局长雅克·米歇尔博士、中国工程院院士何友等出席活动。共有来自德国、英国、芬兰、奥地利的160余家企业(机构)和国内500多家企业共计800余人参与交流对接。此外,在开幕式现场,举行了中德(济南)中小企业合作区授牌仪式。

10月21—23日,工业和信息化部中小企业局局长马向晖在德国柏林分别会见了德国中小企业联合会首席执行官马克斯·吉格和德国工商大会国际经济合作部主任朱莉·阿洛德。双方介绍了中德中小企业发展概况、支持政策以及合作项目,在加强政策交流、推进合作项目、促进商协会合作等方面达成一系列共识。

10月26日,为进一步加大对小微企业的支持力度,推动缓解融资难、融资贵问题,财政部和国家税务总局印发了《关于支持小微企业融资有关税收政策的通知》(财税〔2017〕77号)。

11月

11月2日,为了解当前中小企业运行存在的主要困难和问题,工业和信息化部中小企业局局长马向晖在沈阳主持召开了中小企业经济运行调研座谈会,辽宁省工业和信息化委员会副主任薛亮、沈阳市副市长张永伟出席会议。

11月9日,为贯彻落实党的十九大会议精神和党中央、国务院关于促进非公有制经济发展、深化经济体制改革重点工作的有关部署,交流各地非公有制经济发展的主要做法和经验,探讨在中国特色社会主义新时代如何推动非公有制经济健康发展,工业和信息化部中小企业局在贵阳召开推动非公有制经济发展工作座谈会。

11月10日,昆山产业对接德国智造交流活动暨中德(昆山)中小企业合作区揭牌仪式在昆山开幕。工业和信息化部中小企业局副局长叶定达出席并致辞。叶定达表示,江苏省把加强中德中小企业合作作为深化两国战略合作伙伴关系的主要举措,特别是昆山市充分激发市场机制活力,引导企业积极对接"中国制造2025"与"德国工业4.0",全面加强与德国商会和科研机构的沟通交流,在产业合作、技术创新、企业管理等方面与德国开展了广泛合作,实现了共赢发展。

11月17日,2017中国企业跨国投资研讨会在湖南长沙开幕。工业和信息化部中小企业局副局长叶定达出席并在跨国投资服务分论坛上发表主旨演讲。叶定达指出,中小企业是推动经济和社会发展的重要力量,也是最具发展活力和创造力的企业群体,中国的中小企业成长壮大,靠的就是改革开放,开放发展理念为中小企业国际化发展提供了行动指南;将为中小企业发展注入新动力、增添新活力、拓展新空间。

11月18日，为探索中小企业融资的有效途径，由国务院发展研究中心指导，中国经济时报社、工业和信息化部中小企业发展促进中心联合主办的中国中小企业投资发展论坛在重庆举行。本次论坛以“探索普惠金融路径，助力实体经济振兴”为主题，来自政府、科研院所、金融界、企业界等共500余人参加。

11月19日—21日，为落实《工业和信息化部关于开展小微企业金融知识普及教育活动的通知》要求，推动各地区开展小微企业金融知识普及教育活动，工业和信息化部中小企业局委托工业和信息化部中小企业发展促进中心和中国中小企业国际合作协会在北京举办金普教育示范培训班。

11月23日，东盟+中日韩(10+3)中小企业服务机构创新合作研讨会在深圳举办。工业和信息化部中小企业局副局长叶定达出席并致辞。叶定达在致辞中指出，中小企业是10+3各国经济发展的支柱，也是最具发展活力和创造力的企业群体。数量众多的中小企业已经成为各国带动经济增长、促进市场繁荣、扩大社会就业的重要力量，支持中小企业发展已经成为各国政府的共识。

11月24日，为深入总结“双创城市示范”工作经验，推广以城市为载体推动小微企业创业创新发展的新机制、新模式、新做法，促进小微企业创业创新基地城市示范工作更好开展，工业和信息化部中小企业局在厦门召开小微企业创业创新基地城市示范工作座谈会，工业和信息化部中小企业局副局长秦志辉出席会议并讲话，各有关省市中小企业主管部门相关负责同志参加了会议。

11月28日，为贯彻落实党的十九大精神和国务院促进中小企业发展的决策部署，研判当前中小企业发展形势，总结和交流各地开展中小企业运行监测工作的经验和方法，研究做好下一步工作，工业和信息化部中小企业局在湖南长沙召开了全国中小企业运行监测工作座谈会。马向晖指出，党中央国务院高度重视中小企业的发展，要深刻领会十九大关于加大对中小企业创新支持的论述，进一步推动中小企业创新发展。马向晖充分肯定了各地中小企业运行监测工作取得的成绩，指出中小企业运行监测工作是一项重要的基础性工作，在当前国内外经济形势依然错综复杂、中小企业运行压力加大的情况下，做好监测工作、及时提出应对措施建议，尤显重要。

12月

12月1日，APEC中小企业工商论坛和第十届中国中小企业国际交易会在湖南长沙开幕。工业和信息化部中小企业局副局长叶定达出席并致辞。此次论坛围绕“中小企业数字时代的创新与可持续发展”的主题，就促进数字时代的中小企业发展、改善中小企业创新发展的商业生态环境等议题凝聚共识、勾画蓝图。

12 月 8 日，中小企业促进法宣传贯彻工作座谈会在北京召开。工业和信息化部党组成员、总工程师张峰出席会议并讲话。全国人大常委会法制工作委员会社会法室主任郭林茂出席会议并做法律专题解读。工业和信息化部中小企业局局长马向晖对法律重点内容进行介绍。会议由工业和信息化部中小企业局副局长秦志辉主持。

12 月 19 日，APEC 中小企业信息化促进中心成立大会暨 APEC 中小企业云 + 创新创业论坛在海口召开。工业和信息化部中小企业局局长马向晖出席会议并致辞。同期举行的 APEC 中小企业云 + 创新创业论坛以“创新引领　创智未来”为主题，就“中小企业云 + 双创的趋势与策略”“中小企业云上转型合作共赢的产业生态”“中小企业迈向智能制造的创新路径”等议题进行了研讨。

参考文献

Anwer, M. ICTS for better society[C]. Dhaka: International Conference on Computer and Information Technology, 2006.

Audia, P. G. and H. R. Greve. Less likely to fail: Low performance, firm size, and factory expansion in the shipbuilding industry[J]. Management Science, 2006, 52 (1): 83-94.

Audia, P. G., E. A. Locke and K. G. Smith. The paradox of success: An archival and a laboratory study of strategic persistence following radical environmental change[J]. The Academy of Management Journal, 2000, 43 (5): 837-853.

Baird, I. S. and H. Thomas. Toward a contingency model of strategic risk taking[J]. The Academy of Management Review, 1985, 10 (2): 230-243.

Berrone, P., C. Cruz and L. R. Gomez-Mejia. Socio-emotional wealth in family firms: Theoretical dimensions, assessment approaches, and agenda for future research[J]. Family Business Review, 2012, 25 (3): 258-279.

Blackwell, D. W. and D. B. Winters. Banking relationships and the effect of monitoring on loan pricing [J]. Journal of Mathematical Physics, 1997, 20(2): 275-289.

Block, J. H. R&D investments in family and founder firms: An agency perspective[J]. Journal of Business Venturing, 2012, 27 (2): 248-265.

Bolton, M. K. Organizational innovation and substandard performance: When is necessity the mother of innovation[J]. Organization Science, 1993, 4 (1): 57-75.

Boot, A. W. A. and G. F. Udell. Secure lending and default risk: Equilibrium analysis, policy implications and empirical results[J]. Economic Journal, 1991, 101(406): 458-472.

Brandt, L. and H. Li. Bank discrimination in transition economies: Iideology, information, or incentives? [J]. Journal of Comparative Economics, 2003, 31(3): 387-413.

Burgelman, R. A. Intraorganizational ecology of strategy making and organizational adaptation: Theory and field research. [J]. Organization Science, 1991, 2 (3): 239-262.

Caniëls, M. C. and C. J. Gelderman. Power and interdependence in buyer supplier relationships: A purchasing portfolio approach[J]. Industrial Marketing Management, 2007, 36 (2): 219-229.

Carney, M. Corporate governance and competitive advantage in family-controlled firms[J]. Entrepreneurship Theory and Practice, 2005, 29 (3): 249-265.

Chen, W. R. Determinants of firms' backward-and forward-looking R&D search behavior [J]. Organization Science, 2008, 19 (4): 609-222.

Chrisman, J. J. and P. J. Patel. Variations in R&D investments of family and non-family firms: Behavioral agency and myopic loss aversion perspectives[J]. The Academy of Management Journal, 2012, 55 (4): 976-997.

Chrisman, J. J., J. H. Chua, A. W. Pearson and T. Barnett. Family involvement, family infiuence, and family centered noneconomic goals in small firms[J]. Entrepreneurship Theory and Practice, 2012, 36 (2): 267-293.

Chua, J. H., J. J. Chrisman and P. Sharma. Defining the family business by behavior[J]. Entrepreneurship Theory and Practice, 1999, 23 (4): 19-39.

Compaine, B. M. The Digital Divide-facing a Crisis or Creating a Myth? [M]. Cambrige: MIT press, 2001: XI.

Cyert, R. M. and J. G. March. A Behavioral Theory of the Firm. [M]. NJ: Prentice-Hall, 1963.

De Massis, A., F. Frattini, E. Pizzurno and L. Cassia. Product innovation in family versus non-family Firms: An exploratory analysis[J]. Journal of Small Business Management, 2014, 12 (06): 68-80.

Deeds, D. L. and D. M. Decarolis. The impact of stocks and flows of organizational knowledge on firm performance: An empirical investigation of the biotechnology industry[J]. Strategic Management Journal, 1999, 20 (10): 953-968.

Deng, C., H. Ao, W. Hu and X. Wang. Research on loan pricing of small enterprises based on relationship lending[J]. Economic Research Journal, 2010(02): 83-95.

Fiegenbaum, A., S. Hart and D. Schendel. Strategic reference point theory[J]. Strategic Management Journal, 1996, 17 (3): 219-235.

Fleming, L. and P. Bromiley. A Variable Risk Propensity Model of Technological Risk Taking[M]. Boston: Harvard Business School, 2000.

Gelos, R. G. and A. M. Werner. Financial liberalization, credit constraints, and collateral: Investment in the Mexican manufacturing sector[J]. Journal of Development Economics, 2002, 67(1): 1-27.

Greene, W. H. Econometric Analysis[M]. NewYork: Macmillan, 1993.

Greve, H. R. Behavioral theory of firm growth: Sequential attention to size and performance goals[J]. The Academy of Management Journal, 2008, 51 (3): 476-494.

Greve, H. R. A behavioral theory of R&D expenditures and innovations: Evidence from shipbuilding [J]. The Academy of Management Journal, 2003, 46 (6): 685-702.

Greve, H. R. Organizational Learning from Performance Feedback [M]. Cambridge: Cambridge University Press, 2003.

Grunert, J. and L. Norden. Bargaining power and information in SME lending[J]. Neurology, 2012, 39(2): 401-417.

Gómez-Mejia, L. R., J. T. Campbell, G. Martin, R. E. Hoskisson, M. Makri and D. G. Sirmon. Socioemotional wealth as a mixed gamble: Revisiting family firm R&D investments with the behavioral agency model[J]. Entrepreneurship Theory and Practice, 2013, 38(6): 90-101.

Gómez-Mejía, L. R., K. T. Haynes, M. Núñez-Nickel, K. J. L. Jacobson and J. Moyano-Fuentes. Socioemotional wealth and business risks in family-controlled firms: Evidence from Spanish olive oil mills[J]. Administrative Science Quarterly, 2007, 52 (1): 106-137.

Gómez-Mejía, L. R., M. Makri and M. Larraza-Kintana. Diversification decisions in family-controlled firms[J]. Journal of Management Studies, 2010, 47 (2): 223-252.

Helson, H. Adaptation Level Theory: An Experimental and Systematic Approach to Behavior[M]. NewYork: Harper & Row, 1964.

Holmes, J., B. Jones and B. Heap. Smart villages[J]. Science, 2015, 350 (6259): 359

Jawahar, I. and G. L. McLaughlin. Toward a descriptive stakeholder theory: An organizational life cycle approach[J]. The Academy of Management Review, 2001, 26 (3): 397-414.

Jiang, W. and B. Li. Institutional environment, state owned property right and bank differential loan [J]. Journal of Financial Research, 2006(11): 116-126.

Jin, L., Y. Zhu and S. Ba. International experience and enlightenment on the influence of interest rate marketization of commercial banks[J]. Rural Finance Research, 2012(1): 53-57.

Kahneman, D. and A. Tversky. Prospect theory: An analysis of decision under risk[J]. Econometrica: Journal of the Econometric Society, 1979, 47 (2): 263-291.

Kelly, D. and T. L. Amburgey. Organizational inertia and momentum: A dynamic model of strategic change[J]. The Academy of Management Journal, 1991, 34 (3): 591-612.

Kim, J. J., J. J. Haleblian and S. Finkelstein. When firms are desperate to grow via acquisition: The effect of growth patterns and acquisition experience on acquisition premiums[J]. Administrative Science Quarterly, 2011, 56 (1): 26-60.

Klette, T. J. and Z. Griliches. Empirical patterns of firm growth and R&D investment: Aquality ladder model interpretation[J]. The Economic Journal, 2000, 110 (463): 363-387.

Koo, J. and S. Shin. Financial liberalization and corporate investments: Evidence from Korean firm data[J]. Asian Economic Journal, 2004, 18(3): 277-292.

Kotlar, J. and A. De Massis. Goal setting in family firms: Goal diversity, social interactions, and collective commitment to family-centered goals[J]. Entrepreneurship Theory and Practice, 2013, 37 (6): 1263-1288.

Kotter, J. P. Managing external dependence[J]. The Academy of Management Review, 1979, 4 (1): 87-92.

Kumbhakar, S. C. and C. F. Parmeter. The effects of match uncertainty and bargaining on labor market outcomes: Evidence from firm and worker specific estimates[J]. Journal of Productivity Analysis, 2009, 31(1): 1-14.

Laeven, L. Does financial liberalization reduce financial constraints[J]. Financial Management, 2003, 32(1): 5-35.

Li, F. and J. Shu. Differential loan interest rate model under the framework of tripartife game theory [J]. Systems Engineering, 2015(1): 48-54.

Lin, Y. and Y. Li. The development of small and medium sized financial institutions and financing of small and medium sized enterprises[J]. Economic Research Journal, 2001(1): 10-18.

Lin, Z. and H. Lin. Research on the self organization evolution of small and medium sized enterprises financing cluster-taking small and medium sized enterprise debt collection organization for example [J]. China Industrial Economics, 2009(9): 87-95.

Love, I. and N. Mylenko. Credit reporting and financing constraints[J]. Policy Research Working Paper, 2003: 1-33.

Lu, H., Y. Lian and S. Lu. Measurement of the degree of information asymmetry in China's medical service market[J]. Economic Research Journal, 2011(4): 94-106.

March, J. G. and H. A. Simon. Organizations[M]. New York: John Wiley, 1958.

Mezias, S. J., Y. -R. Chen and P. R. Murphy. Aspiration-level adaptation in an American financial services organization: A field study[J]. Management Science, 2002, 48 (10): 1285-1300.

Miller, K. D. and W. R. Chen. Variable organizational risk preferences: Tests of the March-Shapira model[J]. The Academy of Management Journal, 2004, 47 (1): 105-115.

Nellore, R. and K. Söderquist. Portfolio approaches to procurement: Analyzing the missing link to specifications[J]. Long Range Planning, 2000, 33 (2): 245-267.

Oliver, C. Strategic responses to institutional processes[J]. The Academy of Management Review, 1991, 16 (1): 145-179.

Patel, P. C. and J. J. Chrisman. Risk abatement as a strategy for R&D investments in family firms[J]. Strategic Management Journal, 2014, 35 (4): 617-627.

Pfeffer, J. and G. Salancik. The External Control of Organizations: A Resource Dependence Perspective[M]. NewYork: Harper & Row, 1978.

Ping, X. and M. Yang. An empirical study on the asymmetric information of credit market-evidence from China's state owned commercial banks[J]. Journal of Financial Research, 2009(3): 1-18.

Porter, M. E. Competitive Strategy[M]. NewYork: Free Press, 1980.

Rong, G., C. Li and X. Hu et al. Research on loan bargaining power of small and micro enterprises: Based on the perspective of interest rate marketization and enterprise information effect[J]. Huabei Finance. 2015(7): 60-64.

Shen, H. The private small and medium enterprises' financing and enterprise credit under the condition of transition economy[J]. Management World, 2006(10): 162-163.

Shinkle, G. A. Organizational aspirations, reference points and goals[J]. Journal of Management, 2012, 38 (1): 415-455.

Sirmon, D. G., J. L. Arregle, M. A. Hitt and J. W. Webb. The role of family infiuence in firms' strategic responses to threat of imitation[J]. Entrepreneurship Theory and Practice, 2008, 32 (6): 979-988.

Song, X. M. and M. E. Parry. Across-national comparative study of new product development processes: Japan and the United States[J]. The Journal of Marketing, 1997, 61 (2): 1-18.

Stiglitz, J. E. and A. Weiss. Credit rationing in markets with imperfect information[J]. American Economic Review, 1981, 71(3): 393-410.

Tidd, J. and J. R. Bessant. Managing Innovation: Integrating Technological, Market and Organizational Change[M]. Chichester, UK: John Wiley & Sons Inc, 2009.

Tipton, F. B. Bridging the digital divide in southeast Asia[J]. ASEAN Economic Bulletin, 2002(1): 83.

Wang, D. and X. Zhang. Research on interest rate marketization, corporate finance and credit behavior of financial institutions[J]. The Journal of World Economy, 2007(2): 50-59.

Wang, G. Risk management of commercial banks in China under the condition of interest rate liberalization[D]. Chinese Academy of Social Science Graduate School, 2015.

Yuan, Z., Z. Cai and X. Wang. Causes and countermeasures of financing difficulties of small enterprises in China-Analysis based on the provincial regional questionnaire[J]. Economist, 2010(8): 70-76.

白涌如.中小企业走“专精特新”发展道路的实践及建议[J].中国经贸导刊,2013(26):57-59.

毕大川,刘树成.经济周期与预警系统[M].科学出版社,1990.

曹继军,颜维琦.上市互联网企业景气指数首发[N].光明日报,2015-03-25.

陈乐一,粟壬波,李春风.当前中国经济景气走势的合成指数分析[J].当代经济研究,2014(2):48-53.

陈磊,吴桂珍,高铁梅.主成分分析与景气波动.对1993年我国经济发展趋势的预测[J].数量经济技术经济研究,1993(7):33-37.

陈凌.信息特征、交易成本和家族式组织[J].经济研究,1998(7):27-33.

陈文博,余国新,刘运超.基于新疆红枣产业景气分析的抗风险研究[J].新疆农业科学,2015(2):386-391.

陈晓红,王艳,关勇军.财务冗余、制度环境与中小企业研发投资[J].科学学研究,2012(10):1538-1545.

谌新民,葛国兴,李萍.中国就业景气指数及其公共政策研究[J].广东社会科学,2013(3):18-28.

程聪,谢洪明,杨英楠,等.理性还是情感:动态竞争中企业“攻击—回应”竞争行为的身份域效应[J].管理世界,2015(8):132-146,169,188.

池仁勇,林汉川,等.转型期我国中小企业发展的若干问题研究[M].中国社会科学出版社,2012.

池仁勇,林汉川,蓝庆新,等.中国中小微企业转型升级与景气动态研究的调研报告[M].中国社会科学出版社,2016.

池仁勇,刘道学,林汉川,等.中国中小企业景气指数研究报告(2013)[M].中国社会科学出版社,2013.

池仁勇,刘道学,林汉川,等.中国中小企业景气指数研究报告(2014)[M].中国社会科学出版社,2014

池仁勇,刘道学,林汉川,等.中国中小企业景气指数研究报告(2015)[M].中国社会科学出版社,2015

池仁勇,刘道学,林汉川,等.中国中小企业景气指数研究报告(2016)[M].中国社会科学出版社,2016.

池仁勇,刘道学,王飞绒,等.中国中小企业景气指数研究报告(2012)[M].中国经济科学出版社,2012.

池仁勇,谢洪明,程聪,等.中国中小企业景气指数研究报告(2011)[M].经济科学出版社,2011.

崔霞,李贝贝.京房景气指数[J].数据,2012(12):7.

邓超,敖宏,胡威,等.基于关系型贷款的大银行对小企业的贷款定价研究[J].经济研究,2010(2):83-96.

丁勇,姜亚彬.我国制造业PMI与宏观经济景气指数关系的实证分析[J].统计与决策,2016(3):122-124.

董文泉,高铁梅,陈磊,等.Stock-Watson型景气指数及其对中国经济的应用[J].数量经济技术经济研究,1995(12):68-74.

董文泉,高铁梅,姜诗章,等.经济周期波动的分析与预测方法[M].吉林大学出版社,1998.

董文泉,郭庭选,高铁梅.我国经济循环的测定、分析和预测(Ⅰ)——经济循环的存在和测定.吉林大学社会科学学报[J],1987(3):1-8.

冯明,刘淳.基于互联网搜索量的先导景气指数,需求预测及消费者购前调研行为——以汽车行业为例[J].营销科学学报,2013(3):31-44.

高铁梅,谷宇,王哲.中国出口周期性波动及成因研究.基于主成分方法构建中国出口景气指数[J].商业经济与管理,2007(2):28-34.

古城.浙江省产业集聚带的特征及形成机制[J].特区经济,2013(7):39-41.

顾彬.浅谈城乡统筹发展视角下的"智慧乡村"建设[J].农村经济与科技,2012(06):136-137+56.

顾海兵,俞丽亚.未雨绸缪:宏观经济问题预警研究[M].经济日报出版社,1993.

顾海兵,张帅."十三五"时期我国经济安全水平预测分析[J].中共中央党校学报,2016,20(2):40-45.

郭文博,张利凡.地区"智慧乡村"规划设计研究[J].门窗,2016(08):135-136.

国家开发银行研究院等.经济周期出现微波化"新常态"[N].上海证券报,2015-01-05.

国家统计局浙江调查总队课题组."机器换人"对台州制造业的影响[J].浙江经济,2016(24):39-41.

国家信息中心战略性新兴产业研究组. 2016 年四季度战略性新兴产业行业景气大幅上涨刷新年度最高值[J].中国战略新兴产业,2017(13):17-19.

何江.工业互联网架构实例分析——以 GE 公司 Predix 为例[J].信息通信,2017(11):140-142.

何勇,张云杰.海南省旅游景气指数构建研究[J].经济研究导刊,2014(1):257-258.

侯杰,胡乃联,李国清.基于商务智能的矿业集团运营决策系统解决方案[J].计算机集成制造系统,2016(1):202-212.

胡佳蔚.经济景气预警研究发展评述[J].现代商业,2016(34):42-43.

胡佳蔚.经济景气指标筛选原理论述——以中关村示范区为例[J].现代商业,2016(33):80-81.

胡坚波.实施网络扶贫行动——网络铺就脱贫路,信息开启致富门[EB/OL].http://www.gdfp.gov.cn/fpyw/jdxw/201610/t20161031_801408.htm,2016-10-31/2017-06-19.

胡培兆,朱惠莉.需求结构波动的周期测定及与经济波动相关性分析[J].福建论坛·人文社会科学版,2016(2):25-33.

胡涛,王浩,邱文韬.我国国房景气指数与宏观经济景气指数的联动关系——基于 VAR 模型的实证研究[J].湖北科技学院学报,2016,36(12):30-34.

黄隽.解读艺术品景气指数[N].21 世纪经济报道,2015-04-06 日.

黄晓波,曹春嫚,朱鹏.基于会计信息的企业景气指数研究——以我国上市公司 2007—2012 年数据为例[J].南京审计学院学报,2013,10(5):61-66.
霍晨.浅谈行业景气指数与企业信用评级——以商业企业财务信用评级为例[J].中国经贸导刊,2015(2):33-35.
纪成君,陈迪."中国制造2025"深入推进的路径设计研究——基于德国工业4.0和美国工业互联网的启示[J].当代经济管理,2016(2):50-55.
江诗松,龚丽敏,魏江.转型经济中后发企业的创新能力追赶路径:国有企业和民营企业的双城故事[J].管理世界,2011(12):96-115.
江伟,李斌.制度环境、国有产权与银行差别贷款[J].金融研究,2006(11):116-126.
蒋洪昉,冯建国,薛正旗,等.生态文明背景下的北京新型城镇化问题研究[J].中国农业资源与区划,2014 (02):1-5.
交通银行.交银中国财富景气指数报告(2014年1月) [J].金融博览(财富),2014(2):34-37.
金玲玲,朱元倩,巴曙松.利率市场化对商业银行影响的国际经验及启示[J].农村金融研究,2012(1):53-57.
孔宪丽,梁宇云.2016年中国工业经济景气态势及特点分析[J].科技促进发展,2016,12(5):573-578.
李峰,Shujie.三方博弈框架下差别化贷款利率模型——以小微企业为例[J].系统工程,2015(1):48-54.
李欢.物联网基础及其商业模式研究[M].中国财富出版社,2014.
李嘉辉,杨宇姣.智慧乡村建设背景下农业信息化人才培养的研究[J].农村经济与科技,2016(04):102-103.
李平.嘉善百家企业"景气"[J].经贸实践,2015(4):42-42.
李思.中国经济景气指数呈现波动[N].上海金融报,2015-04-10.
李文溥,尚琳琳,林新.地区经济景气指数的构建与景气分析初探[J].东南学术,2001(6):79-87.
李小丽,马剑雄,李萍.3D打印技术及应用趋势[J].自动化仪表,2014(1):1-5.
李晓芳,高铁梅.应用HP滤波方法构造我国增长循环的合成指数[J].数量经济技术经济研究,2001(18):100-103.
李新春,何轩,陈文婷.战略创业与家族企业创业精神的传承——基于百年老字号李锦记的案例研究[J].管理世界,2008(10):127-140.
李园,刘宁,姜早龙.辽宁省建筑业景气指数波动分析与对策建议[J].工程管理学报,2017,31(2):43-48.
林汉川,汤临佳.新一轮产业革命的全局战略分析——各国智能制造发展动向概览[J].学术前沿,2015(6):62-75.
林毅夫,李永军.中小金融机构发展与中小企业融资[J].经济研究,2001(1):10-18.

林洲钰,林汉川.中小企业融资集群的自组织演进研究——以中小企业集合债组织为例[J].中国工业经济,2009(9):87-95.

刘存信.2015 年一季度我国安防行业经济“低调”开局,类似去年同期[J].中国安防,2015(8):2-7.

卢洪友,连玉君,卢盛峰.中国医疗服务市场中的信息不对称程度测算[J].经济研究,2011(4):94-106.

鲁小丹,张新成,张继宏.低成本高效益智慧村庄建设案例[J].中国有线电视,2015(01):64-67.

陆静丹,张雅文,洪伟芳,等.就业景气指数实证研究[J].人力资源管理,2014(3):165-168.

陆立军,俞航东,陆瑶.专业市场和产业集群的关联强度及其影响——基于浙江省绍兴市万份问卷的分析[J].中国工业经济,2011(1):151-160.

陆立军,郑小碧.基于共同演化的专业市场与产业集群互动机理研究:理论与实证[J].中国软科学,2011(6):117-129.

吕铁,韩娜.智能制造:全球趋势与中国战略[J].学术前沿,2015(6):6-17.

马骏.提升上海“专精特新”中小企业国际竞争力的对策研究[J].科学发展,2017(4):21-28.

农业部市场与经济信息司.农业部关于印发《“十三五”全国农业农村信息化发展规划》的通知[EB/OL].http://www.moa.gov.cn/zwllm/ghjh/201609/t20160901_5260726.htm,2016-09-01/2017-06-19.

庞淑娟.钢铁行业景气周期预测方法研究[J].中国物价,2015(6):80-82.

彭元正.我国一季度石油产业景气指数分析——石油产业步入新常态深化改革成为关键点[J].中国石油企业,2015(4),28-30.

平新乔,杨慕云.信贷市场信息不对称的实证研究——来自中国国有商业银行的证据[J].金融研究,2009(3):1-18.

屈魁等.完善工业企业景气监测动态调整机制[N].金融时报,2015-01-19.

任保平,李梦欣.新常态下地方经济增长质量监测预警的理论与方法[J].统计与信息论坛,2017,32(5):23-30.

任旭东.解读大数据反映大趋势——有色金属产业景气指数意义重大[J].中国有色金属,2015(1):26-27.

荣刚,李纯,胡晓帆,等.小微企业贷款议价能力研究——基于利率市场化和企业信息效应视角[J].华北金融,2015(7):60-64.

如婳.北京旅游市场景气指数编制[D].首都经济贸易大学,2016.

阮俊豪.BDI 指数风险测度及其与宏观经济景气指数关系的实证研究[J].经济视野,2013(8),228.

上海国际航运研究中心.中国航运景气指数创历史新低[N].中国水运报,2016-05-09.

上海国际航运研究中心中国航运景气指数编制室.干散货海运企业将迎史上最难季[J].中国远洋航务,2016(1):18-19.

沈洪明.转型经济条件下民营中小企业融资和企业信用[J].管理世界,2006(10):162-163.

沈璇."先导智能车间综合管理系统":引领中小企业步入"工业 4.0"时代[J].中国信息安全,2016(10):57-59.

史亚楠.基于扩散指数的中国经济景气预测[J].财经界,2014(11):33.

宋煊懿.中小企业在创新链中的主体作用研究[J].经济纵横,2016(5):50-56.

孙柏林.中国"智能制造"发展之路——《智能制造发展规划(2016—2020 年)》解读[J].电气时代,2017(5):42-47.

孙赫,王晨光.山东省旅游景区景气指数研究[J].商业经济研究,2015(1):123-125.

孙延芳,胡振.中国建筑业景气指数的合成与预测[J].统计与决策,2015(11):40-42.

汤临佳,池仁勇,何叶田,等.科技型中小企业技术管理能力的动态演化研究[J].科研管理,2016(3):21-30.

唐福勇.长三角小微企业景气度好转[N].中国经济时报,2015-02-12.

汪向东,王昕天.电子商务与信息扶贫.互联网时代扶贫工作的新特点[J].西北农林科技大学学报(社会科学版),2015(7):98-203.

王呈斌.基于问卷调查的民营企业景气状况及其特征分析[J].经济理论与经济管理,2009,V(3):72-7.

王东静,张祥建.利率市场化、企业融资与金融机构信贷行为研究[J].世界经济,2007(2):50-59.

王光伟.利率市场化条件下的我国商业银行风险管理[D].中国社会科学院研究生院,2015.

王桂虎."新常态"下的宏观经济波动,企业家信心和失业率[J].首都经济贸易大学学报,2015,17(1):3-10.

王甜.智慧乡村的规划构想[J].小城镇建设,2014(10):88-90.

王彤彤.宏观经济景气状况与中国股市收益的相互影响——基于 VAR 模型的研究[J].经济研究导刊,2016,295(14):1-3.

王文略,毛谦谦,余劲.基于风险与机会视角的贫困再定义[J].中国人口·资源与环境,2015(12):147-153.

王亚南.湖北 20 年文化消费需求景气状况测评——基于内生动力的文化发展民生成效视角[J].江汉学术,2013(4):89-99.

王影,冷单.我国智能制造装备产业的现存问题及发展思路[J].经济纵横,2015(1):72-76.

魏明海,黄琼宇,程敏英.家族企业关联大股东的治理角色——基于关联交易的视角[J].管理世界,2013(3):133-171.

邬关荣,刘婷,唐琼.浙江省广告业景气指数的编制与分析[J].江苏商论,2014(12):18-19.

吴凤菊.江苏省中小企业政策景气指数的现状及原因分析[J].当代经济,2016(1):64-67.
吴君,吴业明.我国货币政策的非对称性效应:基于消费者景气指数分析[J].数学的实践与认识,2015,45(3):30-38.
吴明录,贺剑敏.我国短期经济波动的监测预警系统[J].系统工程理论与实践,1994,14(3):1-7.
武峰,吴富鹏,王博.广州市从化区智慧乡村建设的调查与分析[J].中国市场,2016(43):194-197.
武鹏,胡海峰.中国金融风险指数 FRI 的构建及经济预测的检验[J].统计与决策,2016(2):120-123.
相丽玲,牛丽慧.基于阿马蒂亚·森权利方法的信息贫困成因分析[J].情报科学,2016(8):47-51.
项日峰.浙江省产业结构调整与就业增长的动态效应[J].经营与管理,2013(3):124-127.
肖欢明,苏为华,陈骥.产业链视角下的纺织业景气评价与预警研究——以浙江省为例[J].财经论丛,2014,177(1):16-21.
肖欢明.行业景气与行业股价关系的实证研究——以纺织服饰行业为例[J].金融经济,2015(10):154-155.
肖岚,高长春."众包"改变企业创新模式[J].上海经济研究,2010(3):35-41.
谢佳斌,王斌会.中国宏观经济景气监测的预警体系[J].统计与决策,2007(4):122-124.
谢俊贵.社会信息化过程中的信息分化与信息扶贫[J].情报科学,2003(11):1138-1141.
邢丹.两化融合开启中国制造新时代[J].中国船检,2015(3):102-104.
徐国祥,郑雯.中国金融状况指数的构建及预测能力研究[J].统计研究,2013,30(8):17-24.
许慧楠,吴兰德,顾姝姝.南通市中小企业景气调研分析——以纺织业为例[J].市场周刊(理论研究),2016(3):45-46.
许谏.把握经济周期看准"钟点"投资[N].现代物流报.2013-04-28.
许洲.景气分析之物价水平波动[J].投资与合作,2013(8),31-32.
杨高举,黄先海.内部动力与后发国分工地位升级——来自中国高技术产业的证据[J].中国社会科学,2013(2):25-45.
杨海成.云制造:服务型制造新模式[J].中国工业评论,2016(21):52-57.
杨婷.两大指数双双回落工业生产形势严峻——2015 年四季度盐城市亭湖区工业企业景气调查报告[J].新经济,2016(12):28-28.
杨婷.中小企业移动互联网营销模式研究[D].安徽大学,2014.
杨晓光,鲍勤.新常态下的中国经济转型——在阵痛中稳步前行[J].中国科学院院刊,2016(3):362-375.

姚燕清.造纸企业再次提价行业高景气将延续[N].上海证券报,2016-12-16.

叶晓露."互联网+"技术对中小型服装企业创新发展的影响[J].中国商论,2016(10):53-56.

殷克东,高文晶,徐华林.我国海洋经济景气指数及波动特征研究[J].中国渔业经济,2013,31(4):42-49.

于德泉.影响经济波动的国际因素分析[J].中国物价, 2016(4):16-18.

余韵,陈甲斌,冯丹丹,等.基于合成指数模型的中国煤炭行业周期波动研究[J].资源科学,2015,37(5):969-976.

袁宁.影子银行,房地产市场与宏观经济景气程度——基于SVAR模型的实证分析[J].时代金融,2016(26):264-265.

袁增霆,蔡真,王旭祥.中国小企业融资难问题的成因及对策——基于省级区域调查问卷的分析[J].经济学家,2010(8):70-76.

张峰.基于分工的产业升级理论与对策[J].重庆工商大学学报(社会科学版),2010(2):25-29.

张洪国.智能制造生态链:助力中小企业创新发展[J].互联网经济,2015(5):54-59.

张曙.工业4.0和智能制造[J].机械设计与制造工程,2014(8):1-5.

张同斌.中央企业发展与宏观经济增长——基于景气合成指数和MS-VAR模型的实证研究[J].统计研究, 2015,32(3):12-20.

张炜,方辉,刘信.浙江省战略性新兴产业景气指数研究[J].科技管理研究,2015(4):47-49.

张西征,刘志远,王静.企业规模与R&D投入关系研究——基于企业盈利能力的分析[J].科学学研究,2012(2):265-274.

张新红,刘文利.基于神经网络的经济周期波动监测预警模型[J].华侨大学学报(哲学社会科学版), 2008 (1) :63-68.

张言伟.经济景气循环对股市波动的影响分析[J].经营管理者, 2017 (9),187.

张彦,魏钦恭,李汉林.发展过程中的社会景气与社会信心——概念,量表与指数构建[J].中国社会科学, 2015(4):64-84.

张艳芳,江飞涛,谭运嘉.中国工业景气指数构建与分析[J].河北经贸大学学报,2015 (6):82-87.

张洋.企业景气指数与宏观经济波动研究[D].北京工商大学,2005.

张银风.能源和环境约束下浙江省产业结构合理化研究[D].浙江理工大学,2012.

张宇青,周应恒,易中懿.经济预警指数,国房景气指数与CPI指数波动溢出实证分析——基于三元VAR-GARCH-BEKK模型[J].统计与信息论坛,2014,29(3):36-41.

赵陈诗卉,祝继常.铁路货运市场景气指数构建与应用[J].中国铁路,2016(2):36-41.

赵程程,杨萌.国际智能制造演化路径及热点领域研究[J].现代情报,2015(35):101-113.

赵军利.经济学家信心指数总体回升——2015年一季度中国百名经济学家信心调查报告[J].中

国经济景气月报，2015(4).

赵升吨，贾先.智能制造及其核心信息设备的研究进展及趋势[J].机械科学与技术 2017(1)：1-16.

支小军，王伟国，王太祥.我国棉花价格景气指数构建研究[J].价格理论与实践，2013(1)：62-63.

中国出版传媒商报专题调查组."十问"书业景气指数[N].中国出版传媒商报，2015-01-16.

中国互联网络信息中心.第 37 次中国互联网络发展状况统计报告[EB/OL].http://www.cnnic.net.cn/hlwfzyj/hlwxzbg/hlwtjbg/201601/t20160122_53271.htm，2016-01-22/2017-06-19.

中国互联网络信息中心.第 39 次中国互联网络发展状况统计报告[EB/OL].http://www.cnnic.net.cn/hlwfzyj/hlwxzbg/hlwtjbg/201701/t20170122_66437.htm，2017-01-22/2017-06-19.

中国柯桥纺织指数编制办公室.产出回缩销售上涨景气指数微升[N].中国纺织报，2015-06-03.

中国人民大学宏观经济分析与预测课题组，刘元春，闫衍，刘晓光.持续探底进程中的中国宏观经济——2015—2016 年中国宏观经济分析与预测[J].经济理论与经济管理，2016(1)：5-45.

周程程.8 月三大投资数据回暖明显经济企稳信号强[N].每日经济新闻，2016-09-14.

周德全.中国航运企业景气状况分析与预测[J].水运管理，2013，35(7)：40-42.

周济.智能制造——"中国制造 2025"的主攻方向[J].中国机械工程，2015(17)：2273-2284.

周向红.从数字鸿沟到数字贫困：基本概念和研究框架[J].学海，2016(4)：154-157.

朱沆，何轩，陈文婷.企业主集权：边界理论的新观点[J].南开管理评论，2011(5)：24-30，57.

朱军，王长胜.经济景气分析预警系统的理论方法[M].中国计划出版社，1993.

庄幼绯，卢为民，毛鹰翱，等.土地市场景气指数编制的探索与实践——以上海土地市场为例[J].上海国土资源，2016，37(1)：4-8.

左世全.美国推进智能制造对我国的启示[J].中国国情国力，2016(6)：1-1.